中国盐文化

Zhongguo Yan Wenhua

第8辑

曾凡英◎主编

中国经济出版社
CHINA ECONOMIC PUBLISHING HOUSE
北京

图书在版编目(CIP)数据

中国盐文化(第8辑)/曾凡英主编.
北京:中国经济出版社,2015.8
ISBN 978-7-5136-3755-8
Ⅰ.①中… Ⅱ.①曾… Ⅲ.①盐业史—研究—中国 Ⅳ.①F426.82
中国版本图书馆CIP数据核字(2015)第050731号

责任编辑 宋庆万
责任审读 贺 静
责任印制 巢新强
封面设计 华子图文设计公司

出版发行 中国经济出版社
印 刷 者 北京艾普海德印刷有限公司
经 销 者 各地新华书店
开 本 787mm×1092mm 1/16
印 张 19.25
字 数 376千字
版 次 2015年8月第1版
印 次 2015年8月第1次
定 价 58.00元
广告经营许可证 京西工商广字第8179号

中国经济出版社 **网址** www.economyph.com **社址** 北京市西城区百万庄北街3号 **邮编** 100037
本版图书如存在印装质量问题,请与本社发行中心联系调换(联系电话:010-68330607)

《中国盐文化》(第8辑)编委会

启 事

中国盐文化研究中心（以下简称“中心”）是四川理工学院与自贡盐业历史博物馆、四川久大盐业（集团）公司共同建设的，是主要从事围绕盐资源的开发利用而产生的诸种文化形态研究的学术机构，是四川省哲学社会重点研究基地、四川省高校人文社会科学重点研究基地。

“中心”至今已推出7辑《盐文化研究论丛》，在社会各界，尤其是学术界引起了广泛的关注，并得到不少学术前辈及同行专家的高度评价、热情鼓励和积极支持，我们在此致以深深的谢意！

为进一步弘扬民族传统文化，推进学术观点创新、学科体系创新和科研方法创新，从第8辑起，《盐文化研究论丛》将更名为《中国盐文化》，从而更鲜明地站在中国盐文化研究的高度，汇聚相关研究力量，推动中国盐文化研究的发展，不断推出中国盐文化研究的新成果。

值此更名之际，“中心”特向社会各界征集《中国盐文化》稿件，来稿选题范围主要包括：中国盐业与政治、经济、科技、历史、文化、文学、法律、宗教、民俗、饮食、人物、古迹以及中外盐业比较等方面的学术文章，尤其欢迎深入研究中国盐文化的科学内涵及体系构造等方面的理论文章以及有关的文献梳理、外文译稿等。热望社会各界及海内外专家学者不吝赐稿！

电子邮箱：zgywhyj@126.com

联系电话：0813－2100201　18227764506

中国盐文化研究中心

2014年8月18日

目　录

第一篇　盐政·盐务·盐法

清代铜铅京运与私盐 …………………………………………………………… 吴海波（2）
计口授盐与改配代销——以清代南部县盐为中心 ………………………… 金生杨（10）
抗日根据地的盐业生产和盐税征收 ………………………………………… 王明前（21）
同光之际两湖地区淮盐引地规复之争 ……………………… 陆玉芹　谢俊美（28）
论我国盐税对社会发展的影响与贡献 ……………………………………… 商剑平（36）
试论近代山东盐税税目的演变 ……………………………………………… 宋志东（47）
被复制的历史：宋代的海盐私贩与当今的私盐泛滥 …………………… 宋冬霞（61）

第二篇　盐文化传播

云南盐文化及其传播 ……………………………………………… 赵小平　褚质丽（70）
盐文化传播与中国历史地理教材建设 ……………………………………… 吉成名（80）
黑井盐文化传播的现状分析及传播对策研究 ………………… 唐柱　吴汉怀（92）
基于新媒体、民族精神及跨文化视域下的盐文化传播研究 …… 蒋玉石　赵丽娟（98）
盐文化网络传播现状研究 ………………………………………… 程子彪　蒲小梅（104）
试论袍哥与四川盐文化传播 ……………………………………… 刘延刚　唐兴禄（112）
粤东客家挑盐客与盐业文化传承研究 …………………………… 周琍　龚丹丹（118）
社会恐慌中的“抢盐事件”及其危机传播策略研究 ………………………… 付斌（126）

第三篇　盐文化与企业建设

转型期盐业企业社会责任与核心竞争力之我见 ………… 韩松爱　夏建华　邓红（132）
盐业体制改革中的利益协调机制研究 …………………………… 苏奎　曾祥凤（138）
盐业可持续增长策略初探 …………………………………………………… 古力（145）
西部盐区经济增长中基于产业链整合的政策转型研究 ………… 罗若愚　刘茜（151）
盐业企业社会责任履行的变量影响因素探析 ………… 韩松爱　赵志彬　邓红（158）

第四篇　盐文化与开发利用

河东盐文化传播浅论——基于晋陕豫黄河金三角区域合作的视角 ……… 王勇红（164）
扬州盐商园林的旅游创新与传播——以个园为例 ………………… 金川　沈学峰（175）
论四川盐业生态化开发的理念和模式建构 ……………………………… 江昀（179）
自贡盐文化产业化发展模式论纲 ……………………………… 王鹏　韩周瑜（188）
盐文化传播现状与应用开发研究 ………………………………… 桂元　董亮（193）
文化性在井盐文化旅游纪念品设计中的应用研究 ………………… 张久美　周立（198）

第五篇　盐文化与文学艺术

简论明清“盐业家乐”的剧目及伶人 ……………………… 李树民　杜晓晶（206）
禅宗“盐语” ………………………………………………………… 陈家春（228）
盐的文化精神分析 …………………………………………………… 田一坡（236）
20 世纪 30 年代四川盐文学的独特画卷——论罗淑的井盐小说创作 …… 姚洪伟（241）
自贡古代散文的题材类型概观 ……………………………………… 赵永平（251）

第六篇　盐业遗迹与地方文化

研究与“历史现场”——地方历史视野中的自贡盐业研究文本 ………… 秦双星（260）
唐宋地理学视野中的巴蜀井盐与火井 ……………………………… 马强　陈呈（265）
巴蜀、盐巴之谜 ……………………………………………………… 田景和（272）
泰州盐宗庙 …………………………………………………………… 黄炳煜（277）
庆历税印 ……………………………………………… 韩昊　商剑平　王申筛（285）
会馆艺术品读——基于自贡西秦会馆的些许思索 ……………………… 王纯（289）

第七篇　盐文化与盐业人物

自贡盐商捐资办学模式探析 ……………………………… 赵绍成　范光杰（296）

第一篇　盐政·盐务·盐法

清代铜铅京运与私盐[①]

吴海波[②]

私盐问题一直就是困扰清代统治者的主要社会问题之一。由于受不合理盐业专卖制度的影响以及厚利的诱惑,私盐问题到清代中后期(乾隆中晚期以后)更是愈演愈烈,各色人等情愿或不情愿地纷纷加入到了私盐贩卖的行列,有盐枭、匪徒与私贩,也有盐商、盐官和兵丁;私盐种类更是五花八门,有商私、枭私、官私、邻私、灶私等。在清代为数众多的私盐种类当中,还有一种私盐被称为"船私"。所谓船私,是指利用官船贩卖私盐的情况。这里的官船通常包括官盐船和官漕船;而事实上除上述两种官船以外,还有一种官船通常为人们所忽视,即铜铅船。零散而又琐碎的历史资料表明,除官盐船和官漕船以外,在清代,尤其是乾、嘉、道年间,铜铅船通常也被船户水手们用作贩运私盐的交通工具[③];而且相比官盐船和官漕船贩私而言,铜铅船贩私的情况影响更为恶劣。

一、铜铅京运及其路线

有关清代滇黔铜铅京运问题,早在20世纪40年代,严中平就进行了初步的考察。[④]近年来,张永海、潘向明、蓝勇以及日本学者川勝守、中岛敏等也对该问题做了进一步的研

① 基金项目:四川省哲学社会科学重点研究基地、四川省教育厅人文社科重点研究基地——四川理工学院中国盐文化研究中心2012年重点立项课题(项目编号:YWHZ12-01)之阶段性成果。

② 吴海波(1972—),男,汉族,江西高安人,江西中医药大学科研处教授,博士,中国盐文化研究中心特邀研究员、硕士研究生导师,主要研究方向为盐业经济、社会经济史。

③ 近年来,清代私盐问题开始逐渐为学界所关注。中国大陆学者鲁子健、方裕谨、方志远、黄启臣、黄国信、吕一群、王小荷、张小也,中国台湾学者徐泓,及日本学者佐伯富等,均有专文对此加以论述。人们从不同的角度对清代私盐问题做了全面的考察。不过从现有的研究成果来看,人们对枭私、商私、邻私、官私问题的研究,总体而言要比对船私问题的研究要多。而就对船私问题的研究而言,学者们通常关注更多的是漕船贩私和盐船贩私问题,虽然也有学者提到过铜铅船贩私问题,但往往比较简略,且语焉不详。总之,有关铜铅船贩私问题,迄今为止还没有专门性的研究成果出现。笔者希望在现有研究成果的基础上,借助档案和其他一些资料的零散记载,对该问题作系统全面的分析。

④ 严中平. 清代云南铜政考[M]. 北京:中华书局,1948.

究。[①] 总的看来,这些成果主要集中于考察滇黔铜铅京运路线或是与之相关的铜政问题本身,虽然近年来也有学者对清代铜铅船贩卖私盐问题有所提及,但论述较为简略,而且也缺乏系统的分析架构。要了解清代铜铅船贩卖私盐问题,首先有必要对铜铅京运及其运输路线有一个初步的了解。

清代初期,制造铜钱用的原料主要是洋铜,向来由商人从邻国日本进口而来。清初,社会经济处于起步阶段,国家对洋铜的需求量还相对有限。如顺治二年(1645 年)到康熙三十八年(1699 年)的五十五年间,北京户部的宝泉局和工部的宝源局,为铸造铜钱所用洋铜不过 224.6 万斤,其中大多数就是从日本进口而来。[②] 乾隆年间,历经康雍盛世的休养生息,中国社会经济有了很大的发展,商品交换的频繁,致使流通中需要的铜币数量急剧增加,带动了铸币的原料——铜、铅的需要量大增。仅 1696 年至 1710 年间,清政府每年从日本进口的洋铜就多达 400 万 ~ 700 万斤。[③] 铜是一种非再生资源,铜的大量出口意味着日本国内铜产量的下降。为了抑制铜的大量外流,日本政府颁布"正德新令",实行严厉的封锁政策,中国铜料的进口量因此大减。这种突如其来的变故迫使清政府不得不加快开采西南等省的矿山,以增加铜、铅产量,替代进口,满足市场流通的需要。[④] 就是在这种背景下,云南所产铜、贵州所产铅大增。

为了满足铸造局对铜铅的需求,清政府对铜铅京运问题极为重视。为了能将云南的铜和贵州的铅顺利运至京城,清政府不仅制定了铜铅京运的组织制度、运输规模、运输价格、运输时间[⑤],而且还确立了从长江到运河的具体运输路线。清代铜铅京运,有所谓的分运、递运和长运之分。[⑥] 铜铅船的贩私情况,主要发生在川江河段的长运阶段。

有关铜铅京运的运输规模,据清代巴县档案不完全资料记载:经四川运输的京铜、京铅及楚铅数量,在乾隆年间约为 3500 余万斤;嘉庆年间约为 8000 万斤;道光年间约为 1 亿斤,平均年运输量约有 200 万 ~ 300 万斤。[⑦] 就时间而言,以铜运为例,据蓝勇估算,滇

---

① 张永海,刘君. 清代川江铜铅运输简论[J]. 历史档案,1988(1);潘向明. 清代云南交通开发[M]//马汝珩,马正大. 清代边疆开发研究. 北京:中国社会科学出版社,1990;蓝勇. 清代滇铜京运路线考释[J]. 历史研究,2006(3);川勝守. 清乾隆时期云南铜的京运问题[C]//九州大学文学部东洋史研究会. 东洋史论集,1989(17);川勝守. 清乾隆朝的云南铜京运问题与天津市的发展[J]. 清史研究,1997(3);中岛敏. 清代铜政中的洋铜与滇铜[J]//东洋史学论集. 东京:汲古书院,1988.

② 浦廉一. 清初迁界令考[J]. 赖永祥,译,台湾文献,1955,6(4).

③ 刘序枫. 清康熙乾隆年间洋铜的进口与流通问题[M]//汤熙勇. 中国海洋发展史论文集(第 7 辑,上册). 台北:"中央"研究院人文社会科学研究中心,1999:111.

④ 严中平. 清代云南铜政考[M]. 北京:中华书局,1957:3 – 5.

⑤ 有关铜铅京运的组织制度、运输规模、运输时间问题,可参阅:张永海,刘君. 清代川江铜铅运输简论[J]. 历史档案,1988(1).

⑥ 以铜为例,蓝勇的解释是,所谓分运,是指各铜矿将铜料运到云南、四川、贵州的各官铜店;递运指由以上各官铜店转运铜料到运铜总店泸州的过程;长运则主要是由泸州总店沿长江、运河运到京师的过程。参见:蓝勇. 清代滇铜京运路线考释[J]. 历史研究,2006(3).

⑦ 四川大学历史系整理巴县档案"清代由四川运京铜铅统计资料",未刊抄件。转引自:秦和平. 川江航运与啯噜消长关系之研究[J]. 社会科学研究,2000(1).

铜从云南运抵北京,前后大概要花费一年的时间。① 黔铅京运的时间也大致如此。为了确保运输时间不打折扣,清政府还专门制定了延误运期的处罚措施,如规定自"永宁开帮,定限30日抵泸(州)"②;"自泸州开行,统限九个月25日抵通(州),其逾期一二月以上者,分别降革带罪管解,定例本严"③。但由于运输途中路途险恶,滩险浪急④,有学者认为,铜铅京运往往需要两三年才能到达。⑤ 由此可见,清代铜铅京运是一项非常庞大的系统工程。很显然,要完成这样一次充满艰辛的长途运输任务,没有周密的计划和充足的人力是不可能办到的。为了确保运输的万无一失,清政府规定有专门的官兵承揽运输。至于运输船只,清初其来源有两种:一为官府自行打造;二为雇募。由于打造费用太贵,且船体往往因为碰损严重,浪费太大,乾隆以降,一般均采用雇募。至于船户水手,通常也是通过招募而来。这些招募来的水手并非专职,因此,每起运送过后,通常会面临被解散的命运。总之,其生活来源极不稳定,而且非常有限的雇募薪金还经常被铜铅船官兵克扣;如果一旦遭遇铜铅船沉没,还得接受政府的赔罚。普遍的做法是,"运员赔十分之七,地方官赔十分之三"⑥。所谓运员,主要就是指招募而来的船户水手。铜铅船船户水手之艰辛,由此可见一斑。正是这种恶劣的生存状况迫使他们不得不铤而走险,将相对较为廉价的川盐,通过铜铅船夹带之便,大量偷运至湖广地方贩卖,通过赚取两地差价牟利。不过需要说明的是,如果说清初船户水手的贩私行为,还只是为了弥补运送铜铅的损失而做出的无奈选择的话,那么,清中叶以后,我们并不排除部分铜铅船水手开始为了丰厚的贩私利润铤而走险的历史事实。

二、铜铅船贩私及其危害

根据史料记载,清代铜铅船水手的贩卖私盐行为,主要发生在吏治日益腐败的清中叶,也就是清政府由强盛日渐走向衰败的乾、嘉、道年间。此时的铜铅京运,从上文可知,就数量上而言,比清初明显增多,而且往返更为频繁,每年通常是正运六起,加运两起。⑦ 乾、嘉、道年间又正是两淮盐商由强盛走向衰败的历史转折时期,尤其是嘉道年间,大量盐商因为官盐滞销而纷纷破产。盐商的破产也就意味着远离淮盐产区的湖广地区百姓,必

① 蓝勇. 清代滇铜京运路线考释[J]. 历史研究,2006(3).

② 四川省档案馆馆藏档案《川督徐泽醇札》,咸丰元年十二月十九日。

③ 四川省档案馆馆藏档案《巴县至云南正运三起京铜官函》,道光十二年三月初九。

④ 据四川省档案馆馆藏档案《巴县申册》载,仅川江河段(泸州至汉口)就有17处险滩,分别为观音滩、钻皂滩、乌龟石、峨嵬滩、马岭滩、猪滩、镵碑梁、折尾子、大湖塘滩、磁庄滩、瞿塘、滟滪、小黑石、石板峡、龙宝滩、黄金藏滩、鱼洞子。如此险恶的运途,导致铜铅船沉没的事件时有发生,据《巴县申册》载,"历年积算,沉铜不下数百万斤"。

⑤ 严中平. 清代云南铜政考[M]. 北京:中华书局,1957:34.

⑥ 张永海,刘君. 清代川江铜铅运输简论[J]. 历史档案,1988(1).

⑦ 四川省档案馆馆藏档案《川督鄂山札》,道光十二年十月初八。

然面临着买食官盐的更大困难，私盐因此乘虚而入；而吏治的腐败和淮盐与川盐差价的悬殊，更进一步加速了私盐的泛滥。① 正是在此背景下，面对巨大的利润诱惑，铜铅船水手在途经川盐产地时，纷纷冒险将廉价的川盐通过夹带方式，源源不断地运往湖广境内销售。

清代铜铅船水手所贩卖的私盐数量到底有多少？由于史料没有这方面的确切记载，要统计类似的数字几乎是不可能的。但有一点可以肯定的是，其危害性应该不会比当时颇为活跃的漕船水手贩私行为小。铜铅船水手所贩私盐量虽然没有漕船水手那样巨大，但对淮盐引地应该说也同样产生了不小的冲击。铜铅船水手贩运私盐，与其他各色人等（比如普通平民百姓或者盐枭）相比，有一个非常便利的条件，即"官差身份"，这些人正是凭借官差身份才肆行无忌的。为此，乾隆四十六年（1781 年），湖广总督舒常奏称："运铜铅船只多有夹带之弊，倚势装载铜铅，公然籍差偷漏。"②道光年间，铜铅船只夹带之弊更为严重，它们不仅侵害湖北临江的某些府县，甚至开始向邻近的湖南省渗透。为此，陶澍指出：

楚省系水陆通衢，界连川、粤、豫、皖等省，四通八达，邻私最易侵灌。防范设或稍疏，即致贻害腹地。内如湖北宜昌府属之官渡卡，紧接川江，从前铜铅船自四川装运北上，一路收买川私入楚售卖者，经由卡隘，并不听候查验，以致宜昌一郡尽食川私，并灌及下游荆州各属与荆门之安远、当阳，湖南之澧州、石门等处，大为淮纲之要害。③

有关铜铅船的危害，湖广总督纳尔经额和湖北巡抚尹清源说得更为具体：

自去年（道光十四年）夏及今年，已据先后禀获大小枭贩及盗犯 20 余起，私盐 42000 余斤。虽巡缉当属得力，而官引经未畅旺，细加查访，实由川私水陆之透漏，甚于潞私陆路之侵灌。查宜昌府属之官渡卡，紧接川省巫山县，为查私第一要隘，向由宜昌镇总兵，荆、宜、施、道委员带同兵役稽查。往来舟楫，到卡时均应停泊听候验收，唯铜铅船只自四川泸州地方转运北上，船舵水手一路收买川盐入楚售卖，盈舱满载，船身吃水甚重。川楚接壤，两岸皆山，川窄湍急，顺利直下。盐卡非钞关可比，铜铅船水手较粮船水手尤为剽悍，卡座兵役无多，乘坐小船为难拦阻，且一经严查，辄称抢其铜斤银钱，甚或零散夹制。卡员恐致酿事京运不过，取具运员，并非带私印结，申报塞责，虽屡经严饬搜查，从未破获一案，以致渐成痼疾，愈带愈多。不特宜昌一郡尽食川私，下及荆州各属与荆门之远安、当阳，湖南之

① 嘉、道年间，有关私盐对湖广的侵灌问题，可参阅：吴海波．清代湖广官盐运销、流通与私盐[J]．求索，2006(2)．

② 丁宝桢．缉私三[M]//刊本．四川盐法志(卷 34)．1882(光绪八年)．

③ 陶澍．会同两湖督抚筹议楚省鹾务折子[M]//陶澍集(上)．长沙：岳麓书社，1998：291．

澧州、石门等处,无不被其侵灌。①

道光十七年(1837年)五月,林则徐也曾奏称:

窃照淮盐销路,唯楚省引额最重,而邻私侵灌,亦为楚省路径最多。其尤甚者,四川江船顺流直下,船舱夹带,视陆路不啻十倍,而滇、黔铜铅皆由川船装运,借差夹带,视他船又不啻十倍。②

道光九年(1829年)十月发生在云阳县的一起案件,更能使我们对铜铅船水手贩私的危害性一目了然。道光九年十月二十四日,云南候补同知德克精阿押送己丑年正运铜船22只,行抵云阳时,巡查官员见有小船往铜船上运盐,当时截私盐60包,并私贩3名。谁知铜船上水手竟然敢将汛兵6人殴捆,抢去汛兵刀枪,甚至将千总羁留船上,二十九日行至下游才将千总放回。这些船行至奉节时,知县上船验铜,发现藏有私盐,此时风雨大作,不便扣留,而铜铅船竟然砍断缆索潜行,汛兵迅速追截8只,起出私盐13000余斤。后又在巫山追及铜船14只,起获私盐610包,又于河边小店内查出其存放私盐42包。③

由此可见,相比于粮船水手而言,铜铅船水手走私的危害性要更大。这些人通常凭借官差的身份和剽悍的身体素质不服查验,而缉私官兵也往往因为"恐致酿事京运不过",采取敷衍塞责的态度,结果导致案件破获无望。事实上,缉私官兵通常连粮船水手都奈何不了,面对更为剽悍的铜铅船水手更是可想而知。

粮船水手和铜铅船水手贩私,有一个共同的特点,即都利用"官差"的身份掩人耳目。正因为有"官差"这样一张护身符,所以,无论是粮船水手还是铜铅船水手,他们在贩卖私盐的过程中,都要比普通百姓贩私更为肆无忌惮。如果说普通百姓通常采取偷运的方式来走私的话,那么,铜铅船水手就常常习惯于明目张胆的走私方式。这种嚣张气焰一定程度上与清中叶腐败的吏治是密切相关的:如对于铜铅船水手的贩私行为,兵役原本应该严拿根究,但他们却总以肩挑背负之民捕获充数,甚至以盘查私盐为名苦累行旅。

三、防范和打击铜铅船水手贩私的措施

面对铜铅船水手贩私情况的愈演愈烈,地方政府迫切感觉到必须采取措施从根本上解决这一问题。于是嘉庆二十三年(1818年),有大臣奏准在湖北巴东县之官渡卡一带设

① 第一历史档案馆馆藏档案《朱批奏折》(财经类·盐务项),道光十五年六月二十四日,直隶总督纳尔经额、湖北巡抚尹清源。

② 第一历史档案馆馆藏档案《军机处录副奏折》,道光十七年五月初十,湖广总督林则徐。另见:林则徐.奏折[M]//林则徐全集(第二册).福州:海峡文艺出版社,2002:885.

③ 第一历史档案馆馆藏档案《朱批奏折》(财经类·盐务项),道光十年六月二十六日,两江总督琦善。

立总卡,规定“川船经过,皆须查验放行”①。但事实表明,设卡并不能杜绝铜铅船水手的贩私行为。他们经过卡隘时,根本就不听候查验。地方官员要么碍于其特殊身份,不敢多加追究;要么畏其强悍,不敢缉拿。随着情况越来越严重,道光十五年(1835 年)六月,湖广总督纳尔经额建言,通过以下措施加强对铜铅船水手贩私的打击力度②:

第一,规定此后凡有铜铅船经过宜昌所属地方,该镇总兵必须亲自督率卡运各员查验。若有水手抗拒、逃散或挟制等事发生,即将其捉拿,并交地方官府严厉查办;为了不耽误京运任务,重新招聘新的水手“迅速开行,以副限例”。

第二,云贵、四川各督抚,必须严饬运员,不准克扣水手船价水脚,应该照数发放。

第三,铜铅船过境时,沿途州县必须加强稽查,如若发现有人私自将食盐卖给船户水手,“即行严拿惩治”③。

第四,如果铜铅船沿途所过州县不认真查办,一旦被楚省(湖南、湖北)查出有夹带私盐情况,“即着行知川省核实查参”。

道光年间,又重申厂店如果私自将川盐卖给船户,“即严拿惩治”;同时要求地方官员力求做到“不分畛域,以清川私来源”④。

不过严厉的治私措施还是没有从根本上解决该问题。比如据林则徐奏称,仅道光十七年(1837 年),湖广地区就查获至少三起铜铅船贩卖私盐案例,分别是:

道光十七年(1837 年)三月,“贵州龙泉县知县童翚,领运铅船 26 只过官渡口,并不泊岸,顺流直下,经巴东县知县饶拱辰派役随同卡员,追赶下游之新滩,交护宜昌镇倭仁布就彼验放”⑤。

道光十七年(1837 年)四月,云南大关同知彭衍墀,领运铜船 24 只过官渡口,也不拢卡接受查验,结果“兵役追至斗山沱,经倭仁布等起获水手所带私盐 793 斤”⑥。

道光十七年(1837 年)十月,据官渡卡委员禀报:“十月十二日有云南委员署保山县知县候补同知严廷珏,领运铜铅船 24 只泊卡候验,当即跟同该运员挨舱彻底盘查,起获私盐 73 包,计重 3400 斤,又续获私盐 3 包,计重 150 斤。”此案还抓获贩私船户何万才和船工蔡正坤两人。船上所带私盐,正是这两人所为。那么,这些私盐又是如何买来的呢?后通过审讯得知,何万才首先于道光十七年九月二十一日在四川江北厅汇川门外顺城街大兴盐店买盐 33 包,第二天又在该厅河坝、缆子托河下向不知姓名的盐船水手买盐 37 包,每包约重四十七八斤,然后将这些盐运至云阳县,又在河街合兴店买盐 3 包,共重 90 余斤,与

① 林则徐. 奏折[M]//林则徐全集(第二册). 福州:海峡文艺出版社,2002:885.
② 第一历史档案馆馆藏档案《军机处录副奏折》,道光十七年五月初十,湖广总督林则徐。另见:林则徐. 奏折[M]//林则徐全集(第二册). 福州:海峡文艺出版社,2002:885.
③ 铜铅船水手所贩私盐主要来自四川,因此,此处沿途州县主要指四川省各州县。
④ 林则徐. 奏折[M]//林则徐全集(第二册). 福州:海峡文艺出版社,2002:887.
⑤ 林则徐. 奏折[M]//林则徐全集(第二册). 福州:海峡文艺出版社,2002:886.
⑥ 林则徐. 奏折[M]//林则徐全集(第二册). 福州:海峡文艺出版社,2002:886.

前面提到的私盐一共重3000余斤。蔡正坤的3包盐,于九月初六日买自江北厅大江门内朱大保盐店。①

从上述情况可知,尽管清政府规定厂店私自将川盐卖给船户,"即严拿惩治",但在为生活所迫或是巨额盐利的诱惑下,这种规定丝毫没有影响到铜铅船水手的贩私热情,同时也没有对官盐店违法售私行为起到根本性的杜绝作用。除何万才37包盐买自不知姓名的盐船水手外,其他私盐均买自大兴、合兴、朱大保等官盐店。由此可见,铜铅船水手贩卖私盐固然应该受到谴责,但同时应该受到谴责的还有这些违法售私的官盐店。如果官盐店能够秉公执法,不把食盐卖于这些船户水手,其贩私意图也就可能化为泡影。虽然官盐店的秉公执法行为不可能从根本上杜绝铜铅船水手的贩私行为,但至少对其有一定的抑制作用。其实说到底,这种交易之所以能够完成,不过是铜铅船水手与盐商相互勾结的结果。此外,押运铜铅的官兵也必须对此承担一定的责任:如果没有他们的默许,船户水手与盐商的交易是很难成功的。

四、余论

如何看待清代铜铅京运过程中船户水手的贩卖私盐行为,事关如何评价船私的性质、影响及其作用问题。很显然,简单地用"好"或是"不好"来评价铜铅船水手的贩私行为都是不科学的。事实表明,铜铅船水手的贩私行为,是众多因素共同作用的结果;这种情况之所以难以根绝,同样也是各种因素相互不协调的结果。可以说,如果没有官府对铜铅船水手的剥削与压迫,如果没有不合理的盐业专卖制度造成的盐业差价的存在,如果没有官吏缉私的敷衍塞责,也就很难有铜铅船水手贩私行为的存在。因此,无论从哪个角度而言,发生此类不法行为,铜铅船水手都不应该成为最需要谴责的对象;最需要谴责的应该是不合理的盐业专卖制度、腐败的官僚体制以及病态官僚体制下各种针对铜铅船水手的压榨与剥削。从根本上而言,铜铅船水手的贩私行为可以说是与现行制度的斗争,它不仅反映了广大民众对于食盐专卖体制的强烈不满,同时也折射出清中叶腐败的官僚体制已经开始步入日暮途穷的终结之道。

[**参考文献**]

[1]严中平.清代云南铜政考[M].北京:中华书局,1957.

[2]浦廉一.清初迁界令考[J].赖永祥,译,台湾文献,1955,6(4).

[3]蓝勇.清代滇铜京运路线考释[J].历史研究,2006(3).

---

① 第一历史档案馆馆藏档案《军机处录副奏折》,道光十八年二月初四,湖广总督林则徐。另见:林则徐.奏折[M]//林则徐全集(第二册).福州:海峡文艺出版社,2002:1046-1047.

[4]刘序枫．清康熙乾隆年间洋铜的进口与流通问题[M]//汤熙勇．中国海洋发展史论文集(第7辑,上册)．台北:“中央”研究院人文社会科学研究中心,1999.

[5]张永海,刘君．清代川江铜铅运输简论[J],历史档案,1988(1).

[6]秦和平．川江航运与啯噜消长关系之研究[J]．社会科学研究,2000(1).

[7]吴海波．清代湖广官盐运销、流通与私盐[J]．求索,2006(2).

[8]丁宝桢．缉私三[M]．刊本．四川盐法志(卷34)．1882(光绪八年).

[9]陶澍．会同两湖督抚筹议楚省鹾务折子[M]//陶澍集(上)．长沙:岳麓书社,1998.

[10]林则徐．奏折[M]//林则徐全集(第二册)．福州:海峡文艺出版社,2002.

计口授盐与改配代销

——以清代南部县盐为中心[①]

金生杨[②]

清雍正八年（1730年），四川推行计口授盐之政，确定了厂岸配引制度。乾隆以降，由于川北盐业衰落，其引岸无盐可销，于是出现了权宜之计的改配、代销之法。至道光以降，又由于川北盐业有所恢复，出现了回配的呼声及与之相应的政策调整。学界对川盐的改配代销问题关注甚少，尤其是关于计岸方面，更是缺乏深入的研究。在此，先就川北重要盐厂之一的南部盐厂的改配代销等历史做初步的探索，以推动盐业史研究的深入。

一、计岸配引

清初，四川犹行明代旧引，顺治八年（1651年）始题准四川行盐引小票。康熙六年（1667年），户部议令四川行大引，四川巡抚张德地奏复而罢。当时“达东州县之民，俱系川北射洪、南部驴驼之盐”[③]，南部之盐主要销售于“达东州县”等地，皆背负驴托，只宜用小票，不适宜于大引。康熙十年（1671年），巡抚罗森奏疏称：“保宁府属南部县福兴厂发卖者行于苍溪、广元、昭化、巴州、通江、南江、剑州、梓潼、营山、仪陇等州县而止。”[④]由此可见当时南盐行销区域。康熙二十五年（1686年），四川始行宝泉局铸铜版印制大引。由于“引少户繁，官便其私，民竞其利”[⑤]，“壤地错杂，往往有此界之井，而榷课配引征税于邻界者”[⑥]，于是巡抚宪德与川陕总督黄廷桂于雍正

① 基金项目：四川省哲学社会科学重点研究基地、四川省教育厅人文社科重点研究基地——四川理工学院中国盐文化研究中心2013年度重点项目“清代南部县盐务研究”（项目编号：YWHZ13－01）；同时也是国家哲学社会科学重大项目“清代南部县衙档案整理与研究”（11&ZD093）。

② 金生杨（1974—），男，重庆万州人，西华师范大学历史文化学院教授，历史学博士，现从事清代南部县衙盐房档案的研究。

③ 张德地．为恭报盐课盐税银两等事疏［M］//序刊本．蔡毓荣，等．（康熙）四川总志·盐法（卷30）．1673（康熙十二年）．

④ 《（康熙）四川总志》卷30《盐法》。按《（雍正）四川通志》卷14作“康熙十一年正月二十七日巡抚四川都察院右副都御史张德地”题奏，而非罗森题奏，唯疏中明称“前任抚臣张德地”，则《（雍正）四川通志》为误题。

⑤ 丁宝桢．转运二·本省计岸［M］//四川盐法志（卷7）//续修四库全书（842）．上海：上海古籍出版社，2002：149.

⑥ 丁宝桢．征榷一［M］//四川盐法志（卷20）//续修四库全书（842）．上海：上海古籍出版社，2002：368.

八年(1730年)奏定计口授盐之政,檄驿传盐法道刘应鼎详定章程,"约计户口之多寡,均匀颁发,令其各自招商转运"[1],分厂分岸,以每人每天食盐五钱计算,分定厅州县配盐厂额引、增引。[2] 宪德奏称:"查川省各州县内井产盐斤,有此界井眼在彼处榷课配引征税者,若不各清各界,恐经征收纳,弊窦丛生,而商民无所遵守,遂令各州县会勘明白,各清各界。"[3]经此次奏部定例盐法,四川省四大盐厂于各府州县水陆配引行销。于是行引有定岸、额数,配盐有定厂,"商名必具于引,毋有模糊"[4],"报卖盐觔,水陆配引行销,各有地方,计井配盐,册载不易"[5],界限极为分明。

光绪初年,"生齿日蕃,引额倍差,并各厂亦复转徙改配,非复旧制"。丁宝桢等在编纂《四川盐法志》时,"以初定规模,不应数典忘祖,用特溯录,附著于篇",将雍正八年各州县"计口授引初额"列表著录。[6] 据其统计,南部县复兴厂配水陆引营销于阆中县、苍溪县、南部县、广元县、昭化县、巴州、通江县、南江县、剑州、南充县、蓬州、营山县、仪陇县、渠县、大竹县、平武县等16州县。

道光十一年(1831年),灶户雷光雄等奏称"南部复兴厂盐行保、顺二府,并达州三县,分引运卖,久定成规"[7]。道光十六年(1836年),雷光雄又称"南部复兴厂盐行二十二州县"[8]。根据道光十六年四川布政使司复查,"南部县盐厂额配保宁府属之阆中、苍溪、通江、南江、巴州、广元、昭化、剑州,并顺庆府属之南充、仪陇、蓬州、营山,绥定府属之达县、大竹、渠县、太平,龙安府属之平武等十七州县,共水引一百六十八张,陆引七千二百八十一张"[9]。此说与雍正八年所定的配岸相较,增加了绥定府属之达县、太平两地。

---

① 丁宝桢. 转运二·本省计岸[M]//四川盐法志(卷7)//续修四库全书(842). 上海:上海古籍出版社,2002:149.
② 丁宝桢. 征榷一[M]//四川盐法志(卷20)//续修四库全书(842). 上海:上海古籍出版社,2002:369.
③ 丁宝桢. 征榷一[M]//四川盐法志(卷20)//续修四库全书(842). 上海:上海古籍出版社,2002:369.
④ 丁宝桢. 引票一·颁行[M]//四川盐法志(卷16)//续修四库全书(842). 上海:上海古籍出版社,2002:311.
⑤ 清代南部县衙档案. Q1-4-374-2[M]. 四川省南充市档案馆馆藏(以下所引仅注明卷宗号).
⑥ 丁宝桢. 引票二[M]//四川盐法志(卷17)//续修四库全书(842). 上海:上海古籍出版社,2002:324.
⑦ Q1-4-374-2.
⑧ Q1-4-376-1.
⑨ Q1-4-377-2,Q1-4-377-3.

表1　清代南阆盐厂配引分布表

序号	府属	配行州县	雍正八年（1730年）				嘉庆二十一年（1816年）				备注
			所配盐厂	水引	陆引	依据	所配盐厂	水引	陆引	依据	
1	保宁府	阆中县	阆中县、南部县	—	750	雍正《四川通卷14《盐法》；丁宝桢《四川盐法志》卷17《引票二》，第324页	阆中县	2	737	嘉庆《四川通志》卷68《食货·盐法志》，第2308—2309页、2311—2312页、2314—2315页	据南部档案Q1-4-377-2、Q1-4-377-3，道光年间，南部盐厂额配另有绥定府属之太平一地，南阆盐厂共配水引168张，陆引7281张。另，因沿革变化，个别州县名称、地域有调整
2	保宁府	苍溪县	南部县	—	357		南部县	—	357		
3	保宁府	南部县	南部县	—	504		南部县	—	1468		
4	保宁府	广元县	南部县	60	11		南部县	65	—		
5	保宁府	昭化县	南部县	23	4		南部县	26	30		
6	保宁府	巴州	南部县	—	1040		南部县	—	1140		
7	保宁府	通江县	南部县	—	425		南部县	—	425		
8	保宁府	南江县	南部县	—	138		南部县	—	165		
9	保宁府	剑州	潼川州、南部县	—	524		南部、三台等县	—	524		
10	顺庆府	南充县	南充县、蓬溪县、西充县、南部县	—	652		南充、西充、南部、蓬溪等县	—	682		
11	顺庆府	蓬州	蓬州、南部县	8	207		蓬州、南部县	9	227		
12	顺庆府	营山县	南部县	—	478		南部、西充等县	—	571		
13	顺庆府	仪陇县	南部县	—	349		南部县	—	357		
14	绥定府	达县	—	—	—		南部、云阳、犍为、射洪、蓬溪等县	303	3027		
15	绥定府	渠县	南部县	40	819		南部县	60	752		
16	绥定府	大竹县	南部县	—	1408		大竹、南部、西充、犍为等县	96	1697		
17	龙安府	平武县	绵州、南部县、潼川州	—	543		南部、三台、绵州等州县	10	486		
总	4府		16州县	131	8209		17州县	571	12645		

《四川盐法志》记载“达州，云阳水引六十，陆引一千三百五十一”，“太平县，本县并云阳陆引二百五十”，并不采配南阆盐厂之盐。不过，《四川盐法志》所载《本省计岸行盐截

验道里表》中，也有达县、太平两地，则道光十六年四川布政使司的复查结果是可信据的。光绪初年，办理南部票厘委员制定的抽收票厘章程也有“南部所产之盐，例应行销十七州县”之说。[①] 这一点，在《清盐法志》《川盐纪要》中也得到了印证。[②]

表 2　南部县复兴厂计岸行盐截验道里表

厂	南部		道里(里)		依据
截	新镇坝县丞		90		《四川盐法志》卷7，第156—157页；《清盐法志》卷256《四川十三运销门》，第23—24页
验	新镇坝县丞		90		
	蓬州舟口		210(般查挂号)		
行销	府州县		水路	陆路	
	保宁府	阆中	100	75	
		苍溪	190	140	
		广元	790	380	
		昭化	620	380	
		巴州	—	240	
		南江	—	270	
		剑州	—	320	
		通江	—	360	
	顺庆府	南充	290	210	
		蓬州	210	180	
		营山	250	105	
		仪陇	—	185	
	绥定府	渠县	—	370	
		大竹	—	465	
		达县	—	465	
		太平	—	560	
	龙安府	平武	—	830	

就实际运销而言，南盐既有商销，也有自行配盐销售。商销行于渠县、大竹、达县、广元等较远之地，自行销售则行于南部等近属之地。“南部县井灶所产盐觔，于雍正九年奉文招商，经前县将张富来、李奇、高伦、李文、王瑜、朱田明等六名，详请咨部，配引营销。”在实际执行中，南部县“实在该处引盐，仍系各灶户领引，自行配盐销售，历年课税并无贻

① 丁宝桢．南部县会同委员等会禀抽收盐厘章程并行盐茶道蓬州等州县由(计抄章程一案)[M]//平远宫保督蜀批札节略(四)．哈佛大学汉和图书馆藏清钞本．

② 张茂炯，等．清盐法志[M]．盐务署印行本．1920(民国九年)；林振翰．川盐纪要[M]．上海：商务印书馆，1919.

误”,“按井分配,自行营销”,“有部商之名,并无承办之实”。①

二、增引、减引

雍正八年以后,各州县引额在增减变化之中,所配各厂也因时代的不同而转徙改配代销。《南部县志》称:“历代引额不一,随时损益,唯我朝设官以董其鹾,斟酌尽善,商民两便,其利不亦溥哉!”②

雍正八年以后,南部县盐业生产有衰有旺,因此南盐也有增引与减引。首先,因新开盐井,或开淘旧井,盐产量不断增加,这从当时课井数量便可看出。

表3　南阆盐厂乾隆年间新增榷课井表

年份	管属	井则	眼数
	旧管	上井	2
	旧管	中井	13
	旧管	下井	64
	原额	下下井	1
雍正十三年	新增	下井	68
乾隆元年	新增	下井	6
乾隆三年	新增	下井	8
乾隆四年	新增	下井	3
乾隆六年	新增	下井	7
乾隆八年	新增	下井	10
乾隆九年	新增	下井	7
乾隆十一年	新增	下井	8
乾隆十二年	新增	下井	17
乾隆十三年	新增	下井	9
乾隆十六年	新增	下井	21
乾隆十八年	新增	下井	32
乾隆二十一年	新增	下井	15
乾隆二十二年	新增	下井	35
乾隆二十三年	新增	下井	12

盐产量的增长,必然会出现额引不敷配运的情况。在未行增引之前,“各井灶每年所产盐斤实多浮余,额引不敷行运”,于是有将“引外余盐私行墨票,侵引税银”的“余盐陋

① Q1－2－71－9.

② 李咸若,等. 食货志·盐政[M]//同治增修南部县志(卷6). 成都:巴蜀书社,2014:117.

规”。[①] 引外有票,但“照票为一时权宜之计”,故地方官吏奏行增引,盐引便在不断增加之中。据《四川盐法志》记载,乾隆二十年(1755年)、二十八年(1763年)、三十年(1765年),南部盐曾先后增加水陆盐引。[②] 乾隆四十九年(1784年),四川盐茶道林俊推行“听民穿井,永不加课”政策,“蜀盐始蹶而复振”[③],盐业生产有了很大的提升。乾隆五十一年(1786年),“灶户李坤生等六十七名,开淘新井”,“陆续见咸”,“榷课增引”,于是出现了增引配销的问题。南部县根据惯例,要求按照实际执行的办法,“遵照见咸起科之例,俱请自乾隆五十四年为始,征课纳税,所有引张历由灶户自配本地营销,按井榷课,不论锅口”[④]。道光四年(1824年),南部知县称:“卑县复兴厂额设陆引一千四百六十八张。”[⑤]雷光雄于道光十一年(1831年)五月则称:“灶民等课井四百三十六眼,每井一眼陆引三张,水引半张,及各州县陆引一千三百零八张,水引六十四张,各县均来复兴厂配盐。”[⑥]若此,则陆引凡2616张(436×3+1308),水引凡282张(436×1/2+64)。可见,南部县经过乾隆间的多次增引,盐引数量有了明显的增长。

另一方面,雍正八年以后,由于盐井坍塌、崩废,也有导致盐引减少的情况。据《四川盐法志》记载,乾隆二十三年(1758年)至二十五年(1760年)、乾隆三十年(1765年)至三十三年(1768年)、乾隆三十四年(1769年)至三十七年(1772年)、乾隆三十八年(1773年)至四十年(1775年)、乾隆四十一年(1776年)至四十七年(1782年)、乾隆五十三年(1788年)、乾隆五十四年(1789年)至五十九年(1794年),曾先后题准豁除水陆引若干张。[⑦]

三、改配、代销

与盐厂盐引增减相对应,各引岸的配引也有增减变化,一方面是受到南盐产量变化的影响,决定是否改配他厂;另一方面也受到人口变动引起的盐销量的变化,“户口蕃育,所销盐斤不敷食用者,应令查明盐斤实数,再增引目,如数承领,以敷民食”[⑧],如原配南盐的渠县于“乾隆十八年,计口增引,配销余盐,新增陆引一百八十三张”[⑨],而销售不畅就需要考虑代销。

综合来看,乾隆时期,四川盐业发生了很大的变化:清初川北盐业兴旺,乾隆以后则川

① 丁宝桢．引票四·票[M]//四川盐法志(卷19)//续修四库全书(842)．上海:上海古籍出版社,2002:353.

② 丁宝桢．引票二·历年增引[M]//四川盐法志(卷17)//续修四库全书(842)．上海:上海古籍出版社,2002:326-327.

③ 王守基．四川盐务议略[M]//粤东刊本．盐法议略．1886(光绪十二年).

④ Q1-2-71-9.

⑤ Q1-4-370-1.

⑥ Q1-4-374-2.

⑦ 丁宝桢．引票二·豁除[M]//四川盐法志(卷17)//续修四库全书(842)．上海:上海古籍出版社,2002:329.

⑧ 丁宝桢．转运二·本省计岸[M]//四川盐法志(卷7)//续修四库全书(842)．上海:上海古籍出版社,2002:150.

⑨ 何庆恩．盐法志[M]//刻本．(同治)渠县志(卷27)．1864(同治三年).

南盐业反盛,而川北盐业衰落。王守基称:“盐井衰旺,亦每数十年而一变。方兴之初,潼川之射洪、蓬溪最旺,犍、乐、富、荣次之,其余各井又次之。不数十年,射、蓬即衰歇,反以犍、富为上。”①为解决因盐业兴衰变化引起的课税积欠问题,四川地方政府采取了改配、代销的举措。“雍正十年,巡抚宪德奏定代销通融行销认领改配者凡二十余州县。十二年,复同总督黄廷桂条奏改拨代销之法,于是滥觞所流,遂纷纷矣。”②当时官绅学者对创设此举的原因及用意都非常清楚:“改配之议,因川北井枯课亏,改配、代销,名曰通融调剂。”③“川省创为改代、改配之说,以此岸之商代行彼岸之引,又以彼岸之引改配此岸之盐。其初原因井水荣枯,口岸衰旺。数十年中,时有迁移,不能不酌盈剂虚。”④改配、代销在保障盐税的同时,又遗留下不少的问题。王守基《盐法议略》称:“本省计岸,虽系按丁分引,然畅滞靡常,或以此县代销彼县之引,或以彼商认销此商之盐,互相认代,弊端丛生。久之即按其认代者著为定额,而私行认代,仍所不免。”丁宝桢则称:“厂岸配引,损益因时,盖厂有衰旺,岸有畅滞,法成不变,势所不能。故改配改代,善行之则为救时之良法,不善行之则为丛弊之阶府。”⑤又说:“查川省盐务之弊,以改代、改配最为大端。”⑥

据道光十六年(1836年)四川布政司的核查,起初“南部县盐厂额配保宁府属之阆中、苍溪、通江、南江、巴州、广元、昭化、剑州,并顺庆府属之南充、仪陇、蓬州、营山,绥定府属之达县、大竹、渠县、太平,龙安府属之平武等十七州县,共水引一百六十八张,陆引七千二百八十一张”。其后,“因该厂柴薪价贵,产盐不敷采配,经大竹、达县、渠县、昭化、广元、营山各县盐商改配别厂,以疏引课”⑦。至于具体时间,四川布政司以“先年”代之,并不具体。尽管在道光初年,南部县复兴厂盐已配行到除南部县外的17州县行销,较雍正八年的16州县增加了太平、达县两地,但随之而来的改配,却对南盐的产销产生了巨大的冲击。“南部盐斤,盐水淡薄,水花居多,其锅巴盐斤,亦不甚厚。各州县商人,以南盐难销,是以历来借以盐不敷引,纷纷改配。”⑧

据道光十六年(1836年)南部灶民雷光雄之说,复兴厂配引的调整始于乾隆三十七年(1772年)。

“南部复兴厂盐行二十二州县,于乾隆三十七年,被奸商张绍璞,达州刘元海,新宁、开县、大竹县刘奇宛等私乱盐法,蒙混盐宪。奉批既商盐不敷伊处民食取结,暂配犍为行运,

① 王守基. 四川盐务议略[M]//粤东刊本. 盐法议略. 1886(光绪十二年).
② 丁宝桢. 引票三·积引[M]//四川盐法志(卷18)//续修四库全书(842). 上海:上海古籍出版社,2002:330.
③ 严如熤. 山货[M]//三省边防备览(卷10)//续修四库全书(732). 上海:上海古籍出版社,2002.
④ 丁宝桢. 清查盐务妥议章程片(光绪五年十二月十九日)[M]//南海罗氏刊本. 丁文诚公奏稿(卷18). 1896(光绪二十二年).
⑤ 丁宝桢. 引票二·配引表[M]//四川盐法志(卷17)//续修四库全书(842). 上海:上海古籍出版社,2002:315.
⑥ 丁宝桢. 清查盐务大概情形折(光绪五年十一月初十)[M]//南海罗氏刊本. 丁文诚公奏稿(卷17). 1896(光绪二十二年).
⑦ Q1-4-377-2.
⑧ Q1-4-368-1.

俟军需告竣,仍归原款可也。[①]

乾隆三十七年,因军事需要,南部县盐(以下简称"南盐")产量不够达州、新宁、开县、大竹县民食取给,于是经盐商申请,盐宪批准,改配犍为行运,定于军需结束后,即改回原先配引各州县营销。至道光二年(1822 年),南部知县李文德转禀撤引回配,得到总督、按察使及盐茶道的批准。

据《(乾隆)大竹县志》卷 6《盐政》记载,大竹原销南盐,但"乾隆三十七年,复增犍为县水引九十六张"[②];据《(民国)大竹县志》卷 4《赋税志·杂税》记载,"嘉庆二十五年,改配富顺自流井盐"。可见,雷光雄之说有一定的依据,但与事实不符。乾隆三十七年,大竹县仍配南盐,但却增配了犍为县盐;嘉庆二十五年(1820 年),大竹县又改配富顺井盐。不过,雷氏说南盐配行 22 州县,而雍正八年时,南盐仅配 16 州县,达州、新宁、开县等并没有在南部配盐。考《四川盐法志》,雍正八年时,达州由云阳盐厂配水引 60 张,陆引 1351 张;新宁县由云阳盐厂配水引 35 张,陆引 888 张;至于开县,则未列其中。[③] 据《(咸丰)开县志》卷 14《盐茶》记载,当时开县除销售本县盐之外,认销云阳水引 316 张、陆引 992 张,也未认销南盐。如果雷氏此说可信,则在雍正八年至乾隆三十七年间,南部复兴厂盐配引区域已有了一定的变化,达州、新宁、开县等地也由南部盐厂配引了。

达县在"雍正十年原额行云阳县盐六百张","雍正十一年,奉文加增云阳水引六十张,是年请改南部县陆引七百五十二张"[④],"嘉庆二十五年改配富顺自流井盐"[⑤]。前者从云阳盐改配南盐,是南盐销售区域的扩大,而非雍正八年的定额;后者从南盐改配富顺盐,则是南盐销售区域的减小,但远晚于雷氏所言的乾隆三十七年。《(乾隆)直隶达州志》卷 2《盐茶·新宁县》和《(咸丰)开县志》卷 14《盐茶》没有新宁、开县改配南盐的记载。

太平县改配南盐始于道光元年(1821 年)。《(光绪)太平县志》卷 3《食货志·课税·盐税》记载,太平县原配盐于本县及射洪、盐亭等县,道光元年始由"巴州拨归南部县陆引一百二十四张,通江县拨归南部县陆引四十六张"[⑥]。《(道光)通江县志》卷 3《食货志·赋税·盐税》也记载:"道光元年,奉文分拨太平县陆引四十陆张,归入太平县征解。"[⑦]《(道光)巴州志》卷 4《赋税》则称:"道光三年,拨出陆引一百二十四张,归入太平县征解。"看来,太平县接受通江、巴州分拨盐引时间并不一致。太平县销售的南盐原本应销售

---

① Q1-4-376-1.

② 陈士林. 盐政[M]//(乾隆)大竹县志(卷 6)//故宫珍本丛刊(220 册). 海口:海南出版社,2001:316.

③ 丁宝桢. 引票二[M]//四川盐法志(卷 17)//续修四库全书(842). 上海:上海古籍出版社,2002:325.

④ 鲁凤辉,等. 盐法志[M]//达县衙署刻本.(嘉庆)达县志(卷 28). 1815(嘉庆二十年).

⑤ 蓝炳奎,等. 食货门·杂税[M]//(民国)达县志(卷 11)//中国地方志集成·四川府县志辑 60. 成都:巴蜀书社,1992:154-155.

⑥ 杨汝偕. 食货志·课税·盐税[M]//刻本.(光绪)太平县志(卷 3). 1893(光绪十九年).

⑦ 李钟峨,等. 食货志·赋税·盐税[M]//(道光)通江县志(卷 3)//中国地方志集成·四川府县志辑 63. 成都:巴蜀书社,1992:67.

于巴州、通江,只是因二地滞销才转拨太平,就此而论,南盐的销量并没有增加,但销售范围即引岸却扩展到原不销售其盐的太平县。也可以说,这是一种特殊的盐引代销。

光绪六年(1880年),渠商李夑箴等称南盐改配"始于乾隆十七年,渠前商张华世等因味淡卤重,不便商民,禀请前盐宪先后改配犍射富等厂,行之百余年矣"①。渠商们的禀文又称"认行渠岸水陆引张额配南厂,裕课济食,遵行未久,因该厂产盐味淡,于乾隆年间遂改配犍富等厂"②。《(同治)渠县志》没有说明改配的时间,《(民国)渠县志》只说"渠县盐务,清初由商领引往南部配运行销,后以井老水枯,民食难济,乃改食富顺盐,由商往自流井船运回渠售卖"③,改配时间也不具体。

在此期间,销售南盐的仪陇县也一度改为巫山县、犍为县代销。光绪重刻《(同治)仪陇县志》卷17《食货志·赋税盐茶课附》:"仪无盐井之利,雍正八年奉行认销南部县陆引三百四十九张,乾隆十八年新增陆引八张,共引三百五十七张,赴南部配盐,回县发卖。……嘉庆五年,知县王夑奉行拨入巫山县代销。十年,知县李徽典奉行将引转拨犍为县代销。至十七年底止,十八年撤回行销。"

至于前面引文提及的"昭化、广元、营山各县盐商改配别厂"事,《(民国)重修广元县志稿》第三编卷10《食货志二·赋税杂捐钱币·盐课》、《(道光)重修昭化县志》卷20《食货志四·杂课》、《(同治)营山县志》卷14《食货志·盐茶·盐法》并无三地改配别厂的记载,当为三地盐商所为,与其地之配引无关。

四、结语

清初,四川盐务经历了沿袭明引,采用宝泉局印制大引,到雍正八年实施计口授引的过程,最终确立起了厂、引、岸相配不易的格局。乾隆年间,四川盐业生产发生了很大的变化:川北盐业衰落,川南盐业后来居上。计口授盐已不适应现实的盐业产销状况,造成了盐、引、岸不相配,川北盐不敷配,川南余盐滞销,课税的积欠严重影响了朝廷的收入。为此,朝廷在四川推行改配、代销的权宜之策。然而改配、代销弊端重重,成为四川盐务长期的负担。

川北地区重要盐业之一的南部盐厂在雍正八年计口授盐之时,行销16州县,皆为计岸,颇为兴旺。随着盐业的发展,南盐也在不断地增引、减引,其行销区域整体上有所扩大,增加了达县、太平县两地。然而,乾隆、嘉庆时期,因为社会动荡,盐井衰敝,不敷采配,其计岸盐引被改配他厂,个别计岸还由于户口减少等原因,改为其他地区代销。

---

① Q1-8-270-1.

② Q1-8-266-1.

③ 杨维中,等. 食货志六·盐法[M]//(民国)渠县志(卷2)//中国地方志集成·四川府县志辑62. 成都:巴蜀书社,1992:399.

南盐运销于各计岸,其配引变化,尤其是其改配、代销的情况,折射出清代四川盐业的复杂局面,也反映了在保障课税前提下,带有强烈"计划经济"式的盐务政策的重重弊端。这样的积弊,到丁宝桢主政四川时,就充分暴露出来了。由于史料缺乏等原因,这段历史未发之覆甚多,还有待进一步深入挖掘。

[**参考文献**]

[1]清代南部县衙档案. Q1-2-71,Q1-4-368,Q1-4-370,Q1-4-374,Q1-4-376,Q1-4-377,Q1-8-266,Q1-8-270[M]. 四川省南充市档案馆藏.

[2]王守基. 盐法议略[M]. 粤东刊本. 1886(光绪十二年).

[3]张茂炯,等. 清盐法志[M]. 盐务署印行本. 1920(民国九年).

[4]林振翰. 川盐纪要[M]. 上海:商务印书馆,1919.

[5]丁宝桢. 四川盐法志[M]//续修四库全书(842). 上海:上海古籍出版社,2002.

[6]丁宝桢. 平远宫保督蜀批札节略(四)[M]. 哈佛大学汉和图书馆藏清钞本. 1875-1911.

[7]丁宝桢. 丁文诚公奏稿[M]. 南海罗氏刊本. 1896(光绪二十二年).

[8]严如熤. 三省边防备览[M]//续修四库全书732. 上海:上海古籍出版社,2002.

[9]蔡毓荣,等. (康熙)四川总志[M]. 序刊本. 1673(康熙十二年).

[10]黄廷桂,等. (雍正)四川通志[M]//景印文渊阁四库全书559-561. 台北:台湾商务印书馆,1986.

[11]常明,等. (嘉庆)四川通志[M]. 成都:巴蜀书社,1984.

[12]王瑞庆,李咸若,等. 同治增修南部县志[M]. 成都:巴蜀书社,2014.

[13]何庆恩,等. (同治)渠县志[M]. 序刻本. 1864(同治三年).

[14]杨维中,等. (民国)渠县志[M]//中国地方志集成·四川府县志辑62. 成都:巴蜀书社,1992.

[15]陈士林. (乾隆)大竹县志[M]//故宫珍本丛刊(220册). 海口:海南出版社,2001.

[16]郑国翰,等. (民国)大竹县志[M]//中国地方志集成·四川府县志辑62. 成都:巴蜀书社,1992.

[17]陈庆门,宋名立. (乾隆)直隶达州志[M]//中国地方志集成·四川府县志辑59. 成都:巴蜀书社,1992.

[18]鲁凤辉,等. (嘉庆)达县志[M]. 达县衙署刻本. 1815(嘉庆二十年).

[19]蓝炳奎,等. (民国)达县志[M]//中国地方志集成·四川府县志辑60. 成都:巴蜀书社,1992.

[20]杨汝偕. (光绪)太平县志[M]. 序刻本. 1893(光绪十九年).

[21]李钟峨,等.(道光)通江县志[M]//中国地方志集成·四川府县志辑63. 成都:巴蜀书社,1992.

[22]谢开来,等.(民国)重修广元县志稿[M]//中国地方志集成·四川府县志辑19. 成都:巴蜀书社,1992.

[23]翁道均.(同治)营山县志[M]//中国地方志集成·四川府县志辑58. 成都:巴蜀书社,1992.

[24]张绍龄,等.(道光)重修昭化县志[M]//中国地方志集成·四川府县志辑19. 成都:巴蜀书社,1992.

[25]朱肇奎,等.(咸丰)开县志[M]//中国地方志集成·四川府县志辑51. 成都:巴蜀书社,1992.

[26]朱锡谷,陈一津.(道光)巴州志[M]. 刻本.1833(道光十三年).

[27]曾绍樾,等.(同治)仪陇县志[M]//中国地方志集成·四川府县志辑57. 成都:巴蜀书社,1992.

抗日根据地的盐业生产和盐税征收

王明前[①]

抗日战争时期,食盐作为重要的战略物资,在抗日根据地的经济生活中具有举足轻重的作用。特别是对于战略大后方和中共中央所在地的陕甘宁边区,由于农业生产水平较低,工商业也较落后,食盐更是成为陕甘宁边区最重要的出口物资,甚至是唯一能够赚取外汇、弥补巨额贸易逆差的出口产品。"因为边区现在的生产只有粮食、皮毛和咸盐。粮食自己要吃,皮毛自己要穿,只有盐取之不尽、用之不竭。"特别是在边区没有外汇,"只有把盐当作外汇,把盐变成法币换回西安的布匹和三原的棉花"[②],才能解决财政问题。因此,盐税不仅是边区税收收入的重要征科,而且对调节边区贸易具有举足轻重的作用。边区政府对盐业生产给予高度重视,在组织生产和运输方面投入极大精力,而盐税的征收在其中也起到了一定的经济杠杆作用。在其他抗日根据地,食盐虽然没有在陕甘宁边区这样重要的战略价值,但是盐税的征收仍然成为根据地税收的重要来源之一。

一、陕甘宁抗日根据地的盐业生产

陕甘宁边区食盐的主要产区,在所谓的"三边",即陕北的定边、安边和宁夏的盐池地区。这一地区地处边区北部边缘的半荒漠地带,距离边区中心区十分遥远,而且运输道路状况恶劣。边区盐产地恶劣的生产条件和运输条件严重制约着食盐的生产和销售。因此,要落实盐税这一事关边区经济安全的重要税种的实绩,就必须首先解决食盐的生产和运输问题。为此边区政府采取了一系列针对性措施。

首先,边区盐务局兴办盐业贷款帮助盐户解决生产和生活困难。边区产盐区,一为三边,二为绥德三皇峁。三边共五个盐池,其中老池、苟池、滥泥地和莲花池归财政厅盐务局管理。1940 年起设立盐务局,先由边区后勤部主管,1942 年 1 月改归财政厅领导。[③] 1942 年,边区政府决定改变盐业生产方式,由过去军队产盐为主、人民产盐为辅,转变为人民产

---

① 王明前(1971—),男,江苏苏州人,厦门大学马克思主义学院讲师,历史学博士,主要研究方向为中国近现代史。

② 陕甘宁革命根据地工商税收史编写组,陕西省档案馆. 南厅长在边区专员县长联席会议上的财政报告记录(1941 年 10 月 17 日)[M]//陕甘宁革命根据地工商税收史料选编(第二册). 西安:陕西人民出版社,1985:224.

③ 陕甘宁革命根据地工商税收史编写组,陕西省档案馆. 边区食盐产收运销实况(1942 年 11 月 10 日)[M]//陕甘宁革命根据地工商税收史料选编(第三册). 西安:陕西人民出版社,1987:320－321.

盐为主、军队产盐为辅,通过各种经济手段,如提高盐税和盐本,帮助盐民发展生产。[①] 1942年3月15日公布的《春季盐业贷款办法》规定,要"切实贫寒之在地盐户,所有财产不超千元者;外来盐民经产盐管理委员会保证,觅有殷户实应户负责承保者",均可向盐务局申请盐业贷款。此次贷款总额为边币5万元,由盐务局一次性拨发3万元,生产工具作价2万元。贷款为无利贷款。[②] 1942年6月5日,边区财政厅将盐本提高至20元。[③]

其次,边区加强食盐运输的交通建设,于1943年投资建设专用公路。同时,边区政府组织群众中的长脚户,"在有利可图的原则下动员并帮助有强壮牲口的人民参加运输工作,帮助和奖励运输合作社"。运输线路沿线政府和驻军也应尽力集中牲口参加运输工作。[④] 为促进食盐出口,边区财政厅命令"各地转运食盐出境一律免收转运手续费"。[⑤] 边区政府通过组织运输合作社支持盐业运输。合作社"如因盐价跌落影响亏本,致不能维持存在,政府可给以贷款,或酌量予以津贴"。合作社成立运输队者,"如因流动资金缺乏,不能运盐,政府可给以短期借款"。[⑥] 在未建立运输合作社的地方,应利用公盐代金与脚户合作,组织公司或民间合作运输事业,尽力争取群众股金占多数,刺激群众投资资金和牲口参加合作。[⑦] 边区为保证盐税收入,对盐业运输给予政策扶持。1943年11月25日,边区政府下达通知补助运输合作社,要求盐产地三边、陇东、关中专员公署,以"每二头骡子(或三头驴子)以每天赚一升小米(十八桶)计",统计后由县政府报告专署,再上报物资局,"除草料伙食装备开支外",由物资局根据上述标准补助。[⑧]

最后,边区为切实保障食盐这一重要战略物资的生产和销售,坚决执行食盐专卖制度。1942年3月,边区政府把苟池、盐场堡、滥泥地划为盐业中心区。[⑨] 1942年8月25日,边区政府宣布实施食盐专卖,命令"边区境内所产食盐统由政府指定机关专卖",指定

---

① 陕甘宁边区民国三十一年度财政工作计划大纲(1942年)[M]//陕甘宁革命根据地工商税收史料选编(三). 西安:陕西人民出版社,1987:377-378.

② 陕甘宁边区盐务局办理春季盐业贷款暂行办法(1942年3月15日)[M]//陕甘宁革命根据地工商税收史料选编(三). 西安:陕西人民出版社,1987:59.

③ 陕甘宁边区财政厅批答[财字第607号](1942年6月5日)[M]//陕甘宁革命根据地工商税收史料选编(三). 西安:陕西人民出版社,1987:101.

④ 南汉宸关于盐务工作的报告(1942年8月29日)[M]//陕甘宁革命根据地工商税收史料选编(三). 西安:陕西人民出版社,1987:152.

⑤ 边区财政厅函抗字第56号(1942年9月9日)[M]//陕甘宁革命根据地工商税收史料选编(三). 西安:陕西人民出版社,1987:189.

⑥ 陕甘宁革命根据地工商税收史编写组,陕西省档案馆. 陕甘宁边区运输合作社奖惩办法(1943年8月14日)[M]//陕甘宁革命根据地工商税收史料选编(第四册). 西安:陕西人民出版社,1987:196.

⑦ 陕甘宁边区税务总局两年来的税收工作总结(1943年10月)[M]//陕甘宁革命根据地工商税收史料选编(四). 西安:陕西人民出版社,1987:266.

⑧ 陕西省档案馆,陕西省社会科学院. 陕甘宁边区政府关于补助运输合作社的通知[争字第138号](1943年11月25日)[M]//陕甘宁边区政府文件选编(七). 北京:档案出版社,1988:389.

⑨ 陕甘宁边区财政厅指示[信财字第432号](1942年3月21日)[M]//陕甘宁革命根据地工商税收史料选编(三). 西安:陕西人民出版社,1987:65.

贸易局为食盐专卖机关。[①] 食盐专卖后,食盐临时贸易税自然停征。[②] 边区贸易局为严格执行食盐专卖,推行销售许可证制度,要求"除贸易总局指定有权发给指定销售证的盐业公司外,其余各地盐业公司,不得因任何借口采取征收费用的管理办法"。食盐无论边区产还是进口,均"只能在盐业公司成交",旧有公私盐店一律不得再从事食盐进出口业务,"但得自由参加盐业公司的企业"。不在盐业公司成交而直接出境外销者,"仍须同样在出口边境的盐业公司过载",交纳佣金2%。[③] 边区对食盐生产实行许可证制度管理。由盐务局指定,在三边盐产区的老池、苟池、滥泥地和莲花池制盐;在米脂三皇峁等土盐产区,由盐务局设局监制。盐民须在开春时向盐务局登记申请取得食盐生产许可证。盐民售盐盐本,由盐务局代收,凭票兑取。[④] 为完成食盐统销任务,西北局要求各地贸易局和税务机关必须贯彻群众路线,照顾群众利益。产盐机关必须发卖好盐;沿途骡马店严禁强迫投宿,借机抬高物价和拒收边币;统销机关要统一度量衡,恰当估量盐质,不准压低盐价,总之要真正为运盐群众服务,严禁盘剥群众。西北局要求各地科学理解统销政策的意义,把握好"食盐统销是指对外贸易而言,对边区境内人民日常需用食盐,则采取自由买卖"的原则。西北局建议,对运盐工作,各地应积极引导"以运输合作社运输队形式组织人民运盐,既对人民有利,又对统销方便",但也要根据各地情况灵活掌握政策,"有些地区,则应利用当地民间习惯,尽量发动长脚户多多运盐"。对自愿驮盐出口者也要在遵守外汇管理办法、必须换回必需品的前提下,尽量允许以奖勉方式刺激其积极性。[⑤] 为配合食盐专卖,边区还实行食盐统销,建立食盐统销会,以贸易局为执行机关,协助边区财经办事处,制定专卖法令,协助政府督导,审查资金、利润,调剂金融贸易政策。边区贸易局接受统销会督察,但内部行政独立。[⑥] 专卖政策的实施稳定了盐价,成功地抑制了其过度波动。如1942年9月至11月,平均外销盐价每百斤浮动在600元到1100元之间。[⑦]

---

① 陕甘宁边区食盐专卖条例(1942年8月25日)[M]//陕甘宁革命根据地工商税收史料选编(三). 西安:陕西人民出版社,1987:144.

② 陕甘宁边区财政厅命令[财字第777号](1942年10月9日)[M]//陕甘宁革命根据地工商税收史料选编(三). 西安:陕西人民出版社,1987:273.

③ 附管理食盐进出口办法(1942年11月4日)(陕甘宁边区贸易局命令[易字第18号])[M]//陕甘宁革命根据地工商税收史料选编(三). 西安:陕西人民出版社,1987:315-316.

④ 陕甘宁边区盐务管理暂行条例(1942年)[M]//陕甘宁革命根据地工商税收史料选编(三). 西安:陕西人民出版社,1987:437.

⑤ 西北局关于改进食盐统销的指示(1943年7月23日)[M]//陕甘宁革命根据地工商税收史料选编(四). 西安:陕西人民出版社,1987:167-169.

⑥ 边区食盐统销委员会组织章程(1942年)[M]//陕甘宁革命根据地工商税收史料选编(三). 西安:陕西人民出版社,1987:453-454.

⑦ 盐业公司工作检讨(1942年)[M]//陕甘宁革命根据地工商税收史料选编(三). 西安:陕西人民出版社,1987:502.

二、陕甘宁抗日根据地的盐税征收

陕甘宁边区起初盐税征收十分轻微,不过是“按照牲口的驮数征收,驴一驮约重一百五十斤,收税洋一元五角;骡马牛一驮约重二百余斤,收税洋二元二角五分;骆驼一驮约重三百斤,收税洋三元”。边区邻近的国统区盐价昂贵,使边区盐价上涨,走私严重,边区于1937年10月增加盐税20%,驴驮上升为2元,骡马牛驮3元,骆驼驮4元。[①] 1939年增加到了骆驼每驮法币4元,牛马骡驮法币3元,驴驮法币2元。[②] 1941年10月,边区政府鉴于国民政府财政部提高盐税40%,使食盐价格飞涨,决定将盐税提高至50元。[③] 1941年12月25日,边区财政厅补发命令,宣布“大盐一律每驴驮课税五十元,骡马牛每驮七十五元,骆驼每驮百元;小盐人背十二元,驴每驮四十元,骡马牛每驮六十元,骆驼每驮八十元”。[④] 1942年6月27日,财政厅命令提高产地盐税和入境盐税,“每驴驮税款增为四百元,骡马驮六百元,骆驼驮八百元”。[⑤] 1942年7月24日,又增加盐税60%,达到驴驮80元,骡马牛驮120元,骆驼驮160元。[⑥] 1942年8月27日,又增加盐税50%,达到驴驮120元,骡马牛驮180元,骆驼驮240元。[⑦] 盐税的征收与盐本结合在一起。如驴驮150元,征收时要先扣除盐本30元,应纳税120元。[⑧] 盐本是指政府规定当场出售的盐价。运盐脚户驮盐时应将盐本和税款一并交清,取得盐务局盐本票后,再向盐民购盐。盐民持盐本票向盐务局换取现金。[⑨] 1945年4月1日,边区税务总局命令增加盐税:每驴驮增加1万元,达到4万元;盐本增加100元,达到1600元;本税41600元。骡马牛驮盐税增加到6万元,盐本增加到2400元,本税增加到62400元。骆驼驮增加到8万元,盐本增加到3200

---

① 边府财政厅一年来的工作报告及今后工作意见(1937年12月11日)[M]//陕甘宁革命根据地工商税收史料选编(一). 西安:陕西人民出版社,1985:153.

② 陕甘宁革命根据地工商税收史编写组,陕西省档案馆. 陕甘宁边区政府财政厅税收条例(1939年3月)[M]//陕甘宁革命根据地工商税收史料选编(一). 西安:陕西人民出版社,1985:237.

③ 陕甘宁边区政府布告[竖字第74号](1941年11月)[M]//陕甘宁革命根据地工商税收史料选编(二). 西安:陕西人民出版社,1985:351.

④ 陕甘宁边区财政厅代电[财字第145号](1941年12月25日)[M]//陕甘宁革命根据地工商税收史料选编(二). 西安:陕西人民出版社,1985:385.

⑤ 陕甘宁边区财政厅命令[财发字第100号](1942年6月27日)[M]//陕甘宁革命根据地工商税收史料选编(三). 西安:陕西人民出版社,1987:105.

⑥ 陕甘宁边区财政厅命令[财字第688号](1942年7月24日)[M]//陕甘宁革命根据地工商税收史料选编(三). 西安:陕西人民出版社,1987:122.

⑦ 陕甘宁边区财政厅电[财字第718号](1942年8月27日)[M]//陕甘宁革命根据地工商税收史料选编(三). 西安:陕西人民出版社,1987:147.

⑧ 边区食盐产收运销实况(1942年11月10日)[M]//陕甘宁革命根据地工商税收史料选编(三). 西安:陕西人民出版社,1987:324.

⑨ 盐务局管理盐本办法(1942年)[M]//陕甘宁革命根据地工商税收史料选编(三). 西安:陕西人民出版社,1987:444.

元,本税增加到 83200 元。①

在边区党和政府的有力扶持下,盐税征收取得了显著成绩。1942 年实收 2099 万余元,超过原定任务一倍多。② 1944 年原计划 3 万万元,实收 5 万万元。当然这其中不乏物价上涨因素,如盐价从 8 月的每驮 1900 元提高到 11 月的 6000 元,但是统销工作的加强更是关键因素。③

另外,陕甘宁边区还征收公盐代金。代金由救国公盐演化而来。救国公盐为边区临时性劳役,按照人民运输力为政府驮运一定数量的公盐出口,换取必需品。后改为征收代金以发展运输业。1941 年征收 700 万元,1942 年征收 3653.8 万元,1943 年征收 9043.5926 万元。④ 代金"每年两期交纳,每期交纳一半,但须在每年 8 月底交清,以弥补上半年财政开支之不足"。1944 年的公盐代金征收办法是先向人民征代金,组织运输合作社。⑤ 由于食盐出口为边区弥补贸易逆差的最重要手段,边区政府对公盐代金的征收十分重视。为便于人民提前交纳公盐代金,边区政府要求必须于每年 4 月和 8 月各交足半数。边区政府鼓励群众以实物粮食、棉花、棉纱、秋毛等代交。实物一律交由财政厅支配,由财政厅折算为边币或必需品,用于发展食盐运输,再由各县于次年 4 月、8 月交纳实盐给财政厅。⑥

总之,陕甘宁边区的盐业生产在解决生产和运输问题后取得了显著的成就。盐税在促进盐业生产中起到了经济杠杆作用,为边区获得了丰厚的财政收入。

三、其他抗日根据地的盐税征收

在其他抗日根据地,盐业生产虽然没有像陕甘宁边区这样特殊的战略地位,但是盐税的征收同样成为各根据地税收的主要来源之一。

在华北的晋冀鲁豫抗日根据地,根据 1940 年 3 月颁布的《太行区出入境税征收暂行办法》,土产食盐作为奖励入口货的迫切必需品,和棉花、土布、粮食、五金、工业器械、矿石、油印材料、印刷器械、木料等一起,实行免税优惠政策。

---

① 陕甘宁边区税务总局命令[税总字第 273 号](1945 年 4 月 1 日)[M]//陕甘宁革命根据地工商税收史料选编(五). 西安:陕西人民出版社,1987:430.

② 财政厅三十一年度工作初步总结(1942 年)[M]//陕甘宁革命根据地工商税收史料选编(三). 西安:陕西人民出版社,1987:384.

③ 边区财政厅三十三年度财政收支总决算说明(1945 年 7 月 30 日)[M]//陕甘宁革命根据地工商税收史料选编(五). 西安:陕西人民出版社,1987:312.

④ 陕甘宁革命根据地工商税收史编写组,陕西省档案馆. 边区经费、税收、金融情形(1944 年 2 月)[M]//陕甘宁革命根据地工商税收史料选编(第五册). 西安:陕西人民出版社,1987:46.

⑤ 财经办事处关于财政工作总结(1944 年 2 月)[M]//陕甘宁革命根据地工商税收史料选编(五). 西安:陕西人民出版社,1987:38.

⑥ 陕甘宁边区政府关于利用公盐发展运输合作的指示[指字第42号](1943 年10月2 日)[M]//陕甘宁革命根据地工商税收史料选编(五). 西安:陕西人民出版社,1987:266-267.

在华中的苏北抗日根据地,盐税成为货物税的大宗赋源。盐阜区有三个盐源:灌云县各大盐圩,山东滨海区鲁盐和阜东、盐东二县自产盐。1943 年收入盐税 3000 余万元法币。① 盐税利益丰厚,为敌我双方甚至土匪所必争。1942 年,淮海区"策动伪军打了一下,把公路边的土匪打走,估计每月可收 36 万(元),好的时候可收 40 万元以上"②。1944 年 11 月,淮海区工商局决定盐税每百斤 200 元。③ 为控制食盐运销,阻止食盐流向敌区,1945 年 5 月,华中财经会议决定:"苏北向南经砖桥之盐税加至 30%,附带购两排子弹。东运盐税加至 20%,附购两排子弹。"④苏南抗日根据地的盐税也很重要。根据 1940 年 12 月颁布的《苏常太经济委员会暂行税则》,食盐作为普通输入品,从价征 10%。⑤ 根据 1944 年 7 月颁布的《苏南行政公署财政经济处货物税征收暂行条例》,食盐作为必需品,享有进口免税的优惠,出口税率为 5% ~10%,过境税率为 3% ~6%。⑥

综上所述,抗日战争时期,食盐作为重要的战略物资,在抗日根据地的经济生活中具有举足轻重的作用。陕甘宁边区政府高度重视盐业生产和盐税征收。在其他抗日根据地,盐税也是根据地税收的重要来源之一。

[参考文献]

[1]陕甘宁革命根据地工商税收史编写组,陕西省档案馆. 陕甘宁革命根据地工商税收史料选编(二)[M]. 西安:陕西人民出版社,1985.

[2]陕甘宁革命根据地工商税收史编写组,陕西省档案馆. 陕甘宁革命根据地工商税收史料选编(三)[M]. 西安:陕西人民出版社,1987.

[3]陕甘宁革命根据地工商税收史编写组,陕西省档案馆. 陕甘宁革命根据地工商税收史料选编(四)[M]. 西安:陕西人民出版社,1987.

[4]陕西省档案馆,陕西省社会科学院. 陕甘宁边区政府文件选编(七)[M]. 北京:档案出版社,1988.

[5]陕甘宁革命根据地工商税收史编写组,陕西省档案馆. 陕甘宁革命根据地工商税收史料选编(一)[M]. 西安:陕西人民出版社,1985.

① 江苏省财政厅,江苏省档案馆. 盐阜地区财政经济(1944 年 6 月)[M]//华中抗日根据地财政经济史料选编(江苏部分)(第三卷). 北京:档案出版社,1984:183 - 184.

② 金明. 淮海区工作报告(1942 年 2 月)[M]//中共江苏省委党史工作委员会,江苏省档案馆. 苏北抗日根据地. 北京:中共党史资料出版社,1989:157.

③ 淮海区工商管理局会议决定(1944 年 11 月)[M]//苏北抗日根据地. 北京:中共党史资料出版社,1989:445.

④ 华中财经会议关于食盐官职运销问题的决定(1945 年 5 月 20 日)[M]//本书编写组. 华中抗日根据地和解放区工商税收史料选编(上). 合肥:安徽人民出版社,1986:288.

⑤ 苏常太经济委员会暂行税则(1940 年 12 月 20 日)[M]//中共江苏省委党史工作委员会,江苏省档案馆. 苏南抗日根据地. 北京:中共党史资料出版社,1987:126 - 128.

⑥ 苏南行政公署财政经济处货物税征收暂行条例(1944 年 7 月 1 日)[M]//华中抗日根据地和解放区工商税收史料选编(上). 合肥:安徽人民出版社,1986:210 - 212.

[6]陕甘宁革命根据地工商税收史编写组,陕西省档案馆. 陕甘宁革命根据地工商税收史料选编(五)[M]. 西安:陕西人民出版社,1987.

[7]江苏省财政厅,江苏省档案馆. 华中抗日根据地财政经济史料选编(江苏部分)(第三卷)[M]. 北京:档案出版社,1984.

[8]中共江苏省委党史工作委员会,江苏省档案馆. 苏北抗日根据地[M]. 北京:中共党史资料出版社,1989.

[9]本书编写组. 华中抗日根据地和解放区工商税收史料选编(上)[M]. 合肥:安徽人民出版社,1986.

[10]中共江苏省委党史工作委员会,江苏省档案馆. 苏南抗日根据地[M]. 北京:中共党史资料出版社,1987.

同光之际两湖地区淮盐引地规复之争[①]

陆玉芹[②] 谢俊美[③]

中国古代的财赋结构，自唐以后发生了很大变化，盐税成为历代封建王朝收入的大宗。“天下之赋，盐利居半。”清朝的财赋来源，除地丁、漕粮外，以关税、厘金、盐课三项为大宗。为了保证盐税的征收，清政府不仅在产盐地(沿海各省及四川、山西、陕甘等地)设立诸如盐务、督销局、转运局之类的专门机构，而且任命盐运使、盐法道(简称“盐道”)、盐茶道、驿盐道及场大使、盐课大使等官吏，专门负责盐政事务。对食盐的运销也规定了严格的引岸制度，盐引、引额、引地都有严格的规定。[④]

一

清代，盐的销售主要由政府主导。据《清史稿·食货四·盐法》记载，“行盐之法有七：曰官运官销，曰官督商销，曰官运商销，曰商运商销，曰商运民销，曰民运民销，曰官督民销。”其中官运官销、官督商销是主要的销售形式。在两广、云南，官运官销最为突出；而两淮、两浙及福建地区则以官督商销为主要形式。[⑤]两淮盐商在各盐区专门设有集采、卖、贩、销于一体的组织机构“盐商公所”，两广则有“盐商总局”，其负责人有称“总商”的，也有称“纲总”的，因地而易，名称不一，从而形成一条官商一体严密的督销网络。

“盐乃计口授食之物。”[⑥]食盐销售与人口挂钩，既是为了保证政府对盐课的征收，也是为了加强对商人和盐的产销市场的控制，对于维护国家对食盐的垄断，防止和打击走私贩卖，保持社会稳定具有重要作用。为此，清政府将全国划分为若干引区，每一引区只能

---

① 本文系2013年国家社会科学基金项目“20世纪江苏沿海地区农业发展与社会变迁互动研究”(项目批准号：13BZS101)和江苏省教育厅项目“江苏沿海地区农业经济发展与社会变迁研究”(编号：2012SJD770007)的阶段性研究成果。

② 陆玉芹(1970—)，女，江苏大丰人，盐城师范学院历史系主任、教授，历史学博士，主要研究方向为中国近现代教育史研究。

③ 谢俊美(1942—)，男，江苏盐城人，华东师范大学教授、博士生导师，主要从事晚清史、中国近现代史研究。

④ 所谓盐引，指商人运销官盐的凭照。其法始于宋代的盐钞，后盐钞大坏乃换盐引。元、明两代沿袭之。清制，每年由户部颁发指定口岸销售的盐的斤数，由商贩运，不准引、盐分离。每引行盐数目，少则百斤，多则千斤不等，各省不同，课税轻重不一。其盐场行销之地称为引地，额销之数称为引额。详见：刘锦藻．征榷六[M]//清朝续文献通考(卷34)．杭州：浙江古籍出版社，2000.

⑤ 郭正忠．中国盐业史[M]．北京：人民出版社，1996：749.

⑥ 郭正忠．中国盐业史[M]．北京：人民出版社，1996：743.

销售政府规定的盐场所产的盐，这一引区内的人民只能购买和食用这一盐场所产的食盐。如山东，河北，河南陈州、归德等地区只能食长芦盐场所产的盐。又如江苏的徐州、江宁，安徽的宁国与和州地区以及江西、湖南、湖北等地区为淮盐引区，上述引区内的人民只能食用淮盐。此外，各引区，无论是官买还是商贩，彼此互不侵扰。如有逾越，私相贩卖，则被称为"贩私盐"，属于"犯罪""犯法"行为。

历史上湖南、湖北两省为淮盐专商销岸，或者说是淮盐的专销引地。这个引地的形成主要有两个原因：一是与历史上政治原因有关。晚唐五代时期，藩镇割据，各自将其势力范围据为销区从而征收盐税。两淮销区相当于南唐的领域，后沿袭旧制，改变不大。二是与地理条件有关。古代运盐以水运为主，销区称为"岸"。淮盐的湖北销区称"鄂岸"，湖南销区称"湘岸"，主要是因为长江这一得天独厚的地理条件。

引区销售指定盐引，反映了清政府食盐生产、运销管制与民户户口配给制的结合，这种情况在社会稳定的时候是完全可以做到的。然而一旦社会秩序发生动荡，特别是发生大规模的农民起义，这种按引区销售指定盐场盐的做法极易遭到破坏，造成引地盐运销的混乱。①

二

咸丰元年至同治三年（1851—1864 年）的太平天国革命，极大地冲击了清王朝的统治。起义军挟雷霆之势，横扫大江南北。进军两湖，攻占武汉后，接着沿江而下，经略江西、安徽，并于 1853 年攻下南京，改名天京，作为太平天国的首都，在此后的十多年中形成了与清朝南北对峙的局面。太平天国起义打乱了清政府规定的两淮盐引区盐的销售，湖南、湖北、江西及安徽、江苏、河南的部分地区历来是淮盐引地，起义军对这些地区的长期占领及军事行动直接对淮盐生产和销售造成了巨大的冲击。

一方面，两淮盐业生产、运销陷入瘫痪。正如两江总督怡良所言："逆匪由湖广窜至九江、安徽、江宁，并陷镇江、扬州两府，不特淮南引地无不被其蹂躏，而商人之居于镇、扬二郡者，十有八九悉遭荼毒。"②不仅运商悉遭荼毒，许多"场商亦皆逃亡"③。结果造成"灶盐无人购买，煎丁有煎无售"的局面。运商逃散，灶户和场商大多破产，两淮盐业陷入困境。

另一方面，两淮失去了两湖市场。由于长江、运河、淮河运道受阻，淮盐无法运销上述

① 关于"淮盐引地规复之争"的相关研究，主要见：徐彦玲．曾国藩规复淮盐引地思想探析[J]．新学术，2008(5)；王静雅．晚清盐业制度运行特点评析[J]．兰台世界，2013(7)；郭正忠．中国盐业史[M]．北京：人民出版社，1996；陈锋．清代盐政与盐税[M]．郑州：中州古籍出版社，1988.

② 怡良．就场征课并改道运销折[M]//(同治)淮南盐法纪略(卷1)．北京：国家图书馆出版社，2008.

③ 何桂清．请暂停场员考核折[M]//(同治)淮南盐法纪略(卷10)．北京：国家图书馆出版社，2008.

引地,而这些引区的人民又不能一日无盐,于是川盐、浙盐、池盐乘虚而入。清廷迫于现实,只得采取权宜之计,原则上规定:河南改食山西池盐,湖南、湖北改食四川井盐,江西或食浙盐或食闽盐。[①] 对此,两江总督和两淮盐运使心中虽有不愿,但也无可奈何。因为有政府的规定,大批四川商人沿江而下,将川盐大批贩运到两湖地区,浙江、福建商人则招募民工翻山越岭将浙盐运至江西、皖南山区的每一个村落。处于战火中的苦难民众由此而改食川盐、浙盐、闽盐,其中四川井盐生产规模扩大,产量大增,逐渐抢占了两湖市场。

表1 太平天国前后主要盐区行销一览表

盐产区	太平天国前盐销区	太平天国后盐销区
淮盐	江苏、安徽、江西、湖北、湖南、河南	江苏、安徽、江西、河南
浙盐	浙江、南直隶、江西	浙江、江苏、安徽、江西
粤盐	广东、广西	广东、广西、福建、江西、云南、贵州
川盐	四川	四川、湖南、湖北、贵州、云南、甘肃、西藏

资料来源:郭正忠. 中国盐业史(古代编)[M]. 北京:人民出版社,1996:737.

由表1可见,原食淮盐的安徽省,太平天国后分食浙盐;原食淮盐的江西省,已经分食浙盐和粤盐;原食淮盐的湖北、湖南,已改食川盐。特别是川盐,原来只供应四川一省,现增加至七省,可见其产量和销量,而由此产生的盐税收入也是十分可观:"蜀盐办课,正课不过三十一万两,常有缺产之虞;今则加至二百数十万两,仍有余盐。"[②]

东南为国家财赋首善之区,盐课是饷糈主要来源。对于太平军长期控制这一地区,清政府非常着急,它需要巨额军饷,用来扑灭太平天国起义,所以对盐课催收非常急迫。而对两江总督,江苏、安徽巡抚和两淮盐运使来说,失去了引区,等于失去了大宗盐课收入,同样心急如焚。此外,战乱还造成盐商无赀收盐,盐场生产日益萎缩,盐课税收锐减,给他们带来了巨大的精神压力。由于引地一时不能恢复,而军饷亟待,两江总督怡良曾于咸丰三年(1853年)就淮南改行就场征税办法。次年,为了便于小贩运销,以恤灶户、灶丁,又改为设厂征税。咸丰七年(1857年),为确保盐课,又将淮南盐务改为设局征税,允许商人每贩盐一担,到局纳税银一钱后,即可自由行销各地,至于销往何处,不再限制。但两年后又改为设栈收盐。其办法反复变更的着眼点主要还是为了确保盐税。尽管两江总督怡良做了以上种种努力,但仍未能避免大片引地失去。两江地区(江苏、江西、安徽)的盐课收入日渐减少,到同治初年,两江盐课年收入已不及道光末年年收入的四成。

继任两江总督曾国藩兼两淮盐政,为解决湘军饷源不足的问题,急需增加盐税收入。为规复原属两淮的两湖引地,他主要采取了以下几个措施:

---

① 谢俊美. 常熟翁氏[M]. 北京:中国人民大学出版社,1999:172.

② 王守基. 四川盐法议略[M]//陈锋. 清代盐政与盐税. 郑州:中州古籍出版社,1988:97.

一是重税邻省私盐。曾国藩深知两湖淮盐引地废滞已近10年,收回很难一蹴而就。他认为"重税邻私",将邻省的盐厘加抽,邻省的盐因为成本高就会自动退出市场。"唯重税邻私,俾邻本重而淮本轻,庶邻盐可以化私为官,而淮盐亦得进步。"[①]然而令曾国藩没想到的是,湖北为抵制淮盐入境,抽收川盐的税额"仍不过六七折,以致川贩成本大轻,来源愈旺"[②]。结果,淮盐滞销如常。

二是禁止川私行楚。同治七年(1868年),曾国藩奏《请禁川私行楚收复淮南引地折》。他"请旨敕下四川、湖广各个督抚,停止川私行楚,以复昔年之旧制,而收经久之利权"[③]。然而,禁止川盐入楚,一方面势必会影响川盐的生产和盐税收入;另一方面也势必会使湖北的盐税获利丧失,湖北每年从川盐销鄂中抽收的厘税达银100多万两。因此,四川、湖北、湖南的督抚皆以军饷为由,交章力争,不愿规复两淮引地。因此,淮盐壅滞如旧。

三是建议淮川分界行销。同治十一年(1872年),曾国藩与吴棠、王文韶会奏,议定楚岸淮引暂时与川盐分界行销。约定湖北的武昌、汉阳、黄州、德安四府归还淮南,专销淮盐;而安陆、襄阳、郧阳、荆州、宜昌、荆门五府一州,仍准川盐行销。同时议定,"淮分之界,不准川盐侵入分寸;而川分之界,仍可有淮商就中酌设子店拨售零引,以明本系淮引地方,不可喧宾而夺主,一割而永弃"[④]。这一要求得到清政府的同意而实行,淮南盐场在两湖的部分引地被收回,但曾国藩没能彻底解决淮盐引地规复的问题。

三

光绪二年(1876年)七月,两江总督兼南洋大臣沈葆桢首先"以湖南、湖北为淮盐畅销引地"为由呈奏,"疏请规复"。折中陈述了规复两淮盐引的三点理由:"两淮引额最多,引课最重,引本甚大,引地宜广,乃引盐积多,而引地转减,则将置盐于无用之地。额盐滞销,国课无着,官商交困,丁民难生,上病国,下病民,中病官,与商非持久之道。此淮盐引地当复,一也";今淮盐"其额为国初之九倍增其额而减其地,盐从何销?是欲之出而闭之门也。引地之复,二也";"苟两湖引地之不复,则两淮之盐引不销,此两湖之引地当急而规复者,三也"。[⑤] 沈葆桢从淮盐引额增多、盐课加重、现存引地过少,商、民、灶丁生活困苦等方面提出规复引地的理由。

第二次垂帘听政的慈禧太后将沈氏奏折发交户部、漕运总督及湖南、湖北、江苏、江西、安徽、河南等原先为淮盐引地的省区的督抚司道进行复议。普天之下,均属王土;天下

---

① 曾国藩. 淮南盐运畅通力筹整顿折[M]//曾国藩全集·奏稿(卷20). 北京:中国致公出版社,2001:1212.
② 曾国藩. 请禁川私行楚收复淮南引地折[M]//曾国藩全集·奏稿(卷27). 北京:中国致公出版社,2001:1474.
③ 曾国藩. 请禁川私行楚收复淮南引地折[M]//曾国藩全集·奏稿(卷27). 北京:中国致公出版社,2001:1475.
④ 曾国藩. 楚岸盐引淮川分界行销折[M]//曾国藩全集·奏稿(卷30). 北京:中国致公出版社,2001:1608-1609.
⑤ 何良栋,辑. 盐课·归复淮盐引地议[M]//沈云龙,主编. 皇朝经世文四编·户政(卷二十). 台北:文海出版社,1966:353.

财富,皆属于专制皇帝所有。太后“有极是之褒”[①],对两江此举表示赞同。户部主管全国赋税钱粮事宜,两江提出“规复引地”对其而言,没有什么妨碍和损失,而且户部认为规复淮盐引地,每年可以增加100多万两的盐课收入。因此户部对两江总督规复引地的要求表示支持:“力主其说,并定章程五条:封川中盐井,疏滇黔边引,议于平善坝巡缉,定期限,整顿淮盐本色。”[②]

漕运与两江总督关系密切,彼此且有利益关联,淮盐运销离不开河运。漕运总督恒祺在复奏中力赞两江总督规复引地,复奏“全是淮南口气,并引部复为据,力主规复”[③]。

如果按照部议和两江总督的要求,川督的经济损失不必说,要他将盐井封井,停止在两湖地区销售川盐,更是不愿。而事涉两湖,湖广总督的态度成为关键。湖广地区东与两江毗连,西与巴蜀交错,地处长江中游。一边是两江总督,一边是四川总督,均有利害关系。湖广总督既不愿“将鄂中巨款授权予淮”,又不愿与川督为难。当时湖北巡抚兼署湖广总督的是光绪皇帝师翁同龢的兄长翁同爵。翁同龢是新授任的户部左侍郎,当时地位不高,在朝说话分量有限。兄弟俩在议论此事时深感左右为难。光绪二年(1876年)十月,翁同龢在致翁同爵的一封信中写道:“淮盐一事乃鄂饷关键,即使改拨九十万,而鄂失此二三十万(厘金)来源,何以为国?况平善一坝安能截流而渔。南则施南,北则酉阳,陆路丛杂,又乌能遮尽夔巫之背,是无穷之患矣。”[④]在翁同龢看来,规复一事“断断办不动,若川厘停而淮课未裕,此中绝续之交,如何措置?况始则借川盐以裕楚食,今乃斥川为私而欲强民食价贵味淡之淮盐有是理乎?将来与两江会议必当彻底力陈,唯于楚北五府一州,楚南沣州之外,设卡巡私,亦属官事所当然,不必裁撤,致有袒川之疑耳”[⑤],建议翁同爵“此事此时似可稍缓,斟酌万全而出之”[⑥]。

翁同爵在接到谕旨后,听取了其弟翁同龢的意见,并经湖南、湖北两省盐道等磋商后,于同年十月上了一道《奏为鄂省淮盐引地未能遽复、川盐未可骤停事由折》。折中指出:川盐行销鄂省已有十余年,贩运、购售早成系统,以此谋生者不下数万人。若骤然禁止,实难做到,也不利于社会安定;且鄂省库储川盐为数不少,纵即恢复淮盐,很可能要造成一时滞销,此亦实情。所以,他请求朝廷宽限时日,在二三年内逐步减少川盐行销,直到逐步恢复淮盐。

翁同爵复奏中的要求大体符合当时的实情,得到其弟翁同龢的首肯:“川淮盐事诚如所论,部议只是梦呓。”“川中封井事亦当痛陈之,西贩亦当分析辨论。”[⑦]然而身为两江的

---

① 谢俊美.翁同龢集(上)[M].北京:中华书局,2005:230.
② 谢俊美.翁同龢集(上)[M].北京:中华书局,2005:224.
③ 谢俊美.翁同龢集(上)[M].北京:中华书局,2005:233.
④ 谢俊美.翁同龢集(上)[M].北京:中华书局,2005:233.
⑤ 谢俊美.翁同龢集(上)[M].北京:中华书局,2005:234.
⑥ 谢俊美.翁同龢集(上)[M].北京:中华书局,2005:233.
⑦ 翁同龢.致五兄;翁同龢手札(四)[M].上海:上海有正书局,1924.

父母官,1877 年,沈葆桢再次上奏,力主禁川复淮,在给予湖北、四川相当让步的前提下,坚持逐步收回淮盐引地。

一是淮商代完川、鄂部分饷银。他表示淮商可以摊缴银两,弥补川、鄂两省损失,"各该商仰体朝廷德意。情愿每引摊缴银二两。鄂、湘两岸近年本可销淮盐二十万引,禁川以后以增销十五万引计之,共可销三十五万引。每引二两,可得银七十万两。加以原奏课厘九十万两,共合一百六十万两。拟以一百万贴鄂,六十万贴川"①。除此之外,沈葆桢还答应了户部由淮商筹银六十万两作为四川总督丁宝桢续办滇地官运的经费。

二是宽限川盐禁运禁销时间。淮盐引地最大的竞争对手是川盐。沈葆桢最终的目标是从此让川盐退出两湖。他采纳了翁同爵的建议,深知欲速则不达,他决定立限一年,禁止川盐出运以清其源。假如一年后川盐还有部分未能销尽,可以延长一年时限销盐,并且下令淮商收买部分川盐搭销。"如此宽以两年,则川商旧欠可陆续收回,川井新盐可陆续减运。彼时开办边引,官运商销必已卓有成绩。"②

三是提高淮盐成色。淮盐不能畅销还有一个原因就是淮盐味苦且脏,不为两湖人民所喜欢。"年来,场商以资本占搁,不暇精求;场员以泄沓成风,不复过问;灶丁只图多煎为利,火候不齐。煎成委之于地,与涂泥为伍;由灶而场,无所遮蔽,沿途风沙雨屑入之;收垣后为其不销也,愈不知爱惜,践踏焉,飞撒焉。出运后,又有船户之参和,子店之作伪,并有参以石膏者而盐味不可问矣。"③可见,淮盐产、运、销各环节中或多或少都存在一定的问题。沈葆桢下令挑选干洁、纯净、质优味好的盐先行销售,同时要求场户购买芦席:"凡煎盐淮盐之地,均令下有衬垫,上有遮蔽。即由灶而垣,中途亦护以芦席俾御风雨。"④除了做好管理方面的措施,更重要的是提高淮盐煎炼的质量。不久,淮南盐场东吕四石港、金沙、伍佑各盐场,盐卤盐斤质量有所提高。

沈葆桢极力规复淮盐引地的措施,虽切实可行,但遭到了湖广总督李翰章和四川总督丁宝桢的联合抵制,规复之事无果而终,川盐仍是源源不断运销两湖市场,"约计入楚之盐,以旺月计算,约合川省水引九百余张,一千万斤上下",形成两湖市场"尽被川盐侵占"⑤的局面。

---

① 王延熙,王树敏. 皇清道咸同光奏议三[M]//近代中国史料丛刊331. 台北:文海出版社,1969:1896.

② 王延熙,王树敏. 皇清道咸同光奏议三[M]//近代中国史料丛刊331. 台北:文海出版社,1969:1897.

③ 王延熙,王树敏. 皇清道咸同光奏议三[M]//近代中国史料丛刊331. 台北:文海出版社,1969:1863.

④ 王延熙,王树敏. 皇清道咸同光奏议三[M]//近代中国史料丛刊331. 台北:文海出版社,1969:1863.

⑤ 胡林翼. 奏陈楚省盐法乞酌拨引张疏[M]//皇朝经世文续编(卷43). 上海:上海图文集成局,1888(光绪十四年):77.

四

自同治至光绪年间,历任两江总督都在为规复两淮引地积极努力:从重税邻私到禁止川盐入楚;从川、淮分界行销到代完川、鄂饷银;从设卡缉私到设卡缴税;从加强运销机构管理到提高淮盐质量。两江总督花费如此精力,甚至做出很大让步,主要是因为盐税乃收入之大宗,无论是为镇压太平天国而筹饷,还是为开展洋务运动提供所需款项,甚至是为两淮商人和盐民生活考虑,规复引地乃是分内之事。仅从两淮地方利益来看,他们的种种举措是无可厚非的;而四川和两湖地方官员不愿骤复淮引,同样也是出于盐税收入利益考虑。

两湖引地规复最终未能如愿以偿,还有其他方面的原因:

一从质量来看,川盐多为井盐,净白无杂质,而淮盐苦咸夹土。民人喜食川盐,不愿食淮盐。

二从价格来看,川鄂相距较近,费用低,价格便宜,而淮盐正好相反,"每引正课加上杂派多至二两有奇,是他省盐本的三倍,若再加上锅价、场本、水脚、关税、厘金、引费诸项,每引成本高至六两有奇。成本重则盐价高昂,而民不愿购之,而食价贱之盐"。除了价贵外,而且路远,"近则盐贱,远则盐贵,不能让民舍贱而食贵,去近而就远"①。

三从利益链来看,贩卖川盐虽是临时性的,但经过十多年的经销,商贩们早已与地方官达成了默契。地方官僚无论是四川的,还是湖北的,抑或是湖南的,都从川盐的运销中获得好处,他们当然不愿放弃既得利益而去规复淮引。在规复淮引的交涉中,一些地方官员和少数御史还以历史上社会动乱后盐引并不完全规复的事例为据,或以清初官僚朱栻有关"盐引便民就近食用"之类的话发论,说明两湖并不一定非要规复两淮盐引。

四从中央与地方的关系来看,透过引地之争,可以看到太平天国后晚清"内轻外重"的政治格局。两江总督提出规复两湖盐引,户部也多次表示要"照章办理,恢复旧制",但湖广总督、四川总督以各种理由搪塞或公开抵制,致使禁川复淮阻力重重。

由于受太平天国运动的影响,淮盐衰败之时,正是井盐发展之时。提出"川盐济楚",虽是权宜之计,但"川盐济楚"后,井盐抓住了机遇,官运商销、"化私为官"、允许自由贩运、扩大资本、改良井盐开采技术等改革措施,使川盐销量大增,不仅解决了四川、贵州、两湖地区食盐供给问题,而且也保证了国家盐税收入,一定程度上还推动了食盐自由贸易和市场化。户部和两江总督以行政命令要求规复淮盐引地,虽然符合盐法引岸制度,但却违背了市场流通规律,更没有从全局上考虑普通民众的利益。因此,不可能从根本上解决淮盐引地规复之争。曾国藩曾万般无奈地说:"川私侵占淮南引地,虽属大紊纪纲之事,而有

① 翁同龢. 致五兄;翁同龢手札(四)[M]. 上海:上海有正书局,1924.

万难遽变之势。”①同光之际，从中央到地方都认识到引地恢复到太平天国以前的状态几乎没有可能，而失去了大宗盐税收入的两淮盐场，后来逐渐转向垦殖另谋财路与此次引地规复之争不能说没有一点关系。

［参考文献］

［1］曾仰丰．中国盐政史［M］．北京：商务印书馆，1998.

［2］郭正忠．中国盐业史［M］．北京：人民出版社，1996.

［3］谢俊美．常熟翁氏［M］．北京：中国人民大学出版社，1999.

［4］谢俊美．翁同龢集（上）［M］．北京：中华书局，2005.

［5］陈锋．清代盐政与盐税［M］．郑州：中州古籍出版社，1988.

［6］曾国藩．曾国藩全集·奏稿（卷20，卷27，卷30）［M］．北京：中国致公出版社，2001.

［7］沈云龙．皇清道咸同光奏议三［M］//近代中国史料丛刊331．台北：文海出版社，1969.

［8］于浩．（同治）淮南盐法纪略［M］//稀见明清经济史料丛刊（第一辑第十一册）．北京：国家图书馆出版社，2008.

［9］徐彦玲．曾国藩规复淮盐引地思想探析［J］．新学术，2008（5）.

［10］王静雅．晚清盐业制度运行特点评析［J］．兰台世界，2013（7）.

① 曾国藩．请禁川私行楚收复淮南引地折［M］//曾国藩全集·奏稿（卷27）．北京：中国致公出版社，2001：160.

论我国盐税对社会发展的影响与贡献

商剑平[①]

盐税是国家财政收入的重要来源。中国地大物博,盐业资源十分丰富,盐业生产和盐税征收历史悠久,是中华文明发展史的重要内容。在隋唐时期,中国是工商科技最为发达的世界经济强国。在元代,中国拥有世界上最为辽阔的疆土。经历了几个世纪的风雨涤荡,我们的祖国再次崛起,重新站在了世界强国之列。历史和文化是一个国家、一个民族的灵魂,是社会发展进步的原动力。研究因盐而兴的城市文明、因盐而生的盐税文化,研究盐税收入对社会和国家的贡献,认识盐和盐税在人类文明创造中的推进作用,对我们加快建设现代化的社会主义强国具有重大的意义。

一、我国丰富的盐业生产和盐税资源

盐是人类生存的必需品。我们习惯把自然盐称为“卤”,把加工后的卤称为“盐”。人类走出洞穴,走向文明,食盐是不可逾越的生命底线。中国自然盐业资源遍布全境,东南沿海有海盐,西南地区有井盐,西北地区有岩盐,中原地区有池盐。目前我国的原盐年产量在9000万吨以上,居世界第一位。

“池盐”是中国最早的自然盐。“池盐”具有天然结晶而无须加工的特点。运城东南的盐湖是我国池盐最早的产地,因此池盐又称“湖盐”。《洛都赋》载:“河东盐池,玉洁冰鲜,不劳煮沃,成之自然。”古代池盐主要产于河东、关内及陇右诸道即今山西、陕西、内蒙古和宁夏、青海、甘肃等地。青海地处高原,柴达木盆地是我国盐湖的主要分布区,特点是盐湖数量多、储量规模大、盐矿资源极为丰富。随着时间的推移,人们不再满足于大自然恩赐的自然盐,开始摸索从海水、湖水、盐岩、盐土中制取食盐,人类盐业生产从此翻开了新的篇章。

海盐生产资源丰富、工艺简单,因此,在盐业人工生产历史上,海盐早于井盐和池(湖)盐。传说黄帝时夙沙氏“以海水煮乳,煎成盐”,距今已有数千年历史。我国的海盐主要分布在河北及辽津、山东、苏北四大产区,以及浙江、福建和广东等地。由北向南主要盐场有:长芦盐区,盐场主要分布在滦南、唐海、汉沽、塘沽、黄骅等县区;莱州湾盐区,包括

① 商剑平(1956—),男,江苏泰州人,江苏省泰州市税务学会副秘书长,主要研究方向为税务。

烟台、潍坊、东营等盐场；淮盐产区，拥有全国最为广阔的沿海滩涂，跨越连云港、盐城、淮阴、南通四市13个县，其中两淮盐场是全国最大的盐场，“两淮岁课当天下租庸之半，损益盈虚，动关国计”；浙江有慈溪、岱山盐场；福建有永宁盐场等。海盐的制作生产经历了煎熬、板晒、滩晒三个阶段。最古老的“刮土，淋卤，火力煎盐”的制作方法一直延续到清中期。新中国成立后，海盐制作技术不断改进，浙江庵东盐场最早开始滩晒试验，20世纪60年代后滩晒制盐开始推广，才把盐工从繁重的体力劳动中解放出来。

井盐生产历史悠久，最早开采是在公元前250年的周秦时代。我国的第一口盐井凿于古广都（今成都双流县），由秦蜀郡守李冰主持，人称“井盐之父”。井盐生产的最大优势在于很少受自然气候的制约和影响，盐的品质也比海盐、湖盐好。四川自贡是我国最早的井盐产地，也是我国井盐生产最集中的地区，以富荣盐场最为有名。富荣盐场分东、西两场。东场的卤水自己喷出，被称为“自流井”；西场的井盐质量特别好，曾用来进贡宫廷，故称为“贡井”。自贡还有极为丰富的岩盐和天然卤水资源，具有规模大、品位高、埋藏浅等特点。古代我国井盐生产集中在四川及甘肃、云贵地区。目前我国井盐生产主要在四川等地。

矿盐是从盐矿开采来的盐，是最清洁的盐。盐矿是由海水体沉积而成，是“海盐的化石”。我国盐矿储量非常丰富，分布很广。江苏淮安岩盐资源探明储量1350亿吨（不包括洪泽湖底），居世界首位，且品位高、埋藏浅、品质优、盐层厚，被誉为“中国新盐都”。因为海盐场占用大量滩涂，海盐含杂质较多、生产成本高；同时井盐和矿盐的生产成本低、盐品质量高，随着近代工业的进步，海盐生产的比重在逐年下降，正逐步被井盐和矿盐替代。

二、我国历代的盐税收入和管理制度

我们把国家从食盐中获得的赋税收入统称盐税。在上古社会，人们采集自然盐，食盐无税流通。从春秋早期齐国推行食盐专卖始，历朝历代直至民国，盐税一直是维系国家统治的主要财源，是国家机器运转的血液。盐利收入的变化以及使用、分配，与历代国运兴衰密切相关。

“盐税”一词始见于《后汉书·百官志》：“凡郡县出盐多者置盐官，主盐税。”国家税收的原生形态是“贡”。夏朝“因田制赋，任土作贡”，盐贡就是盐税的原生形态。商承夏制，盐被算作贡物纳入其中，史称“盐贡之制”，晚商时并有负责盐政的专职官员“卤小臣”。周朝盐业生产品种迅速扩大，除池盐外，还有海盐、岩盐等。周朝行“贡”分为“九贡”和“万民之贡”两种，其九贡中的“物贡”主要是盐贡。盐贡属于“邦国之贡”，是国家取得实物收入的一种，严格地说不具有税的性质。但周朝设置了“盐人”专职盐政管理，说明周朝对盐贡收入的重视。

春秋中期，我国的盐业生产快速增长。齐国管仲提出由官府直接介入盐的生产与运销,实行食盐专卖,以国家经济收入取代租税的观点,创造了食盐民产、官收、官运的官营制度。他主张“轻重鱼盐之利”“煮沸水以籍天下”,以食盐专卖迫使天下人向齐国纳贡。在管仲看来,盐是人们日用所必需,如果寓租税于专卖之中,使人无从逃税,国家盐利收入,其数必巨,国用足已。管仲的盐专卖制度如同现代税收的“价内税”,其实是一种隐蔽税收。简单的横征暴敛容易激起民变,而实行专卖后国家掌握了盐的定价权,买盐就等于交税。管仲推行食盐专卖制,取得了巨额的专卖收入,这是齐国成为强盛富裕之国,雄踞五霸之首的主要原因之一。之后,“盐业”备受历朝重视。

秦国的商鞅受到管仲的影响,“变法”后把赋盐之利提高了数十倍,使秦国财力骤增,促进了六国统一。但秦统一中国后,实行了郡县制,各种税收均由诸侯王国征收,盐税仍在山泽之赋里,不实行专卖。盐政的改变导致秦国盐税收入的减少,直接影响和动摇了秦王朝的统治,这也是秦二世而亡的一个重要原因。

西汉初年,为了医治秦末战争创伤,朝廷推行了一系列“与民休息”的政策,取消了食盐的官营制。至汉武帝时,实行食盐专卖制度,盐税在官运与官销的过程中进入了国库。东汉则实行私煮课税制,直接征收盐税。三国时魏、蜀、吴都实行食盐专卖。南北朝时期,北朝制度不一,有的实行专卖,有的采用征税,也有的专卖与征税并行。隋文帝开皇三年(583年),开盐池盐井之禁,与百姓共之,废除官卖,并免予征税。这个时期维持到唐开元初,约有130年的时间,为食盐无税时期。

唐代“安史之乱”前的盐税很少,只是象征性的。“安史之乱”后,人口减少,田地荒芜,迫使唐政府从单纯的农业税,转向重视盐税及其他税收。乾元元年(758年)第五琦被任命为盐铁使,正式颁布《榷盐法》,在各产盐区设监院,召集盐户,名曰“亭户”,从事煮盐。所产之盐全由监院收购,不准私卖。监院把收购来的盐,按每斗加时价百钱在市场上销售,形成食盐民制、官收、官运、官销的产销方式。乾元前盐价10文,第五琦将榷价提为110文,其中10文是付给盐户的成本费,则其所得只占盐价的1/10。盐税收入年40万贯。此后第五琦的盐法由刘晏进一步改革,形成产盐之乡置盐官收盐,转卖给商人,纵其所之,成为民制、官收、商运、商销就场专卖制。刘晏改革盐法后的“大历末(779年)通天下之财而计其所入,总一千二百万贯,而盐利过半”。盐税收入达到600万缗,短短21年盐税收入增加了15倍。刘晏所在东南各道盐利收入,其中绝大部分是海盐。五代十国时期,将盐利打入田赋一起征收,盐税与地税合二为一。

宋代官收盐利,盐税在财政收入中占据显要地位。南宋政权在南方立足后,盐税更成为主要财政收入。“天下之赋,盐利居半”,甚至有“天下大计仰东南,而东南大计仰淮盐”之说。金代盐税沿用宋制,行钞盐法。

元代行就场专卖制,盐场为“食盐地”,实行官卖;允许其他的“行盐地”通商买卖。在元代各项赋税收入中,盐税同样占有非常重要的地位。元朝的官书中常说“经国之费,盐课为重”。《元史》称“国家经费,盐利居十之八,而两淮独当天下之半”。天历二年(1329

年）赋钞929.78万锭，盐课收入760余万锭。元代后期，官盐价贵，私盐泛滥，军民违禁贩运，权贵加价转售渔利，民不聊生。元至正年间，先后爆发了以泰州盐工张士诚和浙江盐民方国珍为首的盐民起义，动摇了元朝的统治，所谓"元代之亡，亡于盐政紊乱"。

明代盐政，聚资敛财，前所未有。洪武三年实行纳米中盐法，又叫"开中"，让商人运粮食，再给商人盐。纳米的多少，按路途而定，近者多纳，远者少纳；而增减程度，要由军需缓急和米价的高低确定。又实行户口食盐纳钞法，是在纳粮的基础上，经过折算，可以纳钞。后来又相继实行纳布中盐法、纳马中盐法和纳铁中盐法。米、钞、布、马，都可与盐挂起钩来，盐在明代地位甚至有同于货币，盐有时还作为俸禄支付。明朝盐课收入，包括实物盐课，盐课折银及加斤、加课收入三项，总数占到国家财政收入的半数以上。《春明梦余录》云："国家财赋，所称盐法居半者，盖岁计所入止四百万，半属民赋，其半则取给于盐夹。"万历户部李汝华《户部题行盐法十议疏》中有详细数字："两淮岁解六十八万两有奇；长芦十八万，山东八万，两浙十五万，福建二万，广东二万，云南三万八千，各有奇，除河南（东）十二万及川陕盐课，虽不解太仓，并其银数，实共该盐课银二百四十余万两。"明朝末期，正是由于各地爆发农民大规模起义和清朝的兴起，致使国家盐课收入锐减，朝廷的财源枯竭，最终导致了明王朝的覆灭。

清朝的财政主要依靠田赋、盐税和关税收入。清朝的历代统治者为了缓和社会矛盾、稳定经济生活，对田赋加收十分谨慎小心，对盐课征收却肆无忌惮。盐课收入分场课、引课、杂项三大类。场课是对食盐生产者的课税，引课是对食盐销售者的课税，场课和引课均报奏销，属于国家财政收入，所以又称"正项"。杂项则是各种名目的杂款累积，是一种地方附加税。康熙朝的盐年销量在12亿至15亿斤左右，雍正朝盐年销量在17亿斤左右，乾嘉两朝盐年销量在23亿斤左右。清代各时期的食盐产量，大致要在额销盐斤上加高1/3，食盐产量最多时可能超过40亿斤。道光年间两江总督陶澍行票盐法，任何人只要纳税领票就可销盐，国家盐税增多。清朝末期，我国逐步沦为半殖民地半封建社会，盐税的征收打上了殖民的烙印。国家每有大事，或天灾年荒，或河防工需，或巡幸典庆，盐商就捐输报效，盐税必加，盐课、盐厘成为朝廷所赖。《清史稿·食货志》云："加价法兴，于是盐税所入与田赋国税相埒。"

随着人类社会文明的发展和工业化程度的提高，盐税收入在国家财政收入中的比重日渐下降。民国时期，政府盐税收入约占财政收入的二至三成。新中国成立后，中央财政部设盐务总局，各大区设区盐务管理局，其下设直属或区属盐务管理局，又其下设盐场管理处或分场场务所。盐税在新中国成立初期是中央财政收入的主要来源之一，仅次于工商税和货物税。1952年，盐务总局由财政部划属轻工业部，标志着盐业管理从财政税收为主向发展生产为主的历史性转变，但盐税征收仍是国家调节盐业生产、筹集建设资金的重要手段。1994年，国家税制改革取消了绵延2600多年的古老盐税，对盐改征资源税和增值税，我国"盐税"的征收从此成为历史。

三、因盐而兴的社会经济和城市文明

汉学家对盐的解说有其独特的视角。“盐”字的繁体正写为“鹽”,是由“臣”“人”“卤”“皿”四个字组成,实际上“盐字分为三部分,下部象征制盐的工具,上部左边表示王权之下的官僚,上部右边则是制盐的卤水,形象地表现了中国古代政权对盐的垄断”。“无盐不立国,强国须有盐”,这是早期建立国家统治的经典戒律。谁控制了盐,谁就拥有了财富,谁就拥有了统治权力。盐是国之命脉,有盐国兴,无盐国亡。盐税是国之血脉,税丰则兴盛,税竭则衰败。而对盐的争夺,实质上是对盐税的争夺,是对财源的争夺。

早期黄帝部族正是牢牢控制着盐池,在对炎帝和蚩尤的战争中才占据了战场的主动权,并获得“华族始祖”的崇高地位。战国时秦国为取得食盐与巴交战,巴人的盐场却被楚国乘机占领,此后秦楚混战多年。楚襄王十九年(公元前280年),秦国遣兵占领黔中,楚人宁可放弃广大国土,也死守盐场。后来秦军截断了楚的运盐通道,楚军不战而溃。这场因盐而起的战争延续了近一个世纪。获得楚盐的秦国更加强大,最终统一中国。这一史实有力地说明了盐业和盐税对社会经济和人类文明的巨大推动作用。南唐一度是五代时期南方最强大的割据政权,势力横跨今江苏、安徽、江西各省,长期占据着两淮盐场。南唐国运的转折是被后周军队击败后割让掉长江以北领土,失去了赖以生存的产盐区。元末大乱,盐民张士诚起义,割据江淮自称吴王,依靠的是江淮之盐。朱元璋先定张士诚,后战陈友谅,成功完成大明霸业,同样与江淮之盐所提供的支持关系甚大。

对一个地区或城市而言,有盐则经济发达、人丁兴旺、市场繁荣。放眼神州,从古至今,许多城市是因盐而生,许多地方因盐税而兴。其中最典型、最具代表性的莫过于山西运城,四川自贡,江苏泰州、盐城和扬州。

运城古称“河东”,地处我国黄河北干流中游以东,是我国池盐的主产地,因元代设有盐运使司而称为“运司城”“盐运之城”,是一座因盐而建的城市。城东南盐湖边的池神庙始建于唐代。站在池神庙最高处,可俯瞰盐池浩瀚的湖水,远眺景色秀美的中条山。历史上运城一地的盐税曾占到全国盐税收入的近1/3,池盐生产最盛时(997年)全国海盐钱163.3万贯,河东池盐利钱72.8万贯,占近半数。如今的运城市辖区面积约1.4万平方公里,人口超过500万,是“黄河金三角”和中原地区最重要的地级市。作为中国盐文化的发祥地之一,运城至今保存了许多近古时代的石碑,真实地记述了历代盐业带动社会经济和文化发展的史实。

自贡是一座盐井孕育出来的城市。早在东汉时期,自贡就开始了井盐生产。北周武帝时,以富世盐井为中心设富世县,并在大公井所在地设公井镇。唐武德元年(618年),公井镇升格为县,明嘉靖年间开凿了一大批“自流井”,而大公井所产盐因洁白味美成为贡品被更名为“贡井”,因此才有了“自贡”。从清朝中叶开始,自贡成为中国井盐生产的中心。1937年抗战全面爆发后，我国东面沿海地区沦陷，海盐生产遭受重创，海盐内运受阻，自贡盐业获得了新的机遇。据统计，1938年全国产盐约2322万担，自贡一地就达456万担；当年全国的盐税收入约13860万元，自贡占了近两成，是名副其实的“盐都”。自贡市现辖区面积近4400平方公里，总人口320万人，是川南第一重镇、全国历史文化名城。

泰州地处黄海之滨、长江北岸，面海朝阳，别称“海陵”。泰州的历史与盐和盐税密不可分。汉元狩六年（公元前117年），泰州是临淮郡的海陵县。自汉高祖刘邦让其侄吴王刘濞建海陵粮仓和沿海盐场始，其盐税历史可以上溯至公元前195年，并一直以“富有红粟、鹾盐之利”驰名全国，被誉为“汉唐古郡、淮海名区”，是全国重要的盐粮产区和集散地，形成了积淀深厚、奇异独特的盐税文化。盐铁制全面实行，使淮盐生产得到发展，盐榷成为重要的财税来源。东晋义熙七年（411年），海陵县升格为海陵郡，始辖五县。南朝梁武帝天监元年（502年），海陵郡下辖海陵、建陵、宁海、如皋、临江、蒲涛、临泽七县。隋唐大运河开通后，漕运大兴，作为盐、粮重要产地的海陵，毗邻运河，岁课极丰。唐开元以后，海陵以“免除徭役”为优惠条件，吸引了大量游民到盐场煮盐。至大历年间，海陵监盐税收入跃居全国之首，因此有“海陵盐税，天下居半”之说，奠定了泰州在中国盐税史上特殊的重要地位。1955年，在泰州北城垣出土了南唐《泰州重展筑子城记》碑。碑文中记载的“咸鹾赡溢，职赋殷繁，可谓水陆要津、咽喉剧郡，以兹升建”等内容，印证了海陵县因盐税丰盛，位处江淮水路要津，而升格为泰州的史实。明清五六百年间，泰州是真正的“太平之州”，战乱稀少，社会安定，资本骤集，盐业和城市工商业十分繁荣。明代泰州设有两淮都盐运司署和盐运批验所，清代泰州设有官盐总局。泰州分司的盐课量一直居全国首位。如今的泰州面积5793平方公里，人口500万，是江苏最年轻的地级市和经济改革示范市，也是国家环保模范城市和历史文化名城。

盐城与泰州地域相邻，渊源颇深。唐宝应年间，全国设“四场十监”，泰州境内即有海陵、盐城二监。元中叶，两淮产盐380万石，居全国之首，泰州、盐城境内13个盐场产盐290万石，占淮盐总产近八成。盐城在唐朝之前只是一个长不及80公里的“海中之洲”，就像漂浮在黄海岸边的一只“瓢”，洲上住户全是产盐的盐亭和盐工。随着海岸线东移，“海中之瓢”成为“瓢城”。东晋建盐渎县，设盐铁官。西汉时泰州海陵仓主要是积贮盐城地区所煮海盐。从唐玄宗时代至清中叶，盐城的东台、大丰等处都是泰州属地，煎盐亭灶林立，多不胜数，先后设有木并茶场、角斜场、富安场、安丰场、梁垛场、东台场、何垛场、丁溪场、小海场、草堰场等10个盐场，即历史上著名的“淮南中十场”，最盛时期其产盐量占全国总量的近1/4。北宋开宝七年（974年），海陵监移驻东台场，西溪设盐仓，监管南北8个盐场，东台因此一跃为淮南盐区的食盐集散地。如今的盐城市域面积1.7万平方公里，人口820万，是江苏沿海新兴的工商城市。

运城、自贡、盐城和泰州都有着丰富的、得天独厚的盐业资源，都是因盐而生、因盐业而繁荣发展的。但因盐而兴的城市中，名气最响的当数扬州。

盐是最早进入市场流通的商品。扬州并不产盐,却因盐运和盐税而兴旺发展起来。作为古代“九州”之一的扬州城,距泰州西北50公里,是京杭大运河的重要枢纽,是古代盐运和漕运的主要集散地和盐商聚居地,在全国拥有重要地位。自汉唐以来,唐代有盐铁转运使司,宋代有提举茶盐使司,元代有两淮都转盐运使司,明清有两淮盐漕察院、两淮巡盐御使署衙等。明代中期纲盐制推行后,各地的盐绅巨商携家带口驻足于此,扬州成为全国最繁华的都市,“天下三分明月夜,两分无赖是扬州”。两淮盐业在清乾隆时期达到极盛,盐商与盐官相互利用和勾结,通同作弊,富可敌国。扬州的盐商、盐官多是儒商、儒官,其中不乏文学大家,对城市文明和经济繁荣做出过重要贡献。他们在市政建设、园林建筑、书院画院等方面的大量投入,对扬州城市文明和文化繁荣产生了巨大深远的影响,为我们留下了许多宝贵的盐文化遗产。现今扬州的地标建筑“文昌阁”,就是明万历年间时任两淮巡盐御史蔡时鼎营建。这方面专家学者多有论述,本文不再赘述。

四、因盐而生的文学作品和盐税文化

我国丰富的盐税资源在满足社会生产和生活物质需求的同时,激发创造了丰富的盐文学作品,孕育出多彩的盐税文化。

《南风歌》是我国现存最早的盐文学作品,相传是五帝之一的虞舜所作,是一首赞美歌唱运城盐池和人民生活关系的歌谣。“南风之薰兮,可以解吾民之愠兮。南风之时兮,可以阜吾民之财兮。”这首句式整齐、诗语明朗、抒情优美的《南风歌》,是否为舜帝时代的原作已无从考证。译成现代白话文意为:“南风清凉阵阵吹啊,可以解除万民的愁苦。南风适时缓缓吹啊,可以丰富万民的财物。”赤日炎炎,暑气如蒸,百姓怎能无怨? 先民们对“南风”的赞颂和祈盼,也正反映了他们在大自然面前的无可奈何和无能为力,在热烈虔诚的赞颂里,潜藏着忧郁无奈的心情。自舜帝《南风歌》起,我国历代与盐有关的文学作品数以千篇,作者上有帝王将相、名士墨客,下至盐民灶户。歌、赋、诗、词,诏、令、论、注,体裁多样,内涵十分丰富。

古代盐民被称为“灶户”“盐丁”,是社会最底层的人。从宋代起至明清各朝,他们多为朝廷流放的“罪犯”,世世代代积薪、晒灰、淋卤、煎盐,整日蓬头垢面、胼手胝足,形同奴隶,异常艰苦。许多盐官和文人诗客用笔墨生动记录下他们的生活。宋代王安石在《收盐》中描写海岛上的盐丁:“海中诸岛古不毛,岛夷为生今独劳;不煎海水饿死耳,谁肯坐守无亡逃。”元代陈椿曾任两浙盐区下砂场盐司,画有《熬波图》四十七幅并配《熬波图诗》,淋灰取卤时“灰如命脉卤如血,血与命脉相流连”,捞洒撩盐时“人面如灰汗如血,终朝彻夜不得歇”,把盐民的生产与生活情景表现得淋漓尽致。明代泰州安丰场人季寅的《盐丁苦》曰:“盐丁苦,盐丁苦,终日熬波煎淋卤。胼手胝足度朝昏,食不充饥衣难补。每日凌晨只晒灰,赤脚蓬头翻弄土。催征不让险天阻,公差迫捉如狼虎。”明代泰州的另一位盐民诗人吴嘉纪的《绝句》更入木三分地刻画出熬盐的艰辛与酸楚:“白头灶户低草房,六月煎盐烈火旁。走出门前炎日里,偷闲一刻是乘凉。”清代曾为钱塘知县的陆玉书也有一首著名的《灶丁叹》,“毕生憔悴无恒业,糊口唯资办卤钱”,流露出对灶户盐丁穷困潦倒一生的不忍与同情。

盐宗庙是我国盐文学和盐税文化的重要符号。我国各地“盐宗庙”甚多,运城(解州)、泰州、扬州,以及四川资中、山东无棣、重庆巫溪、山西洪洞等处最为有名。山西运城即古解州的“池神庙”是全国最早的盐宗庙。其中殿奉盐池之神,相传始建于唐代,明万历间重修,20 世纪 80 年代重新复原建造。泰州盐宗庙建于清同治元年(1862 年),时任两淮盐运使的乔松年出资修建,是中国南方和两淮盐区的第一座盐宗庙,可惜现已不存。实际上早在明代,泰州就有一座盐工自发捐资建造的“管王庙”,庙内供奉的是管仲,至今仍在。扬州盐宗庙时间比泰州稍晚,是同治十二年(1873 年)两淮商人捐建,至今保存完好。庙前后三进,一进比一进高,即使在山墙尖也能辨出前低后高,这也寓意着“步步高升”之意。整个建筑的屋面、墙体、构架古朴气象尚存。虽历经百余年沧桑,但祠堂内构架、梁、枋、桁上遗存的彩绘仍显得沉稳庄穆、绚丽多彩。盐宗庙供奉的是煮海为盐的始祖夙沙氏,最早贩盐经商的商纣王大夫胶鬲和最早推出食盐官营制政策的春秋战国时期齐国的“仲父”——管仲。耐人寻味的是盐宗庙供奉的这三位“盐宗”,夙沙氏是盐民,胶鬲是盐商,管仲是盐官。夙沙氏居中正坐,胶鬲、管仲分列左右。这说明我们的先人早就懂得了先有盐而后有盐利税课,先有盐民而后有盐官盐商,先有生产和商品而后才有流通和市场。万事民为重,治国民为先。

盐税文化是一种开放式的地域文化。扬泰(这里指的不是单纯现今行政区划内的扬州和泰州,应该是包括盐城、南通和淮安在内的一大片地域)作为中国盐税文化的代表当之无愧。扬泰地处苏中沿海南北文化的过渡带上,是吴越文化和楚汉文化的交汇地,兼容并蓄又不偏不倚。这一片卤水浸泡的土地,经一大批文人墨客和盐商、盐民、盐官们的砥砺和撞击,诞生出独特的盐文化。这里的“灶、堰、冈、仓、团、盘、圩、滩、垛、荡”等地名,无一不与盐场和盐丁生产、生活相关联。北宋时,两淮盐业得到了较大发展,扬泰成为以盐粮生产、集散为主的内河港口城市。海陵监下设西溪盐监官,管辖淮南各盐场,是晏殊、吕夷简、范仲淹等重臣名相的发轫之地。晏殊脍炙人口的《浣溪沙》中有“无可奈何花落去,似曾相识燕归来”的千古名句。吕夷简初任西溪盐官时借牡丹寄情,留下了“开向东风应有恨,凭谁移入五侯家”的七言绝句。范仲淹初到泰州的西溪上任之际,有人曾劝他不要在这个小地方做税官,范公以诗作答:“谁道西溪小,西溪出大才。参知两丞相,曾向此间来。”在古盐运集散地草堰场的北极殿,元末盐民领袖张士诚带领 18 位盐工好汉在这里揭竿而起。白驹场的施耐庵耳濡目染了盐民的悲欢离合,见识了一代豪杰的怒发冲冠,奋笔写出了千古相颂的《水浒传》。明嘉靖五年(1526 年),盐工出身的王艮到泰州安定书院讲学,创立了“泰州学派”,作为中国历史上第一个启蒙学派,“百姓日用即道”的思想打着深深的卤盐烙印。

泰州的“税务桥”和税务街充满着浓重的盐税文化气息。税务桥始建于宋代淳熙年间,初名“太平桥”,因附近有盐运使司衙门、盐运使府第而被俗称为“税务桥”。“岁课垂名旧,中城路不赊。总戎司马第,簪笔夕郎家。东海迎朝日,西山送晚霞。从来冠盖里,时过七香车。”古今历代泰州文人对税务桥情有独钟,留下了许多宝贵的诗词,生动地记录了当时泰州作为南北交通门户和里下河盐粮集散地的繁华景象,成为中国盐税文化的重要篇章。据史志记载,明清时税务街北建有课税局及淮南东路泰州盐运司署,街南有两淮盐运使乔松年私宅“日涉园”。清咸丰初年,太平军起义,长江两岸自九江以下多处重镇均有战事,唯泰州再次免于兵灾。咸丰三年(1853年),两淮盐运使司迁至泰州,扬州的盐商富绅、文人、学者也纷纷迁入,一时间官商云集,泰州达到繁华鼎盛时期。现今的税务街已成为一条商业街,税东街立有跨街牌坊,上书“此间易访明清宅,世上难寻税务桥”“溯唐宋赋源盐税曾居天下半,抚明清史疾民居堪称国中先”两副对联,隐隐透露出历史烟尘淹没下“汉唐古郡、淮海名区”昔日的市井繁华。20世纪90年代初,在泰州南门古滕坝发现了道光十五年(1835年)林则徐任江苏巡抚时立《扬关奉宪永禁滕鲍各坝越漏南北货税告示》碑,进一步丰富了泰州盐文化的内涵,为研究我国盐税历史和林则徐生平思想提供了重要佐证。1995年,泰州市政府建立“税碑亭”,成为泰州盐税文化的一个重要标志。税务桥、税务街、税务碑、税收诗词,充分展示了泰州独特的盐税历史和厚重的盐税文化底蕴。

五、加强盐税文化研究应用的几点建议

李克强总理对全国地方志工作批示道:“修志问道,以启未来。”研史与修志工作是共融相通的。盐税居天下财赋之半的辉煌已经成为过去,但是盐作为国计民生之根本,仍然是不可一日或缺。今天研究盐税的历史,要从历史的长河中汲取经验和教训,为社会进步发展提供借鉴、找寻方向。认识盐税在人类社会和国家文明发展中曾经产生的巨大影响和贡献,是为了更好地保护和利用盐业资源,是为了更好地继承和弘扬盐税文化。要把盐税历史和盐税文化研究的最新成果转化应用到建设现代化强大国家的使命和实践中,为弘扬优秀传统文化、服务经济社会发展做出新的贡献。笔者仅就当前我国盐税历史研究成果的转化应用提出三点建议:

(1)重视和加强泰州盐税博物馆的筹建工作。作为一个拥有5000多年文明历史的世界产盐大国,目前全国各地建有许多与盐业有关的博物馆、纪念馆、文化馆,如自贡市盐业历史博物馆(中国盐业科技博物馆)、黄骅的河北海盐博物馆、盐城的中国海盐博物馆、岱山的中国盐业博物馆(岛盐博物馆)等,但至今没有一座独立的真正意义上的盐税博物馆。早在20世纪90年代,泰州市人民政府及当地税务部门就有建设盐税博物馆的设想

和规划，但是一直未能付诸实施。2012 年 6 月，江苏省国家税务局和泰州市人民政府正式签署协议，在泰州市联合筹建中国盐税博物馆。但时过多日，布展大纲已经数易其稿，仍然只是在酝酿阶段：馆址勘定也几易其址，项目立项还未见踪影，破土开工更遥遥无期。重视和加强盐税博物馆的筹建工作，把自春秋管仲“官山海”直至 20 世纪末中国 2600 多年的盐税历史完整记录和保存下来，从中总结、汲取其文化精髓，为今天的现代化建设服务，时不我待、刻不容缓。期待有关各方采取切实有力的措施，把筹建中国盐税博物馆的人力、财力、物力和政策等尽快落实到位，让中国盐税博物馆早日面世。

（2）重视和加强我国盐税历史文化的研究与宣传。盐税文化是中国税收文化的重要组成部分，又是中国盐文化的重要组成内容。近年来，江苏省先后在扬州建成了盐商纪念馆，在盐城建成了海盐博物馆，在南通建立了近代实业家、盐垦先驱张謇的纪念馆。泰州的盐税博物馆建成后，应当尽快成立相应的盐税研究机构，并打造成为中国盐税历史文化研究的主阵地，从我国盐税发展变革的历史中汲取更多的经验，得到更多的借鉴，为当代中国的经济和税制改革提供有益的思路。同时，盐税的研究工作要与中外税收史的研究结合起来，要与中外盐业历史的研究、盐文化发展史的研究结合起来。要加强与中国盐业史学会、中国盐文化研究会和税务学会的沟通与合作，加强与地方政府和社会科学界的联系与协作，合理选题，细致研究，深入进行，多出成果。要运用会刊、学刊、专著和报纸、电视、广播等一系列手段，加强对盐税历史文化的宣传，形成合力，提升社会效应。

（3）重视和加强盐税文化旅游资源的开发利用。就全国而言，四川自贡、山西运城、浙江岱山、河北黄骅、江苏盐城等地的盐业博物馆，分别代表和展示了中国井（矿）盐、池（湖）盐、海（岛）盐、海（滩）盐的历史，各有所长。就江苏省而言，要集中力量，挖掘、开发和整合以扬（扬州）泰（泰州）通（南通）盐（盐城）为中心区域的盐税文化旅游资源，打造全国知名的特色文化旅游品牌，形成规模，做大做强。试想一下：当你来到南通，站在千里海堤，远看长江奔流而下在此与东海、黄海“三水汇聚”的自然美景，近观脚下近代中国实业之父张謇建造的围海垦盐的大堤壮观，一定会激发你深入探究中国盐法、盐政、盐税几千年浩瀚历史的豪情，引起你对盐场、盐垦、盐运和盐区轶事的兴趣。当你到盐城，参观完中国最大的海盐博物馆，沿着 204 国道，漫步在当年的范公堤上，面对万亩滩涂盐田的百年变迁，你也许会依稀想象出吴嘉纪所记述的灶民当年“六月煎盐烈火旁”盐霜沾满须发的艰辛，对范仲淹在西溪当盐官时向善礼和、先忧后乐的情怀会有切身的感悟。当你走进扬州，可以欣赏全国唯一保存完好的盐宗庙，画栋雕梁、金碧辉煌。烟花三月，你游玩个园、徐园、西园等盐商名园，泛舟瘦西湖上欣赏“两岸花柳、一路楼台”的美景同时，吟诵元代杨维桢“人生不愿万户侯，但愿盐利淮西头。人生不愿千金宅，但愿盐商千斛舶”的诗赋，一定能感受到昔日扬州城的繁华，领略到盐商盐官的富贵与豪气。

盐乃百业之基，税为强国之本。盐税作为一个税种符号已经在我国消失，但是 2600 多年征收盐税衍生出来的盐税文化不会消失。盐税为人类文明所做出的突出贡献，盐税对社会发展进步产生的深远影响,盐税文化在中华文明中的辉煌历史和重要地位,我们永远不能遗忘。挖掘丰富多彩的盐税历史文化资源,推进现代税收文化建设,从引导广大纳税人的自觉性出发,关注民生,净化和消除人们的偷税侥幸心理,培养和提高全民的纳税意识,为深化税收制度改革、创新税收管理提供有益的借鉴,缓解国民收入分配与再分配中国家与国民之间的利益矛盾,对促进经济的科学协调发展和社会的和谐,具有极其重要的意义。泰州作为我国黄海边的一座普通小城,从西汉刘濞开始煮盐,2000多年来,凭着煮盐、运盐、管盐,在岁月的长河中一天天发展成长。尽快在泰州建成全国的盐税文化研究基地,把我国的盐税文化建设推上新台阶,是我们多年的梦想和肩负的使命。

［参考文献］

[1](明)嘉靖两淮盐法志[M]. 北京:方志出版社,2010.

[2]上海财经大学. 中国经济发展史[M]. 上海:上海财经大学出版社,2007.

[3]叶振鹏. 中国历代财政改革研究[M]. 北京:中国财政经济出版社,1999.

[4]张荣生. 中国历代盐文学作品选注[M]. 南京:凤凰出版社,2012.

[5]程念祺. 国家力量与中国经济的历史变迁[M]. 北京:新星出版社,2006.

[6]黄天华. 试论我国盐税的起源[J]. 天津财经大学学报,2010(3).

[7]郭振忠. 中国盐业史[M]. 北京:人民出版社,1999.

[8]殷崇浩. 中国税收通史[M]. 北京:光明日报出版社,1991.

[9]吴晓. 历代经济变革得失[M]. 杭州:浙江大学出版社,2013.

试论近代山东盐税税目的演变[①]

宋志东[②]

盐税问题是近代我国盐政的核心问题。诸青来曾说:“盐若无税即无盐法,有税乃有盐法。”[③]盐税问题也是近代山东盐政的核心问题,一切盐政活动都是围绕盐税展开的。作为全国八大产盐区之一,山东在全国的盐税收入中占有重要地位。本文盐税是指国家取自盐业的所有收税、收费项目,既包括正课、杂课、附加税、各种加价、捐纳,也包括盐商报效、盐务行政收入等。[④]

一、晚清时期山东盐税税目的演变

晚清时期,山东的盐税税率与办理盐务的规则由户部制定,盐税的管理则由山东自行负责。清代山东的盐课种类繁多,名目各异,这种情况一直延续到晚清时期。山东“运库赋课分三款:引课、票课及纸硃铜斤、都翰公费等款征之于商,谓之商课;灶地、滩地、盐锅、鱼盐、课钞等款征之于灶户,谓之灶课;民佃灶地加摊地丁及盐课等项征之于民佃,谓之民佃等课。商课由商赴运库完纳,灶课由场征收解兑运库,唯民佃盐课等项归州县征收解兑运库、运司,再按款分别肢解”[⑤]。

1. 灶课

明代以来,灶户编列灶籍,由盐官管理。灶户应纳的地丁也由盐官征解,称为灶课。晚清时期,山东灶课分为三类:一是民运票课及余票课,为诸城、安丘及登州、胶州、莱州三府所属的16州县民运盐票课款,摊入地丁征收;二是各州县民佃灶地,加摊地丁以及盐课等项,向来归入地丁中统一征收;三是永利等8场所征收的灶地、滩荡等课,每年除豁免、缓征外,约征银一万六七千两,全部拨解京饷。奉朝廷之命,清末山东灶课拨解的京饷中有一部分留作陆军第四镇军饷。1908年,山东运库实征灶课一万六千三百九十七两,尚

---

① 基金项目:四川省哲学社会科学重点研究基地、四川省教育厅人文社科重点研究基地——四川理工学院中国盐文化研究中心重点项目“传统与嬗变:山东盐务管理近代化研究”(YWHZ14-05)之阶段性成果。

② 宋志东(1972—),男,山东潍坊人,历史学博士,四川理工学院中国盐文化研究中心客座研究员,研究方向为中国经济史。

③ 诸青来. 盐法平议[J]. 东方杂志,1931(9):9.

④ 出于还原历史本来面貌的需要,本文数字主要以汉字表达,并采用四舍五入法保留到个位。

⑤ 周庆云. 征榷九·款目[M]//第三版. 盐法通志(卷77). 鸿宝斋聚珍,1928(民国十七年):12.

有一千九百八十两未能征缴。[①] 其实,灶课中的民佃一项征收颇不合理,是盐民的一项额外负担。民佃的征收始于1512年,当时因为各场灶丁逃亡,遗留下来的灶地无人经营,明朝廷命令附近州县民众佃种,征收所谓的"民佃"。晚清时期,民佃一项征课早就失去了存在的依据,理应废除。然而,盐政当局为了维护既得利益,直到清末仍然将民佃作为灶课的一种征收。

2. 盐课

晚清时期,山东的盐课主要有引课、票课和各种加课。其中引课和票课是盐课的主要组成部分,加课项目是非常设性的。

(1)引课。引课征收量的多少主要由额定引数决定。山东的额定引数在清代相对固定,1896年以前为五十万零五百道;1896年减为四十万零五百道,每道征课银二钱四分五厘八丝。[②] 虽经官方多方督促,晚清山东全区所领之数多不足额,运销成效不明显。《盐法通志》载:"近年经历任运司竭力催促,各官、商、局每年仅领三十二万余道。三十三年(1907年)将官商未完之引,援照长芦办法照数包缴引课,南运各局兑足五成免其包课,不足五成者乃饬包缴。"尽管采取了新办法,但从第二年(1908年)的情况来看效果一般:运库完成引课征银七万九千二百一十四两,引地官办包课征银六千零六十二两,引地商办包课征银一千三百四十四两,南运局办包课征银二千八百六十一两。南运局办尚有五成未完成征缴,计银八千六百七十五两,此外还有余引五万道一直无人领销。[③]

(2)票课。山东的票课额数具有较大的稳定性,但是不同的盐票类型其税率有所不同。1730年,山东的票额定为十七万一千七百四十张。1791年,将兰山额票拨作峄县额引五百道,至此,山东票引定为十七万一千二百四十张,这一票引数额一直保持到清末。其中除民运额票三万零一百零五张归入灶课外,商额票共有十四万一千一百三十五张。票额分为上、中、下三例:上例票地包括济南、泰安、武定三府所属票地及青州府的博山县,每票征银二钱二分三厘一毫六丝七忽;沂州、青州二府所属的票地为中例,每票征银二钱一分六厘六毫七丝;莱州府的潍县为下例,每票征银一钱六分七厘七毫一丝六忽。从1907年起,票课拖欠按照引地办法包缴,防止持续拖欠。第二年(1908年),运库征票课银二万九千四百八十五两,票地官办包课银一千二百三十四两,票地商办包课银二百九十七两。[④]

山东的引票数基本保持不变,但是所征的盐课数额变化却很大。1800年,山东的行盐额定数为五十万零五百引,每引行盐二百二十五斤;票引十七万一千二百四十引,每票

① 周庆云. 征榷九·款目[M]//第三版. 盐法通志(卷77). 鸿宝斋聚珍,1928(民国十七年):12-13.
② 周庆云. 征榷九·款目[M]//第三版. 盐法通志(卷77). 鸿宝斋聚珍,1928(民国十七年):13.
③ 周庆云. 征榷九·款目[M]//第三版. 盐法通志(卷77). 鸿宝斋聚珍,1928(民国十七年):13-14.
④ 周庆云. 征榷九·款目[M]//第三版. 盐法通志(卷77). 鸿宝斋聚珍,1928(民国十七年):14.

行盐二百二十五斤。这一年(1800 年),课银约二十四万三千三百五十四两。1891 年,山东应销引四十万零五百道,每引行盐变为三百二十斤;应销票额数与1800 年相同,每票行盐仍为二百二十五斤。这一年的盐课收入为十三万一千五百两,还有余票八万三千一百八十张,每票课银一钱六分至二钱二分不等,以每票征银二钱计算,计一万六千六百三十六两,两者合计总数为十四万八千一百三十六两,比1800 年的实征数小得多。① 销不足额是盐课减少的主要原因。

(3)加课。1896 年,山东实行盐斤半文加价。当时民运区域并未实加,引起东纲其他盐商的不满,上告至山东都转盐运使司署。运司又奏告山东巡抚,决定从第二年(1897 年)起将北运各州县在缴纳半文加价的基础上,每张引票再加征银一钱;尚未实行加价的曹州、单县、昌乐、潍县、兰山、郯城、莒州、日照及南运商办之丰、沛、萧、砀等12 州县,每张引票加征银二钱。为补偿加税导致收入减少,同时规定每包盐加耗30斤。结果,盐商内讧使盐政当局大得其利,使山东每年“约计可增课银三万余两”,作为海防、河工和洋款使用。然而,这次加课仍然未使山东加课均衡,南运局办河南9 州县的加价转嫁于民,宿州、涡阳、铜山并未加价,因此上述地方既未加课也未加耗。1900年,为了筹练兵饷再次加课,每张引票加征银一钱;作为补偿,每包盐加耗10 斤。但是南运局办12 州县及民运各处仍未加课加耗。上述两次加课每年征银达八万五六千两,但是加课在盐船进关后才完纳,易形成拖欠。1908 年,实征银六万零二十五两,尚有二万六千四百九十七两未征。②

(4)二五加课。为了偿还庚子赔款,山东实行二五加课,从1901 年秋季起,北运引、票地及南运宿、涡、铜山、丰、沛、萧、砀等处,每张引票加征银二钱五分,加耗盐30 斤,但是南运河南商丘等9 州县不在加课加耗范围内。按照应征引票数计算,应征银十万余两。1908 年,实征银六万九千七百四十三两,全部用来偿还赔款,尚有三万八千六百六十一两未征。③

(5)民运加征票课。1901 年,对民运区域实行加课,每张盐票征银一两,归入地丁摊征,但是德国租界及铁路沿线被占地区不在加课范围内,计每年应征银三万零四百三十五两。1908 年,实征银二万二千二百二十六两,全部用于庚子赔款,尚有八千二百零九两未征。④

3. 盐厘

1885 年,山东开征盐厘,每引票一千张征盐厘银四十六两。与其他省份相同,山东的

---

① 周庆云. 征榷一·榷法[M]//第三版. 盐法通志(卷69). 鸿宝斋聚珍,1928(民国十七年):27-28.
② 周庆云. 征榷九·款目[M]//第三版. 盐法通志(卷77). 鸿宝斋聚珍,1928(民国十七年):14-15.
③ 周庆云. 征榷九·款目[M]//第三版. 盐法通志(卷77). 鸿宝斋聚珍,1928(民国十七年):15.
④ 周庆云. 征榷九·款目[M]//第三版. 盐法通志(卷77). 鸿宝斋聚珍,1928(民国十七年):15-16.

盐厘征收没有定额。[1] 但是,山东每年征收的数额却保持相对稳定。盐厘的征缴在盐船进关时进行,当盐商领到销额的一半时应将盐厘全部完纳,每年应征银二万两左右,“再于堰工加价归商赔补帑利项下筹拨银二万两,铜斤河工岁解漕院河工银内留拨银五千两,领票归公项下支拨银五千两,共银五万两作为筹备饷需解部”[2]。因为治河防汛所需经费也要从此项下划拨,所交往往不足额。1887年,山东征厘银一万九千五百八十三两,而当年征厘银最多的淮南达二百万二千三百七十九两。两地盐厘征收税额相差近100倍,产销量固然有差距,但是山东的盐厘税率轻则是主要原因。1908年,山东实征盐厘银一万六千九百七十五两,尚有四千二百八十二两未征。[3]

4. 加价

晚清时期,山东进行了数次加价,加重了商民的负担,阻碍了山东盐业的发展。

1825年,山东开始实行堰工加价,目的是筹款办理高堰大工,除民运18州县及昌、潍、兰、郯、莒、日6州县免征外,其余各地每张引票征银三钱四分。1828年,南运商丘、宁陵、睢州、永城、虞城、夏邑、柘城、鹿邑、考城、宿州、铜山、萧山、砀山及票地利津、寿光、乐安、海丰、沾化、临朐等19州县停征,剩余加价一半归公,一半归商,交完积欠。1837年,南运丰、沛两县及北运曹、单与票地沂水、蒙阴、滨州、蒲台、益都、临淄、高苑、博兴等12州县予以免征,“其余引票地加价全行归商贴补,现年帑利届五年限满,复于二十三年(1843)奏准再行贴补五年”[4]。1849年,加价减免一钱,每张引票征银二钱四分。1908年,实征银六万九千七百九十九两,尚有二千七百一十九两未征。

1838年,因为银价日昂,规定北运引地除曹州、单县两地外,其余49州县每斤盐加征钱二文,归商贴补,以三年为期。后因银价未平,屡经展限达20年;票地除兰山、郯城、莒州、日照、昌乐、潍县及民运州县不加外,其余地方一律加征二文。因为商民负担过重,1849年减去一文以便民,仍留一文以恤商。1861年,又定每张引票征银二钱二分,名为一文加价。此款原来全部拨作京饷,清末划拨陆军第四镇充作兵饷。1908年,实征银五万二千零六十九两,尚有二万三千零五十四两未征。[5]

1895年,为了充实军饷,清廷命令凡有盐务省份每斤加价二文。当时正值山东出现滩毁缺盐的状况,山东盐政当局援照长芦盐区的办法予以变通,规定每斤加价半文,于第二年(1896年)开征,每张引票征银一钱一分,南运各地及曹、单两县与票地兰、郯、莒、日、昌、潍及民运州县免征。1908年,实征银二万六千零三十四两,尚有一万一千五百二十七

---

① 周庆云. 征榷一·榷法[M]//第三版. 盐法通志(卷69). 鸿宝斋聚珍,1928(民国十七年):23.
② 周庆云. 征榷九·款目[M]//第三版. 盐法通志(卷77). 鸿宝斋聚珍,1928(民国十七年):16.
③ 周庆云. 征榷一·榷法[M]//第三版. 盐法通志(卷69). 鸿宝斋聚珍,1928(民国十七年):23.
④ 周庆云. 征榷九·款目[M]//第三版. 盐法通志(卷77). 鸿宝斋聚珍,1928(民国十七年):18.
⑤ 周庆云. 征榷九·款目[M]//第三版. 盐法通志(卷77). 鸿宝斋聚珍,1928(民国十七年):17.

两未征。[①]

5. 税捐

1904 年,山东巡抚派员视察宁海等 5 州县盐滩,把规费化私为公,收取 5 州县滩税。山东盐运使英瑞与筹款局共同制定了收税方案,规定宁海州每亩滩地征银一两五钱,文登县每付斗子征银三两,荣成县每滩征银一两,海阳县每付斗子征银四两,即墨县每付斗子征银二两,共计五县征收滩税。五州县的盐滩时有增减,因此,滩税并没有定额。这笔款项用途颇广:地方官支留一成作为解费以及场官查滩盘费、书役饭食费、海州小学堂经费等。1908 年,实征银二千零二十七两,尚有三百七十一两未征。

1904 年,山东巡抚派员会同东海关道议定从出口渔盐中酌抽课税,仿照值百收五章程,每百斤盐征收制钱五文,称为东海关出口盐税。1908 年,运库征银八十二两。

6. 羡余

羡余是山东盐税的一种重要形式,计有民运票课盈余、灶课耗羡、四四解费、票税盈余、融票盈余等税目,征收对象、方式、税率等各不相同。现以影响较大的民运票课盈余和融票盈余来说明:

民运票课盈余的征收始于 1904 年,山东都转盐运使司署对民运州县盐票加课情况进行调查后,认为"征收票价加课向系以钱易银解兑,值此银价颇有长余"[②]之际,主张除即墨、蓬莱、黄县三地外,其他 15 州县按照钱粮办法提解盈余。当时练兵经费也由该项下筹拨银一万两。此项开征后,"铜圆充斥,银价日增"[③],正常的社会经济秩序受到干扰。胶州、诸城两地请求减免,1906 年获准减免三成;掖县、平度、高密、栖霞等地减免二成;其他地方虽未减免,但是大多形成拖欠。1908 年,仅有平度、福山、招远三地向运库缴银二千零四十八两,欠银却达三千三百零六两。1909 年,山东运司派员视察民运州县,认为实在无余可提,请求山东巡抚奏明度支部将该项征款予以免除,并且免交旧欠,练兵费由运司另行筹措。同年(1909 年),度支部批准了山东盐运使司署的请求,民运票课盈余一项被废除。

关于融票盈余,据《盐法通志》载,东纲票地运销情况畅滞不一,"票张向准通融代销,以滞岸之有余补畅岸之不足,从前融票所余均归纲商中饱"[④],山东都转盐运使司署对此进行调查,决定改弦更张,于 1896 年化私为公,把融票的管理权收归运司,对融销票张重新定价,在盐区内进行公告。同时,运司委托票纲总商和票引房书吏具体办理融销票张事宜,对他们的劳动给予适当补贴。官、商若愿意融销票张,须先交齐融价才能领票,"若课

① 周庆云. 征榷九·款目[M]//第三版. 盐法通志(卷 77). 鸿宝斋聚珍,1928(民国十七年):17.
② 周庆云. 征榷九·款目[M]//第三版. 盐法通志(卷 77). 鸿宝斋聚珍,1928(民国十七年):19.
③ 周庆云. 征榷九·款目[M]//第三版. 盐法通志(卷 77). 鸿宝斋聚珍,1928(民国十七年):19.
④ 周庆云. 征榷九·款目[M]//第三版. 盐法通志(卷 77). 鸿宝斋聚珍,1928(民国十七年):21.

款较融价多,则令出融之商照数贴补,谓之贴课"①。每年融价除去兑课款,支付幕友、纲商、书吏津贴外,尚余银三千多两,称为融票盈余。融票的价格有逐渐上升的趋势,初定为每票九钱,1900年增为一两二钱,1901年又增为一两七钱,1909年更增为二两九钱。1908年,征融价银达三万六千六百五十九两,贴课银五百零六两,两项合计达三万七千一百六十五两,除拨课款银三万二千四百五十四两,实收盈余银达四千七百十一两。

7. 杂捐

山东的盐务杂捐逐步加码,名目繁多,历久不衰,按时间可分为二类:一是晚清以前延续下来的杂捐,如引票纸价、养廉、盐斤、笔帖式解费、吏部饭食、都翰公费、铜斤河工、残票解费、引票饭食、场书饭食等;二是晚清时期新增的杂捐,如增摊缮书、增摊饭食费、盐厘解费、广仁善局经费、利运经费、永阜场灶坝、解饷津贴、官办盐务额内外租价、赔款解费、学堂经费等。这些杂捐名目繁多,用途广泛,涉及官府经费、人员薪酬、伙食经费、社会事业费用、对外赔款等。杂捐既有全省范围缴纳的,也有局部地区缴纳的,甚至仅有一个盐场缴纳的,单项缴纳数额大小不一,总量十分可观,成为山东商民的长期沉重负担。现以单项缴纳数额较大的官办盐务额内外租价来说明:

1901年,山东官办盐务及北运局改归官办各州县提解租价按日摊算,官办引票地23处应提银三万五千零四十九两。1908年滕县改归南运局办理,应交银二千四百零七两免予缴纳,山东运库实提银三万二千六百四十二两,加上北运官办引地9州县每年提租价银一万九千六百三十二两,共征银达五万二千二百七十四两。同年(1908年),运库征额内租价银三万七千五百五十八两,尚有三千零六十一两未征;征额外租价银一万一千二百零二十两,尚有一千零三十八两未征。1909年,将官办盐务租价内提银四万零一十六两作为额内租价,充作国家行政费,支付庚子赔款及兵饷,其余一万二千二百五十八两为额外租价,作为地方行政费。

8. 缉私经费

鉴于盐业关系国计民生,盐务缉私是盐税征收的保障,所以山东对盐务缉私非常重视,实行缉私经费省级统筹为辅、地方筹集为主的模式,由此形成了名目繁多的缉私经费,如利津巡费、寿光巡费、潍县巡费、海阳霑巡费、汀辛巡费、峄县巡费、缉捕经费、缉捕赏费、五县巡勇经费、七县巡费等。现以缉捕经费和寿光巡费来说明:

从1827年起,每年捐养廉银三百两,用作缉捕经费。自1895年起,数额减半,仅征一百五十两。运司将支发养廉银后的余额存入运库,但是却从未上交藩库。1908年,运司支养廉银三千四百九十四两,支缉捕经费银一百三十九两。②

寿光巡费一项,为支付寿光县附近的官台场盐滩巡役缉私经费而设。按照"谁受益,

① 周庆云.征榷九·款目[M]//第三版.盐法通志(卷77).鸿宝斋聚珍,1928(民国十七年):21.

② 周庆云.征榷九·款目[M]//第三版.盐法通志(卷77).鸿宝斋聚珍,1928(民国十七年):34.

谁出钱”的原则，凡是领运官台场盐的州县皆摊巡费，数额从二十多两至一百七八十两不等。摊派数由官方确定，逐年交给寿光，但是各地盐商交纳不齐。自 1831 年起，仿照利津巡费办法，改为随票交库，再由寿光领回。从 1896 年起，此款项的七成交付寿光，三成截留用来支付各场的巡费工食。1908 年，运库征银九百五十一两，尚有十一两未征。

9. 南运局收入

南运局征收的税目较为整齐，主要有包价巡费、积欠包价并积引余课二项，还有数额较小的滕峄分局解还下脚、官冈借运局缴还工料价银、官冈借运局认解房租、海阳霑滩利等，现扼要述之：

包价巡费始于 1891 年。此前，南运各分局所售盐价扣除成本后，往往入不敷出，致使南运总局深受拖累。南运总局遂对各分局的财务收支、盐斤售价、硝土盐生产、邻私侵灌等情况进行调查，规定每售盐一包由分局扣除局用各款外，必须向总局交银若干，称为“包价”，又名“滚包”。总局再从包价内扣除成本，剩余银两即为余利。因为成本不同，余利每年都会有所变化，并无定数。各分局包价虽有定数，但是后来“银价迭涨，各分局售盐向属钱款，往往除去局用，所剩易银不敷解总局之数”[①]。为此，总局不得不采取变价措施，对各分局给予补贴，甚至酌减包价。除睢州、考城、宿州、涡阳、峄县、海丰、阳信、沾化补助地方官缉私经费外，各分局成立以来一直补助地方官一定的缉私经费。1901 年，各分局应交的各项经费被裁减，仅收原数的四成。1908 年，总局共征包价、四成巡费等共计银三十一万二千七百七十五两。

积欠包价并积引余课为南运局的大宗收入，南运各分局售盐采用以钱易银的方法来解兑，由于手续烦琐容易形成包价积欠；若遇人员交替、盐款移交，或者南运之引由北运代销，积引余课的解款速度会更慢，积欠包价和积引余课一般要集中上交南运总局。1908 年，共收盐价引课及移交等款，合计银十六万五千八百八十二两。

二、晚清时期山东盐税问题分析

1. 演变脉络

1837 年山东成为独立盐区前后，盐税形势非常严峻，虽然采取了一系列措施进行补救，但是收效甚微。1835 年，正值银价日昂，商人以钱易银，亏损很大，以致临朐、蒙阴、乐安等 9 州县票商相继倒乏，盐票无人认领，为此山东盐政当局将堰工加价中的一文尽数补贴盐商，试图挽回盐业衰颓的局面，却并未见效。1837 年，上述 9 州县被迫改为官运，仅能维持一段时间，后来积引越来越多。1838 年，山东将北运引地 49 州县实行二文加价，归商贴补；1843 年，减引十万道，余引全部停领，以缓商力；1847 年，引地加价二文、票地加

① 周庆云．征榷九·款目[M]//第三版．盐法通志(卷 77)．鸿宝斋聚珍，1928(民国十七年)：36.

价一文来进行调剂。在严峻的形势下,山东应该减轻税收,待商力恢复后再行加税,才能推动盐业的良性发展。然而,山东盐政当局不顾盐商经营困难而屡屡加税,尽管有的加价也拨出一部分补贴盐商,但是"羊毛出在羊身上"。盐商的实际负担日重,盐业经营每况愈下就在所难免了。上述调整措施不但没有缓解山东盐业发展的困境,反而使局势更加不可收拾,最终招致朝廷派员调查。正如评论所说:"十数年以来,两次加价,二成减引,三厘减息,终莫救其罢敝,引票各岸相继倒悬至二十余处,此道光二十八年(1848年)所以有钦差查办之举也。"[①]在调查结束后,山东相继采取了下列措施:裁减浮费、整顿缉私、停蓄运新、清厘套搭,商乏的地方改为官办,南运地方则委员督办;盐包加重75斤,贴补帑利,免征利息,而且减价一文,让利于民;提前奏销保证税收,划提商捐以补久,实行先税后盐制度。这些措施实行后,正课税率保持不变,但是报部款项铜斤河工、养廉、饭食等充公银两,较正课却加至数倍。[②] 对于增加盐税给商民带来的痛苦,李秉衡曾上奏力陈商民的负担过重,恳请免除二文加价。此奏获准实行,说明最高统治者也意识到过多的盐斤加价会破坏盐业发展,导致私盐泛滥,危及盐课收入。[③] 甲午中日战争使山东的社会经济遭到很大破坏,加上黄河泛滥成灾,滩盐歉收,而1894年仅盐商报效一项便需银十万两,当时商力竭蹶,报效实数与规定额相差很大。[④] 鉴于当时海防、河工、洋债三项费用同时筹措,巡抚李秉衡经过调查并与盐商协商,决定采取加耗加课的办法,作为权宜之计,并上奏批准。这一办法增加了盐课收入,有利于筹饷,也兼顾了盐商的利益。[⑤]

下面一段史料记载了晚清山东盐税的演变概况,现节录如下:"山东盐款向有引课、票课之分,正、杂款目已属繁多。道光时,因南河高堰大工而始有加价,其后因筹备饷需及偿款而始有盐厘与续增之加价,兼以杂款摊捐随时增加,故至光宣年间,征收款目乃有四十余种,但加价一项,如曹、单、兰、郯、莒、日、昌、潍等县暨河南归德府属素称滞销,亦有免收者。山东引、票两区,斤重各异,税率即有参差,约举总数,如历城、齐河、泰安、肥城、曲阜、滋阳、曹县、单县、濮州、聊城、高唐、济宁、鱼台、夏津等三十州县,每引三百九十斤,税目三十五种,收银三两二钱八分五厘五毫七丝;德州、禹城、寿张、菏泽、郓城、堂邑、冠县、金乡、临清、武城等十九州县,每引亦三百九十斤,税目三十四种,收银三两八钱零五厘三毫。江苏之丰县、沛县、萧县、砀山四县,每引三百九十五斤,税目三十一种,收银二两六钱九分零九毫;铜山一县,每引三百五十五斤,税目二十四种,收银二两零八分二厘。安徽之宿州、涡阳两州县,引斤与铜山一律,税目二十三种,收银一两七钱三分七厘四毫。河南之商丘、睢州、宁陵、夏邑、考城等九州县,每引三百二十五斤,税目二十三种,收银一两三钱三分四

① (清)王守基. 盐法议略[M]//山东盐务议略. 北京:中华书局,1991:24.
② 洵天. 论山东盐务[J]. 山东杂志,1909(57):1.
③ 李秉衡. 奏东纲民困商疲恳免二文加价折[M]//戚其章,辑校. 李秉衡集. 济南:齐鲁书社,1993:168-169.
④ 李秉衡. 奏东纲疲累已深商民交困恳免加价折[M]//戚其章,辑校. 李秉衡集. 济南:齐鲁书社,1993:307-308.
⑤ 李秉衡. 奏东纲盐斤拟请分别加耗加课折[M]//戚其章,辑校. 李秉衡集. 济南:齐鲁书社,1993:424-425.

厘五毫八丝,皆系引岸。章丘、济阳、新泰、莱芜、乐陵、商河、郯城、博山、高苑、滨州、益都、寿光、潍县、沾化等三十九州县,每票三百九十斤,税目四十三种,收银三两一钱二分七厘六毫五丝,皆系票岸。其民运票地十八州县,每票二百二十五斤,课归地粮摊征,收银一两,不在此列。"[①]由此可见,山东盐区税目繁多,税率紊乱,各地税收很不平衡,成为商力贫乏的祸源,也为盐税拖欠留下了隐患。

2. 盐税税率

以清末盐税税率为例,分析山东在全国各大盐区所处的位置:

表 1 清末全国部分地区税率等级表

区名	每斤税率合银		税率种数
	最高	最低	
奉天	六厘	四厘	八种
长芦	九厘	六厘	七种
山东	二分	四厘	八十四种
河南	一分七五二	一分零三四	三种
两浙	一分五厘	一厘	六十三种
两广	一分八厘	七厘	五十种
两淮	三分以上		十八种
云南	三分以上	二分八	十六种
四川	一分六	七厘	三十种
共计	平均最高一分七九五	平均最低七厘四八	二百七十九种

资料来源:江苏省中华民国工商税收史编写组,中国第二历史档案馆. 盐税(上册)[M]//中华民国工商税收史料选编(第二辑). 南京:南京大学出版社,1995:143.

从表 1 可以看出,清末山东的税率达八十四种,居所列九区之首。每斤税率最高为二分,比九区的平均最高值略高;最低为四厘,远低于九区平均最低值,总体上处于合理的税率范围,甚至可以说,山东的税率就全国范围来看还是较低的。1891 年,全国共销四百一十七万七千二百九十三引,征盐课七百三十九万八千七百九十九两。山东共销四十万零五百引,每引行盐三百二十斤,票引十七万一千七百四十张,每票行盐二百二十五斤。若按照全国税率的平均水平来估算,山东征税应在七十万两以上,但这一年山东实际仅课银十四万八千一百多两,这既有滞销滞缴的因素,也与山东的税率较低有关。与同年销额相近的淮南相比,山东的税额差距更大:淮南共销盐四十万引,每引行盐三百六十四斤,课入却达二百八十万两有余。[②] 1910 年,山东的盐税预算收入为一百七十九万八千九百五十

---

① 财政部财政年鉴编纂处. 财政年鉴(上册)[M]. 上海:上海商务印书馆,1935:657.

② 周庆云. 征榷一·榷法[M]//第三版. 盐法通志(卷 69). 鸿宝斋聚珍,1928(民国十七年):28-29.

二两,第二年(1911年)约为一百八十五万四千五百六十八两,但是这两年的实际盐税收入分别为一百一十三万八千七百五十八两和九十八万八千九百六十七两。[①] 山东预算数和实收数相距悬殊,盐务疲敝的状况可见一斑。

晚清时期,山东的盐税在全国占有重要地位,但是并非特别突出。1911年,全国盐课、盐厘预算总数为四千七百五十七万五千四百八十六两,其中场课、灶课为二十六万二千零五十六两,山东为一万六千三百五十两,列八个预算区的第三位;全国正课预算总额为七百七十二万一千零五十三两,山东为三十一万五千七百六十两,列十五个预算区的第九位;全国盐厘预算总额为九百零一万九千三百五十二两,山东为四万五千三百一十九两,列二十个预算区的第十二位;全国加价预算总额为一千七百三十一万七千五百七十八两,山东为七十四万八千三百二十两,列十九个预算区的第七位;全国杂捐预算总额为二百二十三万九千四百八十五两,山东为二十三万八千一百五十七两,列十一个预算区的第三位;全国官运收入预算总额为五百四十九万四千零一十二两,山东为三十六万一千七百五十六两,列十个预算区的第七位;全国商包各款预算总额为二百四十四万零一百零四两、杂款预算总额为三百零八万一千八百四十六两,山东均未被列入预算。[②]

3. 利弊考察

晚清时期,山东的盐税名目繁多,税率紊乱,盐业滞销、盐税歉收的情况屡有发生,形成恶性循环,而缺乏有效的解决之道。究其原因在于,盐政当局将盐税视为利薮,动辄增加盐税,未能将其建立在盐业可持续发展的基础之上,导致盐业发展迟滞、商力困乏、盐税歉收,却只"头疼医头,脚疼医脚",不能标本兼治,致使持续增加的盐税成为盐商、盐民长期的沉重负担。盐政当局对盐业生产、运输、销售、盐税、缉私各环节缺乏通盘筹划,把注意力过分集中于盐税征收、查缉私盐,导致盐业畸形发展,形成官商对立、官民矛盾,盐税的征收没有保障。在征收额度上,盐政当局不是量力而行,而是根据官方需要,采取近似掠夺的方式,导致商人穷困潦倒。山东盐商具有商散引碎的特点,资金少、规模小、实力弱,在层层加码的盐税冲击下频频破产,商逃岸荒的情形时有发生。因此,晚清山东的盐税陷入困境是有其主客观原因的。

在清末,山东盐税已有预算制度,这是盐税征收制度的重大进步。但是,预算与实际脱节非常严重,导致预算数与实际收入非常悬殊。山东的盐业统计弊端重重,主要表现为实收数难以计算且记载不清,缺乏透明度,正如时人所说:"东盐课税,就近年预算观之,运库收入各款总共一百八十五万四千余两,而支出各款总共一百八十五万八千余两。闻实收实支,均不能达预算之数,而以入为出,尚有盈余数万云,惜未能得其详耳。"[③]当时预算

① 盐务署. 中国盐政沿革史·山东[M]. 盐务署,1915(民国四年):88.

② 周庆云. 征榷一·榷法[M]//第三版. 盐法通志(卷69). 鸿宝斋聚珍,1928(民国十七年):29-32.

③ 凌文渊. 调查山东、直隶、奉天三省盐业状况报告书[J]. 盐政杂志,1914(11):53.

制度很不完善,实际运作很不规范,出现预算与实际收支不符的现象也是意料之中的事情。

不可否认,税率渐高是由全国的大环境决定的,与其他盐区相比,山东的加税是最少的。据记载:“咸同以后,税率猝增,最少者为山东之二文半至四文,十文以上者约居全国十分之三,甚至有二十余文者,所加之数殆有三倍以至十余倍矣。”①横向比较,山东的盐税税率相对来说还是较轻的。

三、民国时期山东盐税税目的演变

民国时期,山东的盐税主要包括正税、附加税、另款及盐务行政收入等,这些税目都经历了一番演变过程。1912—1913 年,山东仍然沿用晚清时期的盐税制度。民初《盐税条例》颁布后,山东进行了划一税率的改革。在改革过程中,民运票课摊入地丁者改为每担征银七角,仍然由县知事征解。1915 年,民运地方实行新税,办理数年后,因地方反对未能贯彻执行。1919 年,地丁内摊征的票税被豁除,实行就场征税,但是到 1921 年才得以实行,因此在商岸之外又有东岸新税。兰山、郯城、费县、沂水四县附近私盐充斥,新税统一后因商力不支已形同废岸,不得不采取减税措施,因此又有特别区减税之举。1919 年以后,山东盐税收入逐渐兴旺,1924 年全年收税达 600 多万元。第二年(1925 年),张宗昌督鲁后,山东战事频发,军费开支大增,因此开始有加价、侦缉费等地方附加税的征收。接着便开始截留盐税供应军饷,还勒令商人缴纳引票登记费及海防经费等款项共计 300 万元,盐商力不能支,穷于应付,只好向银行借款,因此负债累累。再加上连年战事、土匪横行,山东盐业受到严重摧残,销量日减,商岸抛荒现象日益增多。1927 年和 1928 年两年盐税收入大减。

1. 正税

1913 年《盐税条例》颁布后,晚清时期遗留下来的正、杂摊捐全部废除。山东按照盐的重量依法征收的盐税称为正税,分为产盐和销盐两区征收。正税的税目不断变化,以 20 世纪 20 年代末为例,包括商岸区食盐税、特别区食盐税、东岸区食盐税,渔盐税,腌猪盐税,烟台、青岛精盐产地税,烟台、青岛精盐补缴产地税,工业盐税,输出盐税,火车软水盐税,虾油虾酱税。正税必须专款存储,除留支行政、稽核、缉私经费外,不论何种用途不得动支。1915 年,山东税率实行每担二元五角以后,规定全区销额为一百九十七万担,每年应征税额为五百零二万零五十元;东岸民运票额共计七万九千九百五十四担,应征税额为五万五千九百六十八元。1918 年,将摊入地丁的东岸票税豁除后,山东的销额定为一百五十万担。其中商岸销额为一百二十万担,每年应纳税额三百万元;东岸销额为三十万

① 胡钧. 中国财政史[M]. 北京:商务印书馆,1920:349.

担,但是没有规定应纳税额。此后,山东的正税屡有损益,但变化不大。

2. 附加税

民国初期,山东改行新税后,盐税项下并没有附加税。1922年,因黄河决口,急需大笔款项,山东督军兼省长田中玉命令东纲公所从3月1日起在盐价内每担加收河工附捐四角,但因盐务署拨款协助,河工附捐并未实行。1925年,山东军费开支巨大,督理山东军务张宗昌命令随引附征八厘加价及六角侦缉费。次年(1926年),上述项目开征。1927年,山东又加征一分加价,因此附加税变为每引七元八角。次年(1928年)8月,奉令取消以前的苛捐,但是于每引十元正税外,附征军事费六元,每引正、附税共计十六元。1929年5月以后,青岛产的胶济铁路软水用盐也开征军事费。1931年,山东的附加税改由中央统一核收。民国时期的附加税有的属于临时性质,如1935年2月编制的《山东盐区现行税率表》载明,山东每担盐缴纳磅亏费三角、建坨费一角,其中建坨费一项系为建坨筹集资金,从1929年起开征,并未列入经常的附加税项目。1932年,加征山东地方附捐四成。次年(1933年),加征的附捐改为中央附税,将每担征额由一元七角二分减为一元。①

山东的附加税大致分为以下几种:①中央附征军事费,每担一元五角,计每引加征六元,从1928年8月起开征。②山东督署加征八厘加价,计每引加征三元二角,从1926年1月起开征,1928年取消。③山东督署加征侦缉费,计每引加征六角,从1926年1月起开征,1928年取消。④山东督署加征一分加价,计每引加征四元,从1927年10月起开征,次年(1928年)取消。

附加税的征收没有规定的数额,实际征收数额变化较大,仅举几例来说明:1926年山东附征八厘加价共征收六十九万九千八百二十一元,次年(1927年)征收一百万五千四百九十八元;1926年山东侦缉费共征收十五万七千五百五十八元,次年(1927年)征收十八万八千五百三十元;1927年10—12月,山东共征收附征一分加价十六万八千七百五十三元,加上已领之引追缴的一分加价,共计征收三十万一千六百八十八元;1928年9—12月,共征收中央附征军事费三十四万五千零八十四元,次年(1929年)征收七十一万六千六百八十二元。② 民国时期,山东食盐附加税捐情况如表2所示。

表2 山东省食盐附加税捐情况表(截至1927年年底)

税捐名称	税率(每司马担:元)	征收地方	征收者	起征日期	简要说明	资料来源
盐斤食户工捐	0.40	全省	山东督军兼省长田中玉	1922年3月1日	每斤加价4厘	历史所档案

① 财政部财政年鉴编纂处. 财政年鉴(上册)[M]. 上海:上海商务印书馆,1935:748.

② 征榷[M]//誊印本. 山东盐政史未定稿(卷4). 民国年间:24.

续表

税捐名称	税率(每司马担:元)	征收地方	征收者	起征日期	简要说明	资料来源
盐斤加价	0.87	全省	东纲公所	1925年8月1日	每包加价3.50元,每包重416斤,内加皮16斤	《银行月刊》第5卷第8期,各省财政近讯第2－3页
鲁裕盐田	0.05	全省	东纲公所			《中国经济》第2卷第2期,第10－18页
实业银行股本	0.05	全省	东纲公所			
精盐股款	0.05	全省	东纲公所	1923年	作组织精盐公司之用	《中国经济》第2卷第2期,第10－18页
兴业银行股款	0.05	全省	东纲公所		兴业银行股款等并征,每年十万余元	《中国经济》第2卷第2期,第10－18页
缉费	0.15	全省	东纲公所	1926年		《中国经济》第2卷第2期,第10－18页

资料来源:江苏省中华民国工商税收史编写组,中国第二历史档案馆. 盐税(上册)[M]//中华民国工商税收史料选编(第二辑). 南京:南京大学出版社,1995:551.

3. 另款与盐务行政收入

另款是相对于正税而言的。凡非盐税的征收均为另款,具体包括:汽车余利,每月二百元,全年征收二千四百元;房租每年七百元;地租,每年十元;公利运官息,每年八千元;临(朐)益(都)盐局官息,每年二千元;滨蒲利盐局官息,每年八百八十元;公利运红利,每年一万六千余元;各县场灶课,每年约一万五千元;官银号旧欠,每年约一万五千元;各盐场验契税,没有定额。1928年后,以上各款,除灶课和契税外,均未照额征收。

尽管另款数额不大,但是山东可以自由支配,无须上缴国库,在山东盐务支出中发挥了重要作用。凡是经常或临时各费不由正税开支者,均由另款项下开支,分为运署经费、运署临时费、督运局经费和孔府锎盐四大项,每年共计支出三万八千零一十二元。1928年8月,山东盐运使卢曜认为,山东盐运使署所设东路缉私执法处、翻译员等机构和人员没有设立的必要,呈请将上述开支各款取消,获得批准。此后,另款收入全部上缴国家,更名为盐务行政收入。

盐务行政收入是指不属于税捐的官方盐务收入,如运盐逾期罚金等。《财政年鉴》载:"盐务行政收入者,乃不属于税捐收入之款项。析其内容,略如各产区之灶课、水乡折价、契税等项及销岸各区之运盐逾期罚金、公产租课及不属于盐斤税捐收入杂款,各区情形互异,名类亦间有不同,在昔统称另款。盐务署所属各运使等机关,专司盐务行政事宜,凡不属于税捐收入之款项,仍由其征收,于是始有行政收入名称。"①通过这段文字,我们可以了解盐务行政收入的由来。山东盐务行政收入包括灶课、契税、私盐罚款及荒岸租金四项,于1928年8月开始征收。1928—1934年,山东盐务行政收入分别为2942元、41240元、20405元、31651元、33494元、22594元、13886元。② 可见,山东盐务行政收入年征收额较少,上述7年平均每年为23744元,但是各年的变化幅度较大。1929年8月和1934年7月,山东盐务行政收入两次划归盐务稽核机关征收。

民国时期,山东进行了一系列盐税改革,从根本上改变了晚清时期税目繁多、税率紊乱的状况,使山东的盐税实现了税目由繁到简,税率由乱到治的转变。但是,民国山东实行分区治税和等差税率并行的盐税征收制度,并未最终统一盐税税率,给盐业发展和盐务管理带来了不利影响。

[参考文献]

[1]诸青来. 盐法平议[J]. 东方杂志,1931(9).

[2]周庆云. 盐法通志(卷69,卷77)[M]//第三版. 鸿宝斋聚珍,1928(民国十七年).

[3](清)王守基. 山东盐务议略[M]. 北京:中华书局,1991.

[4]洵天. 论山东盐务[J]. 山东杂志,1909(57).

[5]李秉衡. 李秉衡集[M]//戚其章,辑校. 济南:齐鲁书社,1993.

[6]财政部财政年鉴编纂处. 财政年鉴(上册)[M]. 上海:上海商务印书馆,1935.

[7]凌文渊. 调查山东、直隶、奉天三省盐业状况报告书[J]. 盐政杂志,1914(11).

[8]胡钧. 中国财政史[M]. 北京:商务印书馆,1920.

① 财政部财政年鉴编纂处. 财政年鉴(上册)[M]. 上海:上海商务印书馆,1935:784.

② 财政部财政年鉴编纂处. 财政年鉴(上册)[M]. 上海:上海商务印书馆,1935:784.

被复制的历史:宋代的海盐私贩与当今的私盐泛滥

宋冬霞[①]

宋代私盐中,海盐是最为严重的,这已是不争的事实,学界对此已达成共识。如史继刚先生所说:“就私盐活动的区域分布来看,宋代虽然贩私活动也存在于各地,但以东南诸路海盐产销区为盛,而解盐和井盐产销区的私盐活动相对较少。”[②]反观现实,这种海盐的私卖私贩现象至今仍然存在。媒体不断披露的私盐问题,其危害程度用“触目惊心”来形容一点都不为过。不可思议的是,宋代海盐私贩的原因、途径几乎被复制到今天的私盐贩制领域!

一、关于私盐

中国古代严禁私盐私贩的时间,一般认为,是在西汉武帝元狩四年(公元前119年)实行食盐官卖之后,“盐始有官、私之分”[③]。

何谓“私盐”? 私盐是指违反官府有关禁令而私自生产、运输、销售的食盐。或言私盐系指非法生产、加工、销售的食用盐,主要是未按国标加碘或以工业用盐冒充食用盐的不合格产品。在我国一些原盐产区,私盐泛滥的现象并不鲜见。据中国盐业总公司一位负责人透露,目前,在我国每年700万吨食盐市场总量中,有10%左右的私盐在流通。部分省际交界处的一些偏僻地带已成为碘盐销售的“真空地带”。私盐现象发生在全国几乎所有的产盐地区,遍及南北。

二、私盐泛滥的主要原因

大体而言,导致私盐泛滥成灾的原因是复杂多元的,既与官府的食盐政策密切相关,又与政府对盐业管理的失当亦不无关系。具体分析,私盐的巨额利润是私贩禁而不止的直接诱因,而管理力量不足、管理者的监守自盗及与盐场相关人员的内外勾结、通同作弊

① 宋冬霞(1962—),女,陕西蓝田县人,现为盐城师范学院社会学院历史学教授,青海师范大学中国古代史专业硕士研究生导师(兼职);长期从事宋代社会史、女性史研究,发表相关学术论文30余篇,出版相关学术专著1部。

② 史继刚.浅谈宋代私盐盛行的原因及其影响[J].西南师大学报,1989(3).

③ 经济大辞典·中国经济史卷[M].上海:上海辞书出版社,1993.

更是食盐私贩的深层因素。这与宋代海盐私贩的途径如出一辙,几同复制,令人深思!

1. 私贩利润惊人

在中国封建时期,政府的食盐专卖政策造成食盐供需之间的严重脱节,为贩私活动提供了一个有效的需求市场,从而刺激了一些人对盐利的追逐,“利之所在,人所共趋”。在宋代,随着食盐专卖制度的进一步强化,违禁制贩私盐的活动无论其规模还是其严重程度都发展到一个空前阶段,远非唐末、五代所能及,给宋代政治、经济造成了巨大影响。参与制贩私盐者不仅成分复杂,且人数众多,遍及各地。宋代私盐问题是唐末、五代的继续和进一步发展,成为中国封建社会贩私活动的一个高峰。沿用史继刚先生的话说,私盐是盐专卖制度的产物,盐专卖使官盐质劣价昂,定销界使官盐不能便民。

现代社会,利润高、需求量大与正规盐数量少的矛盾仍然是私盐泛滥的直接原因。据山东省一盐场的销售人员介绍,目前,我国工业盐出场价约为100元/吨,加碘食用盐出场价为300元/吨,而在食盐零售市场,1000克加碘食用盐一般是1.7元,也就是1700元/吨,有的市场更是高达2000元/吨。从出场到零售之间巨大的价格差,必然成为“私盐”泛滥的重要原因之一。

青海盐湖资源丰富,仅柴达木盆地就有30多个盐湖,面积达12万平方公里。丰富的盐湖资源成了非法盐贩取之不竭、用之不尽的宝藏。非法盐贩只要拥有一辆拖拉机,就可以往返于盐湖之上,偷采原盐。他们生产的私盐主要流向农牧区。

青海省某市盐务监督办公室工作人员告诉媒体,近年来,察尔汗生产钾肥排放的工业废盐有近8000万吨。工业废盐与食用盐外观十分相近,利用其制贩假盐利润惊人,所以不法分子从盐湖偷运工业废盐制贩假盐屡禁不绝。据说一车20吨的工业废盐价值150元,折每吨7.5元,而正规食盐(加碘)一吨零售价值1700元。当私盐运到地下加工窝点后,不法分子只需要租一间民房,购买一台粉碎机、一台封口机和一杆小秤,就可以进行非法的私盐生产,生产成本不足500元。这些不法分子十分狡猾,为了逃避打击,他们通常将存放工业盐的库房和加工窝点分开,加工多少就到库房取多少,并且经常更换加工窝点。显然,巨额利润是私盐禁而不止的最主要原因。

食盐与百姓的生活密切关系,即食盐需求量之大与现实的食盐供小于求的矛盾,使得私盐私贩无法避免。若按人均每年消耗食盐3.5公斤算,一个百万人口的城市,扣除地区差异(如食酱油习惯等),年耗食盐应在2800吨以上。但据某市食盐专卖局一位负责人介绍,其下辖的潮阳市是一个拥有250多万人口的县级市,2000年全年经盐政部门供应的食盐仅900吨,与实际需要相差甚远,差额部分必为私盐无疑。在潮阳市,一些市民说,这些年来,他们吃的都是“海盐”(无碘的私盐),每天清早都有很多盐贩子用自行车、摩托车把私盐送到各个食盐销售点。

一方面是贩私的巨大利润,另一方面是正规食盐的供应不足,于是,私盐成为解决这对矛盾的不二途径。

2. 管理力量不足

缺少必要的稽查经费，这是造成私盐私贩的又一重要原因，且古今一理。史继刚先生在他的文章中谈道，宋代盐户的私煎盗卖之所以禁而不绝，也与当时官府在对盐场的控制和管理上存在的实际困难分不开，这突出表现在东南诸路的海盐产区。东南海盐产区，盐场散布，官府限于人力、财力，不可能在各处都配置足够多的巡察人员时刻提防，自然给盐户私煎私卖以可乘之机。宋仁宗景祐时，吴遵路曾奏："楚之盐城，造盐之场七，皆售县仓。亭灶棋列，相去且百里，掌出纳者以仓为主而不出郛郭，故私煮盗贩散漫不能禁。"[①]"相比之下，西北解池盐、四川井盐等产地则比较少。"这是因为，北宋时解池盐主要集中在河东路之解县、安邑两地，官府便于控制和管理，特别是在盐池周围还派有兵卒（名曰护宝都）日夜守护，畦户冒禁私种盐（解池盐的生产在当时称作"种盐"）的风险很大。而在四川井盐产地，一方面是盐井的开凿困难，成本很高，同时也与朝廷在四川的食盐政策有关。北宋时，朝廷对四川井盐的生产，基本上是放任民间自由经营，在政策管制上比较宽松，自然就谈不上违不违法的问题了。直到南宋初，赵开总理四川财政，将川井盐"尽榷之"，才导致井户"多凿私井"[②]的现象。

反观现实，以青海为例，某盐务监督办公室仅有两名工作人员，负责查办辖区盐湖面积 5940 平方公里内的私盐贩运。执法力量远远不足。

据某盐务管理局负责人介绍，盐业管理部门力量薄弱，缺乏必要的稽查办公经费。青海省有 12 万平方公里的盐湖，比两个宁夏（5. 18 万平方公里）还要大，但许多地方有盐却没有管盐的人。青海省盐务管理局只有 5 名稽查人员，而全省大部分县都没有专门的稽查人员，稽查人员大都是盐业公司的兼职人员，每个县只有一两名。如此单薄的稽查力量，打击私盐谈何容易！

到目前为止，青海省盐务管理局只有办公经费，却没有稽查经费，稽查经费全靠东拼西凑，有的工作人员只得自掏腰包办公，而在各州（地区）、县，盐务管理部门的办公经费则全部依靠经营收入。因此，打击私贩难以步入规范轨道。

只有加强管理队伍，加强管理力量，增加管理经费、稽查经费，才能禁绝私盐私贩。

3. 盐官监守自盗

为了加强盐业生产的监督和管理，宋朝廷专门在各盐产区设官置吏，负责盐的生产、收购和运销工作，各盐监、场、务也设有专官具体负责场内事务。如在东南沿海各盐场中，负责盐的生产的有催煎官，负责收购的有买纳官，负责将盐货转出仓场的有支盐官等。然在两宋时期，因政府食盐专卖制而来的丰厚的盐利对社会各阶层产生了极大的诱惑力。盐场官吏也不例外，他们往往置朝廷法规于不顾，利用职权营私舞弊，盗卖官盐即其表现

① 余靖．楚州盐城甫场公署壁记[M]//影印文渊阁四库全书（第一〇八九册）．武溪集、安阳集、范文正集 别集 补集．上海：上海古籍出版社，1987.

② （宋）李心传．建炎以来朝野杂记（甲集，卷 14）[M]．徐规，点校．北京：中华书局，2000.

之一。宋代盐仓、场官吏盗卖盐货的现象很普遍。北宋时,解池等地盐场官吏就常“盗官盐贩鬻以规利”[①]。在东南盐产区,盐场官吏不仅经常克扣盐户煎盐本钱以中饱私囊,而且“盐司及诸场人吏类多积私盐以规厚利”[②]。盐官积累私盐的办法很多,如催煎官“不谨火伏”[③],纵容盐户私煎,并从中攫取一部分归己;买纳官则在收购盐户交纳的盐货时以种种借口多方刻剥盐户,如借口食盐在仓场久积会有损耗而要求盐户须缴纳一定的“耗盐”,通常是“每正盐一石纳耗盐一斗”[④]。又有所谓的“泥盐”之征,“泥盐者,旧有鄙夫,厕迹场、监,扫掠着地之盐,掩为食利之私,其后流弊,遂于亭户所纳官盐明收十分之二,名曰泥盐”[⑤]。

除了这种公开的、赤裸裸的掠夺外,买纳官还玩弄各种奸猾手段,在收纳盐户盐货时“大称斤重”[⑥],刻剥盐户,如此种种,不一而足。他们将这些取自盐户而不入账籍的“泥盐自行私卖”或“将倍称入敖官盐卖而归私”[⑦],牟取厚利;甚至和前来盐场支取钞盐的盐商勾结,以合法之名行非法之私,将官盐大行搭带出场。南宋高宗绍兴二十七年(1157年),有人陈告:“近来客人就场支盐,多有不便,至有每袋搭带出八十斤者。”[⑧]特别在淮南诸支盐仓场,搭带问题尤为突出,“支盐仓与买纳场相为表里,务欲招诱客人,或守客人计嘱,往往多搭斤数,有至数千斤者”。在宋代,为官府转运食盐的船工纲梢也多加入到贩卖私盐队伍中,如前往盐场装船转搬官盐的纲梢往往利用官盐装船之际,趁机扫掠拿取或“扫袋偷窃”[⑨]着地之盐,甚或“盗官盐而卖之私”[⑩]等。于是便有盐场官吏在官盐装船时常常“受纲梢计嘱,搭带斤重”[⑪]之现象。由于盐仓场官吏的大肆盗卖官盐,造成官盐严重亏缺,这种缺口的填补最终还是落到了盐户的头上,从而进一步加重了盐户的负担。

被盐场官吏、诸色人等偷窃盗卖的官盐,无疑成为宋代私盐的重要组成部分。

照观现代社会,盐场管理者与外界内外勾结盗卖私盐的事件屡屡发生,这自然是私盐屡禁屡兴的主要原因之一。

在碘缺乏病高发区的一个地区曾发生一宗被称为“盐”过其实的事件。某盐业公司

---

① 李焘,撰.续资治通鉴长编(卷18)[M].上海师范学院古籍整理研究室,上海师范大学古籍整理研究室,点校.北京:中华书局,1979:398.

② 佚名,撰.宋史全文(卷24)[M].李之亮,点校.哈尔滨:黑龙江人民出版社,2004:1674.

③ 徐松,辑.宋会要辑稿·食货(27之12)[M].北京:中华书局,1957.

④ 徐松,辑.宋会要辑稿·食货(23之31)[M].北京:中华书局,1957.

⑤ 黄震.浙东提举到任榜[M]//黄氏日抄·公移三(卷80)//四库全书·子部(卷708).上海:上海古籍出版社,1987.

⑥ 徐松,辑.宋会要辑稿·食货(25之38)[M].北京:中华书局,1957.

⑦ 黄震.约束诸场折纳盐[M]//黄氏日抄·公移三(卷80)//四库全书·子部(卷708).上海:上海古籍出版社,1987.

⑧ 徐松,辑.宋会要辑稿·食货(26之36)[M].北京:中华书局,1957.

⑨ 徐松,辑.宋会要辑稿·食货(27之13)[M].北京:中华书局,1957.

⑩ 黄震.申宽免纲欠零细及孤霜贫乏户外再申乞作区处状[M]//黄氏日抄·申明二(卷71)//四库全书·子部(卷708).上海:上海古籍出版社,1987.

⑪ 徐松,辑.宋会要辑稿·食货(27之35—41)[M].北京:中华书局,1957.

竟将罚没的私盐掺入食盐销售,而且这一违法行为持续两年之久。有关部门查明:两年间,共罚没私盐92吨,其中原盐近16吨,盐业公司将罚没的劣质私盐掺入食用盐销售达20多吨。

在媒体采访调查中,盐业系统有关人士说,这些现象的出现不是偶然的。眼下,首要的是整顿盐业管理和执法队伍,认真解决盐政执法人员不纯的问题。对盐政执法人员与私盐贩子权钱交易,倒卖食盐生产许可证、批发许可证、运输准运证,一经查实必须清除出盐政队伍,触犯刑律的要移交司法机关处理。

另有管理体制不顺、缺乏适宜的地方法规及相关部门尚且不能形成合力等诸多因素。

三、私盐泛滥的严重后果

私盐泛滥已经成为当今社会严重的社会问题,后果相当严重,对和谐社会的建设造成了极大的负面影响,必须正视并加大打击力度,为经济社会发展提供良好的运行环境。

1. 食后不适症状

1999年4月,一民工在广东汕头市区一小吃店吃了一盘饺子后,出现休克、呕吐症状。经卫生部门检查,发现问题出在盐上,那家小吃店用的是私盐,内含可致人死亡的亚硝酸盐。这种显性的危害尚且可以及时发现,而潜在的危险则是难以预防的,故而危害更大更惨烈。

2. 使得欠发达地区发展阻力更大

由于我国部分地区饮食中摄入碘元素较低,食用盐中加入碘酸钾是改变这种状况的最佳途径。目前,我国实行食盐专卖制度,一个重要目的就是为了消除碘缺乏症。但据中国盐业总公司有关人士介绍,目前全国有1300多个盐场(厂),其中国有大中型盐场60个。国有大中型企业基本都能遵守国家食盐专营政策、法规,按照国家计划、要求组织生产和销售。问题是全国小盐场数量众多,有的盐质低劣,销售手段五花八门,以劣质低价冲击食盐市场,严重干扰我国碘缺乏病的防治工作。

2004年,卫生部组织了新中国成立以来范围最广、力度最大的一次全国性碘盐监测,监测暴露出的问题令人担忧:西藏、青海、新疆、四川、甘肃、海南、重庆7地未实现消除碘缺乏病的阶段目标,尤其是西藏、青海、新疆等省(区)一直是消除碘缺乏病的难点地区,尚未达到阶段性目标。

病灾区恰恰是私盐最为泛滥的地区!前已述及,青海盐湖资源丰富,是非法盐贩取之不竭、用之不尽的宝藏。他们利用生产钾肥排放的工业废盐制贩的假盐主要流向农牧区。工业盐中含有亚硝酸钠、砷、碳酸钠等有害物质,长期食用,可能导致慢性中毒,严重的可致人死亡。人体缺碘,除了会患上俗称"大脖子病"的甲状腺肿大外,还会造成新生儿脑损伤和婴幼儿智力低下。来自青海省地方病预防办公室的统计数据表明,由于私盐大量走上农牧民的餐桌,很多农牧民群众缺碘。目前青海共有碘缺乏症患者近18万人,其中地方性甲状腺肿大患者5.5万人,克汀病患者2000多人,亚克汀病患者12万人。缺碘使这些地区儿童的智商水平比不缺碘地区的儿童低15个百分点。最新的监测结果显示,这些地区形势依然严峻,有些指标还出现了严重的退步,如西藏非碘盐率高达38%。在全国7个省份尚未实现消除碘缺乏病阶段目标的情况下,部分已实现或基本实现消除碘缺乏病的地区也出现严重反弹。

1999年年底,汕头5个行政部门对达濠区的小学生进行抽查,发现患轻度甲状腺肿大人数的比例高达26%,其祸根就是长期食用私盐。

在全国其他私盐重灾区,因食用无碘盐导致的甲状腺肿大等碘缺乏病居高不下的情况下,全民补碘计划不可能实现。

特别需要强调的是,我国是碘缺乏病流行最严重的国家之一。原卫生部疾病控制司专家说,我国生活在缺碘地区的人口达7亿多,轻度缺碘或碘营养不足已波及所有人群。据专家估计,在1017万个智力残疾患儿中,80%归因于碘缺乏,并且每年有600万新生儿出生在碘缺乏地区。如果不加防治,碘缺乏将对我国的人口素质产生严重影响。建设和谐社会,提升民族素质,杜绝私盐,消灭碘缺乏病刻不容缓,任重道远!

四、结语:几点思考

千年前的宋代海盐私贩模式竟被复制到当今的食盐生产销售领域,不由令人扼腕叹息。何以私盐屡禁不止?是打击力度不够还是体制机制问题?颇值深思!

关于管理人员不足的问题。在现代中国,盐业管理上,有的地方管理队伍单薄。青海省盐务管理局仅有5名稽查人员,且大部分州县无专门的稽查人员,无法实施有效的管理。看来,只有扩大管理队伍,才能遏制私盐。

关于管理经费紧张的问题。中国经济腾飞已是不争的事实,应大力补给盐务管理局的办公经费和稽查经费,才能严厉打击制私贩私。宋朝时卢秉"奉使淮、浙治盐法,与薛向究索利病,出本钱业鬻海之民,戒不得私鬻;还奏,遂为定制"①,虽则文后论曰"秉不免于阿徇时好,行盐法以虐民",但毕竟开了用官钱制止私贩的先例。历史是一面镜子,当今可择善从之。

在任何历史时期,制贩私盐都是违法行为。古时惩治私贩主要目的是控制盐业的税收,而当前打击私盐是因为它还关系到人民群众的身体健康问题。现代私盐的最大特点是含碘量大大低于国家规定的标准,且有害杂质多。私盐又往往含有过量的矿物元素,长期摄入对健康极为有害。如未经精制的井盐中可能氯化钡含量较高,食用后会引起四肢

① 卢革附子秉传[M]//点校本．宋史(卷331)．北京:中华书局,1977:10670,10672.

麻木,导致肌肉和关节疾病;私盐如有苦味,多半是镁和钙元素含量过高,食后可致人胃肠不适、腹痛、腹泻等。尤其是碘缺乏病可能导致人口素质退化,使得本已欠发达、没有达到消除碘缺乏病阶段性目标的西藏、青海、新疆等地区因为私盐缺碘、地方病发病率高而更加落后,地方病高发反弹。因此,根除私盐迫在眉睫!

［**参考文献**］

[1]郭正忠. 中国盐业史(古代篇)[M]. 北京:人民出版社,1997.

[2]胡寄窗. 中国经济思想史[M]. 上海:上海人民出版社,1978.

[3]吴海波,曾凡英. 中国盐业史学术研究一百年[M]. 成都:四川出版集团,巴蜀书社,2010.

[4]周泽湘. 食盐专营面临的困境及解决的措施[J]. 盐业史研究,2002(4).

[5]史继刚. 浅谈宋代私盐盛行的原因及其影响[J]. 西南师大学报,1989(3).

[6]吴斌. 盐业契约论——以自贡盐业井开凿契约为例[M]//曾凡英. 盐文化研究论丛(第1辑). 成都:巴蜀书社,2005.

[7]白广美. 中国古代海盐生产考[J]. 盐业史研究,1988(1).

[8]程龙刚. 新中国盐业管理体制50年回眸[J]. 盐业史研究,2000(1).

[9]吉成名. 中国古代食盐产地分布和变迁研究[M]. 北京:中国书籍出版社,2013.

第二篇　盐文化传播

云南盐文化及其传播①

赵小平②　褚质丽③

盐,上关国计,下关民生,是维持人们生活的必需品。盐不但在云南有着悠久的历史,而且在云南的经济社会发展中具有举足轻重的地位。由于盐类④的不同,生产规模与生产技术的差异⑤,历史上,滇盐的生产、运输、销售形成了自身独特的特点。与之相对应,也衍生出了独特而丰富的盐文化。面对丰富多彩的盐文化,如何发掘其文化内涵,如何进行科学开发与利用,这些都是需要认真思考的。通过多种传播平台、途径来加强盐文化宣传,无疑是推进盐文化开发与利用的重要手段。

一、丰富而独特的云南盐文化

悠久的盐业发展史,赋予了云南盐文化多样的形式和丰富多彩的内容,包括了与滇盐有关的盐井遗址、建筑、生产工具、生产技术、盐运道、盐法、盐业思想、饮食、盐币及习俗等。

关于文化的构成以及形态,许多学者出于划分尺度和角度的不同,有着不同的见解。其中,梁漱溟的观点最有代表性,认为"所谓文化不过是一个民族生活的种种方面"⑥,并将文化概括为精神生活方面(如宗教、哲学、科学、艺术等)、社会生活方面(如社会组织、伦理习惯、政治制度及经济关系等)、物质生活方面(如饮食、起居种种享用等)。与对文化的界定相类似,对于盐文化构成的表述亦较多。其中,又以曾凡英教授的观点为主流:"盐文化研究对象就是以盐为切入点,研究人类社会发展演变中,围绕盐而产生的各种社会历史现象背后的文化内涵、文化现象和文化事象,即盐的物质文化、制度文化和精神文

① 基金项目:2013年度云南省教育厅人文社会科学重点研究项目(批准号:2013Z059)、2013年度云南省哲学社会科学重点研究基地一般项目(批准号:JD13YB05)阶段性成果。

② 赵小平(1975—),男,甘肃天水人,云南大学教授、硕士研究生导师,主要研究方向为区域经济史、盐业史。

③ 褚质丽(1990—),女,云南大学人文学院2012级中国经济史硕士研究生。

④ 与海盐、池盐、岩盐不同,滇盐属于井盐。

⑤ 滇盐生产规模无法与海盐相比,也稍逊于池盐,与同是井盐的川盐相比,则远远不足。就生产技术而言,滇盐生产与海盐、池盐不同,与川盐也有区别。

⑥ 梁漱溟. 东西方文化及其哲学[M]. 北京:商务印书馆,1999:19.

化，以解释和说明盐对人类社会的重大意义和作用。”[①]由此，我们可将文化中的云南盐文化也分为物质文化、制度文化和精神文化加以研究。

1. 物质型的滇盐文化

对于物质型盐文化的认识，曾凡英教授有过精辟的阐述：“从盐的开发与生产来考察，仅仅认识到盐的经济角色，远远不能说明盐在人类社会中的重大作用和盐业史研究中的其他重要问题。必须从人类认识自然、征服自然的科学技术史的角度才能给予有力的说明与客观的解释。”[②]云南盐文化中的物质文化种类多，内容丰富，但无不蕴含着云南人民的科技创新智慧。

（1）盐产品中的盐文化。史书中关于云南食盐产品的记载，最早的当为“颗盐”。根据唐人樊绰所著《云南志》[③]记载：“蛮法煮盐，咸有法令。颗盐每颗约一两、二两，有交易即以颗计之。”[④]从记载可以看出，云南早期生产的食盐有一定的形制，而且曾经作为货币使用。[⑤] 实际上也是如此，例如位于今天景谷县境内的香盐井、抱母井和茂篾一带的小井等，自清代直至民国年间，生产的都是小方块盐，每块重 40 克左右，同时亦有时兼作货币使用。[⑥] 总体来看，就云南井盐生产的品种而言，在历史上煎制最多、销售最广者，首推云南特有的锅盐，其生产一直延续到中华人民共和国成立后的 20 世纪 80 年代。云南生产的筒盐，则位居次席。

（2）盐业生产技术中的盐文化。云南主要为井盐，直到近代前期，云南都是采用灶煎的方式制盐，从打井、汲卤到煎盐，程序比较复杂。井盐分为花盐和巴盐两种。花盐是待卤水煎至沸腾，用豆浆提清，以文火熬干成渣，再将此渣加水反复煎三次，即成为白色散盐；巴盐不需要用豆浆提清，第一次熬干成渣后放入锅内，周围用泥巴糊缝，再放水煎制，直到煎成一块盐饼（又称为“盐平”，为云南特有的称法）。在云南传统的制盐过程中，生产出来的井盐大部分为巴盐。

（3）建筑遗址中的盐文化。云南大姚石羊文庙建于明洪武元年（1368 年），当时位于老君庙、土主庙之间。明万历三十七年（1609 年），白盐井盐课提举司提举汪丞默与朱起

---

① 曾凡英．盐文化的内涵与特征[J]．四川理工学院学报，2006(2)．

② 曾凡英．盐文化的内涵与特征[J]．四川理工学院学报，2006(2)．

③ 又作《蛮书》。

④ （唐）樊绰．云南志[M]//（唐）樊绰，撰．云南志补注．向达，原校，木芹，补注．昆明：云南人民出版社，1995：102．

⑤ 除樊绰《云南志》记载有唐代云南以盐为币的事实外（参见：（唐）樊绰，撰．云南志补注[M]．向达，原校，木芹，补注．昆明：云南人民出版社，1995：102），《马可·波罗行纪》中《建都州》《土番州》有元代云南用盐币的记载（参见：（意）马可·波罗(Polo M.)．马可·波罗行纪[M]．冯承钧，译．上海：上海书店出版社，2001：282，277），明景泰《云南图经志书》卷 2《武定府》、卷 3《镇源府》、卷 4《楚雄府》、卷 5《丽江府》都有以盐为币的记载（参见：（明）陈文，等，修．云南图经志书[M]．昆明：云南省地方志办公室翻印，1998），康熙《元江府志》也有以盐为币的记载（参见：（清）章履成，纂修．风俗[M]//刻本．（康熙）元江府志（卷 1）．云南省图书馆据北京图书馆馆藏 1714（康熙五十三年））。云南以盐为货币的记载从唐代开始，经宋元，一直延续至明清。以盐为币的地区多为盐产区或远离盐产地的边远民族地区。

⑥ 云南省志编纂委员会．盐业志[M]//云南省志．昆明：云南人民出版社，1993：88．

祥、徐文彩等人以文庙规模较小为由进行改建,并于1610年建成。石羊文庙建筑群,1981年被列为楚雄州州级文物保护单位,1993年又被列为省级文物保护单位。石羊文庙可以说承载了白盐井的盐文化。2012年,黑井盐业遗址中的大井盐井[①]、明清古盐井群[②]、复隆盐井[③]也作为禄丰古盐井群公布为省级重点文物保护对象。此外,还有大理云龙的诺邓井遗址、顺荡井遗址、乔后井遗址等。

(4)货币中的盐文化。云南有关以盐为币的记载,自唐以来的云南志书中就有。如前面提到唐代樊绰《云南志》就有云南以盐为币的记载。[④] 元代云南以盐作为货币的记录更加翔实,马可·波罗在《建都州》中说:"至其所用之货币,则有金条,按量计值,而无铸造之货币。其小货币则用盐。……每八十块值精金一萨觉(Saggio),则萨觉当是盐之一定分量。其通行之小货币如此。"[⑤]由此可知,云南除用海贝、黄金、白银为币外,也有用盐块为货币的。类似的记载还见于《土番州》:"境内无纸币,而以盐为货币。"[⑥]明代仍有以盐为币的记载。明景泰六年纂修的《云南图经志书》中就记载有行盐币的事实。《武定府》中说:"武定府风俗,交易用盐,土人懋迁有无,唯以盐块行使。"可见,在一些民族地区,盐币是作为主要通货行使的。《镇源府》中说:"盐色白黑相杂,而味颇苦,俗呼之曰鸡粪盐,交易亦用之。"《楚雄府》说:"黑盐每块重二两,军民交易皆用之。"[⑦]无疑,在这些地区盐币的流通仍然较为普遍。清初,在一些地区仍有盐币的流通,康熙《元江府志》说:"贸迁,昔多用贝,今易以土盐,彝民甚便。"[⑧]可见,盐币不仅没有被排挤出流通领域,反而还侵占了一些此前贝币的流通区。在云南盐文化中,盐币的出现使作为生活必需品的食盐也有了货币的功能,极大地丰富了云南盐文化的内容。

2. 制度型滇盐文化

制度文化以云南食盐的物质文化为基础,"但主要满足人的更深层次的需求,即由于人的交往需求而产生的合理地处理个人之间、个人与群体之间关系的需求"[⑨]。国家对云南特殊的盐法与云南运销体制的演变,形成了制度化、组织化的滇盐文化。

---

① 又名黑牛井,始建于南诏国时期,位于金泉山的七星台下,是黑井开采中的第一口盐井。

② 位于金泉山脚龙川江西岸,共包括9口盐井,分别为裕济井、德洋井、天恩井、金泉山1~6号井。

③ 位于黑井盐水箐南北两侧。

④ (唐)樊绰. 云南管内物产[M]//云南志(卷7)//(唐)樊绰,撰. 云南志补注. 向达,原校,木芹,补注. 昆明:云南人民出版社,1995:102.

⑤ (意)马可·波罗(Polo M.). 建都州(第116章)[M]//马可·波罗行纪. 冯承钧,译. 上海:上海书店出版社,2001:282.

⑥ (意)马可·波罗(Polo M.). 土番州(第114章)[M]//马可·波罗行纪. 冯承钧,译. 上海:上海书店出版社,2001:277.

⑦ (明)陈文,等.(卷2)武定府,(卷3)镇源府,(卷4)楚雄府[M]//云南图经志书. 昆明:云南省地方志办公室翻印,1998.

⑧ (清)章履成. 风俗[M]//刻本.(康熙)元江府志(卷1). 云南省图书馆据北京图书馆馆藏1714年(康熙五十三年).

⑨ 衣俊卿. 文化哲学十五讲[M]. 北京:北京大学出版社,2004:54.

据《新纂云南通志》记载,清初云南"唯各井章制不一,时有更变"①。可见,云南当时盐政管理方面较为松散,以商包商销的方式为主。然而,康熙四十三年(1704 年)左右,食盐的官运官销制度在云南确立,这样由官府对食盐进行控制的情形一直延续至嘉庆五年(1800 年)。雍正、乾隆之后,由于产销矛盾不断的恶化,云南食盐的发展过程中也曾发生过"压盐致变"②事件。此次事件造成的影响极大,清政府被迫在嘉庆五年改革云南的盐法,其核心在于"灶煎灶卖,民运民销"③。遗憾的是嘉庆新制的核心精神并未在清朝后期一直延续,加之在咸丰、同治年间云南爆发杜文秀起义(即"咸同军兴")之后,云南地方经济凋敝,财政出现困难,因而改革最终归于失败。

3. 精神型的滇盐文化

云南盐文化中的精神文化,不仅包括了关于云南食盐的社会文化心理,而且还包括了与云南食盐有关的社会时尚和风气,是以意识、观念、心理等形式存在的文化。具体来讲,精神型的盐文化在云南主要有以下几类:

(1)诗歌民谣中的盐文化。在云南盐文化的历史发展过程中,曾有文人墨客留下与食盐有关的文章,也有在民间流传的一些关于食盐的民谣,这些文学作品丰富了云南盐文化的内涵。"盐在反映人们认识各种事物、社会现象,表达各种观念、情感的文学作品中也是有着十分重要的地位,值得认真研究。"④清代武陵人胡蔚写的《团盐谣》中就有"正余征盐八百万,不关井卤唯关薪。尽道团盐白于雪,那知团盐红若血"⑤,记载了盐业生产的艰辛。康熙《黑盐井志》中《偶游万春寺看天生碑次前朝韵》中有"上方兰若拥烟萝,古偈苔封傍碧峨。槛外人家唯煮海,滇中财赋赖通鹾"⑥,充分肯定了黑井盐税对云南财政的重要性。民国时期盐丰县知事赵淳的《购薪》诗:"近山伐木已无声,樵采艰辛度百程。增价购来真拟桂,灶中何以足煎烹?"⑦足见当时食盐生产薪柴缺乏的状况。这些关于云南盐文化的诗歌与民谣,不仅是研究滇盐产、运、销等情况的另类佐证,其本身也是非常宝贵的盐文化。

(2)民间习俗中的盐文化。云南是多民族居住地区,也是我国重要的井矿盐产区。

---

① (民国)龙云,卢汉,修,周钟岳,等,纂. 盐务考一 · 沿革一[M]//新纂云南通志(卷 147). 云南省通志馆据 1944 年刻本重印,1949.

② 当时由于灶户和政府一味地追求食盐产量的增加,忽略了市场中的供求规律,造成了产大于销,食盐积压现象严重。嘉庆二年三月二十三、二十四日开始,蒙化、太和、邓川、赵州、云南、永北、鹤庆、浪穹、楚雄、大姚、元谋、定远、禄丰等地因官府压盐而引起社会动乱。

③ (清)师范,纂辑. 事略[M]//滇系. 1887(光绪十三年).

④ 曾凡英. 盐文化的内涵与特征[J]. 四川理工学院学报,2006(2).

⑤ (清)郭存庄. 艺文[M]//(乾隆)白盐井志(卷四)//云南府州县志(第三册)//故宫珍本丛刊(228 册). 海口:海南出版社,2001:177.

⑥ (清)沈懋价. (康熙)黑盐井志[M]//刻本. 云南省图书馆传抄北京图书馆藏 1710(康熙四十九年)//李希林,主点校. 康熙黑盐井志. 昆明:云南大学出版社,2003:219.

⑦ (清)郭存庄. 艺文[M]//(乾隆)白盐井志(卷四)//云南府州县志(第三册)//故宫珍本丛刊(228 册). 海口:海南出版社,2001:177.

由于各自经济发展水平的不同和文化的差异,在使用食盐过程中形成了不同的风俗习惯。唐代曾有"初遭丧,三年不食盐"[①]的习俗。云南虽然产盐,然而受地理环境及交通条件的影响,对于许多少数民族地区来说,食盐是一种非常珍贵的生活必需品。《滇志》曰:"食货贵盐蒜,得少许,以为上味。居深山者,或没齿不知作咸焉。"[②]

虽然云南许多少数民族有着不同的饮食习惯,但是食盐已经成为他们生活中不可或缺的重要调味品。云南怒江地区的怒族有着喝盐巴茶的习俗[③],彝族、普米族等一些少数民族也有这种饮盐巴茶的习俗。还有云南的一些少数民族喜爱腌肉及各类蔬菜的腌制品,如傣族的一些腌肉就是将肉切成块,放入盐、硝、姜、蒜、辣椒等拌匀,洒一些酒再放入缸内进行腌制。云南三大著名的火腿——宣威火腿、鹤庆火腿、诺邓火腿,就是利用食盐进行特殊加工的。其中宣威火腿用的是黑井盐[④],诺邓火腿用的是诺邓井盐,鹤庆火腿用的是乔后井盐。在一些少数民族的婚俗中也能看到食盐作为礼品的现象,如沧源佤族举行婚礼有送大礼和小礼之分,大礼送给女方父母,小礼送给舅父。其中,大礼要送盐40两,小礼要送盐5两。[⑤] 此外,还有一些关于食盐的节日,如云南大姚县石羊镇就有"开井节",昆明有"盐王会",西双版纳的磨歇也有祭祀盐神的活动等。这些围绕着食盐的风俗习惯已经成了当地文化中的重要内容。

(3)传说中的盐文化。《南诏野史》记载:"楚雄县之黑井、琅井为佳。蒙氏时洞庭龙女牧羊于此,羊忽入地掘之,盐水出,故名白羊井。今称白井。若黑、琅二井,因黑牛与狼舐地知盐,故名以狼为琅,取音同也。"[⑥]在《滇志》中也有类似记载,"李阿召,大理人。居七局村,所养之黑牛饮池中,肥泽异常,因得卤泉,报蒙诏开之,是为黑井。赐以官,不受;求为僧,赐紫袈裟。井民立祠祀之"[⑦]。《滇志》中也记载有白羊井的传说,"蒙氏时,有牧人于今白井提举司东一里许,见有一羝羊餂土,驱之不去,掘地,遂得卤泉。名曰白羊井。人即其地立圣母祠。及开桥头井,得石羊,云即餂土之羝羊也,后归于圣母祠。其井,即白盐井也"[⑧]。虽然只是传说,但民间传说中的云南盐文化无疑影响了人们的生活和习惯,其价值也是不可忽视的,"传说……经一些文人整理后收入典籍,对以后的人们研究史实提供了不可多得的材料。云南的民间传说浩如烟海,但我们通过深入研究,不难看出其中许许多多的传说与整个云南盐业的利用、开发有着密切的关系"[⑨]。

---

① (唐)张鷟. 朝野佥载(卷二)[M]. 北京:中华书局,1985:23.

② (明)刘文征. 羁縻志第十二[M]//滇志(卷三十). 古永继,校点. 昆明:云南教育出版社,1991:996.

③ 饮盐巴茶的流程:先将小罐放在火炭上烤,然后将茶叶放入小罐中烤,等烤得有香气飘出再将热水倒入小罐之中,等沸腾后,再将盐块放入,就这样边煨边饮,直至茶味消失。

④ 云南省志编纂委员会. 盐业志[M]//云南省志(卷十九). 昆明:云南人民出版社,1993:146.

⑤ 鲁克才. 中华民族饮食风俗大观·云南卷[M]. 北京:世界知识出版社,2009:431.

⑥ (明)杨慎. 南诏野史[M]. 台北:成文出版社,1967:180—181.

⑦ (明)刘文征. 方外志第十[M]//滇志(卷十七). 昆明:云南教育出版社,1991:580.

⑧ (明)刘文征. 杂志第十三[M]//滇志(卷三十二). 昆明:云南教育出版社,1991:1027.

⑨ 黄培林,钟长永. 滇盐史论[M]. 成都:四川人民出版社,1997:263.

二、云南盐文化的特点

中国盐业历史悠久,食盐种类多样,“盐之来源,或出于海,或出于池,或出于井,或出于山……于是有海盐、池盐、井盐、岩盐之产生”①。井盐则以四川、云南为代表,其生产技术与海盐、池盐、岩盐大不相同。同是井盐,四川与云南又有不同。与之相对应,云南盐文化也显示出其较为独特的特点。

1. 云南盐文化具有鲜明的云南地方文化特色

在悠久的云南盐文化中,逐渐形成了具有云南特色的一些物质遗存与非物质文化。

首先,我们先从一些与食盐有关的市镇形成或名称来源上进行分析。因盐兴起的较大市镇典型的是黑井镇,事实上,黑盐井区成为市镇的唯一因素便是产盐和食盐交易,正如《烟溪赋》云:“兹维黑井,曩号烟溪……彼其时,溪之名虽未著,井之源业已开,食用取资,固蒸黎之利赖,作咸润下,实天地之胎胚。”②白盐井古镇的形成亦如此,《(乾隆)白盐井志》云:“人以煎盐为业,办课用于滇省。”③再以安宁为例。安宁是文字记载中云南产盐历史最悠久者,在西汉时已设盐官④,魏晋时已经成为整个南中地区的主盐井,“晋宁郡,连然县(安宁)有盐泉,南中共仰之”⑤。因此,不但安宁市镇的形成与产盐有莫大的关系,而且安宁在历史上之所以著名,也主要是因产盐的原因。以其得名来看,虽然后人多附会安宁之名以盐井发现人阿宁而得,显得有些牵强,但这无疑又从另一个侧面说明了安宁市镇形成与盐的因果关系。又以民国盐丰县、盐兴县的设置命名为例,其名称的由来无疑与本地区产盐有着直接的联系,取“盐丰”“盐兴”之名,不单是一种期望,它还昭示出该地区食盐产量的丰盈。再以盐津县为例,其地原名为“盐井渡”,因曾设渡于城北产盐之地盐井坝而得名。事实上,民国六年(1917年)设新县定名时称“盐津”,也含有盐井渡之意;其县政府所在地盐井镇的名称由来,也与镇北半公里处曾有盐井产盐有着直接的关系。

再看滇盐运道的文化特色。滇盐运道贯穿各大主要的盐井生产区,并延伸至各自的销区,甚至远至西藏。更重要的是,滇盐运道大多与另一著名商道“茶马古道”相重叠,有些与清代享誉中外的“滇铜京运道”相重合,既是盐运道,又是茶运道,还是滇铜运道。又因上述运道多以马帮运营为主,又可以称其为“马帮古道”。事实上,食盐、铜、锡、茶等大宗商品需求量的剧增,是近代云南马帮运输业高度兴盛的直接原因。三大运道的结合,将地处西南边疆的云南与外界紧密联系起来,形成了极为独特的盐运文化。

---

① 曾仰丰. 中国盐政史[M]. 北京:商务印书馆,1984:49.

② 李希林. 康熙黑盐井志[M]. 昆明:云南大学出版社,2003:282.

③ 刘邦瑞. 修理白井路道德政碑[M]//(清)郭存庄. 艺文//(乾隆)白盐井志(卷四)//云南府州县志(第三册)//故宫珍本丛刊(228册). 海口:海南出版社,2001.

④ 盐务考一·沿革一·汉[M]//李斌,等,点校. 新纂云南通志(第7册). 昆明:云南人民出版社,2007:143.

⑤ 盐务考一·沿革一·晋[M]//李斌,等,点校. 新纂云南通志(第7册). 昆明:云南人民出版社,2007:144.

2. 云南盐文化中盐具有双重身份

云南盐文化中,盐不仅作为商品流通于市场,而且在历史上长期作为货币流通。盐币在云南历史上的流通,上不晚于唐代①,宋②、元③、明④、清⑤皆能见于记载,甚至在民国时期⑥仍然能够见到。其流通区域则以云南一些经济发展较为落后的区域,特别是边远的少数民族地区为主。⑦ 滇盐以商品和货币两个方面介入云南地方经济生活,这无疑是其一大特色,也是云南盐文化的一大亮点,因为在云南流通的盐币有其固定形制,与历史上国内其他一些地区在市场上曾出现过的食盐作为实物进行"以物易物"交换情形有本质上的区别。与中国几大海盐产区及四川井盐区相比,滇盐的产量和其在全国的地位都处于弱势,其煎盐费用大、运盐费用高的实情又使其在与其他盐的竞争中常处于不利的地位。但是,滇盐在云南社会生活中所扮演的双重角色,却是不同于其他盐文化的特别之处,很值得大家进一步关注。

3. 云南盐文化中的域外特色

历史上,越南、缅甸海盐曾经大量进入云南边岸,《新纂云南通志》引李经羲奏:"又复西邻缅甸,南接越南,两处私盐,率皆价廉质美。民间唯便利是图,趋之若鹜,以故沿边之永昌(今保山地区及德宏州)、顺宁、临安(今红河州)、开化、广南等府属,直为海私灌输地。"⑧而在外私进入云南的过程中,既有英法帝国主义指使下对云南边岸的冲击,也有云南马帮主动从东南亚的带入,正如英国人福布斯所说:"至18世纪末叶,云南回族商贾的经商区域,已从西藏的边境穿过印度的阿萨姆邦、缅甸、泰国和老挝,延伸至中国西南省份四川、贵州和广西。……大量资料证明,在云南从事长途马帮商贾活动的,主要还是回族人。"⑨这些马帮北抵西藏高原,运去茶、盐等商品,运回皮货等特产;南达中南半岛,运去茶、丝绸、瓷器等商品,运回珠宝、香料、海盐等特产。

另一方面,也存在外国人到云南从事盐业生产和盐业贸易的例子,如大理云龙顺荡井对面(在公路上方)专门有一个墓葬群⑩,其最大的特点,便是所有墓碑正反面皆有碑文。

① (唐)樊绰《云南志》卷7《云南管内物产》中就有以"颗盐"作为货币流通的记载。

② 林文勋. 大理国货币流通分析[J]. 云南民族学院学报,1999(3).

③ (意)马可·波罗(Polo M.). 马可·波罗行纪[M]. 冯承钧,译. 上海:上海书店出版社,2001:277,282.

④ (明)陈文,等. 云南图经志书[M]. 昆明:云南省地方志办公室翻印,1998.(卷2)武定府、(卷3)镇源府、(卷4)楚雄府,均有以盐为币的记载。

⑤ 见康熙《元江府志》卷一"风俗"条;康熙《广西府志》卷三"市肆"条;雍正《临安府志》卷七"风俗"条。

⑥ 方国瑜. 云南用贝作货币的时代及贝的来源[J]. 云南社会科学,1981(1).

⑦ 赵小平. 历史时期云南盐币流通探析[J]. 盐业史研究,2007(2).

⑧ 《盐务考二·沿革二·清二》"宣统二年正月条",引云贵总督李经羲奏文。参见:李斌,等,点校. 新纂云南通志(第7册)[M]. 昆明:云南人民出版社,2007:202.

⑨ (英)Andrew D. W. 福布斯. 泰国北部的滇籍穆斯林——秦霍人[J]. 姚继德,译,云南民族学院学报,1991(2).

⑩ 该墓葬群虽少见于记载,但在2006年9月,笔者有幸和云南大学吴晓亮教授陪同自贡盐文化研究中心、自贡盐业博物馆曾凡英教授、程龙刚研究员、黄健研究员、王红副教授、万吉琼老师一行至云龙考察时,专门考察了这一墓葬群碑,并见到了大理州文管所、云龙县文体局于2000年7月9日立的"云南顺荡火葬墓群碑"。相关图片可见中国盐文化研究中心网站于2006年9月30日发布的"中心赴云南考察图"。

其中,正面碑文为中文,背面碑文为梵文。从碑文看,所葬之人全是自印度至云龙开采盐井和从事长途盐业贸易的。无疑,云南盐文化中的这一域外特色在国内许多盐文化中是不多见的。

三、如何做好云南盐文化的传播工作

云南盐文化的多样性与独特性,成为云南文化的珍贵宝藏。但是,如何让云南盐文化广为人知,并发挥其文化带动作用,就需要我们在盐文化的宣传与传播方面认真研究,并要与云南地方经济社会的发展紧密联系起来进行思考。

“盐文化传播是指盐文化的传递。也就是人与人之间、人与社会之间通过有意义的符号信息传递盐的物质文化、精神文化的一类具有社会性、共同性的人类行为和活动的总称,它涉及盐文化的物质载体、精神内容等信息的传递、交流、交换与扩散。”①因此,从传播学的角度来研究盐文化及其传播是我们开发利用盐文化必不可少的功课。

云南盐文化在传播过程中所借助的传播途径多种多样,而传播途径的不同必然会产生不同的效果和影响。

1. 现存的物质遗存成为云南盐文化传播的重要途径

云南盐文化的物质遗存是指滇盐的生产场地、生产工具及器具,盐民日常生活的场所、食盐运输的道路,与食盐相关的建筑、遗迹等。这些物质遗存,承载了云南盐文化的历史,即以自己特有的方式向人们传递着云南盐业的发展演变历史。

首先,盐井古镇的文化旅游魅力成为盐文化传播的核心舞台。如“千年盐都”——黑井古镇和石羊古镇,前者因黑盐井而兴,1995 年被云南省列入第一批省级历史文化名镇②,2006 年又获得“中国历史文化名镇”称号,2010 年被评为“中国旅游文化名镇”;后者因白盐井而兴,并于 1993 年被列为省级文物保护单位。③ 再如“千年白族村”——诺邓,因出产诺邓盐而著名:“在州署东北。距石门十五里,山东山下,名大井,介两溪之中,深七丈,方围二丈余,卤脉微细,以人进井,舀入桶内,然后用木车扯出井,灶敷一百八袋,与金泉以角计者相似,而其名异。”④并于 2002 年列为云南省历史文化名村。⑤

其次,一些盐业建筑也是盐文化宣传的重要平台。云南食盐多为井盐,许多盐产地都有纪念盐泉的盐龙祠,“早在元代,昆明就建有一座规模较大的盐龙祠(现改为盐隆祠)。光绪元年(1875 年),磨黑盐大使率灶民在宝兴硐附近建盐龙祠。滇西乔后镇至今仍有保

① 李朗,陈卓,文铭生. 略论盐文化传播[J]. 盐业史研究,2012(1).
② 李希林. 康熙黑盐井志[M]. 昆明:云南大学出版社,2003:338.
③ 杨甫旺. 千年盐都——石羊[M]. 昆明:云南民族出版社,2006.
④ (清)陈希芳.(雍正)云龙州志(卷六)[M]. 周祜,点校. 云龙:云龙县志编纂委员会,1987:49.
⑤ 李文笔,黄金鼎. 千年白族村——诺邓[M]. 昆明:云南民族出版社,2004.

存完好的盐龙祠"①。此外,黑井古镇还有纪念盐水女龙王的龙祠。这些盐龙祠不仅作为云南盐文化积淀的符号出现,而且是盐文化传播的重要载体。

2. 大众传媒中的史学文献、刊物及文学作品是云南盐文化传播的又一重要途径

在云南盐文化的传播过程中,大众传媒的传播途径适应了不同文化层次水平的受众群体,使得盐文化的传播面更为广阔,影响更加深远:"一是专业期刊和专业书籍②作为盐文化传播的一个主要载体,在盐文化研究的专家、学者之间传递专业化的盐文化理论和盐文化研究的最新成果;二是一些大众文学作品中也蕴含着丰富的盐文化信息。诗歌、小说、戏剧等文学作品向人们展现了不同时代的盐业生产与生活场景,描绘了盐文化与当时的政治、经济、风俗、人情方面的种种交互关系。"③

随着当代信息技术的日新月异,人们也逐渐利用一些新媒介来了解和认识云南的盐文化,如音像资料和网络平台。进入21世纪以来,许多盐业古镇(如黑井古镇、石羊古镇、诺邓古村)都制作了与盐有关的音像宣传资料,并专门建立了自己的宣传网站,"由于网络媒体的多媒体性、海量性、时效性、全球性、互动性等特点,我们应该充分利用这种媒体,对现有的盐文化资源进行筛选、整合,建立大众可共享的'盐文化传播数据库'和'盐文化网上博物馆',扩大盐文化的知名度和覆盖面"④。2012年中央电视台拍摄的纪录片《舌尖上的中国》中,有一段长达6分钟的关于云南诺邓火腿的介绍,使中国的大江南北都因诺邓火腿而了解了诺邓盐,对云南盐文化的宣传效果极佳。无疑音像资料和网络信息的发展,使得云南盐文化传播更为迅速、更为普及。

3. 非物质文化遗存同样是盐文化传播的重要途径

滇盐悠久的发展历史,使许多地区都有着关于食盐的一些祭祀活动,如云南楚雄彝族自治州大姚县石羊古镇的"开井节"、禄丰县黑井古镇的"龙王节",西双版纳傣族自治州磨歇县的"盐神节",昆明的"盐王会"等,这些与云南食盐相关的节日,不仅丰富了盐文化的内涵,而且也是传递盐文化的一种方式。

此外,云南饮食文化中也有盐文化的色彩,如宣威火腿⑤用的是黑井盐⑥,诺邓火腿用的是诺邓井盐⑦,鹤庆火腿⑧用的是乔后井盐。

因此,只有充分挖掘盐文化内涵,打造好盐文化品牌,利用好盐文化宣传的各种途径,

---

① 黄培林,钟长永. 滇盐史论[M]. 成都:四川人民出版社,1997:286-287.

② 《(康熙)黑盐井志》《(嘉庆)黑盐井志》《(乾隆)白盐井志》等古籍文献。

③ 李朗,陈卓,文铭生. 略论盐文化传播[J]. 盐业史研究,2012(1).

④ 李朗,陈卓,文铭生. 略论盐文化传播[J]. 盐业史研究,2012(1).

⑤ 宣威火腿与浙江金华火腿因风味独特而齐名,因其可以代表云南火腿,故又称为"云腿",1915年已经在巴拿马国际博览会上荣获金奖。

⑥ 云南省志编纂委员会. 盐业志[M]//云南省志(卷十九). 昆明:云南人民出版社,1993:146.

⑦ 李文笔,黄金鼎. 千年白族村——诺邓[M]. 昆明:云南民族出版社,2004:94.

⑧ 因是白族的特产,故又称"白话火腿"。1980年在全国火腿评选中获金奖,1994年在乌兰巴托国际博览会上荣获金奖。

积极寻找和搭建盐文化宣传的新平台，才是做好盐文化宣传工作的重点。

从江苏盐城的海盐文化、山西运城的池盐文化、四川自贡的井盐文化等代表性盐文化的成功推广案例来看，盐文化的宣传还必须与开发利用有机结合起来，把盐文化培植成盐产地旅游文化的主打品牌，大力营造旅游地的盐文化氛围，积极推动盐文化的产业化进程。与此同时，在开发利用云南盐文化，推动盐文化产业化的同时，更要做好保护工作。只有处理好开发利用与保护之间的关系，云南盐文化才能可持续发展，才能真正达到进行盐文化宣传的目标和效果。

［参考文献］

[1]（唐）樊绰．云南志补注［M］．向达，原校，木芹，补注．昆明：云南人民出版社，1995.

[2]（意）马可·波罗（Polo M.）．马可·波罗行纪［M］．冯承钧，译．上海：上海书店出版社，2001.

[3]（明）刘文征．滇志［M］．古永继，校点．昆明：云南教育出版社，1991.

[4]李斌，等，点校．新纂云南通志（第7册）［M］．昆明：云南人民出版社，2007.

[5]云南省志编纂委员会办公室．续云南通志长编［M］．昆明：云南省志编纂委员会办公室，1985.

[6]云南省志编纂委员会，编撰．盐业志（卷十九）［M］//云南省志．昆明：云南人民出版社，1993.

[7]西南史地文献（第11卷）［M］//中国西南文献丛书（第三辑）．兰州：兰州大学出版社，2003.

[8]吴强，等．民国云南盐业档案史料［M］．昆明：云南民族出版社，1999.

[9]唐仁粤．中国盐业史——地方编［M］．北京：人民出版社，1997.

[10]楚雄州盐业志编纂委员会．楚雄州盐业志［M］．昆明：云南民族出版社，2001.

[11]李文笔，黄金鼎．千年白族村——诺邓［M］．昆明：云南民族出版社，2004.

[12]杨甫旺．千年盐都——石羊［M］．昆明：云南民族出版社，2006.

[13]龙晓燕．千年盐都：黑井［M］．昆明：云南大学出版社，2008.

[14]黄培林．云南盐业四十年［J］．云南文史丛刊，1990（4）.

[15]谢本书．滇盐发展的历史特点［J］．盐业史研究，1996（3）.

[16]曾凡英．盐文化的内涵与特征［J］．四川理工学院学报（社会科学版），2006（2）.

盐文化传播与中国历史地理教材建设

吉成名[①]

一切与盐相关的现象都属于盐文化的范畴,学术研究成果也不例外。古代食盐产地属于历史经济地理现象,是盐文化的重要内容(物质文化)。不仅如此,有关古代食盐产地的学术研究成果同样是盐文化的重要内容(精神文化)。教材是传播盐文化的重要途径。中国历史地理教材编写应该充分吸收研究中国古代食盐产地的学术成果,在历史手工业地理部分对古代食盐产地的分布和变迁予以全面、系统的论述。然而,中国历史地理教材编写现状在这个方面还远远没有达到令人满意的程度。本文试对此探讨,就教于专家、学者。

一、目前中国历史地理教材有关历史手工业地理的编写概况

到目前为止,国内正式出版的中国历史地理教材有十余部,如王恢著《中国历史地理》(世界书局1975年版)、王育民著《中国历史地理概论》(上、下册,人民教育出版社1985年、1988年版)、马正林主编《中国历史地理简论》(陕西人民出版社1987年版)、张步天著《中国历史地理》(上、下册,湖南大学出版社1988年版)、陈昌远编著《中国历史地理简编》(河南大学出版社1991年版)、史念海著《中国历史地理纲要》(上、下册,山西人民出版社1991年、1992年版)、邹逸麟编著《中国历史地理概述》(福建人民出版社1993年版)、施和金编著《中国历史地理》(南京出版社1993年版)、韩宾娜和王兆明主编《中国历史地理》(东北师范大学出版社1995年版)、张全明和张翼之主编《中国历史地理论纲》(华中师范大学出版社1996年版)、陈代光著《中国历史地理》(广东高等教育出版社1997年版)、耿占军和赵淑玲主编《中国历史地理学》(西安地图出版社2000年版)、蓝勇编著《中国历史地理学》(高等教育出版社2002年版)、蓝勇主编《中国历史地理》(高等教育出版社2002年版)、张全明著《中国历史地理学导论》(华中师范大学出版社2006年版)等。尽管历史手工业地理是历史经济地理的重要内容,然而,在上述十余部教材中,只有五部教材涉及历史手工业地理,对食盐产地分布和变迁有过比较系统论述的教材只有两部。

---

① 吉成名(1963—),男,湖南浏阳人,历史学博士,湘潭大学历史文化学院教授,中国盐文化研究中心特约研究员,主要研究方向为中国盐业史和中国民俗史。

马正林主编《中国历史地理简论》论述了冶铁业、制盐业、制瓷业、丝织业四种手工业产地的分布和变迁。张步天著《中国历史地理》按照断代论述各个时期的经济地理，虽然涉及很多种手工业产地，但是比较简略，关于食盐产地的论述尤为简略。邹逸麟编著《中国历史地理概述》论述了丝织业和棉织业两种手工业产地的分布和变迁，该书修订版（上海教育出版社 2007 年版）第十一章"历代工矿业的分布和兴衰变迁"论述了丝棉织业、雕版印刷业、造纸业、陶瓷业和五金生产的地理分布及其变迁。韩宾娜和王兆明主编《中国历史地理》论述了先秦、秦汉、魏晋南北朝、隋唐和宋元明清五个时期手工业的发展和分布，然而，在食盐产地方面，仅仅提到北齐的部分海盐产地。笔者参加了蓝勇教授主编《中国历史地理》的编写工作，负责编写第三章"历史经济地理"，有感于当时教材对历史手工业地理的欠缺，撰写了第三节"手工业产地的分布和变迁"，对制盐业、冶铁业、丝织业、棉织业、制瓷业和造纸业六种手工业产地的分布和变迁进行了比较系统的论述。笔者之所以如此，主要是考虑到上述六种手工业在中国古代手工业中占有非常重要的地位，制盐业的地位尤为重要。

二、制盐业在中国古代手工业中的特殊地位

我们有必要着重探讨制盐业在中国古代手工业中的特殊地位。这里暂举周、汉、唐、宋、金、元、明、清八个朝代的制盐业予以说明。

周代最重要的海盐产地可能要数青州。《尚书·禹贡》曰："海、岱唯青州……海滨广斥。……厥贡盐、絺，海物唯错。"既然青州贡物中有盐，那么可以肯定青州产盐。此处"海"指渤海，"岱"指泰山。《尚书·禹贡》是战国时期的著作。这里所说的"青州"是指西起泰山、东至渤海的广大地区。西周初年所封的齐国就在这个地域以内。《史记》卷129《货殖列传》曰："故太公望封于营丘，地泻卤，人民寡，于是太公劝其女功，极技巧，通鱼盐，则人物归之，襁至而辐辏。故齐冠带衣履天下，海、岱之间，敛袂而往朝焉。"这段话所讲的是西周时期的情况。从"通鱼盐"一语可以看出，当时青州的海盐生产是比较发达的，齐国将青州生产的海盐运到各地去销售，获利甚丰。

西汉时期，吴王刘濞"招致天下亡命者盗铸钱，煮海水为盐，以故无赋，国用富饶"①。汉武帝实行盐铁官营，"盐铁之利……所给甚众，有益于国"②。

唐代前期，盐业的经济地位不甚清楚。唐代后期，榷盐收入在国家财政收入中占有极其重要的地位。乾元元年（758 年），第五琦任盐铁使后，全面推行榷盐制："人不益税，而国用

① 司马迁．吴王濞列传[M]//史记（卷106）．北京：中华书局，1959：2822.

② 桓宽．非鞅[M]//盐铁论（卷2）//王利器．盐铁论校注．天津：天津古籍出版社，1983：89.

以饶。”①《通典》卷10《食货·盐铁》曰:“自兵兴、上元以后,天下出盐各置监司,节级(权)[榷]利,每岁收入九百余万贯。”这里所说榷盐年收入900余万贯大概是指大历末年的情况。《资治通鉴》卷225“大历十四年五月”条曰:“大历末,计一岁所入总一千二百万缗,而盐利居其太半。”缗,相当于“贯”。900余万贯与1200万缗相比,正是“居其太半”。如此算来,当时榷盐收入约占全国财政货币收入的四分之三以上,成为最重要的财政货币收入来源。大历末年是唐代后期盐政的鼎盛时期,贞元以后盐政逐步衰败。② 尽管这样,榷盐收入仍在政府财政货币收入中占据重要地位。《资治通鉴》卷249“大中七年十二月”条曰:“(大中七年)度支奏:‘自河湟平,每年天下所纳钱九百二十五万余缗,内五百五十万缗租税,八十二万余缗榷酤,二百七十八万余缗盐利。’”可见,大中年间(847—859年),榷盐收入已经退居第三位,但是仍占全国财政货币收入的30%左右。③

漆侠对宋代食盐专卖收入(即榷盐收入)在国家财政收入中的地位进行了考察,得出了一组统计数字④,见表1:

表1　宋代榷盐收入与国家财政收入比较

时间	总收入	榷盐收入	榷盐收入占财政总收入比重
天禧末年	2650余万贯	350余万贯	13.2%
仁宗时期	3900万贯	715万贯	18.3%
绍兴末年	3540余万贯	1930余万贯⑤	54.5%
淳熙末年	4530余万贯	2196万贯	48.4%

从表1可以看出,宋代榷盐收入在国家财政收入中所占的地位逐步提高,南宋时期榷盐收入约占国家财政收入的一半,有时候还超过了一半。

将榷盐收入(即盐课收入)与其他收入比较,也可以看出榷盐收入在国家财政收入中所占的地位。请看下面一组数字(见表2):

表2　宋代盐课收入与其他收入比较

时间	总收入	盐课收入	商税收入	酒课收入	和买绢
宋太宗初年	1600余万缗				
天禧末	2650余万缗				
景祐中		355万余缗	450余万缗	428万余缗	200万匹
嘉祐末	3680余万缗				

① 刘昫,等.食货下[M]//旧唐书(卷49).北京:中华书局,1975:2116.
② 吉成名.唐代后期盐政对政治的影响续论[J].温州师范学院学报(哲学社会科学版),1991(1).
③ 吉成名.论唐代后期盐政对唐王朝的存在和发展所起的积极作用[J].盐业史研究,1990(3).
④ 漆侠.宋代经济史(下册)[M].上海:上海人民出版社,1988:855.
⑤ 这个数字不一定可靠。据前引《玉海》卷181《食货·盐铁·绍兴盐额》所载海盐岁收钱二千一百万余缗计算,绍兴末年海盐专卖收入约占财政收入的59.3%。

续表

时间	总收入	盐课收入	商税收入	酒课收入	和买绢
庆历中		715 万余缗	1975 万余缗	1710 余万缗	300 万匹
熙丰间	6000 余万缗				
南宋初年	不足 1000 万缗				
绍兴末年		2100 余万缗		1400 余万缗	
淳熙中			102 万缗		
淳熙末	6530 余万缗				

资料来源:(宋)李心传．财赋一[M]//徐规,点校．建炎以来朝野杂记(甲集,卷14)．北京:中华书局,2000:289－290.

从表2可以看出,北宋时期,盐课收入在国家财政收入中所占的地位还不是很突出,不仅低于商税收入,而且低于酒课收入;南宋时期,盐课收入则远远超过了商税收入和酒课收入,在国家财政收入中占有非常重要的地位。

金代仍然实行榷盐制,榷盐收入在金代财政收入中占有重要地位。史称:“金制,榷货之目有十,曰酒、曲、茶、醋、香、矾、丹、锡、铁,而盐为称首。”①为了管理全国各地的食盐专卖事务,金代设置了若干盐司。大定二十五年(1185 年)以后,形成了山东、沧州、宝坻、辽东、北京、解州、西京七盐司的分布格局。金代后期,榷盐收入的财政地位尤为重要。泰和六年(1206 年)三月,右丞相、内族宗浩等人在奏疏中说:“国家经费,唯赖盐课。”②当时榷盐收入的重要性由此可见。

在元朝政府财政收入中,榷盐收入占有非常重要的地位。史称:“经国之费,盐课为重。”③又曰:“国家经费,盐利居十之八。”④至元二十九年(1292 年)全国食盐产量约为170余万引,按照时价每引1锭折算,则榷盐收入为170余万锭。这年“天下所入,凡二百九十七万八千三百五锭”⑤。榷盐收入约占“天下所入”的57.1%。元朝政府的财政收入既有货币(钞),也有实物(粮食、丝等),这里所说的“天下所入”实际上仅仅是货币部分,没有包括实物。天历二年(1329 年),财政收入有“金三百二十七锭,银千一百六十九锭,钞九百二十九万七千八百锭”⑥,还有丝、绵、粮等物。这一年的榷盐收入为766万余锭,约占财政收入中“钞”部分的82.4%。可见,榷盐收入在全国财政收入中占有极其重要的地位。

明朝政府加强了对盐业的管理。与前代相比,明朝政府从盐业方面所取得的收入要复杂得多,并非仅仅是榷盐收入(即食盐专卖收入)。明代盐课收入可以分为两类:一类

① 脱脱,等．食货四[M]//金史(卷49)．北京:中华书局,1975:1093.
② 脱脱,等．食货四[M]//金史(卷49)．北京:中华书局,1975:1103.
③ 户部八·盐法·盐法通例[M]//元典章(卷22)．北京:中国书店,1990:373.
④ 宋濂,等．郝彬传[M]//元史(卷170)．北京:中华书局,1976:4001.
⑤ 宋濂,等．世祖本纪十四[M]//元史(卷17)．北京:中华书局,1976:368.
⑥ 宋濂,等．文宗本纪二[M]//元史(卷33)．北京:中华书局,1976:747.

是灶课,有实物灶课、盐课折银以及加课、加斤收入等,这是盐户缴纳的;另一类是盐商缴纳的钱财(如盐商为了取得盐引所缴纳的粮草、盐商从事食盐销售所缴纳的税银等)。可以说,明朝政府从盐业方面攫取收入无孔不入,涉及食盐生产和销售的各个方面。关于明代盐课收入在国家财政收入中所占的地位,有一材料大致可以说明这一点。万历年间,户部尚书李汝华《户部题行盐法十议疏》曰:"国家财赋所称盐法居半者,盖岁计所入止四百万,半属民赋,其半则取给于盐策。两淮岁解六十八万两有奇,长芦十八万,山东八万,两浙十五万,福建二万,广东二万,云南三万八千,各有奇。除河东十二万及川陕盐课虽不解太仓,并其银数,实共该盐课银二(一)百四十余万两。① 又,各边商所中盐粮银,淮、浙、芦、东共该银六十余万两。总盐课、盐粮二项,并旧额、新添计之,实有二百余万之数。"按照当时每年国库收入四百万两推算,盐课收入所占国家财政货币收入超过一半,明代盐业在国家财政收入中所占的地位由此可见。

将盐课收入与其他收入进行比较,可以看出清代盐课收入在国家财政收入中所占的地位。详见表3:

表3　清代盐课收入与其他收入比较　　单位:两

时间	总收入	盐课收入	田赋(地丁等)	关税等	捐输	其他各项	比重
顺治九年(1652年)	2432余万	212万	2120万	100余万			8.72%
康熙二十一年(1682年)	3110余万	276万	2634万	200余万			8.87%
乾隆三十一年(1766年)	4854万	574万	3291万	540余万	300余万	149万	11.83%
道光二十一年(1841年)	38597750	4958290	29431765	4207695			12.85%
道光二十二年(1842年)	38715044	4981845	29575722	41340455			12.82%
道光二十五年(1845年)	40612280	5074664	32113800	50511455			12.5%
道光二十九年(1849年)	37110000	4985871	32813340	4704814			13.47%

① 原文作"二百四十余万两",疑为"一百四十余万两"之误,"二"与"一"因形近而误。两淮、长芦、两浙、福建、广东、云南、河东岁解太仓银约128.8万两,加上川陕盐课,可能有140余万两;如果再加上淮、浙、芦、东边商所中盐粮银60余万两,正合"二百余万之数"。

续表

时间	总收入	盐课收入	田赋（地丁等）	关税等	捐输	其他各项	比重
光绪十七年（1891年）	89684800	7427605	37886542		1875576	47175696	8.28%
宣统三年（1911年）	296962700	46312355	48101345	42139586	5652333	154757397	15.6%

注：

①本表仅就货币收入进行比较，且取整数。

②光绪十七年和宣统二年材料系预算资料。

③46312355两为宣统三年盐茶课税收入，其中茶税收入只有130余万两，其余均为盐课收入。

资料来源：道光年间材料参见：王庆云．直省岁入总数表[M]//石渠余记（卷3）．北京：北京古籍出版社，1985：144-146；其他资料参见：赵尔巽，等．食货六·会计[M]//清史稿（卷125）．北京：中华书局，1976：3705-3709.

从表3可以看出，清代盐课收入在国家财政收入中所占比例呈现出逐步提高的趋势：顺治、康熙年间大约为8.8%，道光年间大约为13%，宣统三年则超过15%。光绪以前，盐税收入是清朝第二大财政收入来源，远远超过关税等其他各项收入；顺治、康熙年间盐课收入仅仅相当于田赋的十分之一；乾隆以后差距逐步缩小；光绪年间盐课收入相当于田赋的五分之一；宣统年间则基本持平。史称："逮乎末造，加价之法兴，于是盐税所入与田赋国税相埒。"①

据陈锋研究，清代盐课收入的财政地位在以上征引的材料中并没有充分反映出来。实际上，顺治后期盐课收入已达270余万两，康熙前期为220万~400万两，康熙中后期和雍正年间为500万~600万两，乾隆年间为500万~700万两，嘉庆、道光年间大约为1000万两，因为当时盐斤加价收入未计入正常收入。咸丰以后，又有盐厘，大多也未计入正常收入。光绪十八年（1892年）至二十年（1894年）间的盐课盐厘收入为13659000两。② 光绪末年，盐课盐厘收入合计为2400万两。③ 史称："甲午前后，盐课岁入一千三百余万，茶税仅九十万。且国家有事，盐税必加，中日战争加一些，庚子乱后再加，近因政费膨胀而又加，然始终为千三百余万，闻者咸以为奇，知其中必有隐匿者。果也！预算案言，盐茶税共四千六百余万，较前增三倍。据此，则盐税不下四千万也。"④这些材料说明，晚清时期盐斤加价、盐厘征收以后，盐课收入大幅增加，盐课的财政地位进一步提高。⑤

① 赵尔巽，等．食货四·盐法[M]//清史稿（卷123）．北京：中华书局，1976：3606.
② 刘锦藻．国用六[M]//清朝续文献通考（卷68）．杭州：浙江古籍出版社，1988：8247-8249.
③ 赵尔巽，等．食货四·盐法[M]//清史稿（卷123）．北京：中华书局，1976：3606-3607.
④ 刘锦藻．国用六[M]//清朝续文献通考（卷68）．杭州：浙江古籍出版社，1988：8247.
⑤ 郭正忠．中国盐业史（古代编）[M]．北京：人民出版社，1997：802-804.

从以上论述可以看出,盐业收入在中国古代财政收入中占有非常重要的地位,政府从盐业取得的财政收入远远超过从其他手工业所取得的财政收入。不仅如此,食盐还是人们不可缺少的生活资料。《管子·海王》曰:“十口之家,十人食盐;百口之家,百人食盐。”《汉书·食货志》曰:“夫盐,食肴之将;铁,田农之本。非编户齐民所能家作,必仰于市,虽贵数倍,不得不买。”因此,我们完全有理由这样说,制盐业是中国古代最重要的手工业。

因此,中国历史地理教材在历史手工业地理部分应该对中国古代食盐产地的分布和变迁予以全面、系统的论述,否则就是一个很大的缺陷。

三、目前中国历史地理教材极少论述食盐产地的原因

如前所述,在现有十余部中国历史地理教材中,只有两部教材对中国古代食盐产地分布和变迁有过比较系统的论述。为什么绝大多数教材都没有这个内容呢?笔者认为主要有以下两个原因:

第一,教材编写欠规范。

编写一部好教材并不容易。作为一部教材,主要有两个基本要求:一是全面,各个重要方面都要涉及,并且要吸收最新研究成果;二是系统,不仅要按照学科体系来安排章节,而且每个方面的内容都应该集中论述。新中国成立以后,虽然我国历史地理已经有了很大的发展,成果丰硕,但是教材建设仍然比较滞后:有些教材是专著性质的,内容基本上都是作者个人的研究成果;有些教材虽然吸收了学术界的最新研究成果,但是不全面、不系统。历史经济地理部分至少应该包括以下三个方面的内容:历史农业地理、历史手工业地理、历史商业地理。可是,有些教材没有严格按照历史地理学的学科体系来编写,有关内容不完整:有的教材没有讲历史经济地理,如《中国历史地理》(广东高等教育出版社 1997 年版)。有的教材虽然有历史经济地理部分,但是没有讲历史农业地理、历史手工业地理和历史商业地理,而是讲经济重心南移,如《中国历史地理论纲》(华中师范大学出版社 1996 年版);或者仅仅讲了历史农业地理、历史商业地理,没有讲历史手工业地理,如《中国历史地理学》(高等教育出版社 2002 年版)。有的教材在历史经济地理部分主要讲历史交通地理,如《中国历史地理概论》(上册,人民教育出版社 1985 年版)。有的教材在历史经济地理部分仅仅讲历史人口地理和经济区的演变,如《中国历史地理学》(西安地图出版社 2000 年版)。总之,现有中国历史地理教材尚欠规范,既没有充分反映学术界的最新研究成果,也没有严格按照历史地理学的学科体系来编写,历史手工业地理没有得到应有的重视,这就必然影响教材对中国古代食盐产地分布和变迁的论述。

第二,学术研究滞后。

从前面有关论述可以看出,20 世纪 70 年代已经出现中国历史地理教材,70 年代有 1 部,80 年代有 3 部,90 年代有 7 部,2000 年以后有 3 部。首次系统论述中国古代食盐产地

分布和变迁的教材是马正林主编《中国历史地理简论》(陕西人民出版社 1987 年版),该书仅仅根据正史《地理志》和《食货志》对汉、唐、宋、元、明、清六个朝代食盐产地进行了论述,非常简略,很不到位。直到 2002 年 12 月,由高等教育出版社出版、蓝勇主编《中国历史地理》才吸收了学术界的研究成果。之所以出现这种情况,其原因就是 20 世纪 90 年代以前有关研究成果太少。中国古代食盐产地分布和变迁的情况非常复杂,史籍记载非常分散,只有进行全面、系统、深入地专题研究才能搞清楚,往往一个朝代的食盐产地要费很大的劲、下很大的功夫。可是,90 年代以前涉及中国古代食盐产地的论文非常少,专题论文更是寥寥无几,笔者有几篇相关论文,如《唐代盐产地研究》(《温州师范学院学报》(哲学社会科学版)1989 年第 1 期)、《魏晋南北朝时期的盐产地》(《中国经济史研究》1996 年第 2 期)、《先秦至隋代食盐产地考略》(《盐业史研究》1997 年第 3 期)等。90 年代以前,也没有研究中国古代食盐产地的专著。有些著作虽然涉及某些朝代的食盐产地,如曾仰丰著《中国盐政史》(商务印书馆 1936 年版)、田秋野和周维亮编著《中华盐业史》(台湾商务印书馆 1979 年版)、戴裔煊著《宋代钞盐制度研究》(中华书局 1981 年版)、牧寒编著《内蒙古盐业史》(内蒙古人民出版社 1987 年版)、河上光一著《宋代盐业史的基础研究》(吉川弘文馆 1992 年版)、郭正忠等主编《中国盐业史》(人民出版社 1997 年版)等,但是这些著作大多仅仅将正史《地理志》《食货志》等基本史籍所载食盐产地列出,缺乏进一步研究。戴裔煊著《宋代钞盐制度研究》和河上光一著《宋代盐业史的基础研究》对宋代食盐产地做过一些考证工作,遗漏现象仍然较严重。显然,根据这些著作不能对中国古代食盐产地分布和变迁进行全面、系统的论述。不过,前辈们的相关成果为我们进一步研究奠定了基础。

四、两部教材有关中国古代食盐产地分布和变迁的论述

虽然已经有两部教材对中国古代食盐产地分布和变迁有过比较系统的论述,但是有关论述仍然是比较薄弱的。为什么这样说呢?我们且来看看这两部教材是如何论述中国古代食盐产地分布和变迁的。

首先看马正林主编《中国历史地理简论》的有关论述。该书下篇"历史经济地理"第七章"手工业与经济都会"第一节"几种主要手工业的地区分布",论述了冶铁业、制盐业、制瓷业和丝织业四种手工业产地的分布和变迁。在"制盐业"部分,该书仅仅谈到了汉、唐、宋、元、明、清六个朝代的食盐产地,而且非常简略。谈到汉代食盐产地时说:"西汉中叶实行盐铁专卖,在全国设置盐官三十五处,遍及二十七个郡国。以今天的省区而论,分布在山东省的有十处,山西、河北、四川的各四处,内蒙古、宁夏的各三处,广东的两处,甘肃、辽宁、浙江、云南、陕西的各一处,有海盐、池盐和井盐。从盐官的分布可知,汉代的制盐业是海盐与池盐、井盐各一半。"(第 374 页)这条材料出自《汉书·地理志》。一般说

来,设置盐官的地方都是食盐产地,但是汉代盐官并非只有35处,而且设置盐官之处都是重要产地,有些地方虽然没有设置盐官,但是也生产食盐。谈到唐代食盐产地时说:"唐代共有十八个盐池,六百四十个盐井,'皆隶度支'。中唐以后,实行盐铁专卖,海盐和井盐受到特别重视,设有涟水、湖州、越州(今绍兴)、杭州四场,嘉兴等十监,扬州等十三巡院。"(第375页)这条材料出自《新唐书·食货志》。实际上,唐代食盐产地远远不止这些,《新唐书·食货志》遗漏甚多。谈到宋代食盐产地时说:"宋代的产盐地区与唐代相仿佛,只是运销办法略有改变。"实际情况并非如此,与唐代相比,宋代食盐产地发生了很大的变化。谈到元代食盐产地时说:"(元代)曾先后在大都、河间、山东、两淮设立盐运司,在河东设立解盐司,在福建设立运盐使司,在辽阳、两浙设立运司,在四川设立茶盐运司,在广东设立盐铁茶都转运司,在广海(今台山南)设立盐课提举司,等等。虽然名称五花八门,但主要任务是征税,并不运盐……从元代盐官设置地区可以看出,今辽宁、河北、天津、山东、江苏、浙江、福建、广东等省市沿海,已无不产盐,说明海盐已在盐业中占据主导地位。"(第376页)这条材料出自《元史》卷94《食货志·盐法》,仅仅谈到盐运司等转运机构,没有涉及盐场,显然是不妥当的。谈到明清时期食盐产地时说:"明清两代,盐官设置与元代相同,只是名称稍稍有变动而已(如运盐使、盐法道等)。其主要产区有两淮、两浙、长芦、山东、河东、福建、广东、海北(北部湾海岸)、云南、灵州、陕甘、辽东、四川等,已基本上与今天的主要产区相一致。"(第376页)也是仅仅提到产区,没有涉及盐场。总之,该书仅仅根据正史《地理志》《食货志》对汉、唐、宋、元、明、清六个朝代的食盐产地进行了极其简略的论述。之所以出现这种情况,就是与当时尚无专门研究中国古代食盐产地的学术成果有关。笔者指出该书这个部分的不足,并不是苛求作者,而是为了总结中国历史地理教材编写的教训,以便改进教材编写工作,促进历史地理学的学科建设。当然,该书作者对于历史手工业地理在历史经济地理中的地位是十分清楚的,并且做了适当的处理。

其次看蓝勇主编的《中国历史地理》的有关论述。该书第三章"历史经济地理"第三节"手工业产地的分布和变迁",对制盐业、冶铁业、丝织业、棉织业、制瓷业和造纸业六种手工业产地的分布和变迁进行了论述。就制盐业来说,首先论述了海盐、池盐、井盐、石盐生产的起源,然后分别对先秦时期、秦汉时期、魏晋南北朝时期、隋唐五代时期、宋元时期和明清时期食盐产地的分布和变迁进行了论述。主要论述了先秦时期、秦汉时期、魏晋南北朝时期和隋唐时期,既有各个时期食盐产地的总数,也有各盐种产地统计数据;既详细列举了各盐种产地,又对秦汉时期和隋唐时期食盐产地的发展进行了论述。但是没有论述五代十国的食盐产地,对宋元以后食盐产地的论述也极为简略,先秦至唐代食盐产地的研究成果也有待完善。谈到宋元时期食盐产地时说:"盐产地大致与唐代相同。"谈到明清时期食盐产地时说:"盐产地在沿袭宋元时期的基础上又有所增加。"然后列举了重要产区。之所以出现这种情况,其原因就是当时尚无五代以后食盐产地的研究成果,笔者临时研究又来不及,只好轻描淡写地带过,实属不得已而为之。但是,细目已经列出,为以后丰富、充实有关内容绘制了蓝图。经过这次编写,笔者找到了一个重要课题:中国历史上食盐产地变迁研究。2002 年上半年,笔者以此为题申报国家社科基金项目获得成功,由此开始了长达 8 年的研究,直到 2010 年结项。

可见,目前中国历史地理教材有关中国古代食盐产地分布和变迁的论述确实不全面、不完整,很有必要加以补充和完善。

五、补充和完善中国历史地理教材有关论述的有利条件

20 世纪 80 年代中期,笔者以“唐代盐业和盐政的几个问题”作为硕士学位论文选题,对唐代食盐产地进行研究便是其中的重要内容。毕业以后,笔者将有关成果进一步整理,并且由此上溯,对魏晋南北朝、秦汉、先秦各个时期的食盐产地进行了初步探讨。参加编写《中国历史地理》以后,笔者逐步认识到研究中国古代食盐产地的重要性。申报国家社科基金课题获得立项以后,有关研究工作便纳入了政府管理范围。按照课题设计方案,笔者不仅对五代以后的食盐产地进行了深入研究,而且重新对先秦至唐代的食盐产地进行了研究。到目前为止,已经发表相关论文 37 篇(包括项目批准以前发表的相关论文)、出版相关专著 2 部。课题最终成果《中国古代食盐产地分布和变迁研究》是在已经发表的相关论文和博士学位论文《宋代食盐产地研究》(巴蜀书社 2009 年版)的基础之上撰写而成的,收入《高校人文学术成果文库》,2013 年 7 月由中国书籍出版社出版。从 20 世纪 80 年代中期算起,笔者经过 28 年的艰苦奋斗才取得这一成果。该书出版以后,中国古代食盐产地分布和变迁的基本问题已经初步解决,这就为补充和完善中国历史地理教材有关论述提供了可以利用的研究成果。

拙著以盐种为经,以行政区划为纬,对先秦至清代各个时期食盐产地的分布和变迁进行了全面、系统的研究。全书共有 15 章:第一章为绪论;第二章至第十四章分别研究先秦至清代各个时期的食盐产地,先是辨析、考证,然后统计、分析,最后探讨每个时期食盐产地的历史地位、变化原因等问题;第十五章为总论,对前面各章研究成果进行归纳、总结,探讨中国古代食盐产地分布和变迁的基本规律、影响因素和历史启示。通过辨析、考证,找出了许多前人没有提到的产地(仅新找出的宋代产地就有 17 处),弄清了各个时期食盐产地的分布情况,取得了比较可靠的统计数据,充分吸收了学术界的最新研究成果。尽管拙著存在不足,但是基本结论尚可成立,统计数据和列举的食盐产地比较可靠,可以借鉴使用。希望学界同人阅读拙著时,将发现的不足之处告知笔者,以便改进。

研究中国古代食盐产地的分布和变迁,不仅具有较高的学术价值,而且具有重要的现实意义。

第一,食盐产地的分布和变迁是盐业经济史的重要内容。生产、流通、消费和分配

是商品经济的四个基本环节。就盐业经济来说,其基本环节就是食盐生产、食盐流通、食盐消费和利润分配。谈到盐业生产,就必然涉及产地、生产技术、产量等问题。研究一个时期的盐业,必须首先弄清楚这个时期有多少食盐产地,有哪些食盐产地以及这些产地发生了哪些变化。只有把这些问题解决了,才能探讨各地盐业的生产技术、生产组织、生产关系等问题。产地(盐场、盐池、盐井等)是进行盐业生产的主要生产资料,没有产地就不可能从事盐业生产。食盐产地数量是反映盐业经济发达程度的重要指标。因此,研究盐业经济史必须研究食盐产地的分布和变迁。

第二,食盐产地的分布和变迁是一种重要的经济地理现象。各个时期的食盐产地是不尽相同的,食盐产地经常发生变化。引起食盐产地变化的因素既有自然的,也有社会的。这些变化不仅对政治、经济、军事、文化等方面产生了重要影响,而且对环境变迁、城镇兴衰、废灶兴垦等方面产生了深刻影响。例如,井盐生产中建天车、搭井架需要很多木材,提取卤水需要很多牲畜(牛、马等),煎煮卤水需要很多柴草,这就必然引起森林和植被变迁。海盐生产、池盐生产煮盐时也需要很多柴草。许多城镇兴衰与当地盐业兴衰密切相关。由于海岸线外移,旧盐滩被迫废弃,新盐滩不断开辟,出现废灶兴垦现象。所以,无论研究历史自然地理还是研究历史人文地理,都离不开对食盐产地的分布和变迁进行研究。

第三,古代食盐产地是重要的历史地名。目前很多地名的历史沿革情况不清楚,古代食盐产地也是如此。例如,有些产地五代十国时期就已经出现,某些历史地名辞典却说宋代才有,如定海县、陵井监等;有些盐场宋代就已经存在,某些历史地名辞典介绍它们时时间上限仅仅写到明代。有些产地消失了,有些产地名称发生了变化,这些地名在现有的工具书里很难查到,不知道究竟在什么地方,如赡国军、卢台军、车禄等。这些问题都需要深入研究,这也是我们研究食盐产地的重要任务。因此,研究历史地名也必须研究食盐产地。

第四,研究中国古代食盐产地的分布和变迁具有一定的现实意义。有些地方古代产盐,现在已经不产盐了,并不是这些地方盐业资源已经枯竭了,而是社会因素使然。把这样的产地找出来,对于我们今天寻找盐卤资源、调整产业结构、发展盐业生产具有重要的参考价值。在井盐生产方面,这一点是十分明显的。有些地方唐宋时期产盐,现在不产盐了,是环境变迁造成的。很多土盐产地、池盐产地和海盐产地也是如此。在现实生活中,我们要处理好发展盐业生产与保护生态环境二者之间的关系。把这些产地找出来,对于党和政府制定有关政策有着重要的参考价值。中国古代在开发食盐产地方面既有经验,也有教训。这些经验和教训对于我们现在开发食盐产地有着很好的借鉴作用,值得我们重视。

可见,研究中国古代食盐产地的分布和变迁对于中国经济史、历史地理学、地名学等学科发展和当前经济建设均具有重要意义。因此,编写中国历史地理教材不能不写中国古代食盐产地的分布和变迁,否则就是不完整的,不利于学科发展和经济建设;编写中国历史地理教材只有充分吸收最新研究成果,历史地理学才能健康发展。这是盐文化传播不能回避的一个重要问题。

［参考文献］

[1]马正林. 中国历史地理简论[M]. 西安:陕西人民出版社,1987.

[2]史念海. 中国历史地理纲要(上、下册)[M]. 太原:山西人民出版社,1991、1992.

[3]蓝勇. 中国历史地理[M]. 北京:高等教育出版社,2002.

[4]吉成名. 中国古代食盐产地分布和变迁研究[M]. 北京:中国书籍出版社,2013.

黑井盐文化传播的现状分析及传播对策研究①

唐柱② 吴汉怀③

随着海盐的大举"入侵",以及薪乏柴贵导致煎盐成本的提高,黑井当年的金粉浮华之镇,伴随着井盐绚烂之花的凋零而归于平淡。现今,黑井盐业的衰败,导致黑井盐文化传播效果不佳,虽然盐文化传播的媒介、主体、途径等发展趋势呈现多元化,但由于黑井盐文化传播内容和研究太过单一,形式太过学术化,脱离了民众的实际需求,局限于政府相关部门和科研机构。如何让普通民众分享盐文化研究带来的成果?如何让更多民众积极参与盐文化的传承与传播?黑井古镇面临新的难题与挑战,这是我们应该思考的问题。

一、黑井盐文化传播的传统模式

黑井兴于盐,给当地的发展乃至最终的辉煌一时打下了深厚的物质基础。自西汉以来,黑井就是云南出产井盐的重镇,每天都有成千上万驮盐的马帮、盐商往来于此,各种思想和文化在这座偏居一隅、交通闭塞、富甲一方的小镇融汇、渗透,最终形成了具有独特魅力的盐文化。现在的千年盐都黑井,早已失去了昔日的辉煌。从当前盐文化传播现状来看,其传播效果不佳,传播范围太过狭窄,传播内容与形式太过单一,过于学术化。就当地居民和普通民众来讲,他们对黑井盐文化的了解还是支离破碎的、片面的,盐文化没有得到全面传播和推广。④

首先,大众传媒对黑井盐文化传播的效果不明显。其影响主要是由电视、广播、影视等大众传媒传播的固有特性造成的,电视、广播传播速度快、范围广,但是在持续性和选择性方面就有所欠缺,是单向线性的、不易保存的、转瞬即逝的传播。大众传媒在传递深奥的、艰涩的盐文化信息时,使用一些盐文化专门术语,就可能导致受众在接受和理解上有一定的困难,这也使得受众出现理解上的障碍。受众对盐文化的信息还停留在表层,受众

① 基金项目:四川省哲学社会科学重点研究基地、四川省教育厅人文社科重点研究基地——四川理工学院中国盐文化研究中心资助项目(YWHY13-07)之阶段性成果。

② 唐柱(1978—),男,汉族,四川攀枝花学院艺术学院讲师,主要研究方向为艺术设计。

③ 吴汉怀(1958—),男,湖北红安人,四川攀枝花学院艺术学院教授,中国美术协会会员,主要研究方向为油画、艺术设计。

④ 王萍. 影视传播学视域下盐文化传播特性[M]//曾凡英. 盐文化研究论丛(第六辑). 成都:巴蜀书社,2013(2).

被动接受，过度沉溺于大众传媒提供的表层信息和通俗娱乐中，最终使大量受众流失，导致传播效果不明显，范围狭窄，而且大众媒体也没有专门栏目和板块对黑井盐文化进行报道和传播。黑井镇政府没有多少经济实力用于盐文化的传播与推广，缺乏大众媒体的有效宣传和大力推广。①

其次，生活中的盐文化传播在黑井盐文化传播方面也存在许多障碍。由于黑井地处偏僻，交通不便，人们来黑井旅游比较困难，盐文化传播范围比较狭小。到黑井旅游的路线较为单一，只有火车和汽车两种选择，并且火车来去分别只有一趟，路途较为遥远，使游客安排出行时间不灵活。武舜壁说，来黑井的游客大多羡慕这里的盐文化。他们参观制盐的过程，游览盐文化古建筑，吃当地的盐文化美食，玩得流连忘返。但是好景不长，由于盐文化传播力度不够，道路交通不便，近几年来，黑井旅游没有“开发”和盐文化传播不到位，黑井古镇的旅游始终没有打开更广阔的发展空间。这里的盐文化、明清古建筑、名人文化以及独特饮食，还有仍存唐宋风貌的坊巷、颇具明清风格的民居，以及碑刻、石雕、古塔、石牌坊、古戏台、古寺庙、古盐井、煮盐灶户等，都是黑井古镇的盐文化传播载体，是盐文化传播的重要途径。现在去黑井古镇的游客都会发现，原本向往的盐文化逐渐式微，在古镇仅能看到古盐井的遗址，也只能买到少数盐制品，没有更多地开发盐文化旅游产品。黑牛盐井正前方的盐水池垃圾遍地，污染严重，有碍盐文化传播的正面形象；而新盐井设备粗糙，功能基本上处于停止状态，工作人员稀少，亦没有向正式和规模化发展，阻碍了盐文化的传播。

最后，盐文化交流研究是传播盐文化的另一传播途径。由于黑井是一个偏僻小镇，没有经济能力和条件在当地组织大型的盐文化交流研讨会，传播效果不佳。盐文化的传播是建立在继承与研究创新的基础之上，传播是保证盐文化传承的重要途径。结合黑井当前现有研究机构和媒介条件，对盐文化进行交流和传播是目前其盐文化传承创新领域中的当务之急，需要政府和学术机构加大交流平台。黑井古镇没有长期稳定的研究机构来研究盐文化传播，没有用于黑井盐文化传播的交流平台。面对因盐而生的黑井各种社会历史现象背后的文化内涵、文化现象和历史遗存等，并没有进行深入挖掘与研究，对包含了深厚内涵的制度文化、精神文化的盐文化把握不足，从意识形态上导致对黑井盐文化传播的轻视，进而忽视了盐文化传播在整个社会生活中的积极作用，最终，导致盐文化传播途径受阻，传播效果不明显。

黑井的盐文化交流研究还有很大的拓展空间，在交流的基础上可以开展“盐文化”艺术节，在节日上提升黑井洞经音乐、龙狮表演、左脚舞等群众性文化组织的表演水平，从而来传播黑井盐文化，提高黑井旅游宣传力度，主动担负起保护、研究和传播盐文化的社会

① 张欧，江昀．大众媒介在传统文化传播中的困境与策略——以自贡盐文化传播为例[J]，四川民族学院学报，2012(2)：21－22.

历史责任,对传播盐文化具有重要的历史价值和现实意义。①

二、黑井盐文化传播的新思路

1. 强化大众传媒对盐文化的本土化传播

世界已经变成一个"地球村",新闻报刊、书籍、广播、电视、电影、网络等媒介在突出盐文化传播与培养受众品位、价值观和世界观等方面都发挥着不可小觑的作用。在当下,大众传媒已经成为黑井盐文化传播最主要、最有效的信息传播载体,能够较为完整地承担起黑井盐文化本土化传播的主要功能。重点是加强黑井盐文化传播的贴近性、针对性和本土性,尽量消除盐文化传播的误读,在传播途径、传播内容、传播人才、媒体运营上实现传播本土化。大众传媒在盐文化传播中应该更多地去传播黑井盐文化的本土事务,并在传播中巧妙地体现黑井盐文化地域特色。黑井的盐文化遗产旅游资源优势明显,地域文化突出,但由于政府对外宣传力度不够,本土化传播效果不佳,导致其知名度不高,传播途径受阻。② 对此,应充分发挥大众传媒的传播优势,强化大众传媒对盐文化的本土化传播,提高黑井古镇的知名度。还应该与周边各景区进行区划合作,打造成点、线、面为一体的立体旅游区域,利用大众传媒对盐文化的本土化传播,吸引更多游客资源,结合黑井的饮食文化加大宣传力度,利用黑井本土化的特色菜如盐焖鸡、灰豆腐、牛干巴、烧肤、烧卖、砂锅豆腐、稀豆粉、石榴花等进行盐文化传播。只有大众传媒从本土性充分认识应承担盐文化传承的功能和义务,才能进一步从实际出发,认清盐文化的深层次内涵和黑井古镇的本土化特性,进而找出盐文化内核与大众传媒传播方式的最佳契合点,制定出有利于黑井盐文化传播特色的传播策略,强化大众传媒对黑井盐文化的本土化传播。

2. 利用微传播吸引盐文化潜在受众

随着互联网和移动终端的快速发展,当今社会已进入了传播内容微小化、传播渠道多样化、传播信息碎片化、传播影响裂变化的微传播时代。在"微传播"的传播时代,如微电影、微博、微信等对盐文化传播的声画结合的传播手法、传播者的亲身体验更易被受众接受,更加有利于扩大盐文化的传播范围和传播受众。通过微传播,盐文化传播内容、传播受众、传播渠道更广泛,信息可在短期内广泛传播,可以将不同渠道的盐文化零碎信息点连接成有意义的线与面,把无限的盐文化内容进行整合,扩展成为一个新的蓝图,吸引盐文化潜在受众。微传播由于传播者的主导地位逐渐削减和去中心化,一定程度上加强了受众对黑井盐文化的理解和情感的亲身体验,盐文化在微传播语境下传播推广的广度和

① 杨光宗,龙亚莉. 建构传播少数民族文化新媒体平台的思考——以武陵民族地区为例[J]. 中南民族大学学报(人文社会科学版),2013(2).

② 王梦洁,王萍. 从"5W"传播模式浅析影响盐文化影视传播效果的因素[J]. 科教导刊,2013(11).

深度将得到进一步提升,传播途径得到进一步拓展,加快营造一个自由开放、互动创造的共享盐文化空间,可以极大激发盐文化受众的想象力和创造力,塑造一种自我超越、个性张扬、不拘一格的现代受众意识,吸引盐文化潜在受众。[①] 在盐文化传播中自我的提升,扩大了盐文化传播的潜在受众,从而实现传播效果的最大优化。

3. 借助新媒体拓展盐文化传播范围

新媒体(New Media)就是依托数字技术、互联网技术、移动通信技术等,利用计算机、手机、数字电视等终端向人们提供信息和服务的新型媒体。它具有交互性、多元化、个性化等特性,弥补了传统媒介存在的缺陷,为盐文化的交流与传播创造了更多的机会,带来了新的传播途径,也扩大了传播范围。[②]

科学技术的不断发展,使得个人博客、电子期刊、视频分享网站、移动电视、3G 和 4G 手机等新媒体已深入渗透到现代社会生活的方方面面,成为传播盐文化的重要媒介和有效途径。新媒体使黑井盐文化得到最大程度的传播和推广,传播范围得到进一步拓展。政府需要优化新媒体传播环境,加大投资力度改善传播推广的新媒体基础设施,优化新媒体传播环境,提高传播者和受众的素质,加快形成新媒体环境下盐文化的个性化传播。政府必须高度重视并给予政策上的支持和财政上的帮助,加大对黑井农村信息基础设施建设和媒介基础设施建设的经费投入。在目前尚无经济实力扩展新媒体设备的贫困地区,政府应以财政投资的办法加大互联网基础设施建设的经费投入,构建政府门户网站对黑井盐文化进行系统、权威地介绍与传播,并结合黑井盐文化的地域特点,带动当地居民发展盐文化旅游产业,开发盐文化旅游产品,为贫穷落后地区的居民创造网络接触环境,为他们创造学习使用新媒体的机会,使其增长知识和技能,提高新媒体应用水平,从而拓展盐文化传播范围。

4. 整合媒介资源,培养专业传播人才

目前,黑井古镇当地还没有报纸、广播、电视等传播媒介,没有形成比较完善的传播渠道。这就需要云南省整合各家媒体和全国传播媒介资源,积极参与黑井盐文化的宣传和传播,在开发和宣传黑井盐文化时,建立有效的传播沟通机制,对盐文化信息资源做到共享,最终确定符合各媒介自身定位的盐文化选题和报道方式,加大宣传力度;再根据各自媒介的定位与传播特点对盐文化进行全方位、多层次地报道,扩大传播效应。黑井盐文化传播必须以大众需求为导向,整合媒介资源,加强与民间传播力量的合作。在现有宣传盐文化的网站基础上,建立专属盐文化宣传栏目,专门介绍有关黑井盐文化、盐文化饮食、盐文化建筑、盐文化遗产、民族服饰等相关内容,通过举办一些有创意的盐文化网络活动来推广盐文化传播,并设置专门的盐文化新闻栏目报道宣传黑井盐文化相关活动,即时更新

---

① 刘晖. Twitter:微博客时代的到来[J]. 传媒,2009(10).

② 邢艳艳,王欢欢. 新媒体环境下文化传播方式的碎片化对研究生的影响[J]. 佳木斯教育学院学报,2013(11).

宣传内容和报道形式。随着4G网络的快速发展,手机媒体越来越受到大众的青睐,利用包括短信、彩信、手机报、视频、微博、微信、移动搜索等形式的手机媒体,再加上户外液晶电子显示屏、楼宇电视和车载移动电视等新媒体扩大盐文化传播效应,提高盐文化信息整合能力,为盐文化的传播营造加大宣传攻势,有利于黑井盐文化的传播和推广。①

随着媒介传播专业化水平的提高,相对盐文化传播而言,媒介传播者应对博大精深的盐文化知识进行专业地学习研究,仅仅懂得一般新闻理论和业务的传播者已经难以胜任当前黑井盐文化的传播工作。传播者不仅要有广博的知识和专业的业务技能,还应该具备盐文化的研究能力,成为盐文化传播领域中的精通者。当前,媒介传播者出现年轻化趋势,他们不具备深厚的盐文化专业知识储备,对于内涵深厚的盐文化,在短时间内很难将有关盐文化研究透彻,进行有效的解读和传播。因此,对于盐文化传播而言,缺乏这方面专业传播人才的支撑成为黑井盐文化传播的一大困境。我们必须客观准确地理解和认识黑井盐文化遗产建筑的保护和盐文化传播的必要性,全面系统地分析和把握盐文化遗产保护的现状,认真客观地分析和研究其存在的问题,了解盐文化领域出现的新思想、新观念,培养盐文化传播的专业人才,并据此采取行之有效的传播策略,进行广泛传播,为推动黑井盐文化遗产的保护与开发,促进黑井盐文化传承尽一份社会责任,使之成为中国盐文化传播的精品。②

三、黑井盐文化传播的研究价值

新媒体、微传播开启了从黑井盐文化的时代性、地域性和民族性等特征来探索盐文化与时俱进的推广传播策略。从传播主体、传播内容、传播媒介等几个方面探讨盐文化传播的效果,是研究黑井盐文化传播规律的新课题、新方向。

为了让盐文化成为普通大众能够共享的文化,需要我们针对传播内容的平民性、接近性,传播方式的通俗化、娱乐化,盐文化传播策略的拟定等方面进行调研。同时,我们要展开对盐文化传播效果的相关研究,了解受众对盐文化传播内容的兴趣、认知度,通过对传播效果的研究和对传播实践的不断修正,进一步改进盐文化的传播策略,以适应不同层次盐文化传播受众的审美情趣和心理体验。以“盐”为切入视角,从黑井遗存盐业古建筑、古镇格局及井盐开采、运贩以及售卖的内在联系,研究黑井盐文化在传播中的地域共性及本土性。在传播方式和途径上,可采用故事化、悬念化、通俗化、娱乐化的叙述方式,注重语言符号和非语言符号的浅显性和生动性,以满足受众的审美情趣和心理体验,充分调动受众的参与热情。从黑井的井盐文化与传播学的内在关联出发,去归类盐文化传播媒介

① 殷俊,孟育耀. 微博的传播特性与发展趋势[J]. 今传媒,2010(6).

② 李朗,文铭生. 试论盐文化传播的发展策略[J]. 新西部,2011(32):15-16.

的分类,与黑井盐文化相关遗产相契合,并研究盐文化的传播特色,拓展研究范畴,丰富黑井盐文化传播的相关理论,同时也丰富了对黑井盐文化遗产建筑成因、地域文化特色等问题的研究。不同领域的盐文化研究专家可以将不同领域的盐文化精髓通过再加工整合后传达给受众,对黑井盐文化古建筑的保护、修复以及旅游开发等,都具有十分重要的应用价值。因此,将盐文化传播推广的概念置于微传播、新媒体语境下探讨具有较高的研究价值和科学性,也是对未来盐文化旅游推广模式的更新所做出的先驱式的思考。

四、结语

黑井古镇的井盐开采历史久远,形成了地域文化内涵丰厚、独具魅力的井盐文化。就目前对黑井盐文化传播的研究而言,应该将"因盐而生,因盐而兴,又因盐而衰"作为黑井盐文化传播产生的背景,一个"盐"字连接了天翻地覆的黑井财富兴衰史和各种文化的交融。把盐文化传播纳入这一当前背景之中,并以黑井古镇整个地域生态环境为依托,去分析总结因盐而生的黑井古镇在盐文化方面的传播特色,让民众对黑井古镇的古遗址、古民居、盐业建筑等在盐文化传播中做出全局把握和整体认识,对研究黑井盐文化的传播特色,弘扬黑井古镇独特的建筑文化,推广黑井独有的盐文化旅游资源,扩大中国盐文化的研究范畴,推动整个盐文化研究的更高层次发展,都有十分重要的现实意义及推广价值。

[参考文献]

[1]王萍．影视传播学视域下盐文化传播特性[M]//曾凡英．盐文化研究论丛(第六辑)．成都:巴蜀书社,2013:2.

[2]张欧,江昀．大众媒介在传统文化传播中的困境与策略——以自贡盐文化传播为例[J]．四川民族学院学报,2012(2):21－22.

[3]杨光宗,龙亚莉．建构传播少数民族文化新媒体平台的思考——以武陵民族地区为例[J]．中南民族大学学报(人文社会科学版),2013(2).

[4]杨华．传统文化电视再传播的制约因素及策略[J]．北华大学学报(社会科学版),2003(9):27－28.

[5]王梦洁,王萍．从"5W"传播模式浅析影响盐文化影视传播效果的因素[J]．科教导刊,2013(11).

[6]刘晖．Twitter:微博客时代的到来[J]．传媒,2009(10).

[7]邢艳艳,王欢欢．新媒体环境下文化传播方式的碎片化对研究生的影响[J]．佳木斯教育学院学报,2013(11).

[8]殷俊,孟育耀．微博的传播特性与发展趋势[J]．今传媒,2010(6).

[9]李朗,文铭生．试论盐文化传播的发展策略[J]．新西部,2011(32):15－16.

基于新媒体、民族精神及跨文化视域下的盐文化传播研究①

蒋玉石②　赵丽娟③

对于盐文化的研究最早可以追溯到20世纪90年代,这是对盐文化进行研究的初始阶段。1990年10月,四川自贡首次召开了中国盐业史国际学术讨论会。在会上,宋良曦指出,要把对盐文化的研究列入盐业史研究的进程中。[1]对于盐文化的研究也渐渐提上了日程,学术界开始涉及研究与盐有关的各个方面。曾凡英(2006)[2]又把盐文化的内涵进行了延伸,"盐文化的研究对象是研究一切与盐有关联的物质文化、精神文化和制度文化"。至此,一切与盐有关的物质、现象、文化、建筑等,都可以体现盐文化的内涵。

随着学者对盐文化的探讨和关注,盐文化传播也日渐兴起,已有很多学者对此进行了专门研究。朱飞(2012)[3]提出了开发海盐文化特色旅游资源的措施,建议通过打造具有海盐文化特色的旅游资源,来达到吸引旅游者的目的,同时促进盐文化的传播。赖斌和杨丽娟(2009)[4]指出深度开发盐文化旅游资源具有重要的市场价值,通过旅游资源市场价值的开发有利于盐文化的广泛传播。李朗等(2010)[5]强调应该对现有遗存的盐业会馆、宗祠、盐商大宅等盐业建筑和生产设施进行开发、保护,通过语言以及相关的饮食来传播盐文化。随着网络的迅速发展,一些学者提倡通过网络促进盐文化的传播,如蒋玉石和李珺竹(2013)认为利用网络平台能够有效地促进盐文化传播。[6]在前人研究的基础上,本文立足多维视域的角度,通过对新媒体视域、民族精神视域和跨文化传播视域的分析,分别从三个方面提出了促进盐文化传播的方式和途径。

一、新媒体视域下中国盐文化的传播

新媒体为中国盐文化的传播提供了机遇,增加了其传播的方式。盐文化有一定的地域性,并不是所有地方都盛行盐文化,要想让更多的人了解盐文化,对于盐文化的传播是

① 基金项目:四川省哲学社会科学重点研究基地、四川省教育厅人文社科重点研究基地——四川理工学院中国盐文化研究中心资助项目(YWHY12-03)之阶段性成果,同时也是"服务科学与创新"四川省重点实验室项目(KL1307)及中央高校基本科研业务费专项资金(2682013CX072)项目的研究成果。

② 蒋玉石(1979—),男,湖南衡阳人,副教授,博士生导师,西南交通大学经济管理学院MBA中心副主任,主要研究方向为神经营销学及人因工程学。

③ 赵丽娟(1990—),女,河北石家庄人,西南交通大学经济管理学院2014级研究生,研究方向为市场营销。

势在必行的。在报纸、电视、广播、杂志这些传统媒体条件下，盐文化的大范围传播是受时空限制的。然而，新媒体以其独特的优势和特点可以跨越时空限制，实现信息的共享，能够轻松地将中国盐文化信息传播到其他国家和地区，并且可以随时进行信息更新和发布，以便不同地域的人们对于盐文化产地的消息获得及时了解，从而大大提高中国盐文化传播的效率。网络是一个公开的平台，虽然利用网络平台可以传播大量的信息，但是如何让中国盐文化从海量信息中脱颖而出，实现中国盐文化持久的“眼球效应”，仍然需要多方共同努力。

第一，政府应该重视盐文化的普及。政府的传播更具权威性，可以通过官方网站进行盐文化的宣传普及教育，更能引起人们的关注。在盐文化发达地区，如四川自贡、天津长芦、青海柴达木盆地等地，管理者可以利用网络平台宣传盐文化所在地的旅游优势；通过网上平台，为旅游者提供便捷的服务，如网上预订房间、网上预订餐厅等，通过优惠、打折等方式吸引旅游者的注意力。在旅游者观赏的同时，管理者可以顺便提及有关盐文化的知识，提高盐文化在旅游人群中的普及。

第二，新媒体条件下，信息的传播更具有针对性。通过网络、手机等媒体，盐文化传播者可以有针对性地把盐文化相关信息推送和传递给那些特定人群，大大节省时间，提高工作效率。那些最先了解到盐文化的人往往就是中国盐文化传播的“义务宣传员”，他们又会通过口碑传播和各种渠道，将自己所知道的信息进一步扩散开来。在名人效应十分强大的今天，盐文化传播者还可以利用名人效应来促进盐文化的传播。通过邀请部分知名学者或成功人士利用自己的博客、微信等平台进行盐文化的普及宣传，必定会引起大部分人的关注，从而使更多的人了解盐文化。

第三，在手机特别是智能手机广泛普及的今天，可以充分利用手机平台进行盐文化传播。现在的智能手机除了发短信、打电话等这些基本功能之外，还可以上网、接收手机报、彩信、飞信、QQ 聊天、微信聊天等。因此，盐文化传播者可以充分利用手机上的这些平台来进行盐文化传播。如通过在手机 QQ、微信、易信等新闻平台上，发布一些有关盐文化的最新消息，使人们逐步认识到盐文化的存在；通过在手机报上刊登一些有关盐文化的相关内容，也可以使得大批的受众知晓和了解盐文化的相关信息；通过彩信传播一些图文并茂的盐文化内容，不仅可以吸引读者的目光，还可以增加受众的阅读兴趣。移动电视的普及也可以让人们在不同的场合获得中国盐文化的最新消息。

第四，新媒体在提升中国盐文化传播效果的同时，还能进一步实现中国盐文化的普及教育。传承优秀的民族文化是每位中华儿女的责任。盐文化作为中华民族优秀文化的重要组成部分，值得我们一代代传承下去。然而，当前盐文化的普及率并不是很高，多数人对于盐文化一知半解，加强盐文化的普及教育势在必行。可以定期在高校开设盐文化讲座，利用投影仪、电脑等播放一些有关盐文化的视频，讲述盐文化的发展史及与盐有关的神话、传奇故事，吸引当代大学生们的注意力，提高他们对于盐文化深入探索的兴趣，从而扩大盐文化在大学生群体中的传播。

第五,应充分利用包括网络资源在内的新媒体资源,积极构建盐文化传播的新渠道,打造各式各样的新平台,多管齐下,促进中国盐文化的传播。比如,可以在网络上构建互动平台,让网民在平台上自由交流与盐有关的各类妙用,交流自己对于盐文化知识的了解。当然,还可以在网上开展盐文化大讲堂,性质类似"百家讲坛",用通俗易懂的语言向人们传播盐文化知识,讲授与盐有关的历史、传奇、景观等。此外,还可以建立盐文化在线服务和互动平台,通过在线答疑,解答人们在对盐文化了解过程中产生的一些问题,采纳人们提出的合理意见和建议。

二、民族精神视域下的盐文化内涵

盐文化虽然大致可以从三个层面进行阐释,但将这三个层面与民族精神相结合,是需要盐文化传播者不懈努力的。

首先,积极宣传富有民族精神内涵的物质文化。伴随着盐文化产生的物质文化遗产,深深地打上了民族精神的烙印。积极打造盐文化产区的旅游价值,使人们切身体验盐区的盐文化精神,比如观赏盐区以盐文化背景为蓝本的古代建筑,观看古代制盐的工具、场地,游览古代盐商修建的山寨、堡垒,看生活在沿海河流地区的盐区人民为抵御自然灾害修建的长堤运河等,领略盐文化特有的魅力。从这些独特的文化建筑中,可以让游人感受到古代劳动人民的勤劳、智慧和自强不息的民族精神。

其次,积极宣传盐文化中的精神文化,将其与中华民族精神的内涵相结合,有利于盐文化的传播和扩散。盐文化中重要的一部分是精神文化,盐区人民通过辛勤劳作流传下来的勤劳坚韧、自强不息、不屈不挠的品性值得当代人们敬仰。可以效仿"舌尖上的中国",将盐文化与工商业和旅游业结合起来(康珺,2011)[7],通过网络打造相关的纪录片,记录盐区的发展历史和现状,盐区人民的生活状态,盐区的环境地貌等,并在各大网站滚动播出,从而增加盐区的曝光率,使得人们从中感受到盐区人民身上体现出的坚韧、自强、艰苦奋斗的品质,感受到盐区人民身上固有的民族精神。

最后,积极宣传盐文化,使之成为优秀的民族文化。现今人们对盐文化的了解还不是很透彻,对于其中优秀盐文化的认知也不是很明了。为此,必须通过口口相传或是通过作品记录等多种渠道积极宣传盐文化,使其具备优秀民族文化的资格,从而才可以更好地促进盐文化的传播。比如,通过创作和出版有关盐文化的专著,吸引国内外学者的阅读和查阅,在阅读的过程中,可以深切感受到优秀盐文化的冲击和魅力。同时,还可以打造包含盐文化的优秀影视作品,建设盐文化产地为影视文化基地。一部优秀的影视作品,可以起到很好的宣传作用,以盐文化为蓝本进行创作的优秀影视产品,在获得可观的收视率的同时,也必定会对盐文化起到很好的宣传作用。

总之,盐文化不应该仅仅停留在物质层面、精神层面或是制度层面,应该扩展盐文化的内涵,将与盐有关的理念、事物纳入盐文化的范畴。这些元素的加入可以大大扩展盐文化的内涵,增加盐文化的趣味性,从而更有利于盐文化的传播和扩散。同时,应始终坚持中国盐文化的与时俱进,不断地改革创新,与时代精神相契合(陶文昭,2011)。[8]

三、跨文化传播视域下中国盐文化的跨国传播

一种优秀的文化是一个民族的象征,体现着一个民族的魅力和荣耀,不仅要在本国得以传播,更要进行跨文化传播,让不同国家的人都有了解。因此,在跨文化传播视域下,通过不同的途径促进中国盐文化的传播是势在必行的。

第一,通过跨国旅游方式促进中国盐文化传播。跨国旅游对于当代人们来说并不陌生,走出国门到另一个国家去欣赏当地的风土人情,走到一个完全陌生的环境中,了解异国文化,别有一番情趣。随着中国经济的飞速发展,以及中国国际地位的提高,中国在世界民族之林的地位也逐渐上升,从而渐渐地吸引了外国人的视线,许多外国人开始把目光投到中国,想要探究这个古老而神秘的民族的文化和内涵。据美国广播公司(ABC)西班牙语网站2014年1月21日报道:"联合国世界旅游组织(World Tourism Organization)公布2013年世界各地旅游人口的分布情况,在接待境外游客人次的总数量上,中国排在美国、法国、西班牙之后,位列世界第四位。"这说明外国游客来华旅游的发展势头十分迅猛。盐区保留下来的丰富的文化物质遗产,可以作为游客旅游观赏的目标;并且,旅游景点翻译对文化的传播和推广是最直接和直观的,有利于增强中华文化的国际影响力(赵霞,云虹,2013)[9],盐文化传播者可以借助这一优势将盐文化传播到世界各地。

第二,加大力度,通过网络等渠道宣传盐文化产地的旅游价值。国外游客来中国旅游,当然是冲着知名度高的地区。可以通过互联网广告、旅游指南手册加大产盐地区的广告宣传力度,设计新颖独特的旅游区宣传海报,吸引游客目光,海报上可以清晰地呈现盐文化的发展历史、与盐文化相关的独特而古老的建筑物或是与盐文化有关的热闹的节日场面,很快抓住外国游客的眼球。同时,在国外游客经过的境内外海关处,或者火车站进出站等地投放广告,突出盐文化所在地区的旅游特色,这些方式都有利于外国游客知晓盐文化产地,增加其知名度,有利于国外游客来中国时将旅游目的地锁定在这些地区。

第三,盐文化所在区要积极做好盐文化的宣传工作。对于盐文化,即使是国人了解的也不是很深入,如何让国外游客对盐文化有清晰的认识,需要盐文化区负责人积极做好宣传工作。其中,起着至关重要作用的当属领队的导游。导游在介绍旅游地文化一环中十分重要,因此,要对导游的素质进行培养,对导游的盐文化常识进行强化,让导游对盐文化的发展历史有更熟悉的掌握,并且可以很清晰地表达出来。这样,导游在给外国游客介绍的时候,才会全面准确地表达盐文化的理念,使外国游客对于盐文化有更加清晰的认识。

第四,通过商贸交流方式促进中国盐文化的跨国传播。随着经济全球化的发展,国与国之间的商贸往来日渐频繁,在商贸往来过程中实则蕴含着文化的传播。伴随着日渐频繁的商贸往来,盐文化传播者可以此为跳板,促进盐文化的跨国传播。我们可以利用盐的出口带动盐文化的跨国传播。食用盐还可以打造具有鲜明地域盐文化特色的品牌。食用盐的包装上可以绘有鲜明的盐文化所在地的标志性建筑,如自贡的盐包装上可以印有燊海井,遂宁产的盐包装上印上大英卓筒井,只要人们一看到这些钻井自然就会感受到井盐深钻汲制技艺。这些鲜明的地标性建筑可以展现当地的盐文化,出口到国外自然可以促进盐文化的跨国传播。

第五,完善盐文化旅游目的地的基础设施。要尽量避免过多现代化成分的装饰和雕琢,始终保持这些古典建筑的原汁原味儿,才可以使国外游客更好地理解盐文化的特征。在旅游目的地,旅游指南手册对游客也是十分重要的,因此,设计出让游客一目了然的手册,对于消费者清晰地了解旅游地的文化是必不可少的。手册上要使用世界通用语英语,内容要条理清晰、指示明确、注意事项齐全,文字上注意增加一些问候语或是祝福语,这样可以使国外游客倍感亲切,从而提高他们参观旅游的兴趣和探求盐文化奥秘的好奇心。在旅游地观赏时,"吃"是必不可少的一项内容。盐文化地区的人们要充分利用当地的文化特色打造富有盐文化特色的饮食,如四川的盐帮菜则充分体现了盐文化特色。国外游客在饮食过程中还可以感受到浓浓的盐文化气息,这对于盐文化的传播也是十分有效的。为适应外国旅游者不同的兴趣爱好,提高旅游者对旅游区的满意度,还可以建立网球场、游乐中心和游泳池等满足旅游者的休闲需求。在当地建立博物馆也可以提高国外游客对于盐文化地区的知晓和了解,可以大大提高国外游客的旅游次数和满意度,从而增加游客游览的回头率,提高盐文化地区的知名度,从而促进盐文化的跨文化传播和扩散。

随着来华游览的外国游客人数的日益增加,通过跨国旅游方式促进盐文化传播将会是未来促进盐文化传播的十分有效的途径,这需要盐文化传播者积极开发并高效利用。

四、结论

本文立足于多维视域的角度,主要从新媒体、民族精神及跨文化三个方面提出了促进盐文化传播的方式和途径。首先,新媒体是时代的产物,可以满足受众的需要,减轻人们信息搜索的难度,同时能够超越时空范围,有利于中国盐文化传递到更多的受众群体。其次,盐文化体现出的不屈不挠、顽强抵抗、自强不息的精神都是优秀民族精神的重要组成部分,是我们时代需要的精神,因而,传承盐文化非常必要。最后,文化作为一国的软实力,跨文化传播可以促进盐文化走出国门,促进盐文化在国外的传播,不仅可以提高我们在世界民族之林的知名度,更可以提升中华民族的软实力,让世界其他各国更好地认识伟大的中华民族。总之,促进盐文化的传播,有利于提高人们对盐文化的认知度和警觉性,促使人们对与盐文化有关的物质遗产和非物质遗产的保护，使其免受人为因素破坏，从而保证这些遗产的完整性。

［参考文献］

［1］李敏．20世纪90年代以来中国盐文化研究综述［J］．盐业史研究，2013(2)：52－64.

［2］曾凡英．盐文化的特征与内涵［J］．四川理工学院学报（社会科学版），2006，21(1)：47－52.

［3］朱飞．盐城海盐文化特色旅游资源开发刍议［J］．山东纺织经济，2012(4)：66－68.

［4］赖斌，杨丽娟．盐文化主题旅游产品的市场价值挖掘与深度开发研究——以大英死海、自贡盐都为例［J］．人文地理，2009(1)：86－89.

［5］李朗，陈卓，文铭生．论盐文化传播途径的多样化［J］．新西部，2010(20)：93.

［6］蒋玉石，李珺竹．网络环境下盐文化品牌打造及持续产业化研究［J］．四川理工学院学报（社会科学版），2013，28(12)：53－56.

［7］康珺．基于盐文化的自贡城市餐饮品牌塑造［J］．江苏商论，2011(9)：34－36.

［8］陶文昭．论时代精神［J］．思想理论教育，2011(3)：4－7.

［9］赵霞，云虹．盐文化旅游景点翻译中的文化传播——以自贡盐业历史博物馆为例［J］．四川理工学院学报（社会科学版），2013，28(6)：38－41.

盐文化网络传播现状研究①

程子彪②　蒲小梅③

《新闻联播》每天以固有的开头和结尾,在19:00准时向观众传递国内外文化信息。但随着网络的发展,《新闻联播》正在发生变化,开始调整姿态,积极应对互联网为文化传播带来的变化,其固有的结尾已经发生变化,由"各位观众,今天的新闻播送完了,感谢您收看,再见"更改成"获取新闻资讯,您还可以关注央视新闻的微博、微信和客户端"。可见,中央媒体十分重视网络传播这股新兴力量。盐文化的传播更应该重视网络传播这一领域,对盐文化网络传播现状的研究,把握盐文化与网络传播的融合程度,是盐文化重视网络传播的首要之举。

一、盐文化体系界定

研究盐文化网络传播现状,首先需要明确盐文化概念、内涵及其特征,才能做到有的放矢。目前,有两位学者专门对盐文化概念、内涵及其特征进行研究,并取得了一定的研究成果。2006年,曾凡英教授在其公开发表的《盐文化的内涵与特征》一文中指出,盐既是一种文化现象,也是一种文化载体;盐文化的研究对象即是研究一切与盐有关联的物质文化、精神文化和制度文化。[1]2008年,宋良曦研究员在《中国盐文化的内涵与研究状况》一文中认为,盐文化是以盐和盐业为载体的一切文化事象的总和。[2]

在借鉴两位前辈研究成果的基础上,结合当代社会的发展,笔者认为盐文化应该是指,在历史长河中以盐为核心,出现的制盐文化、运盐文化、用盐行为文化等的总和。同时认为曾凡英教授对盐文化的三分法是可行的,但考虑到盐的特殊性,即可加工性、可食用性、可运输性,在长期的与盐有关的活动中,必然会形成一定规律的制盐、运盐、用盐行为。笔者认为,盐文化研究对象是与盐有关的物质文化、制度文化、精神文化、行为文化。盐文化中物质文化是核心,制度文化是保障,精神文化是提炼,行为文化是综合表现(详见图

---

① 基金项目:四川省哲学社会科学重点研究基地、四川省教育厅人文社科重点研究基地——四川理工学院中国盐文化研究中心资助项目(编号:YWHY13-02)之阶段性成果。

② 程子彪(1982—),男,四川自贡人,四川文理学院政法与公共管理学院讲师,研究方向为旅游管理、移动互联网与新媒体。

③ 蒲小梅(1981—),女,四川达州人,四川文理学院助理研究员,主要研究方向为区域经济。

1)，这四者之间并不是孤立的，而是相互联系、相互影响、不可分割的。

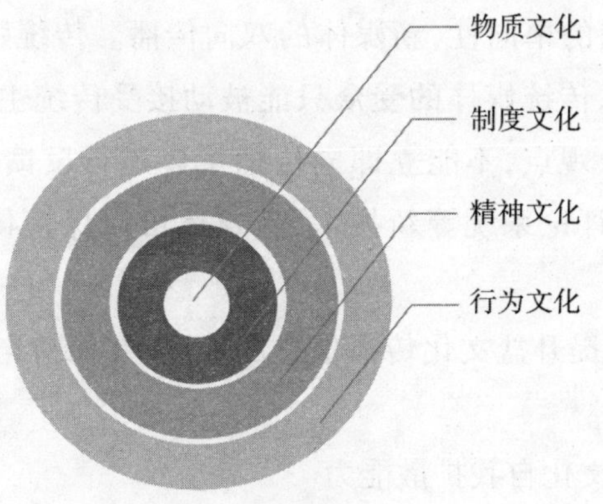

图1　盐文化体系

二、盐文化网络传播的必要性

1. 网络是现代人的虚拟“文化广场”

截至2013年6月底，我国网民规模达5.91亿人；2013年上半年，中国网民人均每周上网时长达到21.7小时，相比2012年下半年增加了1.2小时。[3]据此数据可以充分说明，中国将近一半的人离不开网络，平均每天有大约3小时在虚拟的文化广场交流、学习，网络已经成为现代人重要的学习、休闲、交流的虚拟场所。如果盐文化在虚拟文化广场上缺阵，就相当于放弃对一半中国人进行盐文化的传播与普及。

2. 保证盐文化传播与大数据时代同步

大数据时代最典型的特征是数据的存储能力大、网络交换的数据量大。盐文化网络传播需要巨大盐文化数据的支持，同时需要将这些盐文化相关数据扩散出去，促使盐文化不断地虚拟化、电子化，从而形成盐文化大数据。否则，盐文化的传播，仅靠传统媒体来完成，网络上无盐文化相关数据，无法与网民交流，无法与其他文化交融，必然会脱离社会发展，不利于盐文化的发展与传承。

3. 网络促进盐文化快速、双向传播

网络的发展，新技术的使用，出现了与传统媒体有较大区别的新媒体，且新媒体渐成主导媒体。传统媒体与新媒体的区别在于以下几点：

其一，传统媒体传播时间较长、速度慢，新媒体是即时媒体。以报纸为例，报纸上承载的信息传递到读者，需要经过新闻采访、整理、编辑、校对、审核、排版、印刷、运输、销售等环节。这就意味着，不仅传统媒体传播所需时间长，而且传递的信息陈旧，如当天的报纸，传递的信息绝大部分不是来源于当天，而是更早。新媒体在光纤网络或者无线网络的支持下，传播速度理论上是可以达到光速的，因此，只需考虑传播信息的整理和上载时间，新媒体借助智能终端几乎可以做到实时直播。

其二,传统媒体传播的单向性,新媒体的双向传播。传统媒体的传播由传播主体向传播受众进行单向传播,传统媒体的受众只能被动接受传统主体的传播信息,如受众对传播信息有不同的看法、观点,不能立即向传播主体进行反馈;而新媒体的传播是双向的,借助即时聊天工具、评论系统等新技术,新媒体可以保持传播主体与受众之间的双向互动。

可见,网络传播可以提升盐文化传播信息的速度,并保持与盐文化受众的紧密、即时互动。

4. 网络传播提升盐文化自我扩散能力

传统媒体传播的局限在于:在同一时刻,同一实体传播载体几乎只能对应一个受众。如果想扩大传播面积,只能增加传统媒体传播载体数量,这必然增加成本。然而,新媒体的传播数量是成几何倍数增长的,同一新媒体传播的信息可以同时分享给所有民众;民众还可以通过转发、分享等多种形式来完成信息的接力传播。

5. 网络传播丰富盐文化传播形式

传统媒体中的报纸、杂志只能通过文字、图片来进行传播,电台只能通过声音来进行传播,虽然电视可以通过视频、声音来进行传播,但成本昂贵;而网络传播的方式多于传统媒体传播方式的总和,可以通过文字、图片、视频、声音、游戏、动画、推送、聊天工具、软件等来传播,且传播成本低,只需支付上网的费用和人工费用。

三、盐文化网络传播现状调查

1. 食盐定点生产企业

据中华人民共和国工业和信息化部消费品工业司在2012年12月28日发布的《工业和信息化部关于2013—2015年度食盐定点生产企业名单的通告》,目前认定天津长芦汉沽盐场有限责任公司等98家企业符合食盐定点生产企业条件,中盐北京市盐业公司等19家企业符合多品种盐生产企业定点生产条件。通过百度搜索引擎(http://www.baidu.com/)和谷歌搜索引擎(http://www.google.com.hk/),以企业名称为搜索关键词,对这些盐类定点生产企业的官方网站进行双重搜索,发现98家食盐定点生产企业中,有44家有自己的官方网站;19家多品种盐定点生产企业中,有6家企业建设有自己的官方网站(详见图2、图3)。

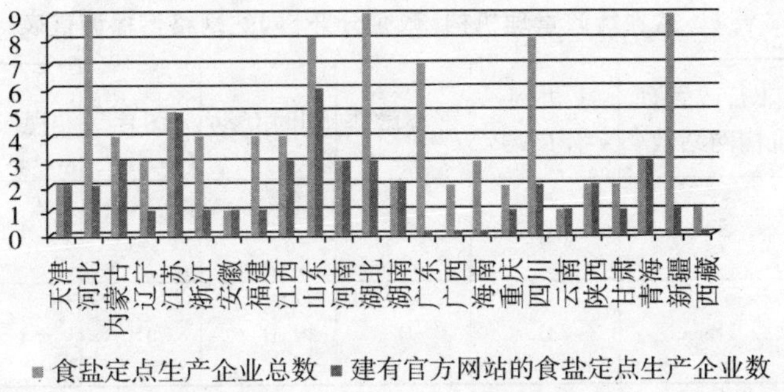

图 2 食盐定点生产企业官方网站建设情况

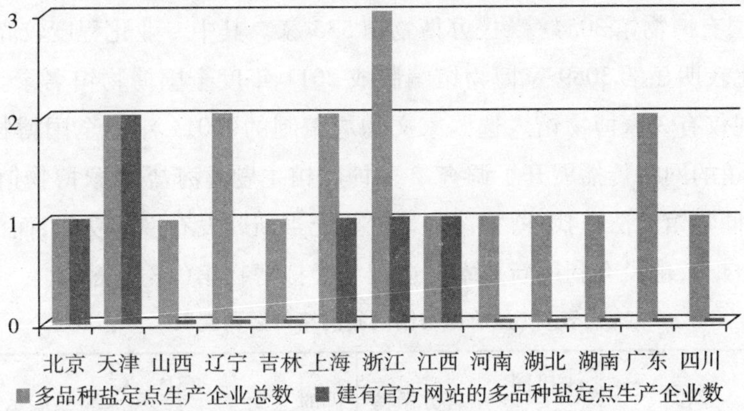

图 3 多品种盐定点生产企业官方网站建设情况

据调查,共 119 家食盐定点生产企业中,仅有 50 家食盐定点生产企业建设有自己的官方网站,占总数的 42.7%。50 个网站具有一定的共性,网站包含有一定的"盐业文化"信息,除此之外网站内容更偏重反映企业的相关信息。

2. 省级盐业行政管理机构

中华人民共和国工业和信息化部是目前我国盐业的最高行政主管部门,具体由消费工业司来负责。

中国有 34 个省级行政区,因对香港、澳门、台湾三个省级行政区采取一国两制的政策,这 3 个省级行政区的盐业行政机构设立有一定的自主性与特殊性,所以本次调查并未对其进行调查。对其余 31 个省级行政区的盐业主管部门进行了网络调查,主要通过百度搜索引擎(http://www.baidu.com/)和谷歌搜索引擎(http://www.google.com.hk/),以各省盐务管理局的名称为搜索关键词,对盐业行政主管部门的官方网站进行双重搜索。

据调查,23 个省级行政区的盐业行政管理机构网站能正常打开,8 个省级行政区盐业行政管理机构官方网站搜索无果;盐业管理实现政企分开的有 9 个省份,其中有 5 个省份建设有官方网站;盐业公司与盐务管理局一套班子的有 22 个省份,建设有 18 个官方网站。盐业行政管理机构网站网络传播现状见表 1。

表1　盐业行政管理机构(政企分开)网站网络传播调查表

省份数(不含港澳台)(31)	盐业行政管理机构网站数	手机网、客户端	官方微博	即时互动	图片	视频	盐文化专栏
9(政企分开省份)	5	0	1	2	5	1	4
22(政企不分省份)	18	0	0	0	18	1	14

3. 盐业博物馆

2012年9月,国家文物局发布2011年度全国博物馆名录。全国核准备案博物馆3589家,其中国有博物馆3054家,民办博物馆535家。其中专业化程度较高、功能比较完善、社会作用比较明显的3089家博物馆编制成2011年度全国博物馆名录。[4]根据目录,通过查找,发现仅有3家博物馆入选国家文物局编制的《2011年度全国博物馆名录》,并对这3家博物馆的网络传播展开了调查,2家博物馆主题是海盐,1家博物馆主题是井盐,矿盐与湖盐类博物馆无法查找;博物馆网站主要充当新闻发布网的功能,而没充分利用新媒体技术传播自己,也没有利用新技术打造网络虚拟博物馆(详见表2)。

表2　盐业博物馆网站网络传播调查表

名称	网站	手机网、客户端	官方微博	即时互动	3D图库	全景展示	在线视频
自贡市盐业历史博物馆	www. zgshm. cn	无	无	无	无	无	无
河北海盐博物馆	www. hbhybwg. com	无	无	无	无	有	无
中国海盐博物馆	www. chinahymuseum. com	无	无	无	无	有	无
占总数的百分比		0	11. 1%	22. 2%	100%	11. 1%	44. 4%

4. 其他盐业机构

中国盐文化研究中心网站建设具有一定的特色,并建立有特色数据库,通过课题的申报以及召开学术会议,中国盐文化研究中心加强了对盐文化的梳理、传承和创新。盐业协会为非营利性组织,在政府与盐业之间起到沟通、协调的作用,其网站是各地公司盐业新闻的聚集地。中盐工程技术研究院有限公司主要负责盐业科研开发、工程设计等,网站主要反映开发出来的新产品、新技术等。盐业协会与中盐工程技术研究院有限公司的官方网站功能比较简单,新媒体技术使用不多,交互功能弱(详见表3)。

表 3　其他盐业机构网站网络传播调查表

名称	网站	手机网、客户端	官方微博	即时互动	图片	视频	盐文化专栏
中国盐文化研究中心	www. ywh. suse. edu. cn	无	无	无	有	有	有
盐业协会	www. cnsalt. org	无	无	无	有	有	有
科普机构							
中盐工程技术研究院有限公司	www. sri－salt. com	无	无	无	有	有	无
占总数的百分比		0	0	0	75%	75%	50%

通过网络调查，还发现盐业举行了九届盐业大会，并在 2013 年举行了 2013 年中国盐行业科技论坛。第一届到第九届盐业大会并无官方网站，只有各大门户网站对大会的新闻报道。2013 年，中国盐行业科技论坛有了自己的会务网站(http://www. sri－salt. com. cn)，能展现会议的安排、赞助商的情况，能提供会议报名，但不能展现会议详细内容，在会议召开期间也不能提供会议进程的实时展示。

5. 盐业期刊

在国家新闻出版广电总局官方网站，通过对盐业期刊的查询，共发现《苏盐科技》《盐业史研究》《中国盐业》《盐业与化工》《中国井矿盐》等 6 家与盐业有关的期刊。通过网络搜索，未发现这 6 家盐业类期刊的官方网站，学者只能通过中国知网来查阅这 6 家期刊所发表的文章，不过查阅是收费的。

四、盐文化网络传播中存在的问题

1. 盐业政企不分，偏重传播公司文化

在盐业行政管理机构中，有 18 个建设有自己的网站，网站建成率达到 81. 81%。发现 17 个官方网站均为司局共用，只有浙江省司局网站分开，其余省份因公司以盈利为主要目的，造成网站内容以宣传公司产品、公司新闻大事件、公司文化等为主，缺乏提高群众盐文化素养、科学用盐的内容。

2. 盐业网站的建成率低

调查的 5 类盐业机构，盐业博物馆 100% 建设有自己的网站，其中盐业期刊没有一个建设有自己的网站。此次调查的 5 类盐业机构，总数为 163 个，建设有 79 个网站，网站建成率为 48. 47%(详见表 4)，可见盐业网站建成率总体偏低。

表4　盐业网站建设情况汇总表

名称	总数	网站数	无网站	网站建成率
食盐定点生产企业	119	50	69	42.02%
省级盐业行政管理机构	31	23	8	74.19%
盐业博物馆	3	3	0	100.00%
其他盐业机构	4	3	1	75.00%
盐业期刊	6	0	6	0.00%
汇总	163	79	84	48.47%

3. 盐业网站与新媒体技术融合度低

通过对79个网站的逐一调查,3个盐业博物馆网站建设较专业,融合了全景展示技术来打造网上博物馆;陕西省盐务管理局网站整体布局较好,板块设计合理,色彩搭配协调,并与新媒体技术有一定的融合,如开设有官方微博。其余盐业机构已建成并能正常访问的网站,良莠不齐,主要存在三个方面的问题:①网站设计与时代不同步。这主要体现在,部分网站不支持宽屏浏览、不支持多终端浏览、不支持无障碍浏览、不支持多语言浏览,等等。②大数据时代,网站内容不"大"。部分盐业网站,信息量较少,甚至存在部分板块零信息的情况。③绝大部分盐业网站无微博、无即时互动、无论坛,不能很好地与民众互动并将网站信息扩散出去。

4. 盐业机构计算机专业人才不足

据调查,79个建成的盐业机构官方网站中,有20个为自建网站,占到25.3%;其余59个网站采用外包模式建设。采用自建模式建设网站的盐业机构,一般都设有信息中心,专业人才充足,能自行设计、建设、维护网站。采用外包模式建设网站的盐业机构,一般都没有专门性的信息部门,计算机人才较少,不能独立设计、建设、维护网站,需要专门网络公司来设计、建设网站,并进行后续的网站维护。采用外包模式建设网站的盐业机构占到具有官方网站盐业机构总数的74.7%。可见,盐业机构中计算机方面专业性人才是比较欠缺的。

5. 盐文化科普网站缺乏

通过网络调查,发现一个疑似盐文化科普网站咸趣网(http://www.xianqu.zj.com/),但一直处于无法打开状态。可以说,目前没有一个专业性质的盐文化科普网站,民众不能系统、全面、连续、大量地获取盐文化知识。民众获取盐文化知识,只能通过不同网站的不同板块,获取碎片化盐文化知识,碎片化的盐文化知识重复率高、连续性差,不利于盐文化的传播和国民用盐素养的提高。

6. 盐业期刊网络传播的受众面窄

盐业论文的传播主要有两种途径:其一,传统途径,通过纸质期刊发行,读者购买阅读;其二,新媒体途径,通过知网,读者付费下载阅读。受付费因素影响,盐业方面论文只能被少数学者阅读、传播，普通民众一般不会花钱去购买纸质期刊和电子资源来阅读。

五、结语

通过网络调查发现，盐业文化网络传播不是太理想，正面临“新老媒体融合的困境”。但是，我们有理由相信，随着盐业机构的政企分离，决策层认识到盐文化网络传播的重要性，盐文化发展将会走出过渡期，得到创新的传承与传播。

［参考文献］

［1］曾凡英．盐文化的内涵与特征［J］．四川理工学院学报（社会科学版），2006(1)：47.

［2］宋良曦．中国盐文化的内涵与研究状况［C］//曾凡英．盐文化研究论丛（第3辑）．成都：巴蜀书社，2008：267.

［3］中国互联网络信息中心．第32次中国互联网络发展状况统计报告［EB/OL］．北京，2013－07－17，http://www.cnnic.net.cn/hlwfzyj/hlwxzbg/hlwtjbg/201307/t20130717_40664.htm.

［4］关于印发2011年度全国博物馆名录的通知［EB/OL］. http://www.sach.gov.cn/art/2012/11/20/art_59_122782.html.

试论袍哥与四川盐文化传播[①]

刘延刚[②] 唐兴禄[③]

四川盐文化有深厚的底蕴,形成了独具特色的物质文化、精神文化和制度文化。袍哥是盐帮的主体,在私盐贩运方面处于垄断地位。由于袍哥讲求信义,群众基础好,社会联系面广,"袍哥能结万人缘"。"上齐红顶子,下齐讨口子",都有袍哥的江湖人脉。在川盐的生产和经销过程中,袍哥对盐文化的濡染深广,在私盐的贩运中流动性大,对盐文化的继承和传播起了十分重要的作用。

一、问题的提出

盐作为人类生活的必需品,与人们的日常生活息息相关,并在生产、运输、销售和管理过程中创造出了十分丰富的盐文化。何为盐文化?这是一个文化问题,也是一个哲学问题。哲学的问题往往都是看似基本、简单而要真正深究起来却又十分复杂、纠结,似乎是谁也说服不了谁的问题。套用英国哲学家霍布斯的话说,"哲学就是一切人反对一切人的战场"。关于"文化"的定义,历来学术界就众说纷纭,莫衷一是,据统计,全球学者对"文化"的定义就达200多种。如此众多的说法必然是针尖对麦芒,分歧多多,一般人也难以说清谁是谁非。"文化"这个概念,本身就难以定义,作为文化之一种的盐文化也就难以有其绝对正确的说法。因此,以前的盐文化研究鲜有学者专门提及盐文化的范畴探究问题。前些年,中国盐文化研究中心主任曾凡英教授也许是受中国传统文化中道统意识之影响,有一种忧患精神,不惧艰险,有志于斯,欲从学科建设的角度来研究盐文化,首次比较系统地提出这一问题,并初步构架起盐文化的概念体系。曾教授在2006年第1期《四川理工学院学报》上发表了《论盐文化的内涵与特征》一文。在这篇有关盐文化范畴体系问题的理论探讨文章中,他把盐文化的研究对象归结为一切与盐有关联的物质文化、精神文化和制度文化。与之相呼应,中国盐文化研究中心的万吉琼研究员在《中国盐文化研究的现状与趋势》一文中也提出,"就盐文化而言,凡与之相关的人类活动都属于其研究范

① 基金项目:四川省哲学社会科学重点研究基地、四川省教育厅人文社科重点研究基地——四川理工学院中国盐文化研究中心资助项目(YWHZ08-01)之阶段性成果。

② 刘延刚(1965—),男,四川名山人,绵阳师范学院教授,博士,研究方向为中国传统文化和宗教哲学。

③ 唐兴禄(1963—),男,任职于德阳市文化局,高级咨询师,研究方向为哲学和民间文化。

围,包括物质技术、社会规范和观念精神”。实际上是大体认同曾先生对盐文化的定义而稍换字眼的一种说法,难得的是,万吉琼研究员在总结反思此前盐文化研究成果的得失之后比较理性地提出了这样一个问题:由于当前国内各色文化“遍地开花”,所以有可能“文化泛滥”现象使盐文化失去其“特色文化”的纯正内涵。① 依照曾凡英先生的理论,盐的物质文化有两个最主要的层面:一是为了满足人的生理和生存需要的物品,二是生产这些物品——盐的生产工具和生产手段。盐的精神文化包括个人和社会群体的所有关于盐的精神活动及其成果,它以意识、观念和理论等形态而存在,包括人生态度、价值观念、生活习俗等。由于盐是一种特殊商品,历代政府都对其进行垄断经营,出台了相应的盐业专卖制度,并形成了制度文化。从管仲推行“官山海”,出现中国最早的盐专卖之后,历朝历代无不争相沿袭相继,出现了汉代的盐铁官营、唐代的榷盐法、宋代的折中法、明代的开中法和纲盐法及清代的废纲行票等各种专卖制度,在中国制度文化中独占一席之地。②

四川有丰富的地下盐卤,是井盐的主产区,从秦汉时期就开始制盐,盐文化源远流长,凡是有盐井的地方,都有盐的精神、盐的气质。盐都自贡,由于有得天独厚的盐业资源条件,得到官方的高度重视,也吸引了众多的外来投资者,呈现出五方杂处、行帮混杂、开放包容的文化氛围。在自贡,陕西人修建了“西秦会馆”,湖南、湖北人修建了“禹王宫”,贵州人修建了“霁云宫”,福建人修建了“天后宫”,广东人修建了“南华宫”。五湖四海的人会聚在一起,除了带来资金和技术,还让不同地域的文化在这里汇集,孕育了自贡这座移民城市独特的开放气质和冒险创新精神。

太平天国战争以及抗日战争的爆发,淮盐供给困难,迫使政府实施“川盐济楚”,使四川盐业迅猛发展,也让四川独特的盐文化得以广泛传播,所以四川的盐文化对西南周边和荆湘地区不能不说有很大影响。四川盐文化传播主体是盐帮,而在近现代史上的四川,盐帮与四川一个特殊的会党组织袍哥又有千丝万缕的联系,甚至可以说盐帮的主体也就是袍哥,因而近现代史上,四川盐文化传播的主体就是袍哥。

二、四川盐帮与袍哥

广义上的盐帮,是指在盐业生产和经销中的行业帮会组织。狭义的盐帮,则指那些贩卖私盐的走私分子。

从汉武帝开始,各朝各代实行“盐铁官营”,从盐的开采到贩卖都由官府控制,不允许私人经营。然而,由于价格高,利润厚,地区之间盐价差距大,在每个时代,都有人冒着极大的风险进行盐业走私,造成私盐泛滥。

---

① 万吉琼. 中国盐文化研究的现状与趋势[J]. 江西社会科学,2013(10):233.

② 曾凡英. 盐文化的内涵与特征[J]. 四川理工学院学报(社会科学版),2006,21(1):48.

盐帮汉朝时就兴起于江淮流域。从清康熙二十五年开始实施的“专商引岸制度”,垄断了食盐的生产与流通,封闭了井灶与食盐消费者的直接联系,导致“私盐”出现,盐枭与会党结伙贩卖私盐,组织上交叉融合,行动上互为声援。

自贡的盐帮兴起于清雍正、乾隆时期。盐业生产的分工,促进了行业帮会的产生。到民国初年,自贡盐场的盐工已按工种划分为十大行帮。这些行业帮会就是盐帮的雏形。后来,由于各种利益团体包括会党和帮会组织的参与,盐业领域的行业帮会又进一步扩展和延伸,形成了相互交叉混杂的局面。

何谓“袍哥”?《现代汉语词典》(2002年增补本)解释为“旧时西南地区各省的一种帮会的成员。也指这种帮会组织”。笔者认为:《现代汉语词典》的定义在语义上是不完整的,因为袍哥的活动范围不仅局限于西南地区,中国其他地区也有袍哥活动的痕迹,不如定义为“清朝至民国期间,以四川为主要活动区域的一种帮会组织及其成员的统称”。具体地说,就是哥老会在四川的俗称。本文所称四川袍哥,其区域包括当时的西康省和川渝两地。

为什么称这个组织或这些成员为袍哥?《诗经·秦风·无衣》中有这样一段:“岂曰无衣?与子同袍。王于兴师,修我戈矛。与子同仇!岂曰无衣?与子同泽。王于兴师,修我矛戟。与子偕作!”“袍”在古代指的是装丝棉的长衣,《后汉书·舆服志》称“长衣曰袍,下至足跗;短衣曰襦,自膝以下”。而至今还鲜活在时尚中的旗袍更进一步证明:“袍”是一种长衣。而穿上这种长衣上战场,似乎就有了非凡的意义,“金带连环束战袍,马头冲雪过临洮”“到处人皆着战袍,麾旗风紧马蹄劳。”战袍就成了牺牲和友谊的标志,所以从古到今,同一战壕里的人容易结成生死之交。后来军人以“同袍”相称,而“袍泽之谊”已是深厚友谊的代称。刘师亮对“袍哥”做解释时说:“言其同一袍色之哥弟也。”[①]异姓如同胞,见面称哥弟,取“胞”“袍”谐音之义。作为军人,为共同的目标出生入死,统一服装颜色并称兄道弟也是天经地义的,有衣同穿,有饭同食,有福同享,有难同当,倒不一定非要有血缘关系。古人多将“服”“袍”与朋友的关系连在一起,汉哀帝与董贤的“断袖之癖”,就证明了古代的友谊是与衣服的称谓有关的。作为帮会组织及其成员的袍哥,也是借助这件好看的外衣,结成了利益同盟体。

在四川,除了以“袍哥”称呼这种帮会组织及其成员之外,还有“哥老会”“哥弟会”“光棍”“袍皮闹”“汉流”“汉留”“汉刘”等种种流行的称呼。

刘师亮对以上别称做了解释。“何谓‘光棍’,一尘不染谓之光,直而不屈谓之棍。光者,明也;棍者,直也。即光明正直之谓也。试观世界上无论何种棍式,谁非直者?若稍有弯曲,不称之曰拐,便谓之曰杖,安得谓之棍哉?以棍定名,更曰光,非正直光明者不可。”此论体现了袍哥刚直不阿的方面,但似乎对袍哥有过誉之嫌。“何谓‘袍皮闹’,以袍哥称‘皮’而能闹出世界也。桃园结义,以三人同心,而成帝业;陈桥兵变,以黄袍加身之赵匡胤,亦是三人结义,而开大宋基业。以我汉留亿万人同心,未始不能造成绝大事业,所谓

① 刘师亮.汉留史[M].成都排印本.1946(民国三十五年):64.

‘袍皮闹’者本此。”此论重在说明袍哥的革命性。由于作者本人就是袍哥“巨子”，对自家人溢美是完全可以理解的。

而“汉留”，意为汉民族惨遭屠杀后的幸存者，“夫汉留者，汉族遗留也。先烈悯明室之亡，异族主国，留下革命种子，作灭清复明之计也，故名汉留”①。“汉流”，“汉人之流也，清朝以儒术牢人，恐汉族子孙被其收买，故创汉流以别之，以明我是汉人之流，非满人之流”。“汉刘”意为这个组织是汉室刘姓王朝的正统后人，明指汉朝，暗指汉族。值得注意的是，这些称谓都是在异族（清朝女真族）统治下，汉族人遭到歧视的情况下产生的。

这里有必要说明的是，很多学者都认为，袍哥就是哥老会在四川的通称。这一论点容易形成这样的印象，袍哥是哥老会在四川的分支。但就源流关系来看，王纯五的观点值得肯定：“哥老会发源于四川，流传于云南、贵州、湖北、湖南、江西、广东、广西、陕西、甘肃等省，其踪影遍布全国。从清代至民国的长时期里，哥老会曾广泛地活动于四川的城市和农村。”②由于袍哥产生之初是秘密帮会组织，其活动受到清政府极大的限制，目前尚没有可靠的资料证明其究竟产生于何时，就是陈近南在雅安开立精忠山和郭永泰在叙永开立尽忠山，也只是停留在传说之中。倒是活跃于四川边远山区的啯噜会，在历史档案中有记载。从史学角度来看，“啯噜”似乎成了有史可证袍哥的先驱，他们的活动初期大致是在清康熙、乾隆年间，比郭永泰开立尽忠山要早。钻研历史多年的洪门南华山第五代山主刘沛勋认为，清末以来的民间秘密组织大多与洪门有关。在大陆时期，洪门旗下有数百万人的社团，依分布区域的不同名称各异：在台湾和福建的是天地会，广东广西的是三合会，云南四川的是袍哥，湖南湖北的是哥老会，在江浙一带的则称为小刀会。关于“哥老会”与“袍哥”两个称谓，秦和平做出过比较明确的界定。他认为，袍哥是民间恃力型的互助团体，而哥老会是以反清复明为宗旨的秘密社会组织。③ 王纯五则认为，完全可以把袍哥理解为哥老会在四川的称谓。我们也认为，哥老会同袍哥之间没有十分明确的分野，袍哥实际上就是哥老会在四川的历史演变过程中的俗称。

自贡地区出现袍哥组织是在清代咸丰和同治年间，当时由于川盐济楚，自贡的盐业正处于快速发展时期，盐业工人数量激增。从重庆来的袍哥涂昆山在自贡开西北堂码头，建立从善会。光绪二十年，王竹溪又在大坟堡、凉高山等地区，另立仁字号码头，称为“集贤会”。辛亥革命（1911 年）后，四川袍哥组织进入迅速发展时期。各个袍哥组织都拥有各自的势力范围和管辖区域，势力遍及自贡的大小城镇和乡村，盐商和盐工中很多人同时也是袍哥。

在自贡地区，袍哥组织控制了许多市场领域，如盐业中的盐运等。袍哥组织向盐商和盐工收取各种规费来维持运作，如果有不服从者就会受到严厉的惩罚和威胁。例如，自流

① 刘师亮．汉留史[M]．成都排印本．1946（民国三十五年）：13.

② 王纯五．袍哥探秘[M]．成都：巴蜀书社，1993：1.

③ 秦和平．对清季四川社会变迁与袍哥滋生的认识[J]．社会科学研究，2001（2）：120.

井的王爷会，是釜溪河运盐橹船的行会组织。民国十五年（1926年），袍哥组织“孝义会”的舵把子（首领）、自贡地方法院的法警队长陈泽龙，看见橹船每运盐一载，王爷会就可以抽收香钱一次，于是千方百计挤进了橹船公会，充当会首，接着又用很低的价格接顶橹船。当时橹船多到3000只左右，一般船户实行挨次轮运，来维持业务的平衡，但陈泽龙的橹船，却有优先承运的特权，每年轮载次数在8次以上。而其他一般船户一年也难得轮到一次，只有被迫把船转让给他，许多真正以此为业的船户，则因此而失业。

说起盐帮，必然要说到盐道。清政府为盐业运输修建有官盐大道和盐运水道，并有官方的专门机构负责运输。但是，由于湖北、湖南食用淮盐，禁止川盐过境，清中叶以来，就有游民进入川鄂边界贩卖私盐，躲过官方的盐业稽查，于是形成了一条沟通川东鄂西的川鄂古道。加上川盐比淮盐便宜，差价巨大，为了巨大的利益不惜铤而走险。由于四川多山，食盐的运输多半依靠肩挑背扛。加上山高路远，多有强人出没，必须有专业的团队武装押运。袍哥作为恃力型的社会组织，在清朝以及民国时期，渗透到了四川各个社会阶层，有其独特的江湖地位，不但参与到盐业生产、经销的各个环节，还控制了盐路，使其成为盐帮的主体。即使是官办的专业运输机构，也必然要雇佣人员，而袍哥是当然的不二选择。

袍哥在盐道经营中形成了一个利益共同体，保证了盐道经营活动的有序运行。在盐道的经营中有三个实体，盐生产（批发）商、运盐的盐贩、盐销售商。由于袍哥垄断盐道，盐生产（批发）商、盐贩、盐销售商其实都是袍哥的人。产盐区的盐生产商是当地袍哥的实力派人物，销售商是消费地区袍哥的实力派人物，盐贩也是两地之间的袍哥成员，一个盐道链条就形成了。其实，不仅是销售环节，在与盐有关的方方面面，在“上齐红顶子，下齐讨口子”袍哥风行的近现代四川史上，盐帮与袍哥都存在着你中有我、我中有你的关系，二者在很大程度上可以说就是里子与面子合二为一的关系。

通过以上的分析，基本上可以得出这样的结论：袍哥是盐帮的主体，在盐业生产，尤其是运输和销售方面都处于垄断地位。

三、袍哥与盐文化传播

盐文化传播是指盐文化的传递。李朗、陈卓、文铭生在《略论盐文化的传播》一文中，对盐文化传播的主体、途径和策略进行了全面论述。他们认为，盐文化传播主体有专家学者、封建盐业家族的后裔以及在世的老盐工。在传播途径方面，大众传媒是盐文化传播的首要途径；现今遗存的盐业会馆、宗祠、盐商大宅等盐业建筑和生产设施、遗迹是盐文化传播的另一途径；通过与盐业相关的饮食文化传播是盐文化传播的又一途径。①

由于袍哥在盐帮中的主体地位，盐文化的传播离不开袍哥。不论是盐场，还是官盐大

① 李朗，陈卓，文铭生．略论盐文化的传播［J］．盐业史研究，2012（1）：60.

道、盐运水道，或是九拐十弯的陡峭山道，都有袍哥忙碌的身影。他们在为生计奔忙的同时，也在切切实实地传播着盐文化。与其他传播方式不同的是，袍哥是以自身的言行进行盐文化的传播，他们不用更多的思考，也不需要任何炒作，他们的呼吸之间散发出盐的气息。他们的一举一动，都是盐的化身；他们的一颦一笑，都在为盐文化代言。袍哥传播盐文化主要有以下几种方式：

一是通过口耳相传，将产盐区的商业文化气息播撒到足迹所到的地方。产盐区是投机者的天堂、冒险家的乐园，盐商的冒险精神和发财梦想，以及与他们有关的趣闻轶事都是袍哥津津乐道的话题。袍哥足迹所至的地方，都是故事流传的地方，也是梦想生根发芽的地方。

二是通过重口味的盐帮菜将产盐区居民的饮食文化和生活习俗传播到四面八方，也让其他地方的民众认识盐文化、喜欢盐文化。

三是通过各种节庆文化和袍哥组织的参与，将袍哥文化与盐文化有机结合，诠释袍哥的信仰和价值观念，让袍哥文化与盐文化变得有滋有味。

四是通过盐业建筑将盐文化载刻入历史深处。古盐道旁边的码头、戏台、盐仓、盐神庙，大多是盐帮大亨们所修建，而这些盐帮大亨又基本上都是当地的大袍哥。可以说是袍哥带去的珍贵盐文化，让这些盐味十足的古建筑见证了历史的沧桑，也留下了袍哥参与近现代四川政治、经济和社会文化的印迹，反映了那个时代的特殊社会环境，值得我们用历史学、社会学和哲学思维的方法进一步解析和挖掘。

［**参考文献**］

[1]万吉琼．中国盐文化研究的现状与趋势[J]．江西社会科学，2013(10)．

[2]曾凡英．盐文化的内涵与特征[J]．四川理工学院学报(社会科学版)，2006，21(1)．

[3]鲁子健．清代四川的盐榷和盐枭[J]．盐业史研究，1986(1)．

[4]刘师亮．汉留史[M]．成都排印本．1946(民国三十五年)．

[5]李耘夫．汉留全史[M]．成都：星星书报杂志社．1938(民国二十七年)．

[6]王纯五．袍哥探秘[M]．成都：巴蜀书社，1993．

[7]秦和平．对清季四川社会变迁与袍哥滋生的认识[J]．社会科学研究，2001(2)．

[8]罗筱元，等．自贡地方的哥老会[G]//政协四川省自贡市委员会文史委员会．自贡文史资料选辑．自贡：文史资料研究委员会，1981(12)．

[9]苏铁生．富顺哥老会史略[G]//政协四川省富顺县委员会文史委员会．富顺文史资料选辑．富顺：文史资料研究委员会，1991(5)．

[10]涂南平．“百年巴盐古道”之三——特殊的盐帮[EB/OL]．恩施新闻网，2008－09－18．

[11]李朗，陈卓，文铭生．略论盐文化的传播[J]．盐业史研究，2012(1)．

粤东客家挑盐客与盐业文化传承研究

周琍① 龚丹丹②

由于粤盐外输,在粤东地区产生了大量以挑盐为职业的挑盐工,部分挑盐工还是由客家妇女担任。他们在盐业运输过程中创造了许多脍炙人口的盐业山歌流传于世,除此之外,盐业古道的形成与盐烹文化的传播都与其有着千丝万缕的关系,他们为粤盐文化的传播做出了贡献。

一、粤东客家挑盐客概况

粤东客家地区指的是广东梅州、兴宁、蕉岭、大埔、丰顺等地。粤东挑盐客的产生与发展归结于商道的开辟。众所周知,自唐朝张九龄首开大庾岭商道以来,赣南在南北交通及经济文化交流中的重要地位日益突出。其处于沟通南北交通的大庾岭的北端,是岭南与北方进行物资交流和人员往来的重要通道,岭南钱粮、香药的上供,都是由大庾岭商道进入南安军、虔州,然后通过赣江、长江、大运河,最后输送至都城。当时赣、粤间产品交换中最重要和最大宗的物质,莫过于广盐。③ 根据文献与现有研究成果可知,至少在北宋初,赣民利用秋、冬田事间歇期“资盐于广”已经成为习惯和传统,南宋后期甚至一度出现“岁秒空聚落”和“动以千百为群”,结伙相伴往返赣、广间贩盐的盛况。这些庞大的盐子群商,逐步在赣、粤、闽间开创出以赣南为中心的两条主要的私盐运输路线:一是赣州、汀州与循州、梅州交界处,转运惠州盐、潮州盐;二是南安军与南雄州交界处,即通过大庾岭商道转运经南雄州陆运的广州盐。于是以挑担运输食盐为职业的挑盐客应运而生,他们活动于赣南、粤东地区的交通要道上。

粤东挑盐客的身份多种多样,按照工作时间划分可分为:长期挑盐客和兼职挑盐客;按照工作性质划分可分为:挑担工和小盐商;按照性别划分可分为:挑盐工和挑盐妇。“女劳男逸”的客家社会,造就了客家妇女勤劳、坚韧的性格。粤东客家挑盐妇本身就是居住

---

① 周琍(1974—),女,江西萍乡人,赣南师范学院历史文化与旅游学院教授,历史学博士,主要研究方向为区域社会经济史。

② 龚丹丹(1989—),女,湖北黄石人,赣南师范学院历史文化与旅游学院2012级专门史研究生,主要研究方向为客家与中国文化。

③ 郭秋兰. 宋代赣南盐子狱的地域社会背景分析[J]. 历史文献研究,2006(30):94-101.

在粤东地区，长期往返于赣南与粤东，充当运盐运粮工作的挑工。她们多为已婚妇人，家境较贫或男性出外务工，家中需要经济来源。

挑盐客的工作并非人人都能胜任，因此只有具备了一定的素质与要求才能担当这项任务。相较而言，女性挑盐客显得更加不易：第一，要有过人的胆识和吃苦耐劳的精神。①赣闽粤边区盗贼较多，往往要有过人胆量应对突如其来的事件。“两广素称多盗，兵戈不息，供馈实繁，其饷用之资，类取给于盐利之税，皆榷纳于桥关。”[①]“粤东负海滨，山盗会诸匪，甲于他省，公用以缉匪为大宗。”[②]②过重的货物是挑盐客所面临的问题，客家山歌就提到过：“见妹扁担百二三，阿哥心头着下惊。心想同你伐多少，又见人多唔敢声。”[③]③恶劣的自然环境和复杂的社会环境都是其必须面对的。第二，较为紧密的联系网。粤盐赣销，赣粮粤卖需要其有紧密的联系网，才能够获得当地相关的售卖信息，从而获得更好的报酬。第三，熟悉当地文化。例如赣南地区的语言，在挑运过程中需要逐步掌握所途经地区的语言与风土人情。

客家挑盐工的工作，从时间上看，一般都是十五天左右，前后参加有上千人。他们成群结队地一起将食盐运送至赣南。挑盐工的收入来源主要为：第一，雇主支付。《兴宁县志》记载：“自乐昌运至田头水脚银五钱二分。”[④]“平远县，本县食盐自广济桥过关，载至三河，在县贸易者，雇民船载至坝头，另募夫挑运发卖其坐派解京盐钞银，除拨镇平外，三十五两九钱两分六□零。丑□原系潮府广济桥盐利代纳千，天启二年□屈奉。”[⑤]粤东地区的县志均有相关脚夫、挑担工工钱的记载。第二，粤盐入赣。“兴宁向食潮州广济桥盐饷无定额，康熙三十三年桥商按县泒引，始定兴宁额引三万一千九百九十五道零，饷银一万一千二百七十七两零，时江西负贩肩挑者多集兴宁桥商，见兴宁能销盐，遂执成说以定额盐课，遂浮于正供矣。”[⑥]“南乡人和埠□废县民仍旧自赴广东乐昌县西河埠贩肩运回便民卖食。”[⑦]第三，赣粮入粤。如《雍正朱批谕旨》记载：“南、赣二府……向有潮州及附近汀、翰各府人们挑负米谷豆赴平远（嘉应州北部）易盐过岭，在各乡分卖。”[⑧]粤东挑盐客的经济收入来源主要是雇主支付、贩卖食盐以及带粮入粤。

---

① 吴桂芳．议复衡永行盐地方疏［M］//（清）席裕福，沈师徐．皇朝正典类纂（卷76）//沈云龙．近代中国史料丛刊．台北：文海出版社，1966.

② 小横香室主人，编．道光朝州县陋规之纷议［M］//清朝野史大观·清朝艺苑（卷4）．上海：上海书店，1981.

③ 黄火兴．梅水风光［M］．梅州：广东嘉应音像出版社，2005：63.

④ （清）郭树馨，刘锡九，等．兴宁县志［M］．刊本．1875（光绪元年）：606.

⑤ 故宫博物院．广东府州县志——（乾隆）嘉应州志［M］//1750（乾隆十五年）刻本．故宫珍本丛刊（174册）．海口：海南出版社，2001：471.

⑥ 故宫博物院．广东府州县志——（乾隆）嘉应州志［M］//1750（乾隆十五年）刻本．故宫珍本丛刊（174册）．海口：海南出版社，2001：392.

⑦ （清）郭树馨，刘锡九，等．兴宁县志［M］．刊本．1875（光绪元年）：602.

⑧ 《雍正朱批谕旨》，雍正四年七月二十四日，何天培奏，中国第一历史档案馆馆藏。

二、粤东客家挑盐客与粤盐业文化传承

赣粤盐粮的流通,不仅为赣南地区供给食盐,也促成了赣闽粤经济区的形成。同时,粤东挑盐客的大量存在也为粤盐业文化的传承做出了突出的贡献,主要表现在:

1. 盐业山歌与故事的流传

客家人爱唱山歌,粤东客家挑盐客很好地发扬了这一传统。在运输粤盐的过程中,也积极展示其卓越的歌唱才华,留下了许多流传广泛的关于挑盐人生活的山歌,传承了盐业文化。例如上文所提及的"见妹扁担百二三,阿哥心头着下惊。心想同你伐多少,又见人多唔敢声。山歌又好声又靓,画眉难比妹歌声。上岗过坳唱一首,百斤担子也嫌轻"①。"一条担竿肉软软,对面来个涯心肝。身上衣衫涯做个,纽扣系涯亲手安。"②另外,黄火兴编著《梅水风光》记载:

旧时,梅县某地有个女山歌手,很会打情打景唱山歌。1943年闹饥荒,为生活所迫为盐商老板挑盐担上江西。此歌手人性温驯,且有几分姿色,但为人慎重,故虽然善歌而不随意出口。盐商老板闻说她是一个歌手,但从来没有听她唱过一首山歌,有意试试。有一天歇宿至江西筠门岭某旅店,盐商老板知道这个歌手正在这里,便过来相访,请她唱条山歌听听。她想了好久才笑道:"老板,我若唱出一条山歌来,你有何打赏?"老板道:"你若能打情打景,唱一首山歌,脚钱加一倍!"歌手道:"好! 要说话算数!"老板道:"我们都是乡亲,难道还不讲信义么?"于是,歌手随口唱道:"老板讲话也内行,知得盐担几斤两。知得脚子几辛苦,唱条山歌有打帮。"老板一听,眉开眼笑,便道:"做得,确实名不虚传! 请你再唱一首,要说明挑盐担的苦处。"女歌手随口道:"好!"一首山歌又唱出来:"讲着凄凉涯最凄凉,担竿络索准眠床。人人问涯样般睡,牙牙呲呲到天光!"大家一听都拍手叫好。老板也不敢食言,结果以两倍工钱算给了她。③

粤东地区盐业山歌记录了客家挑盐客的真实生活,在丰富了客家挑盐客日常生活的同时,也使得一大批盐业纪实的资料流传于世,丰富了粤东盐业文化。④ 在挑盐工的队伍之中,不乏客家妇女的身影。在"女劳男逸"的客家社会里,挑盐妇承担起了养家糊口的重任。"挑担阿妹苦难言,一步唔得一步前。挑得重来挑唔起,挑得轻来又没钱。"一首在客家地区广为流传的山歌唱出了客家挑盐妇的心声。近年来,大量的客家山歌作品皆以客家挑盐客为题材,讲述其辛苦工作的事实。他们为盐业的运输以及粤盐文化的传承做

① 黄火兴. 梅水风光[M]. 梅州:广东嘉应音像出版社,2005:63.

② 黄火兴. 梅水风光[M]. 梅州:广东嘉应音像出版社,2005:63.

③ 黄火兴. 梅水风光·客家山歌故事[M]. 梅州:广东嘉应音像出版社,2005:400-401.

④ (清)郭树馨,刘锡九,等. 兴宁县志[M]. 刊本. 1875(光绪元年):1397.

出了很大的贡献。

除此之外，还有很多歌谣作品也传承着盐业文化，如粤东明代人江振沛①身为东莞沙井人（现在深圳宝安福永镇沙井村），有感于盐丁的苦难生活，创作了《鹾海谣歌》②：

遐陬赤子难衣食，砍山煮海劳筋力。煎熬辛苦无奈何，彼思出作而入息。
场户逃亡取赎偿，县当里甲纳秋粮。饥寒切骨谁怜悯，憔悴一身当县场。
夫妻劳勚生息少，刑枯精耗多殇夭。聚领唯拘足额求，催科政巧多流殍。
岂知水接东西江，则壤国初赋有常。一丁岁办二小引，户有三丁共贴帮。
条科罪犯煎盐律，役满宁家应计日。盐丁生本是平民，终日煎办无优恤。
县籍秋粮科灶田，场单据亩又税盐。灶盐两税丁重役，例免徭差杂泛编。
困穷救死常不赡，重敛横差欺莫办。累朝恩例付空言，吏掾为奸遂成渐。
逼迫纷更损大和，忽惊地底出双鹅。奸雄相率偷生计，岁岁潢池频弄戈。
廉明赖有东湖老，援拯深恩同再造。类编恩例恤盐丁，玩法群奸尽除扫。
天假临场鲜待御，痛察盐丁发深虑。奏将盐引减价银，焦枯重喜逢甘雨。
余生复逢林宪佥，职司盐法重垂怜。抒忠再为医民瘼，奏疏详明达席前。
聪明览奏应矜惕，轸念舆情生感激。钦承真切转鹾司，务令残喘除心匿。
奈何行法遇非人，自叹盐丁生不辰。户口伪增为足额，混差民灶不相分。
重磨叠害因消索，悍差催盐如虎恶。冻雀何心恋纥干，愤飞都向生处乐。
逃移接踵嗟时变，势若千钧悬一线。比邻无复报晨鸡，荒林每见巢春燕。
严霜凛烈转阳春，玉烛春台郑父心。洞照闾阎回死力，讴歌从此遏呻吟。
肺肝铭缕思公德，入觐枫宸应指日。心悬烛影逐双旌，口碑咸海千秋勒。
愿公报政早迁乔，薇垣亟返使星轺。甘霖大沛苏群槁，试采重生赤字谣。

此外，一些诗词作品也记载了灶户的艰苦生活，如：

煎盐苦，煎盐苦，煎盐日日遇阴雨。爬碱打草向锅烧，点散无成孤积卤。旧时叔伯十余家，今日逃亡三四五。

晒盐苦，晒盐苦，皮毛落尽空遗股。晒盐只望济吾贫，谁知抽筭无虚土！年年医得他人疮，心头肉尽应无补。公婆枵腹缺常餐，儿女全身无全缕。场役沿例不复怜，世间谁念盐丁苦？

盐丁苦，盐丁苦，盐丁苦事应难数。豪商得课醉且歌，总催得钱歌且舞。盐丁苦状类

---

① 生平不详，文献记载中尚未找到更为翔实的资料。夕阳斜照井蚝田[N/OL]．晶报，2003－09－28，http://paper.sznews.com/jb/20030928/ca558491.htm.

② （明）江振沛．鹾海谣歌[M]//艺文志//张一兵，校点．深圳旧志三种：天顺东莞旧志 康熙新安县志 嘉庆新安县志//深圳珍贵史料丛刊．深圳：海天出版社，2006.

圈羊,群恶宣骄猛如虎。何时天悯涸辙鱼,清波一挽沧溟溥!①

灶户生活如此悲惨,所以当时灶户逃亡的现象就如同军户逃亡一样,成为必然的趋势。灶民难以生存,在逃亡的过程中铤而走险被逼为盗的困苦情形,又再次出现了。②

2. 盐业古道的形成

(1)客家女的盐业古道——玉水古村道。玉水古村位于梅县城东镇梅城东北部。客家挑盐客的运盐队伍多途经此地。据史料记载,明末至民国数百年来,粤东客家地区盐丰粮缺,江西多粮少盐,粤赣两地商人纷纷前往产地贩运盐粮。由于彼时粤赣两地交通不便,大山横亘,水路不通,两省通商多走山路,货物由劳力肩挑肩负,挑盐大军悄然涌现。粤赣两地客家人,用自己的脚步和肩膀,挥洒着汗水,开辟了这段近200公里长的盐粮贸易古道。这段粤赣盐商古道的起点在潮汕地区,当地海盐走水路逆韩江而上,运至大埔三河坝后转从梅江而上,至梅县东山码头后,改为陆路由挑夫肩挑北上,从玉水村经梅县大坪、平远石正进入江西流车、寻乌,至江西筠门岭后进会昌县城终点,全程约230公里。挑担人的艰辛换来了"粤盐赣销,赣粮粤卖"的现象,从而催生了粤赣盐商古道。

在客家地区,流传着这样一首山歌:"挑担阿妹苦难言,一步唔得一步前。挑得重来挑唔起,挑得轻来又没钱。"这首山歌透露了另一史实——盐商古道上挑担者大多为客家妇女。当时客家地区教育普及较好,男性多为读书人,少从事体力劳动;另外,梅州是侨乡,当时男性多结伴到南洋打工,只有妇女和老幼在家,为了维持生计,客家妇女就选择了挑盐这个副业。她们一般从梅州各地盐仓每人挑盐100斤左右,二三十人结伴而行,风雨无阻,沿着崎岖曲折的山道往江西方向慢慢前进,每天走30公里至40公里。为了安全,她们一般天亮便出发,下午4时便找沿途驿站歇息。彼时,挑盐成了许多客家人最大的副业,亦是一个家庭重要的收入来源。由于货币交易不发达,挑担者很少领工钱,大部分妇女选择要米。据史料记载,抗战时期,梅县还活跃着一支妇女挑担大军。因日寇的严密封锁,粤赣及西南诸省的食盐,曾一度依赖闽南沿海供给,内销的千百万斤盐大部分依靠粤赣边区客家妇女人力运输。从闽粤交界的诏安、黄冈、饶平、高陂,沿韩江、梅江而上,再经盐商古道进入江西,每天有成千上万的妇女,成群地搬运盐,一担一担越过高山峻岭,一站一站地接过去。由于客家挑盐客队伍的不断扩大,古盐道上的"盐"文化也逐渐变得浓厚,建立了许多驿站与盐业当铺。

1949年之后,伴随着交通逐渐完善,挑盐逐渐淡出人们的视野。走的人少了,路也就慢慢消失了。曾经深深印着客家妇女脚印的小道,被苔藓覆盖,渐渐沉睡。近年来,这段沉睡了几十年的盐商古道开始苏醒。在古村落保护和开发声高涨的今天,与其他地区的

① (明)曼叟. 盐丁叹[M]//艺文志//张一兵,校点. 深圳旧志三种:天顺东莞旧志 康熙新安县志 嘉庆新安县志//深圳珍贵史料丛刊. 深圳:海天出版社,2006.

② (清)阮元,修. 盐法[M]//经政略//广东通志(卷一百六十五). 上海:上海古籍出版社,1995:3002. 引《明文海》讲述了盐民生存无计,或为盗,或生活困苦不堪情形。

很多古村落一样，玉水古村逐渐崭露生机，先后获得广东“古村落”和“中国传统村落”的称号。2009 年 5 月，玉水村进行旅游开发规划，打造客家古村观光休闲文化旅游区和客家乡村生态休闲旅游区。对于生活在现代的人而言，这段蕴藏着粤赣生命线，融客家人亲情血泪史的盐商古道，变成了对先辈的纪念，也是对未来生活的一种警醒，因而焕发出独特的魅力。①

（2）大庾岭商路——梅关古道。在江西和广东交界的崇山峻岭之中，蜿蜒着一条古道，鹅卵青石铺路，两旁或灌木野花突兀，或林荫夹道掩映，古朴而陆离，沧桑而厚重，这就是曾经在历史上起过重要作用的大庾岭商路，今人称为“梅关古道”。

大庾岭，位于粤赣边界，距江西赣州府大庾县城 12 公里，距广东南雄县城 30 公里，自唐代张九龄开凿以来，到五口通商前，一直是中原与广东乃至海外商贸的两条主要商路之一（另一条是湖南的南丰岭商路）。“元明清三代，纵贯中国南北的大道，无过于此。”万历二十三年（1595 年），意大利传教士利玛窦，由广东进入江西旅行时，曾经这样描述过大庾岭商路的盛况：“翻山的道路也许是全国最有名的山路”，“许多省份的大量商货抵达这里，越山南运；同样地，也从另一侧越过山岭，运往相反的方向……”清人认为闽粤交往有三条大的通道：“省之南顾，则赣州为一省咽喉，而独当闽粤之冲，其出入之路有三：由惠州南雄者，则以南安大庾岭为出入；由潮州者，则以会昌筠门岭为出入；由福建汀州者，则以瑞金隘口为出入。”史载“雍正五年丁未，潮州米贵，每日千余人在筠门岭及周田墟搬运，本邑米复大贵”，“乾隆六十年乙卯四月间闽广搬运，米价腾昂，每升六十文”。地方官因此把米贵归之于“接壤闽粤两省，运去米谷甚多，以致本地米缺价贵”。赣南则从广东运进食盐，清代赣南大部分时间食广盐，据文献记载，至少在北宋初，庞大的私盐商贩逐步在赣、粤、闽间开创出以赣南为中心的两条主要的私盐运输路线：一是赣州、汀州与循州、梅州交界处，转运惠州盐、潮州盐；二是南安军与南雄州交界处，即通过大庾岭商道转运经南雄州陆运的广州盐。

南宋以后，中国商品经济活跃，作为南北物质交流重要通道的梅岭，开始出现更多商人的身影。明人形容梅岭商道的繁华景象说：“商贾如云，货物如雨，万足践履，冬无寒土。”万历年间，著名的传教士利玛窦越过大庾岭时，亲睹梅岭繁忙景象，记述说：“旅客骑马或者乘轿越岭，商货则用驮兽或挑夫运送，他们好像是不计其数，队伍每天不绝于途。”众多的商旅为大庾岭两边的大余县和南雄县提供了巨大的就业机会。可以肯定，大余和南雄至少从明代，甚至更早就有一支训练有素的“路夫”“担夫”队伍，他们负责为过往商旅提供运输服务，吃苦耐劳，数量庞大，有近十万之众。明代两边的路夫为了争夺生意，经常械斗，“杀伤狼藉”；后来南安和南雄知府商议在距南雄 35 公里处设立关口，双方货物在

① 汤凯锋，染文悦．客家女的盐商古道：期待唤醒[N/OL]．南方日报，2014 - 02 - 20，http://epaper.nfdaily.cn/html/2014 - 02/20/content_7274265.htm.

此地“博换”,也就是相互交换,各取所酬,并刻石定制,从此双方相安无事。

清政府实行闭关锁国政策,乾隆二十二年(1757年),规定广州“一口通商”,外国商船只能至广州港停泊交易,梅岭更为重要,商业更为繁荣。梅岭古道一路店铺林立,据说下雨天不带伞,可走几公里而身上不会淋湿。梅岭古道已完全是一条繁华的商道。如今的梅岭,尽管没有了两边络绎不绝的店铺和房舍,也没有了来来往往的商旅,但是天高岭峭,点缀着夫人庙、六祖寺、望梅亭等古迹,让人发思古之幽情。梅花尽开,古道幽深,成了游客向往的旅游胜地,也一直见证着盐业古道的悠久历史。

3. 盐烹文化的传播

随着粤东盐业的发展,对盐烹文化的传播也起了一定作用。在原始社会,随着石器、陶器和铜器等烹制工具的相继出现和使用,原始烹饪方式不断优化,特别是“煮海为盐”的出现和酿酒术发明后,原始烹饪迈入了烹调发展时期。夏商周时期,中原乃至中国饮食文化进入初步形成时期。烹饪的基本套路和基本章法也开始形成。这一时期的粮食作物主要有所谓“五谷”(稷、黍、麦、稻、菽)和粟等;调味品主要有所谓“五味”(盐、米酒、米醋、饴糖、姜)和椒(花椒)等。客家人烹制菜肴,除了善用其他菜系常用的水烹、油烹、汽烹、火烹外,还精于古老的石烹,并首创了盐烹。东江盐焗鸡就是采用盐烹的一道客家名菜。

烹制盐焗鸡兴起于粤东客家地区,与赣闽粤边区食盐流通有直接关系。南宋以前,闽西、赣南人的食盐,都由福州、漳州陆运而来,号称“福盐”。运盐山道漫长崎岖,运盐人肩挑手提,费时费力,食盐价格自然昂贵。这一状况引起了一位关切民生的长汀知县、著名法医学家宋慈(1186—1249)的高度关注。他亲自走访民间,开展市场调研,发现广东潮州海盐丰富,而从潮州溯韩江、汀江水路运食盐来内地出售,其销售成本将大大降低,销售价格自然要便宜很多。于是,宋慈以知县名义呈请改运福盐为潮盐,并开辟了一条从潮州经韩江至梅州,再由梅州经汀江至汀州,由汀州至赣州的新盐道。此道一开,赣闽粤客家地区盐业勃兴,盐道沿途“盐馆”林立,特别是东江地区,因盐业经济发达而带动其他商品贸易也日趋繁荣。东江客家人就是在这样一种大的历史背景下发明了盐焗鸡这道名菜的。

正宗东江盐焗鸡采用东江地区特产“土项鸡”(又称三黄鸡)为原料。所谓项鸡,指的是下过蛋的母鸡。将项鸡杀好、洗净后,在鸡身内外擦遍盐和酒,稍作晾干,再用荷叶或香蕉叶包好,外裹一层毛边纸;然后将适量的盐炒热至暗红色,把包好的鸡埋至盐中,盖紧锅盖,用微火使锅内的盐保持一定的温度焗鸡。焗鸡时间视盐的多少和灶火的大小而定,因此,盐焗鸡的火候掌握甚为关键。火候不到开包,需要再焗;火候过头,肉质老化,其风味自然逊色许多。有经验的师傅往往凭感觉就能一次开包成功。恰到好处的盐焗鸡皮脆肉嫩,风味独特。

关注客家饮食文化的一位日本学者曾于1979年在广州拜访了全市唯一的客家菜馆——东江饭店。据来自东江地区兴宁县的该饭店主人介绍,饭店开办于1946年,原名为宁昌饭店,因长期坚持经营东江客家特色菜而享誉广州市,后来干脆改名为东江饭店。

30 多年来，饭店烹制的菜肴能代表东江客家菜的特色和制作水平。其中，为顾客普遍认可和称道的有十道名菜：盐焗鸡、梅菜扣肉、酿豆腐、八宝福全鸭、上汤牛丸、炸肉卷、糟汁咸菜、东江园蹄、七彩什锦煲、红烧海参。同年，该日本学者到梅县实地调研，抄录民间宴席菜单，名列榜首的也是东江盐焗鸡。[①] 可见盐焗鸡在东江客家地区的名菜地位，它也见证着粤东盐业流通的历史。

［**参考文献**］

[1]周琍．清代广东盐业与地方社会[M]．北京：中国社会科学出版社，2008.

[2]黄火兴．梅水风光[M]．梅州：广东嘉应音像出版社，2005.

[3]黎章春．客家味道——客家饮食文化研究[M]．哈尔滨：黑龙江人民出版社，2008.

[4]郭秋兰．宋代赣南盐子狱的地域社会背景分析[J]．历史文献研究，2006(30)：94－101.

[5]周琍，周建新．水客与客家侨乡社会变迁[J]．中南民族大学学报(人文社会科学版)，2009(24)：177－180.

[6]周琍．明清赣闽粤边盐商的盐业经营研究[C]//客家商人与企业家的责任研究．广州：华南理工大学出版社，2012：135－149.

[7]周琍．明清时期闽粤赣边区的"盐粮流通"[J]．盐业史研究，2006(3)：33－39.

[8]吴桂芳．议复衡永行盐地方疏[M]//(清)席裕福，沈师徐．皇朝正典类纂(卷76)//沈云龙．近代中国史料丛刊．台北：文海出版社，1966.

[9]小横香室主人，编．道光朝州县陋规之纷议[M]//清朝野史大观·清朝艺苑(卷4)．上海：上海书店，1981.

[10]故宫博物院．广东府州县志——(乾隆)嘉应州志[M]//1750(乾隆十五年)刻本．故宫珍本丛刊(174册)．海口：海南出版社，2001.

[11](清)郭树馨，刘锡九，等．兴宁县志[M]．刊本．1875(光绪元年).

[12]何天培．雍正朱批谕旨(雍正四年七月二十四日)[M]//中国第一历史档案馆馆藏.

[13](清)阮元，修．转运八[M]//刊本．伍长华，等，纂．(道光)两广盐法志(卷21)．1836(道光十六年).

① (日)周达生．客家的食文化[M]//吴泽，主编．客家学研究(第2辑)．刘丽川，译．上海：上海人民出版社，1990.

社会恐慌中的“抢盐事件”及其危机传播策略研究[①]

付斌[②]

2011年3月11日,北京时间下午1时46分,日本东北部海域发生里氏9.0级特大地震并引发海啸,造成了约15800人死亡,2500人失踪(截至2014年3月10日)。2011年3月12日,日本东京电力公司确认,在大地震中受损的福岛第一核电站1号机组发生爆炸,核物质泄漏。2011年3月16日,我国浙江省几个主要城市开始出现抢购碘盐风潮,进而迅速波及江苏、广东、北京、辽宁、山东、河北、四川、河南等多个省市,造成了零售市场“一盐难求”,食盐价格飞速上涨的异常现象。现象背后是一条“吃碘盐可以防辐射”的谣言在作怪,它所引发的“抢盐事件”涉及个人和社会的诸多方面原因,需要我们从谣言本身入手,分析它形成的基本要素,进而对社会恐慌中的“抢盐事件”及其危机传播策略有着更为清晰的认识。

一、“抢盐事件”回顾:一场谣言引发的抢购闹剧

2011年3月15日上午10时许,杭州市某数码市场的一位网名叫“渔翁”的员工,在自己的电脑上发布了一段53个字的“消息”,并将其转发到几个QQ群上。该“消息”称:“据有价值信息,日本核电站爆炸对山东海域有影响,并不断地污染,请转告周边的家人朋友储备些盐、海带,暂一年内不要吃海产品。”很快,这条“消息”被大量转发。2011年3月16日,浙江杭州、宁波、温州、绍兴、台州等地开始出现大面积抢购碘盐现象,并迅速向周边省市蔓延。3月17日,“抢盐风潮”扩散至全国大部分地区,据中国人民大学舆情监测研究基地数据表明,此次“抢盐事件”除西藏、青海等地未受影响外,其余各省均受到不同程度的影响,其舆情指数为94.2分(舆情指数最高值为100分)。2011年3月17日下午,国家发改委、工信部等部委发文辟谣,各省市紧急调配食盐稳定市场。3月18日,随着食盐的及时补给,各级新闻媒体的大力宣传,波及全国多个城市的“抢盐事件”得以平息。

从3月15日到18日,仅仅4天时间,一个“吃碘盐可以防辐射”的谣言产生了巨大的

① 基金项目:四川省哲学社会科学重点研究基地、四川省教育厅人文社科重点研究基地——四川理工学院中国盐文化研究中心资助项目(YWHY13-09)之阶段性成果。

② 付斌(1985—),男,成都理工大学传播科学与艺术学院教师,硕士研究生,主要研究方向为传播学。

社会影响，它与之后出现的“抢天然气事件”一样，造成了社会恐慌，破坏了正常的市场秩序。据国家商务部数据统计，我国盐的产能达到8000多万吨，而食盐的年销售量仅为800多万吨。如此明显的数据差异足以反映出我国充足的食盐储备。那么，从本质上讲，谣言是如何产生的呢？美国学者奥尔波特在其《谣言心理学》一书中指出，谣言(R = Rumor)的产生取决于谣言所涉事件的重要性(I = Importance)和人们对该事件认知的模糊程度(A = Ambiguity)，其公式为 $R = I \times A$。在“抢盐事件”中，无论是“吃碘盐可以防辐射”的谣言，还是因抢购而引发的食盐紧缺恐慌，都关乎人们的日常生活，其重要性不言而喻。另一方面，人们对食盐、食盐储备，核辐射、核辐射防治问题知之甚少，加之少数商贩伺机抬高食盐价格，部分游资幕后推动，造成“抢盐事件”在短期内急剧恶化。

二、形成“抢盐事件”的社会因素和个人因素

“抢盐事件”的形成主要归咎于社会和个人两方面因素。在个人因素中，我们主要关注人们的“抢盐”心态：

1. 饥饿心态

中国老百姓的饥饿心态由来已久。从见面问“吃了没”，工作论是否“吃香”，到关心友人说“你那口饭不好吃吧”，“吃”永远是我们无法回避的话题，它关乎人们的温饱、健康和幸福指数。对于“吃”的话题，人们往往有着极为强烈的敏感性。于是，人们吃出了肥胖，吃出了负担，吃出了病。试想，国际公认的健康人日食盐摄入量是5g，我国东北人因为口味重也不过18～19g。当你像“抢盐帝”一样购买6500kg食盐，即使每天食用20g，也得吃325000天，也就是近891年。显然，个人食用如此大量的食盐是不可能的。那么，如果是用于囤积销售呢？2007年，无食盐专营许可证的陈某和徐某先后雇用4个小工，在成都市龙泉驿区一出租房内非法生产食盐，并冒充四川省盐业总公司成都分公司“川晶”牌加碘盐对外销售。2012年，包括陈、徐二人在内的8人因违反国家盐业管理规定，非法生产、销售食盐，情节严重，构成非法经营罪，分别被判处七个月到一年不等的有期徒刑。个人食用吃不了，用于销售又违规违法，那为什么还有这么多人去抢购食盐呢？其实，这反映了人们的几种病态的心理：其一，做事只顾眼前，不管将来；其二，为人处世功利心强，乐于争抢；其三，无视社会规则，爱走捷径，喜为人先，恐为人后。

2. 从众心理

从众是“在客观或心理上模糊的情境中，人们自觉不自觉地以他人确定行为、做出与他人一致的行为或行为反应倾向”，最早源自美国心理学家谢里夫(Sherif M.，1935)所做的“游动效应”实验研究和后来阿希(Asch，1951)关于这一行为的经典性研究。在“抢盐事件”中，民众主要持两种典型的从众心理：第一，“大家都在抢购，肯定有原因”；第二，“别人都在抢，我只有抢，才不吃亏”。其实，正如前文所说，即便是抢购到大量的食盐，对

普通老百姓来说,也是无意义的。人们之所以有这样的心理,主要有两点原因:一是缺乏安全感;二是对“吃碘盐可以防辐射”的大信息熵。

3. 惊恐心理

惊恐是人类负面情绪中的一种,是人们遇到危险或可能遇到危险时持有的一种消极心态。惊恐的出现主要来自内心深处的虚弱和求助心理。通常来讲,具备理性思维的人不易受到惊恐情绪的影响,反而是那些感性、依靠心理强的人容易产生恐惧。在“抢盐事件”中,“抢盐”的主力军是年龄40岁以上的女性。这样的群体符合易出现惊恐情绪人群的特征:一是感性思维占主导;二是依靠心理强;三是生理上的弱势。

4. 第三人效应

“第三人效应”也叫作“第三人效果”,是哥伦比亚大学戴维森教授在《传播中第三人效应的作用》中提出的,主要是指受众倾向于认为大众传播媒介中的信息对他人的影响要比自己大。在“抢盐事件”中,人们最初认为“吃碘盐可以防辐射”这一信息对自己的影响不大,但出于对自身安全和利益的考虑,会主动去求证信息的真实性,进而被“核泄漏致海水污染”“海盐不能食用”“井矿盐紧缺”等一系列连环虚假信息误导。

虚假信息之所以能成功地“忽悠”受众,很大程度上是因为受众自身的心理因素。然而,心理因素并非是抢购食盐的唯一诱因,外界影响即社会因素的作用在“抢盐事件”中也十分明显。

(1)政府公信力建设。政府公信力建设是一项长期而又艰巨的任务,需要政府相关部门秉承“群众思想”,科学制定政策,有效贯彻落实。在“抢盐事件”中,国家发改委、工信部等部委接连发文辟谣,有效地遏制了谣言的扩散。但一项关于“为什么会出现抢盐现象”的网络调查表明,25%的受访对象表示对政府相关部门没有信心。这种信心的缺失主要源自三个方面:第一,有的信息不透明。所谓“大喇叭不响,小喇叭就会响”,涉及群众切身利益的信息如果不及时公布,就会造成谣言的肆意传播。第二,个别专家的不科学论断。在历史上的一些重大事件中,个别专家并没有起到安抚民心的作用,反而是做出了一些极不科学的论断。记得在汶川地震之后,某位专家称几百年之内不会再有破坏性地震,然而,过了不到两年,玉树地震发生了。第三,极少数政府工作人员的不当言论。从“用水煮红豆解释红色井水”的环保局局长,到“信不信由你,反正我是信了”的新闻发言人……这些代表政府传达信息的公职人员并没有正确地履行自己的职责。套用一句网络流行语可以对这类人群做出评价:“你在这儿妄言,组织上知道吗?”

(2)主流媒体声音的滞后。近年来,新媒体发展迅猛,传播者和受传者的角色早已不再固化,传统主流媒体迎来了前所未有的挑战。在“抢盐风潮”中,即时通信工具QQ起到了关键性作用,引发了多个平台的谣言扩散,进而由单纯的大众传播转向多种传播类型并存的态势。此时的传统主流媒体在等待,直至大规模“抢盐”现象出现,主流媒体开始辟谣。

这样的“辟谣”确实能起到一定的作用，事实证明，“抢盐事件”最终也得到了平息。然而，“抢盐”对市场秩序的干扰，对社会稳定的影响却难以挽回。因此，我们倡导一种“前瞻性的危机传播策略”，力图将谣言扼杀在摇篮之中。

三、前瞻性的危机传播策略

在“抢盐事件”中，3 月 17 日是一个拐点，类似于倒 U 形曲线的波峰，如果在此时采取适当的传播策略，谣言将很快得到遏制，正面信息也将处于压倒性的优势地位。然而，实际情况却不容乐观。自 3 月 16 日“吃碘盐可以防辐射”的谣言扩散以后，全国已有多个省市出现“抢盐事件”，个别媒体，没有对受众渴望了解的诸如“核泄漏对中国的影响”“核辐射如何防治”等问题进行解读，只是就日本本土核泄漏产生的后果进行评价，例如“后果不堪设想”“只好听天由命”等。这些语言本身不是一个科学的论断，像“后果不堪设想”，这个后果到底有多严重，专家没说清，媒体没追问；“只好听天由命”，这是要放弃治理呢，还是有向天祈祷的意味呢？显然，这些说法只能是继续加大日本核危机的不确定性，造成受众更大的猜疑和恐慌。另外，在新闻报道中，还出现了一些极为模糊，甚至是有消极暗示的语言。例如，某频道曾经发布过一条信息，说“日本核危机未来三天内对中国没有影响”。这句话的本意是说根据未来三天的天气情况，日本核泄漏不会受洋流、风向等气象条件的左右对我国造成实质性的影响。可是，这里忽视了两个问题：第一，新闻语言的客观、准确、通俗易懂；第二，受众的知识面和理解程度。单从字面上看，这句话有两种理解：第一，未来三天以内，日本核危机不会对我国造成影响，但三天以后可能会；第二，未来三天内，日本核危机不会对我国造成影响，今后也不会。结合当时的“抢盐事件”以及老百姓历来奉行的“宁可信其有不可信其无”的理念，第一种解释很有可能会成为优势意见。一旦谣言成为优势意见，它所承载的虚假信息将会误导受众，造成不必要的社会恐慌和信任危机。因此，在危机事件中，媒体必须具有相当的预见性，及时、准确、有效地实施前瞻性的危机传播策略，让谣言原形毕露，让受众了解危机事件的真实情况，降低事件的不确定性，维护社会稳定，消除谣言的恶劣影响。具体来讲，前瞻性的危机传播策略包括以下四个方面：

第一，编织大的信息网，让谣“盐”第一时间进入政府和媒体的视野。目前，以“堵”为主的传播思路让政府和媒体十分被动，要彻底改变这一被动的局面，就必须构建一个由科研院所舆情监测站、网络警察、盐业公司等部门组成的谣“盐”检测系统，各部门之间相互共享信息，主动搜集相关资料，第一时间验证、第一时间评估、第一时间向各大媒体通报。

第二，注重传播的多元化和多层化。前瞻性的传播策略必须注重传统主流媒体和新媒体的合作，主张报纸、广播、电视、微博、微信、QQ 等协同作战，力推正面客观信息，建立正确的舆论导向。同时，前瞻性传播策略还需具备多层化的特点。所谓的多层化，就是要发动各级媒体,让科学、客观的信息传遍大江南北。

第三,有针对性地放大能消除疑虑和恐慌的正面报道。媒体的正面报道是减缓和消除危机的有效措施,及时、准确地向公众传递正面的信息,有助于维护社会稳定,强化政府的公信力。

第四,客观面对负面信息。在新闻报道中,负面信息的影响力是十分巨大的,对待这些信息,新闻从业人员必须谨慎、客观,多持一份怀疑精神,多问一句为什么,绝不把片面、模糊、猜测性的信息传递给受众。

受众是信息需求的活跃主体,他们在"抢盐事件"中一直处于被动局面,迫切需要客观信息的及时传递。作为大众传播媒介,满足受众的信息需求,维持正确的舆论导向势在必行。然而,面对谣言,"堵"的方式略显简单,"防堵结合"的前瞻性传播策略才是消除谣"盐"的一把利器。

[参考文献]

[1]胡百精.危机传播管理[M].北京:中国传媒大学出版社,2005.

[2]杨魁,刘晓程.危机传播研究新论[M].北京:中国社会科学出版社,2011.

[3]喻国明.抢盐事件中的舆情态势和传播规律研究——基于网络文本的智能化舆情分析技术[J].国际新闻界,2011(7).

[4]喻国明."抢盐风波"的生成因素、传播路径、议题演化及媒介表现——基于网络文本的智能化舆情分析技术[J].新闻与写作,2011(5).

[5]臧萌,常伟."抢盐潮"之理论分析与对策探讨[J].中国物价,2011(5).

[6]戴世富,王颖.网络谣言的成因及应对策略初探——"3·16"抢盐事件的传播学解读[J].新闻界,2011(4).

[7]安苾寒.重大灾难性事件谣言的传播与应对研究——以"抢盐"谣言为例[J].中国科技信息,2012(11).

[8]陈力丹."谣盐"属于同类流言的再现[J].青年记者,2011(13).

[9]梁涛.从"抢盐危机"看微博与谣言传播[J].今传媒,2011(7).

[10]王磊."抢盐风波"与媒体的"危机公关"[J].新闻爱好者,2011(19).

第三篇　盐文化与企业建设

转型期盐业企业社会责任与核心竞争力之我见①

韩松爱② 夏建华③ 邓红④

盐业是一个具有3000多年历史的产业,从古至今,经过了漫长的过程。制盐工艺从简单到科学,盐的用途也从单一到广泛,盐被广泛地应用于多个领域。由于盐业体制的顺畅关系到社会的稳定,早在原始社会和农业经济时代,盐业就一直处于"国之大宝"的地位,为统治阶级及其国家机构所控制,专管专营。然而到了工业经济时代,我国依旧沿袭着专管专营的管理体制。在进入市场经济特别是知识经济时代后,盐业企业逐步显示出它的不适应性,而且"盐业单靠产品就能获得成功的生产制胜时代已经一去不复返了",盐业企业"已经进入战略制胜的新时代"。[1]

目前,我国盐业企业是盐产业的载体,是进入21世纪后的一种产业形态,是具有时代特征和专业性的社会生产组织系统。自新中国成立以来,我国对盐业实行专营体制已有60多年的历史了,然而,现代盐业企业正经历着一个重大的转折时期,特别是在现代经济中科学技术成为首要生产力,市场决定着企业前途的情况下,盐业企业面临着生存与发展的考验。这就促使盐业企业要转变观念、整合资源、改进生产、实现产品与技术创新,更重要的是要履行社会责任,提升管理"软实力",从而增强企业核心竞争力,实现可持续发展。[2]

一、我国盐业企业在转型期的特点

我国现代盐业企业经历了由计划经济向市场经济的历史转变,由于食盐关系人民身体健康,我国实行由国家垄断专营体制转变为向食盐专营、工业用盐及其他用盐放开的双轨制运营体制,建立国资、民资和股份制共存与合作的产权制度,推行现代企业制度,建立出厂价、批发价、零售价的盐价体系,施行增值税、资源税的双税制度。

从盐业的发展史可以看出,早前盐业处在一个相对稳定的环境中,盐业企业没有过多参与

① 基金项目:四川省哲学社会科学重点研究基地、四川省教育厅人文社会科学重点研究基地——四川理工学院中国盐文化研究中心资助项目"转型期盐业企业社会责任与核心竞争力培育"(编号:YWHZ14-02)之阶段性成果。

② 韩松爱(1988—),男,河南鹤壁人,四川理工学院经济与管理学院2013级研究生,主要研究方向为企业管理与创新。

③ 夏建华(1957—),男,湖北武汉人,四川理工学院政治学院副教授,主要研究方向为思想政治教育与企业文化。

④ 邓红(1957—),女,四川富顺人,四川理工学院经济与管理学院教授,主要研究方向为人力资源开发与管理。

到社会竞争当中，缺乏核心竞争力；而现在，盐业产品的生产与消费具有限量性，这就使得竞争更加激烈，促使企业冲破区域市场互相渗透，海盐、井盐和湖盐互相挤拼，从而影响了整个盐业市场的协调发展和相关企业的利益，使得盐业企业不得不面临着生存与发展的考验。[1]

从以上分析可以看出，盐业企业正处在一个变革的重要时期，那么是不是就可以为了追逐利益，一味地压缩成本，不顾产品的质量，从而获得可持续发展？很明显，答案是否定的。近年来，在国内，仅"吃"这一方面，就有"黑心"粽子、"红心"鸭蛋和毒奶粉导致的"大头娃娃"等事件接连不断；有的企业生产不合格的产品，以次充好，或移花接木，贴上名牌产品的商标，欺骗顾客。这些行为极大地损害了消费者的权益，甚至危害到消费者的生命安全。"三鹿奶粉"事件爆出了企业社会责任的缺失，企业核心竞争力的贫乏，最终导致三鹿集团的破产。在国际上，同样也发生了雀巢奶粉碘超标、宝洁SK-Ⅱ化妆品涉嫌含腐蚀性成分、哈根达斯冰激凌竟来自黑作坊等事件，不仅减弱了这些跨国企业的核心竞争力和品牌号召力，也反映出有的跨国企业不能认真履行社会责任。[3]

随着社会生产力和社会经济的飞速发展，各行各业都得到了快速发展，如果像上述的企业那样，只顾自身的经济利益，忽视社会责任的重要作用，也许下一个倒下的企业就是某个盐业企业。现代盐业企业对社会、政治、经济等各方面的影响日益加剧，企业在追求利益、增强自身发展的同时也不能漠视消费者权益侵害、职业安全、劳资纠纷、环境污染等问题，因为这既是社会发展对企业的客观要求，也是企业应对内外部复杂环境变化，保增长、保稳定、提升市场竞争力和抗风险能力的重要举措，而且社会各界对企业履行社会责任的期望越来越高。企业要想实现可持续发展，承担社会责任已经成为企业经营的必然选择，也是造就百年企业的必然要求。

当然，一个没有实力、没有责任感的企业，即便想要承担社会责任，那也是很有限的。这就会促使企业培育和提升自己的核心竞争力，增强企业实力，从而有能力承担更多的社会责任；反过来企业又会扩大自己的影响力，进一步增强企业的核心竞争力。企业的这种社会责任与核心竞争力的相互影响，就会把企业构建成一个现代化的、具有竞争力的、可持续的企业。那么企业究竟应如何履行社会责任，提升自身的核心竞争力，在市场经济的大潮中立于不败之地，就成为每一个企业必须思考的问题。

二、盐业企业须在履行社会责任的同时，构建核心竞争力

1. 社会责任的定义

1895 年，美国著名的社会学家阿尔比恩 · 斯莫尔第一次在《社会学杂志》期刊上呼吁，"不仅仅是公共办事处，私人企业也应该为公众所信任"，该文标志着企业社会责任概念的萌芽。1924 年美国著名学者谢尔顿第一次提出了有关社会责任的概念，他认为企业社会责任与道德伦理有关。[4]从 20 世纪 90 年代中后期起，世界悄然兴起了一场"企业社会责任"运

动,再加上SA 8000的全面推广,给各国企业带来了巨大影响。国际标准化组织2010年11月1日发布的ISO 26000,认为企业社会责任是指组织通过透明的和合乎道德的行为,为其决策和活动对社会和环境的影响而承担的责任,即行为要符合社会利益和可持续发展要求,以道德行为为基础,遵守法律和政府间契约,并全面融入企业的各项活动。[5]而且社会公众也希望企业在实现其经济目标的同时,能够遵守法律,讲伦理道德,多做对社会有益的公共活动。美国卡罗尔教授认为,企业社会责任是某特定时期社会公众希望企业履行的义务,完整的企业社会责任是经济责任、法律责任、伦理责任和慈善责任之和。

综上所述,企业社会责任的主要思想就是企业在追求利润、创造价值的同时,最大限度地维护股东以及员工、供应商、消费者、社区、政府等其他利益相关方的权益,企业应努力成为好的"企业公民",以实现自身的可持续发展,并为整个社会的可持续发展做出应有的贡献。简而言之,企业社会责任(CSR)是指企业对股东、员工、社会公众以及环境等所应承担的责任。从企业社会责任的定义可以看出,盐业企业应该把握住对社会贡献的程度,如合理利用自然资源,降低能源消耗,保护生态环境,积极参加社会活动,支持社会和地区文化、体育、教育、慈善事业发展等多方面的内容。改变过去那种判断企业成功的标准就是利润的思想,因为获取利润只是企业的经济责任,不是唯一责任,而企业能否持续地获取利润与不断发展,还在于企业能否很好地履行社会责任。从盐业企业社会责任的要求出发,从社会整体的角度和盐业企业长远发展的角度出发,重新审视企业发展的根本目的。今天人们更应该关注的是企业如何才能持续地生存和发展,企业社会责任已经成为价格、质量之后参与竞争的一种新型的核心竞争力。

2. 核心竞争力的定义

"核心竞争力"一词最早是由普拉哈拉德和哈默于1990年在《哈佛商业评论》中最早提出来的,是"组织中的积累性学识,特别是关于如何协调不同的生产技能和有机结合多种技术流派的学识",也就是企业所具有的开发独特产品、独特技术以及独特营销的能力。为了更加形象地对企业核心竞争力进行描述,他们还提出了企业核心竞争力的树形理论,即企业的核心竞争力——树的根系,通过产品与服务的业务单位——树枝,为公众和社会提供最终产品和最终服务——果实和树叶。这就是说,企业生存和发展的动力是核心竞争力,而核心竞争力又通过最终产品和服务体现出来。[6]

随着经济全球化,甚至一体化的经济竞争环境和我国进入"后 WTO 时代"这一时代特征下,国家之间的竞争主要体现为企业之间实力的竞争,而企业之间实力的竞争已超越了传统意义上的价格和规模之间的竞争,逐渐由企业核心竞争力所替代。这样,企业要想得到永续发展,获得长青之基、活力之源、不败之本,就要拥有核心竞争力。

盐业企业要想具有核心竞争力,就要思考企业目前所处的大环境,整合企业内外优势条件、资源,促长要素,提升效应,最终形成企业难以模仿的市场竞争力。这样盐业企业才能在市场竞争中立足、制胜,最终得以长久发展。

三、盐业企业履行社会责任与构建核心竞争力交互作用

企业是社会的细胞，其中也包括盐业企业，它们不仅是商品生产者，而且还参与到社会的建设当中，是社会发展不可或缺的一分子。当然，盐业企业要想在社会经济环境下顺畅运行与持续发展，就要与企业内外部各种机制有机结合与运作，既要依靠雇员、消费者、社区、政府等方面的支持，也要依靠资源、环境等因素的配合，需要多种资源的有机结合，需要企业内外部各方利益关系的和谐，环境与社会的协调，这样才能使各环节各部分功能正常地发挥、规范地运作，从而实现经营目标。这就要求盐业企业处理好与人、与社会、与环境之间的关系，促使企业持续协调发展，这是实施盐业企业社会责任与增强盐业企业核心竞争力的共同要求。[3]

1. 盐业企业构建核心竞争力，有助于履行社会责任

盐业企业必须构建核心竞争力，生产出具有核心竞争力的产品，因为盐业企业所生产出来的产品就是其核心竞争力的具体表现形式。如果企业没有自己的核心产品，不及时更新换代产品或生产销售假冒伪劣产品，既违背企业社会责任，也不可能提升企业核心竞争力。

目前，盐业企业处在转型期这个大环境下，由于以前一直被政府管辖、专营，导致了其现在所生产出来的产品单一、不具有竞争力，再加上各种成本的升高，即便其想要承担社会责任，也没有这个能力了。因为从企业社会责任行为实践可以看出，只有那些有经济实力的企业才能够有效参与并承担一定的企业社会责任，才能实现盐业企业的可持续发展。

从以上分析可以看出，盐业企业可以通过增强企业自主创新能力，来构建核心竞争力。盐业企业要想履行好社会责任，必须具备履行责任的实力，而增强这一实力的关键，就是要不断地增强企业自主创新的能力，就是要生产出满足消费者需要的质量高、成本低、安全、环境污染少的产品，这就对盐业企业的生产技术、经营管理方法提出了创新要求。盐业企业只有通过自主创新才能生产出拥有自主知识产权的新产品，提高劳动生产率，从而生产出满足消费者需求的产品。同时，盐业企业应当集中企业的资源并投入自身拥有一定优势的领域，通过企业内部发展来建立内在的核心竞争力。现在，盐业产品已经开发出多种不同的产品，比如说营养盐、美容盐等新产品，增强了其市场竞争力，同时也增加了盐业产品的附属值，为盐业企业创造了利润。

当今世界，全球化、能源稀缺、环境保护等问题给盐业企业提出了更高的要求，也赋予了盐业企业更多的社会责任。盐业企业只有不断地培养自身的核心竞争力，增强自身的实力，不断地开展创新活动，不断地提升创新能力，为社会提供更多先进的、可靠的、经济的、能满足国家经济建设和人民生活不断增长的物质需求的产品，才具有履行社会责任的资格。

2. 盐业企业通过履行社会责任，强化核心竞争力

(1)企业履行社会责任有助于树立企业形象，产生传播效应，提高企业竞争力。企业

形象是指公众(主要是消费者)对企业的整体印象和评价,包括消费者对企业的依赖程度、意志倾向、情感倾向等,是企业实态的反映。企业形象构成的基本要素有:产品形象、员工形象、企业家形象、环境形象、文化形象、标识形象等。唯有这几方面要素有机组合,方可形成具有生命力的企业形象。[7]

盐业企业应当把维护社会公平正义、参与公共事业作为必需的社会责任。不可否认,追求利润的最大化可以促使企业发展,而承担社会责任,从整个盐业企业的生存与发展的过程来看,必然增加当前的经营成本。但是,如果盐业企业只考虑自身的、眼前的利益,忽视社会、环境等问题,推卸对社会、环境、消费者的责任,最终是不可能实现持续发展的。甚至,当盐业企业的生产过程污染环境,而且没有相应的补偿措施时,将会给企业带来负面的公众形象,进而损害企业的长期竞争力。盐业企业为承担社会责任投入了大量的资本,不但提高了企业的公众形象与社会信誉,还有利于企业追求自身长期利润的最大化。

盐业企业履行社会责任并没有否定盐业企业最基本的经济责任——盈利,而是要求盐企在考虑社会伦理的前提下,对其社会责任重新认识。这种参与并不是无所回报的,因为它能赢得公众的信赖,提升企业的品牌效应和企业形象,向社会展示盐业企业有一支讲究奉献精神的员工队伍,展示一种企业家的使命感和责任感,这些都是盐业企业的无形资产;而且还能向社会、竞争对手展示企业的经济实力,赢得社会广大消费者和投资者的认同。这样,当投资者、股东、社会公众看到了盐业企业的实力,而且也认同了其后续发展的乐观前景以后,企业就会得到融资、吸引大量优秀人才,最终会给盐业企业带来长期的、潜在的利益,这些正是早期社会责任的付出为其赢得了现在的丰硕的利润回报。盐业企业社会责任已经成为增强自身"软实力"的重要工具,成为社会和市场评价一个企业的重要标准。因此,盐业企业应该把承担社会责任的企业形象提升到战略的高度,只有这样,盐业企业才能实现永续发展。[8]

(2)能够充分利用政府的优惠政策,从而为其竞争力的提高奠定基础。盐业企业承担相应的社会责任符合我国发展的大趋势,而且,盐业企业参与社会活动将会帮助政府摆脱困境,减轻政府来自社会公众方面的压力。例如,减少失业、缓解通胀压力、治理污染及投资于公益事业等。反过来,盐业企业由于承担了一部分有利于政府实施宏观政策的社会责任,相应地就会获得政府给予的巨大政策优惠,从而在制定和实施政策上向企业倾斜,并可能对企业的发展给予支持,其结果是使企业的经济决策活动有了更多的自由和灵活性。盐业企业也在把握机遇的同时,实现企业、员工、社会的和谐共赢。

(3)能够调动员工参与企业发展的积极性,有助于吸引留住优秀人才。盐业企业承担社会责任,可以创造良好的工作环境和企业形象,这样更容易招聘并留住优秀的人才,而优秀的人才是构建核心竞争力的根本。反过来,良好的工作环境、企业形象和强烈的社会责任意识又可以增强盐企内部员工的凝聚力和工作热情,激发员工参与企业发展的积极性和创造性。

(4)能够改善经营环境,提高盐业企业效益。爱德曼国际公关公司于2008年发布的一份调查报告指出:“在经济和产品危机环境下,消费者不但关心产品的质量,更关注这个产品或品牌是否与‘善行’相关联。”[4]之所以会得出这样的结论是因为在接受调查的消费群体中,竟有高达90%的人坚持认为,即使是在经济不景气的时候购买有社会责任感的企业的产品或品牌也是非常重要的。这不仅在国外是这样,在国内也是如此。实践证明:盐业企业承担社会责任与企业的长远利益是没有冲突的;不仅如此,盐业企业承担社会责任反而有利于企业改善经营状况,改变传统的经济发展模式,实现高效、环保的经济发展方式,最终提升企业经济效益,实现盐业企业的可持续发展。

四、总结

盐企现在正处在盐业的重大转型期,加强盐业企业社会责任建设,在经营管理中不能仅仅考虑股东利益的最大化,而应更多地关注企业的其他利益相关者,满足他们的需求;此外,盐业企业应当持续履行社会责任,树立增强核心竞争力这一长期观念,不能仅仅拘泥于短期利益和一时的竞争力。只有这样,才能使其在产品市场和资本市场上得到相应的回报,从而使盐业企业在践行社会责任的同时,也获得超越竞争对手的可持续竞争力,形成竞争优势,实现企业的可持续发展,并且为企业带来丰厚的回报。

[参考文献]

[1]潘春跃,彭祖成．盐业企业核心竞争力的定位及其培育[J]．四川理工学院学报(社会科学版),2007,22(6):19－22.

[2]潘春跃,樊玉然．我国现代盐业企业发展战略研究[J]．四川理工学院学报(社会科学版),2012,27(5):42－46.

[3]王宗坑,朱文娟．实现企业社会责任与企业核心竞争力结合的对策[J]．经济师,2010(2):255－256.

[4]王阳,张双．基于社会责任的企业核心竞争力提升[J]．企业导报,2013(6):173－174.

[5]白静瀑．完善社会责任管理体系　提升企业核心竞争力[J]．冶金管理,2012(3):34－36.

[6]杨蓉,杨宇．企业社会责任与核心竞争力——基于中国上市公司的实证研究[J]．华东师范大学学报(哲学社会科学版),2008(5):90－96.

[7]邓子纲．企业社会责任对企业核心层竞争力影响的研究[J]．湖南社会科学,2008(2):87－90.

[8]张珧江,张洋．对企业核心层竞争力影响机制分析[J]．现代商贸工业,2010(1):7－9.

盐业体制改革中的利益协调机制研究

苏奎① 曾祥凤②

我国现行的盐业管理体制起因于市场失灵,并立足于"理性政府"的假定和判断。对盐业的管制意味着在特定产业范围内,实现资源配置方式的选择性替代。对这种替代条件下盐业管制的规范评价,却不能停留于"理性政府"的假定,而是需要实践的检验和经验的支撑。

现行的盐业管理体制是政府强制性推行"自上而下"制度变迁的结果。从体制推行的初衷来看,它关照了与盐业产业运行紧密相关的民生问题,表达了政府阶段性的价值目标诉求及承诺,并针对市场失灵与目标诉求的矛盾,以及阶段性的制度环境与私人管制缺位的现实,是出于特定历史阶段的经验总结与诱致。其目标取向集中表现为公共利益、管制规范和制度环境持续优化。

一、关于盐业体制改革"立"与"破"的根源分析

从经验实践看,盐业管制体制的作用影响有其积极的一面,但也并存着消极的一面。因此,针对盐业管制体制的改革诉求越发强烈,这反映了体制推行中利益冲突的矛盾滋生与演化趋势。改革的焦点集中在盐业公司特殊的垄断地位上,在盐业体制改革问题上的"破"与"立"的争论,其实质是盐业公司特殊地位引发的经济利益冲突的矛盾表现。

当然,对于现行盐业体制的改革,并不需要抱着"毕其功于一役"的决心,也不适用外科手术式的做法,将改革的思路导入"非此即彼"的极端方向。相反地,对于即便是"势在必行"的改革,在走什么样的路线问题上,首先需要的是足够的理性。这种理性本身源自对现实盐业经济系统细致的实证研究。对于盐业管制下关联主体关系模型的研究,是对这种理性的回应。

1. 现行盐业管理体制"立"的视角

管制条件下形成了包括盐业公司、生产企业、中间经营单位、消费者及管理部门在内的多元主体结构,在体制实施的初级阶段,关联系统内的主体利益关系被认为是和谐的,这种和谐源于初始阶段上盐业管制目标与公众诉求的一致性。这种和谐关系的形成取决

---

① 苏奎(1974—),男,四川简阳人,四川理工学院经济与管理学院副教授,主要研究方向为制度经济学。
② 曾祥凤(1973—),男,湖南隆回人,四川理工学院经济与管理学院副教授,主要研究方向为产业经济。

于以下一些因素：①政府部门是新制度的推行者，它在促成新制度资源供给所遵循的原则中，必然融入和谐关系的主旨。因此，在新政实施的"蜜月期"[①]，政府部门在强调政策理性的同时，对盐业公司行为的规范与约束也将更富严肃性。②新政的实施因受到社会第三方的广泛关注而产生"焦点效应"，会明显增强政策执行过程的透明度，从而确保政策得到更好的贯彻落实。③初始阶段，盐业公司处在新路径的前成熟阶段，并未获得稳固的垄断地位，也尚未形成明显可见的既得利益。作为因为配额交易而获得特殊市场地位的主体，盐业公司在初始阶段的行为将表现出更高的谨慎性，并将积极地领会和贯彻政策意图。④盐业公司的特殊地位和权力，提供了其对产业内市场特定环节进行控制的可能，这种控制又会进一步导致消费的支出产生增量的可能性。在这种可能性中存在肯定与否定两种取向：如果选择为否定，那么盐业公司与消费者之间不存在因支付成本增量而产生的利益冲突；如果选择为肯定，则消费者和盐业公司会面临上述的利益冲突。但是，由于上述种种因素的影响，即便存在这样的成本增量，这种增量在初始阶段的表现也并不明显。同时，由于盐业公司与消费者的关系被中端经营单位间接化，从而"稀释"了二者之间的对立度，不能引发消费者对新制度资源的需求，制度实现阶段性的均衡。另一方面，盐业管制所表达的目标诉求形成了一种比较利益，引发消费者在需求满足与支付成本增量之间的选择性决策。相对于并不明显的成本增量，政策指导下显见的目标利益会支配消费者的选择，从而弱化新政策制度实施过程中存在于盐业公司与消费者之间的噪声。⑤成立盐业公司对盐业产业特定环节进行管制，是针对市场失灵的政策举措。盐业公司的成立客观上对形成稳定的市场供给，有效地满足消费者需求以增进消费者福利，起到了组织保障功能。

2. 现行盐业管理体制"破"的视角

制度本身相对稳定的属性，导致其在新的路径下，借助于其内含的"累积机制"形成新的路径依赖。这种路径依赖导致主体间的关系地位演化，并现实地改变了这种关系的主流性质。盐业管制路径依赖的形成，使盐业产业系统内关联主体间的关系构造有了针对性的变化，并集中表现在盐业公司与消费者的关系层面上。制度演化使盐业公司成为既得利益集团，制度路径的拥趸。消费者、终端经营单位和制盐企业，是新制度资源的需求者，是制度变迁的诱致力量。尽管它们的利益表达存在差异性，却指向了同一目标路径。政府部门也成为改革呼声的响应者，其立场也逐渐表现出倾向性。关联系统内主体关系演变的结果，是系统内的两极对立，而这种对立的消解将有赖于改革与制度变迁。

体制内"不和谐"关系属性的引致取决于以下一些因素：①制度目标在阶段上良好的实现效果，导致政府部门对制度运行的负面效应认识不足。或者是难以在制度目标诉求与问题规避之间，设计出有效的新路径，从而陷入"破"与"立"的困境。[②] ②在制度"累积

---

① 卢现祥. 西方新制度经济学[M]. 北京：中国发展出版社，1996：16－30.

② 黄桂田，林卫斌. 垄断行业管制改革：国际经验的检讨与启示[J]. 学习与探索，2009(5)：184－187.

机制”的作用下,产业内产生路径依赖,盐业公司获得稳固的垄断地位,取得明显可见的既得利益。盐业管制初始目标诉求在实践中良好的实现效果,再加之尚不具备完全的新制度变迁条件,使这种路径依赖的深化将获得一个较为稳定的外部环境。这些因素会强化盐业公司在博取垄断利润上的机会主义倾向,强化它们与政府部门进行博弈的信心。由此,盐业公司行为的目标导向,将与初始制度安排的目标诉求渐行渐远。③当初始的目标诉求得到满足,消费者对盐业管制制度安排的评价将呈递减趋势。因垄断导致的高价格,则会导致消费者对新制度的需求表达逐渐显化和强化。当然,这种过程会伴生消费者对原有制度安排评价递减趋势的强化功能。④社会第三方对同一制度的绩效做出不同方向的价值判断,通常需要以充足时间及相应的经验积累为条件。其中,这种时间条件的长度,通常需要持续到制度非均衡引发较为突出的矛盾冲突为止。这就意味着,第三方对盐业管制引发的问题,可能表现出一段较长的持续“失察”状态,它将助长盐业公司行为偏移的动机。

在维持原有制度安排的条件下,盐业公司与中间经营单位及制盐企业形成的对立关系属性没有得到改变。相反地,一些因素作用和影响,将会激化它们之间的对立情绪,并使得制盐企业和中间经营单位成为最初始、最有力的诱致制度变迁的力量。这些因素主要是:①路径依赖的深化加强了它们之间利益再分配的倾向性,非垄断地位主体面临更严重的利益转移。②相似产业上,非管制和管制条件下利益分配比较,发挥示范效应,加强盐业公司与上下游企业的矛盾。③一定阶段上第三方力量的策应,以及消费者与盐业公司关系属性逐渐逆反,会激化制盐企业和中间经营单位要求改革制度的情绪,并导致它们推动改革的行为更趋主动。

当产业内的矛盾都集中指向同一主体,关联系统内关系的主流属性将表现为对抗;而这种摩擦、冲突在制造制度运行持续不断的阻力的同时,也酝酿出变革现有制度的强大推动力。[①] 在修明政治的条件下,这种诱致力量在推动制度走向现实的变迁进程方面,通常会变得卓有成效。

二、改革需要关注的几个方面

1. 改革立足的背景

改革是改革前的状况不合理程度的一面镜子。[②] 这决定了改革必须契合其真实的背景。对盐业管理体制问题的研究被锁定于市场经济背景之下。市场经济作为资源配置方

① “当环境、人口、技术等发生剧烈变动时,或者当参与者博弈结果中不断变化的路径内生地产生一种内部危机时,个体参与者就会认为原先的制度安排变得不再可行,于是就会在收集信息、学习和试验的基础上,开始寻找一种新的行动选择的规则集合。这样,参与者的推断和其对经济内外状态的认知就会逐渐收敛、集中起来,并且演进为一种新的制度。”孙伊然. 经济学视角下的制度变迁:内生性、驻存与演进[J]. 经济问题, 2009(7).

② 周其仁. 改革面临制度创新[M]. 上海:上海三联书店,1988:8.

式，其效率是建立在以经济利益驱动的自发调节机制之上的，而这种以经济利益驱动的自发调节机制，又是以其最重要的理论假设之一，即“经济人”假设为理论基础的。[①]市场非理性将导致市场机制在资源配置上的失灵，改革或起因于市场失灵，却并非是对市场的完全替代；相反地，改革为市场的失灵提供一种修正，旨在保证或强化市场机制的功能，促进资源配置的效率。

2. 影响改革模式选择的因素

制度是机制构造的根本要素，改革引发制度变迁，并必然伴随新的制度供给。从制度变迁的视角来看，改革的推进首先需要解答的问题是“选择怎样的改革模式”，它决定改革的行进方式和可能的路线。回答这样的问题，需要综合考察以下几方面的因素，从而保证改革过程中制度变迁的效率与安全，即基础性制度安排、经济结构、信仰体系、制度变迁的主体、制度变迁的规模和速度。

3. 盐业体制改革模式界定

对盐业经济系统中关联主体关系的分析确认了一个事实，即当前盐业体制运行中面临的主要矛盾起源于政府对旧有系统功能弥补所实施的配额交易举措。这一交易以爆发式革命的方式改变了原有的盐业系统构造，并在一定阶段上积极迎合了政策的目标导向；但是，系统运行条件的变化及伴生的多元化的“政府失灵”却引发针对此交易的新的变革诉求。然而，既得利益集团的形成，导致改革成本和阻力放大，源于爆发式革命的改革对象，将难以用爆发式的革命路径来消解。审慎的改革模式应该是渐进的、局部修正累积的和自上而下相结合的。改革旨在基于现有的制度框架实现渐进式的修正，从而实现系统相关的主体利益关系的协调，实现对盐业体制运行过程的降噪效果，提升资源配置的公平与效率，并促进社会总福利水平的提升。

三、体制内构造利益协调机制的推进思路

1. 政府主导的改革外部层面

(1)改革推进的思路。在外部层面推进的改革旨在为盐业体制的改革提供一个适宜的制度框架。初级阶段市场非理性的现实使得外部层面的改革更显必要和重要，通过充分、完备的制度资源供给，运用正式制度本身的强制性约束和引导“经济人”追求自身利益最大化的行为，减少个人理性与集体理性之间的利益冲突，增进社会经济福利的最大化。

以政府主导的改革外部层面强调“顶层设计”，导致自上而下的制度变迁，在基本制度安排层面上形成新制度资源供给，使之成为对系统内所有主体产生约束力的制度框架。

① 庞凤仙．市场经济与可持续发展[J]，经济问题，2004(7)：23.

与此同时,通过"配额交易"的方式,调整主体之间的系统地位,以实现利益再分配达到利益协调的目标。

在体制改革上走政府主导的"顶层设计"路线,需要的必要条件是政府理性。假定政府"完全理性",体制改制的关键在于政府实现怎样的制度供给,而这种制度本身并不包含对政府自身的约束或矫正需求。在新制度经济学的视角来看,官僚本身也符合"经济人"假定,并存在行为目标多元化的问题,政府"非理性"及失灵的可能性是客观存在的,这就增加了政府走"顶层设计"路线的风险性。因此,在伴随体制改革的制度变迁中,应需要借助这种制度的结构部分,构造对政府本身的约束机制,而确保政府理性的实现。

(2)主要路径——特许权制度。在渐进式的改革思路下,政府层面改革的基本路径是推行和完善特许权制度。

特许权制度是一种与市场机制和政府管制相替代的理论范式,特许权制度是一种介于市场组织和政府管制之间的经济机制或制度安排。要通过引入竞争优化对被授权对象的选择,同时形成对被授权对象的契约约束。其基本特征在于:①特许权制度的主体,不仅包括产品的生产者和消费者,还有作为消费者代表的招标机构这一第三方主体。该招标机构的主要职能是选择合适的生产者并且按照特许合同对其进行监督,这与政府管制方式接近。②从产品生产角度看,特许权制度包括市场进入环节(招标管理过程)、生产环节(特许合同管理阶段)。③特许权制度通过厂商(价格等)竞标方式提高生产的竞争效率,这与市场组织的运行方式相接近。④在特许权方式下,生产者之间的竞争并不体现在市场内的竞争上,而是体现在市场进入环节的竞争上,具体表现为招标阶段和再招标阶段的竞争,即生产者之间的竞争发生在市场外部。⑤在特许权方式下,消费者与生产者之间的竞争(讨价还价)被招标机构(管制机构)与厂商间的谈判(特许合约)取代,交易双方没有直接的议价机制,这区别于市场组织但更接近政府管制方式。⑥消费者之间的竞争(特许期内)不会影响产品的价格。这表明,产品的价格具有黏性。

作为一种介于市场组织和政府管制之间的经济机制,特许权制度在治理垄断问题上,具有政府管制所缺乏的明显优势:①特许权竞标在进入环节运用市场竞争机制,在竞争充分的情况下能够实现平均成本定价[①],从而产生与行业和市场竞争接近的效率。②具有良好的激励作用。在特许权竞标方式下,企业保留全部剩余,因而有动力有效地利用资源,从而避免了过度投资行为,即特许权竞标可以避免收益率管制的无效率。③特许权方式通常采用周期性合约,这使在位企业面临着潜在进入企业的竞争威胁,从而使之在潜在竞争压力下不断地降低成本、改善质量、提高效率,确保竞争优势。可见,特许权竞标提高了垄断性市场的可竞争性,提高了效率。④降低了管制成本。相对于政府直接管制,竞标

---

① Viscusi W. Kip,Jr. Joseph E. Hrrington,Vernon John M. 反垄断与管制经济学[M]. 陈甬军,等,译. 北京:中国人民大学出版社,2010:394.

阶段的竞争使得潜在进入者的成本信息得以间接显示，不要求政府代理机构必须具备产品成本和需求信息。这样，特许权制度能达到与管制同样的结果，而且成本更低。

完善和积极发挥特许权制度在盐业体制改革中的作用，需要强化其治理机制，包括特许权制度的激励机制、特许权制度的制衡与监督机制和特许权制度的惩罚机制，并重视建立对受许企业的惩罚和外部接管机制。

2. 社会第三方

这里将政府、产业系统及消费者之外的媒体和社团等作为社会第三方，它以舆论导向功能，影响社会层面对产业发展的评价性质和评价力度，由此影响产业发展的选择。在假设独立性的条件下，第三方通过推动正能量影响力的过程，来强化产业发展中失范行为的机会成本，由此形成对产业发展的有效监督与约束，并影响产业发展的选择。与此同时，第三方行为也作为一种诱致性力量影响政府的选择，并间接地约束产业发展选择。

3. 改革推进的内部层面

相对于改革推进的外部层面而言，盐业体制改革推进的内部层面属于市场主导型，因此改革推进所依靠的是市场交易而非配额交易。在约定的渐进式改革的思路上，改革推进中所涉及的主体必然包括作为消费者的公众、作为生产者的制盐企业和实施流通“管制”的盐业公司。市场交易的实质是寻利，改革推进的外部层面在于为系统内的利益协调提供适宜框架，而改革推进的内部层面则为实现关联主体利益协调提供实践路径。

（1）消费者。在市场经济系统中，消费者历来被冠以“弱势群体”的称号，这种“弱势”的构造是基于市场交易关系。由于历史和现实的因素及盐产品自身的特点，使得消费者对盐产业发展及其路线选择更富敏感度，对其行为影响的反应更加强烈。在产业企业与消费者的持续博弈中，传统发展路径固有的问题将导致更多的失范行为，并在强化市场交易中的摩擦与噪声。

这种摩擦和噪声作为一种事实，通过一定的信息通路成为社会第三方制造舆论的材料；同时，它作为一种诱致性力量影响政府的选择，推动自下而上的制度变迁，并最终通过政府主体间接地作用于产业发展，从而使产业在发展方式的选择上，尽可能尊重“顾客至上”的价值标准。

事实上，树立人在发展中的主体性地位，以发展的人的意义超越发展的物的意义，显然会避免产业发展意义的陷落，从而降低经济发展的代价。①

（2）盐业公司。在原有的制度安排下，盐业公司作为既得利益者，在权力配额的支撑下依靠其特殊的垄断地位获得垄断利益，使之成为改革的症结所在。在盐业体制改革中推行特许权制度，将为盐业公司可能的权力配额加上了“契约”约束，构成针对盐业公司的激励机制、监督机制和惩罚机制等；也将规范盐业公司的行为，弱化其作为“既得利益

① 邱耕田．发展的意义：基于发展哲学视域的一种分析［J］．天津社会科学，2008（1）．

者”的角色印象,并切实转变盐政部门行为的价值取向,凸显其对制盐企业的监督约束,确保市场供给稳定性和品质的角色功能。

从早期制度的本意来看,盐业公司并非作为经济组织被植入盐业经济系统,其实质上被赋予了“代理人”角色,并作为被授权的部门履行政府赋予的政策职能。然而实践中的盐业公司背离了这样的政策路线,利用权力砝码在盐业产业经济系统中扮演经营者角色,并刻意追求“个人利益最大化”,导致与“民”与“企”争利的行为发生,远远背离了其设立的政策初衷。因此,在“渐进式”改革的思路下,盐业公司需要切实践行“政策代理人”的角色职能。

(3)制盐企业。对盐业公司行为的契约约束,无疑为制盐企业恢复“真实”的市场主体地位提供了制度保证;而在特许制度安排下,制盐企业本身也成为受许对象,并受到制度安排下契约的约束。在尊重既定的制度框架和相应政策意图的前提下,作为资源型企业,在立足市场,以市场为导向,积极转换经营机制,提升管理效率,提高经济效益的同时,应突出企业的社会责任,将经济效益、社会效益、生态效益和文化效益等统一起来,走可持续发展的道路。

[参考文献]

[1]卢现祥. 西方新制度经济学[M]. 北京:中国发展出版社,1996:16-30.

[2]黄桂田,林卫斌. 垄断行业管制改革:国际经验的检讨与启示[J]. 学习与探索,2009(5):184-187.

[3]周其仁. 改革面临制度创新[M]. 上海:上海三联书店,1988:8.

[4]庞凤仙. 市场经济与可持续发展[J]. 经济问题,2004(7):23.

[5]Viscusi W. Kip, Jr. Joseph E. Hrrington, Vernon John M. 反垄断与管制经济学[M]. 陈甬军,等,译. 北京:中国人民大学出版社,2010:394.

[6]邱耕田. 发展的意义:基于发展哲学视域的一种分析[J]. 天津社会科学,2008(1).

盐业可持续增长策略初探

古力[①]

在近年来中国经济结构的改革热潮中,对食盐专营的关注也再度成为盐人热议的话题。2014 年 4 月 21 日,国家发改委决定废止《食盐专营许可证管理办法》的消息一经发布,许多网友便理解为“食盐专营体制的结束”,更多的人则是关心古老盐业的可持续发展问题。究其原因,不难看出其一般垄断性的诸多弊端,缺乏竞争就会导致管理不善,人浮于事就会造成效率低下。因此,以科学发展观为指导,乃是盐人励精图治、推动盐业健康发展的明智之举。

一、中国盐业的可持续增长曙光微露

盐是人类重要的生命组成要素,人们的日常生活离开食盐是万万不能的。新中国成立之初,我国盐产量不足 300 万吨;在历经半个世纪的艰难体改,尤其是 30 年的改革探索后,盐业已取得了令人振奋的突破。到 2006 年,我国原盐年产量终于以 5407 万吨的业绩跃居世界首位。[②] 可以肯定地说,食盐供给的抗风险能力是毋庸置疑的,中国已成为世界第一产盐大国和碘缺乏病基本消除国。

然而,产量的光芒掩饰不了盐业生产企业能耗高、环境污染严重、经济效率每况愈下的尴尬局面。由于历史与政策的原因,我国盐行业的运营长期产、销分离,制盐企业与各级批发商各自为政,企业组织化程度低。到 2008 年,中国原盐生产企业约 173 家,企业年平均产量 35 万吨,产量超过百万吨的企业仅占总生产企业数量的 10%。相比之下,美国、日本等世界主要产盐大国的生产企业数量少、规模大、产销一体化效率高、竞争力强。美国的 6 家主要原盐企业年产量均已达 500 万~1000 万吨,澳大利亚也有两家企业年产量达到 1000 万吨以上[③],我国则只有中国盐业总公司一家独大。截至 2011 年年底,中国盐业总公司的总资产规模发展到 436 亿元,盐的产量 1462 万吨,居世界第二,食盐供应和配

---

① 古力(1964—),女,汉族,四川威远人,管理学硕士,四川理工学院经济与管理学院讲师,主要研究方向为企业财务管理。

② 董志凯. 当代中国盐业产销的变迁[J]. 中国经济史研究,2006(3).

③ 探讨我国“食盐”专营制度的利弊[EB/OL]. 中国食品科技网,http://www.tech-food.com.

送覆盖国土面积的37.85%。[①] 据有关统计,到2013年9月底,中国盐行业的龙头企业和唯一中央企业的总营业收入达204.07亿元,但其营业利润、利润总额和净利润则均为亏损,2012年同期亏损1.51亿元,获政府财政补贴2.36亿元。[②]

居安思危。早在2011年4月,国家发改委经济体制与管理研究所组成的"中国盐业体制改革研究"课题组,经过艰苦的调查研究,向国家提出了力争用3~5年的时间,逐步改革食盐专营体制,让"市场自然放开"。届时,盐业企业长期存在"多、小、散、弱"的粗放型经营状况必将在市场竞争中得以"高、大、帅",企业生产技术及装备水平落后、资源综合利用率低、产品品种单一、劳动生产率低、经济效益差的尴尬局面将得以摒除,盐业的可持续增长曙色微现。

二、盐业企业的可持续增长假设

曾几何时,中盐公司既当裁判又当运动员的模式被业内诟病,十几年来,国家有关部委对盐业体制改革先后制定过多个方案。若盐业市场竞争来临,盐业企业何以应对?从微观经济角度,盐业公司不妨借鉴20世纪后期广泛开展的希金斯可持续增长理论来探讨推进盐业企业的发展。

罗伯特·C.希金斯将可持续增长率定义为"在不需要耗尽财务资源的情况下,公司销售所能增长的最大比率"。其测算公式为

财务可持续增长率(SGR)=销售净利率×资产周转率×留存收益率×期初权益

目前我国食盐的年总消费量与人口量是保持一定比例的,基本稳定在700万吨,而其余绝大部分就主要投向化工原料,食盐的供给远超需求,市场竞争相当激烈。基于食盐的重要性,假定我国盐业可以借鉴国外的专卖制或市场专营,能在全国各原盐(海盐、湖盐及井盐)的主产盐区形成盐业产销一体化的垄断竞争态势,则盐业的经营既能贯彻政府对加碘盐的非常规性特殊用盐需求,又能通过垄断竞争来实现盐产品的供应、维护盐业市场的竞争秩序。故此假设,盐业公司的发展能够满足希金斯的三项假设:①公司可以以市场需要的速度来发展;②治理者不愿意筹集新的权益成本,增加债务是其唯一的外部筹资来源;③公司继续维持目标资本结构和目标股利政策。于是,盐业公司的可持续增长要求在不增加权益融资并保持当前经营效率和财务政策的条件下,公司销售收入能达到最大增长率。

根据20世纪初盐业统计数据特点,我们将希金斯的股东权益期初数改为范霍恩的期末数计算,则可持续增长率公式变为

可持续增长率(SGR)=(销售净利率×资产周转率×留存收益率×期末权益乘数)/

① 王梦妍.中盐集团专营垄断下仍然巨亏:寻找消失的暴利[EB/OL].央广网财经,2014-04-24.

② 王梦妍.中盐集团专营垄断下仍然巨亏:寻找消失的暴利[EB/OL].央广网财经,2014-04-24.

（1－销售净利率×资产周转率×留存收益率×期末权益乘数）

从方程式看，增长因素囊括了公司财务治理的全部内容：销售净利率和总资产周转率可以代表公司的销售水平、盈利能力和资产运营能力，而权益乘数和留存收益率则是公司财务结构及收益分配政策的表现。

在上述假设条件成立的情况下，盐业公司将会产生唯一的增长率——可持续增长率，且等于其实际销售增长率，公司的这种增长率状态即为可持续增长或平衡增长。于是，公司管理者可以依据一个较为恰当的可持续增长率作为公司发展的参考标准来检测公司的发展速度，并以此为据，制定适宜的销售目标，合理地权衡增加收入与控制负债规模的关系，适时调整与公司可持续发展相应的财务政策。

三、盐业的财务增长状况测算

目前我国仅有中国盐业总公司在全国建立起了完整的食盐产销网络体系，全面承担了消除碘缺乏病和保证我国食盐市场稳定供应的任务。为推进盐业形成垄断竞争性寡头公司，我们将收集的盐行业不完全财务数据加以调整，并将调整后的行业数据作为假想的超大型盐业公司财务数据，以此来探讨公司的发展问题。已知 2003—2007 年的盐业公司财务状况（由搜数统计数据①调整得出），如表 1 所示：

表 1　盐业主要财务状况　　单位：万元

年份	资产			负债			产品销售收入		
	采盐业	盐加工	无机盐	采盐业	盐加工	无机盐	采盐业	盐加工	无机盐
2003	26264246	4295847	44556863	15874435	3155912	26632111	5079793	1300323	22171720
2004	29917291	3511222	50149272	18586489	2438032	30464063	8013796	1249802	28503387
2005	27984098	4915223	53392858	17479986	2925969	33766152	9749409	1874199	35026606
2006	31946859	5902316	58292582	20015115	3812717	33505986	11678461	2352138	42802382
2007	33508301	5761332	62819678	20636686	3473936	36380035	2725766	521651	12358375

年份	产品销售成本			期间费用			利润总额		
	采盐业	盐加工	无机盐	采盐业	盐加工	无机盐	采盐业	盐加工	无机盐
2003	3256471	82971	1836136	1703072	443270	2926574	26895	3531	872708
2004	5492300	80856	2345798	2154079	412880	3506811	52652	4330	1584426
2005	6379494	119928	2980565	2459787	549096	3783133	95638	15293	1433713
2006	8422714	173796	3646227	2623605	520918	4130974	84539	12840	1870792
2007	1917720	36638	1066744	673829	141411	1252288	21967	1738	455317

① 中国 2003—2007 年规模以上工业企业采盐主要经济指标统计。

假设所得税税率为25%,根据可持续增长方程式,盐业的各项财务比率测算如表2所示:

表2 盐行业的主要财务比率指标

年份	总资产周转率(次)			权益乘数			销售净利率		
	采盐业	盐加工	无机盐	采盐业	盐加工	无机盐	采盐业	盐加工	无机盐
2003	0.19	0.30	0.50	2.53	3.77	2.49	0.004	0.002	0.03
2004	0.27	0.36	0.57	2.64	3.27	2.55	0.005	0.003	0.04
2005	0.35	0.38	0.66	2.66	2.47	2.72	0.007	0.006	0.03
2006	0.37	0.40	0.73	2.68	2.82	2.35	0.005	0.004	0.03
2007	0.08	0.09	0.20	2.60	2.52	2.38	0.006	0.002	0.03

假设盐业的留存收益率分为0.6和1,则盐业的增长状况如表3所示:

表3 盐行业的财务可持续增长指标

年份	可持续增长率(留存收益率为0.6)			可持续增长率(留存收益率为1)			实际增长率		
	采盐业	盐加工	无机盐	采盐业	盐加工	无机盐	采盐业	盐加工	无机盐
2003	0.001	0.001	0.02	0.002	0.002	0.04			
2004	0.002	0.002	0.04	0.004	0.003	0.06	1.58	0.96	1.29
2005	0.004	0.003	0.03	0.007	0.005	0.06	1.22	1.5	1.23
2006	0.003	0.003	0.04	0.005	0.004	0.06	1.20	1.26	1.22
2007	0.001	0	0.01	0.001	0.001	0.01	0.23	0.22	0.29

数据得出:即使留存收益率为1,2003—2007年盐业的实际增长率也远远超出可持续增长率。

四、盐业可持续增长策略

当实际增长率大于可持续增长率即为超速增长,这就意味着盐业公司将出现现金短缺。一般最容易发生现金短缺的情况是处于初创时期或成熟时期的企业。这也应验了盐业的改革开放历程,这个超速增长正是21世纪初的盐业股份制发展的初创期。自2003年2月国家经贸委发布《2003年经济运行工作指导意见》伊始,"推动盐业体制改革"被首次列入全国经济运行的8项重点工作,盐业即迈入了市场竞争与食盐专营的并行时期。在"指导意见"推动下,食盐专营为盐业的发展裂开了市场竞争缝隙,盐业得以高速发展。因此,原有的上千家小企业在整合中缩减至500余家,中国盐业总公司、四川久大制盐有限公司成为盐业集团楷模,原盐的产量也在2006年跻身世界前列。当然,比之美国、日本等世界盐业强国,我们仍在组织管理与收益分配等方面相形见绌。盐业集团面临着更为复杂的竞争环境,当务之急是要为快速增长的盐业垄断公司制定适宜的财务政策。

可持续增长模型的指导思想贵在“均衡”,就是要求保持可持续增长与实际增长长期的一致性,而不是“不断提高”式的加快增长。为此,公司应将注意力放在内部财务政策的合理安排上。公司高管要确信企业乃至行业能保持长期的乐观增速,要站在国际竞争的高度,采取以下综合措施谋求平衡发展:

(1)提高财务杠杆。提高财务杠杆就是扩大负债比例,增加负债额。假如盐业企业的增长率在短期内超过可持续增长率,在进入盐业体制改革的成熟期后,企业的增长率会随着市场稳定而逐步降下来。从财务角度看,这样的短缺矛盾最简捷的解决措施就是增加企业的负债,在随后增长率下降时,用多余的现金偿还负债,增长也就会自动恢复平衡。

不过,目前盐业的权益乘数平均在2.5以上,即负债已达60%,这样的财务结构容易增加经营的杠杆风险,负债的增长要有所禁忌。

(2)降低股利支付率。股利支付率与财务杠杆相反,其降低以0为下限。一般而言,当股东认为收益留在企业能产生较高回报时,股东可以接受股利支付率的降低。鉴于目前没有盐业大公司上市,大股东就是股利支付率的主要决定者,降低是不成问题的。不过,对多数公司而言,降低股利支付率的方式对提高可持续增长率也没有多大的利用潜力,因为我国的股利支付率已经很低了。对盐业而言,表3将股利支付率设为0(留存率为100%)的增长也远低于实际增长。

(3)增加权益资本。当一个企业愿意并且能够在资本市场增发股票,它的可持续增长问题可得以消除。新增加的权益资本和利用财务杠杆增加的借款能力将为企业提供充足的发展资金。不过,对盐业企业来讲,采用增加权益资本需要较长的时间,我国股票申请上市的程序非常复杂、烦琐。即便可以增加权益资本,资本成本也是相当高的,同时也会给管理者带来不断提高每股收益的业绩压力。对食盐需求呈现刚性的盐业而言,净利润的提高不是短期能解决的问题。

鉴于向资本市场筹资比较困难,公司还可以采取以下策略:

(4)有利的剥离。有利的剥离对多数大公司而言是个不错的选择。一方面通过出售收入仅敷支出的生产经营,直接产生现金用于支持可持续的增长;另一方面是通过剥离非核心业务,摒弃非核心业务引起的增长压力,从而降低企业的增长速度。通过降低高资源、低质量的销售项目,人为地提高资产周转率,控制实际增长率,能使实际增长与可持续增长保持一致。

(5)提高销售净利率。从盐业成本费用来看,采盐业的期间费用不低于成本半数,而盐加工和无机盐的期间费用则是成本的倍数,采盐业销售毛利远远低于盐加工和无机盐,盐业的净利率有较大的提升空间。一方面应适当提高采盐业的出厂价以提高毛利率;另一方面通过精简机构、严格费用支出等提高盐加工和无机盐的管理效率,大幅度提高销售净利率以获取更多利润。

五、结束语

盐业的可持续发展关系重大,股东、债权人、雇员和消费者皆是利益共同体。股东希望企业持续盈利或总体盈利;雇员期待企业保持和扩大雇佣规模;政府要求不断纳税的同时确保全民健康;顾客则希望企业持续地提供价廉物美的安全食品。维护企业价值创造的可持续性要通过系列的协调机制,盐业的发展不能不主要依靠推动企业技术进步、管理创新及人力资本开发来实现。可持续增长理论从深层次揭示了企业的增长速度与经营效率、财务政策之间的关系,对盐业企业突出公司价值的效益导向意义重大。

[**参考文献**]

[1]瞿天易.企业可持续增长率与持续发展的关系[J].财经视线,2009(6).

[2]姜宝强.企业的可持续发展——可持续增长率模型的应用[J].华东经济管理,2003(S1).

[3]李建新.分析盐业形势坚持科学发展[J].企业家天地,2008(10b).

[4]古力.盐业公司统治与治理的双重管控机制初探[J].企业经济,2012(1).

西部盐区经济增长中基于产业链整合的政策转型研究①

罗若愚②　刘茜③

一、引言

我国西部地区因盐而兴的城镇颇多,如西藏的盐井县、新疆的盐湖镇、四川的盐源县,以及久负盛名的自贡市等。虽然有文献探讨了资源型城市的分类问题[1],但总的来说资源型城市可以划分为两类:资源枯竭型城市和资源富集型城市。资源型城市转型特别是政府政策研究近年来成为经济学研究的重要领域之一。在有关资源型城市转型的研究中,主要是以东北老工业城市等资源枯竭城市为主要研究对象,而较少关注西部资源富集型城市。本文所探讨的盐业城镇属于资源富集型城市,该类地区在相当长的一段时期内并不存在资源枯竭的威胁。这类城市中,以盐业资源城市为典型。自贡市辖区内井盐资源极其丰富,专家预计可开采超过5000年。[2]然而,近年来西部盐区存在产业发展结构单一、经济增长缺乏新动力等问题。

西部盐区的盐业相关产业支撑着整个地区的经济增长,但产业链中的企业之间没有形成协作关系和基于共同的地域文化背景之上的相互认同,没有在上下游环境实现优势互补,产业内部缺乏区域整体性认识。[3]正是基于西部盐区这一特殊的经济增长环境,笔者认为地方政策要实现由"资本扩张导向"向"产业链整合导向"转型。本文选择西部盐区的代表城市自贡作为案例,对其产业转型的历史过程,为什么要选择"产业链整合导向"政策,政府参与产业链整合政策转型的路径,政府在产业转型整合中存在的不足等进行深入研究,以便为西部盐区城市的经济转型提供可借鉴的思路。

---

① 基金项目:四川省哲学社会科学重点研究基地、四川省教育厅人文社科重点研究基地——四川理工学院中国盐文化研究中心重点项目(编号:YWHZ11-02)之阶段性成果,同时也是国家社会科学基金一般项目"区域产业转移中我国西部承接地政府间合作治理机制研究"(编号:11BGL074)的研究成果。

② 罗若愚(1968—),女,四川射洪县人,电子科技大学政治与公共管理学院副教授,主要研究方向为产业经济、区域发展。

③ 刘茜(1989—),女,四川成都人,电子科技大学政治与公共管理学院研究生,研究方向为公共政策研究。

二、自贡盐区产业转型概述

1. 背景介绍

自贡,位于四川省南部,是全国闻名的盐都和恐龙之都。自贡是四川省三大省辖市之一,曾经备受瞩目,而近些年来正面临着经济转型的挑战。自贡市富含盐卤资源,仅辖区内已探明的威西岩盐矿储量就高达174.6亿吨,如果按照现有开采技术和开采量计算,能够持续开采5000年以上。[5]2008年,自贡市的原盐产量超过320万吨,这一数字占四川盐总产量的70%;而盐深加工产品(品种盐)的生产能力能够达到10万吨/年,约为全国生产总量的50%。[2]

虽然自贡市富含盐业资源,却因为产业链结构简单,面临着经济增长缺乏可持续性内生动力的巨大挑战。自贡作为一个以老工业为主的城市,经济发展落后于德阳、绵阳等地,年产值仅位于四川省第十位。[4]因此,城市如何完成转型,值得关注。

2. 自贡的产业转型实现路径

自贡的产业调整,要追溯到改革开放时期。自贡市的产业转型大体经历了三个阶段。第一阶段(1978—1993年)是产业转型前的巨变期。自贡市的第一产业经历了倒"U"形的发展,第三产业无法超越第一产业,一直持续到1991年,自贡完成了产业结构的转型。第二阶段(1993—1998年)是产业转型后的过渡期。产业发展趋于稳定,日渐适应了产业政策环境。第三阶段(1998年至今)是经历产业转型后的迅速发展期。部门趋于专业化、高增长和高利税的趋势。[5]自贡市试图摸索出以产业综合化发展为转型的路径,在规划中,将提升和改造特色产业作为经济发展的重点,推动高科技产业作为传统产业的转型,力求在发展自贡特色农业的同时,能够传承历史文化的旅游文化复合型产业结构。

表1　自贡市地区生产总值构成比例　　单位:%

年份	1978	1983	1988	1993	1998	2003	2008	2011
第一产业	29.8	37.3	30.1	21.9	23.4	19.2	16.9	12.7
第二产业	47.3	41.9	44.6	46.1	45.4	42.4	50.9	58.8
第三产业	22.9	20.8	25.3	32.0	31.2	38.4	32.2	28.5

资料来源:罗若愚,张龙鹏.西部资源型城市产业转型、经济增长与政策选择——基于四川省自贡市的实证研究[J].统计与决策,2013(10).

在第一阶段,自贡的第三产业从业人数占劳动力总数的比例比全国水平约低4个百分点,但机关单位从业人数占城市劳动力总数的比例却在5%以上,而1985年全国平均比例仅为1.6%(1985年数据)。[6]第三产业其他各业从业人数更低于全国平均水平。由此可见,在第一阶段自贡市第三产业劳动力比重低,质量较差,政府机关人员冗余突出,从而在一定程度上影响了自贡当时的经济效益。工业方面,在这一阶段自贡市由于矿产资源比较单一,导致产业结构单一。农业方面,自贡市农业属于"重粮重猪"结构,农业与工业关系不大,农业结构单一。这一阶段自贡市产业部门结构不合理,自贡市的工业生产规模较大,而第三产业劳动力比重低是构成低水平、生产低效益的矛盾现象的主导因素之一。

第二阶段是一个过渡时期,产业结构基本没有太大变化,为对产业政策的适应期。

第三阶段是自贡产业的快速发展期。这一时期,自贡经济得以恢复和快速发展,也与盐业通过改革相关。大型相关盐化企业在省、市政府的大力支持下,通过剥离辅业和"优资破产",开始扭亏为盈。在工业方面,机械装备制造、盐化工和新材料成为自贡三大主导产业,合计占全部工业产值的70%。在服务产业方面,自贡市全力打造旅游目的地,实施历史文化名城保护战略和旅游精品战略。通过整合盐史、恐龙、彩灯传统旅游资源,以自贡地方文化为内涵,建立自贡恐龙王国、灯会之都、盐卤旅游文化之都。但转型后的自贡以盐业发展为基础,没有形成上下游产业及支撑产业互相关联的互补效应,因此缺乏区域竞争力和经济增长的新动力。随着四川其他工业城市的高速发展,自贡市规模工业增加值总量下滑到全省第11位。[7]

三、自贡产业链现状分析

自贡以盐为基础的产业链主要涉及以下几个方面:上游是原盐勘探、开采。自贡拥有用之不竭的井盐资源。中游主要涉及纯碱、烧碱和氯碱等加工和输卤、制盐、盐卤综合利用。目前自贡拥有全国最大的井矿盐生产基地、中国西部重要的盐化工、机械装备制造业和新材料研发基地。下游主要是精制盐、品种盐、含盐日化品和以压力容器为主的机械制造业、复合肥等化工产品,以及延伸到盐文化、灯会、恐龙等的旅游文化业。自贡在《四川省工业产业发展规划》《四川省"十二五"工业发展规划》等产业政策的引导下,在深化其传统资源型产业的基础上延伸产业链,积极培养新兴产业和高科技产业,盐化工产业、装备制造业、新材料产业主导区域产业发展,其他产业协调发展的产业链格局,有力地推动了自贡经济发展。[5]

四、基于产业链整合导向的必要性

西部地区的工业体系基本是在"三线"时期作为全国的能源、原材料基地,一度得到了中央政策的重点支持。[3]自贡也正是在这样的宏观环境下得到了迅速的发展,也为我国经济增长做出了巨大的贡献。长期以来,地方政府的政策导向依然是"资本扩张型"的,经济发展和产业转型主要依靠资源投入和带有较强政府政策指向的投资项目拉动,动力主要来自外部,且资源和资本等外生性生产要素具有边际报酬递减规律。2012年全市工业招商引资完成181亿元，新引进项目150个。根据新古典经济学的观点，一个区域经济增长的源泉来自两个方面：一是要素投入的增加，二是要素生产率的提高。从这点来看，盐业地区的政策选择是合理的。但资本投入的增加只是地区经济增长的一个外生动力，一旦没有区外资本的注入，那么区域经济增长的动力也就随之消失。

自2007年以来，四川省涌现出一批工业发展势头强劲的新兴城市，如崇州、德阳等等。自贡规模工业增加值和增速减缓。自贡受传统工业的路径依赖较大，吸引投资为导向发展传统产业的做法已经不合时宜。克鲁格曼就指出大部分东亚国家和地区的经济增长主要依靠要素投入的增加，技术进步没有发挥明显的作用，从而导致这种经济增长模式是不可持续的。[8]如表2所示，本文对投资驱动经济发展和产业链整合驱动经济发展进行了对比。不难发现，自贡政府需要在继续引进资本的基础上，实现政策的转变和产业链结构的调整，以提高生产要素的生产率和区域创新能力，实现地方经济的可持续发展。

表2　投资与产业链整合驱动对比

	投资驱动型	产业链整合驱动型
属性	外生增长机制	内生增长机制
特征	依靠资源投入和招商引资驱动经济增长	依靠地方产业链内部调整延伸驱动经济增长
优势	1. 对经济短期促进效果明显 2. 快速解决产业发展的资金问题 3. 短期内有助于解决当地就业问题	1. 对地方经济发展有长远推动作用 2. 推动地方产业结构优化调整，部门间产生协同效应 3. 推动地方产业创新、技术创新、产品创新等
局限	市场环境中自我调节能力弱，产业结构扭曲并缺乏动力，难以实现可持续发展	产业链整合的过程漫长，需要政府在政绩观念上的改变，因此存在领导换届后政策的可持续性风险

五、基于产业链整合政策转型路径研究

近年来，自贡市的产业转型在深度和广度上都取得了一定的成绩。随着城市地位和功能的大幅提升、区域经济竞争的加剧，自贡市政府基于自贡盐区产业特殊的经济增长环境和产业发展现状，政策上选择了“资本扩张导向”向“产业链整合导向”转型，使得经济得到了内生增长的动力。产业链描述了从原材料到产品的企业网链结构，它的整合方式分为纵向一体化、横向一体化和产业链融合。[9]本文将分析自贡产业链纵向和横向的整合路径，探究政策在产业链整合过程中的政策行为转变。

1. 以盐业为基础的纵向一体化产业链整合

产业链的纵向整合是企业为了节约交易成本，对产业链纵向结构中的战略性资源进行集成和融合的过程。企业在纵向整合的过程中通过对上游供应环节和下游销售环节的

延伸延长企业的价值链,实现多元化发展,得到新的发展动力。[10]自贡一直坚持以盐化工产业为经济发展基础,充分利用资源优势进行产业整合,产业政策开始走上转型之路。一方面,以大型国有企业为依托,进行企业盐化工产业链的垂直纵向一体化整合。目前,自贡已经形成了“盐—基础化工—精细化工—硅氟化工—后加工产品”产业链,并培育和壮大“盐卤—碱—氯—高附加值含氯有机物—聚苯硫醚”的特色氯碱产业链。[7]另一方面,对于企业自身产业链的验收给予了政策鼓励。2008 年自贡副市长走访韩国汇维仕公司,提出适时调整产业结构,追加投资,延伸产业链的建议。由此可见地方政府对于产业链纵向整合的重视程度。最后,调整工业产业空间布局。过去自贡制盐行业分布过于分散,造成物流成本增加。自贡市委、市政府以舒平制盐区、富顺晨光化工园区为主要工业园区,深加工产品将在富顺晨光化工园区集中建设。

2. 以产业集群化发展为支撑的横向产业链整合

自贡的产业链横向整合主要是相关产业的水平整合。[10]横向战略联盟是企业间基于共同的目标实现区域经济整体发展而结成的同盟。自贡市政府在发展盐工业的基础上积极培育新兴产业和支柱性产业,降低了经济发展对盐工业的依赖度。自第三次转型以来,自贡市政府大力培育具有国际竞争力的大型企业集团和与之配套的中小企业群,建立专业化分工和社会化服务的协作体系。2011 年《自贡国家高新区——“百千”产城互动发展规划》正式启动,国家节能环保装备制造基地、国家新材料产业化基地推动了自贡产业集群化发展,也促进了产业链的水平整合。集群化的发展模式有助于提高各个环节的运转效率,提升政府资源配置的能力,也有助于推动自贡产业政策的转型。[7]自贡装备制造龙头企业华西能源公司近 2/3 的生产任务外包给 60 余家合作企业,甚至将泵、阀、风机等江浙配套企业吸引落户自贡高新区,延长了产业链。让我们看到了地方政府发展经济的思维实现了从吸引投资驱动地方经济发展到整合产业链驱动发展的转变。

六、结论

西部盐区产业在中央与地方的支持下得到迅速的发展,为我国经济增长做出了巨大的贡献。在促进盐区经济增长的过程中,地方政府的政策导向依然是“资本扩张型”的,千方百计招商引资。也有学者认为资源富集地区的经济增长应首先考虑资本的推动作用。[11]根据新古典经济学的观点,一个区域经济增长的源泉在于两个方面:一是要素投入的增加,二是要素生产率的提高。从这点来看,盐业地区的政策选择是合理的。但资本投入的增加只是地区经济增长的一个外生动力,一旦没有区外资本的注入,那么区域经济增长的动力也就随之消失。

自贡市在继续资本引进的基础上,进行了产业转型政策的调整,实现了由“资本扩张导向”向“产业链整合导向”的转型,完善了区域内产业链,产业获得了自身发展的内在机制,从而使生产要素得到了合理配置,提高了要素的生产率。总的来说,自贡市基于产业链整合的产业转型取得了不错的成绩,其中有优势也有以下担忧:

(1)自贡产业链整合最大的挑战应该来自产业管制,对盐区产业链的纵向整合发展造成了阻碍。具体体现在:一是在现行盐业管理体制下实行计划管理,造成产销分割,生产企业在价值分配中处于弱势,容易打击其生产积极性。二是盐业公司在中间加收管理费,变相抽走了盐企业的经济效益,制约了下游盐化工行业的发展,加大了下游销售企业的销售成本,阻碍了市场的正常秩序。[2]

(2)在相关产业和支柱产业方面,自贡拥有比较丰富的旅游资源。例如,西秦会馆、卤盐井温泉、富顺豆花、恐龙灯会等,但这些旅游产品都比较单一,没有与自贡市悠久的盐文化有机地结合起来,进而可能导致自贡"千年盐都"的城市形象不能深入人心。盐文化应成为自贡产业链发展中的一个新生分支力量,但如何充分利用自贡盐文化促进自贡旅游业的发展,成为自贡产业链中的重要一环,这是值得决策者思考的问题。

针对本文提出的担忧,提出以下几点政策建议:

(1)面对过高的井盐成本,政府应引导产业链中的核心企业树立创新意识并进行技术改造和规模扩张;组织产业链中的大小企业进行交流,加强企业间技术合作,形成区域创新体系。

(2)针对现行的盐业管制制度,自贡政府应转变自身宏观管理的方式,为盐化工企业创造公平的政策环境,维护市场秩序,而盐化工企业则应调整内部结构,延长产业链,抓住机会实现低成本规模扩张。

(3)自贡政府组织相关会议,讨论如何将其悠久的盐文化融入现有的旅游资源当中,实现产业链的横向拓展。

[参考文献]

[1]国家计委宏观经济研究院课题组. 我国资源型城市的界定与分类[J]. 宏观经济研究,2002(11):37-39,59.

[2]曾绍伦,冉景亮,曾凡英,等. 区域特色产业集群发展与产业结构调整分析——以自贡市盐化集群为例[J]. 生态经济,2010(12):108-112.

[3]钟庭军,张晔. 产业集聚、产业链及在西部产业发展中的运用[J]. 重庆工商大学学报,2005(10).

[4]叶一军. 地级市城市化的产业转型研究——以自贡为例 [J]. 现代商贸工业,2012.

[5]罗若愚,张龙鹏. 西部资源型城市产业转型、经济增长与政策选择——基于四川省自贡市的实证研究 [J]. 统计与决策,2013(10).

[6]刘彦琼. 自贡市产业部门结构的经济地理分析[J]. 四川师范大学学报,1992(4).

[7]艳红，何凡．基于特色产业集群的老工业振兴路径研究——以自贡盐化工业为例[J]．四川理工学院学报(社会科学版)，2013(11)．

[8]陈宇峰．转型国家初期的经济绩效差异性及分解：一项基于模糊理论的实证研究[J]．经济理论与经济管理，2009(10)．

[9]郑大庆，张赞，于俊府．产业链整合理论探讨[J]．科技进步与对策，2011(2)：64－68.

[10]曹群．产业链整合的产业集群创新机理研究[D]．哈尔滨工业大学，2009.

[11]胡春生．资源富集区产业转型促进模式选择及体系构建[J]．经济问题探索，2011(4)：118－121.

盐业企业社会责任履行的变量影响因素探析[①]

韩松爱[②]　赵志彬[③]　邓红[④]

我国的现代盐业是从古代、近代盐业的基础上,经过3000多年的延续和发展,形成的具有符合我国现代社会发展模式的一种产业形态。由于盐业体制的相关因素影响到社会的稳定,因此,新中国成立以来,我国对盐业实行了60多年的专营体制。在计划经济时代,这种专营体制对维护社会的稳定、经济的发展产生了重大作用。但是,改革开放后,我国经济体制由计划经济转变为市场经济,实行由国家垄断专营体制转变为向食盐专营、工业用盐及其他用盐放开的双轨制运营体制,建立国资、民资和股份制共存与合作的产权制度,推行现代企业制度,建立出厂价、批发价、零售价的盐价体系,施行增值税、资源税的双税制度。随着经济全球化的进程和企业社会责任的不断强化,盐业企业的管理实践经历了从质量管理阶段、环境管理阶段到以社会责任管理为核心的全面管理阶段,盐业企业要想实现可持续发展必须兼顾经济、社会和环境的平衡,而且盐业企业履行社会责任的过程,也是企业竞争力形成优势的过程和实现企业与社会共同可持续发展的过程。[⑤] 因此,在激烈的市场竞争中市场决定企业前途的情况下,在转型期,增强企业核心竞争力的关键在于分析盐业企业社会责任的影响因素,这也是对盐业企业生存与发展的考验。

一、转型期盐业企业的现状

我国现代盐业企业是我国现代盐产业的载体,是进入21世纪后的一种产业形态。现代盐业企业正处于一个重大的转变时期,即由国家垄断专营体制转变为向食盐专营、其他盐放开的双轨制运营体制。由于我国传统盐业企业长期以来受到国家食盐专营政策的保护,再加上我国盐业资源的分布状态、生产加工的落后,从而导致盐业企业缺乏市场应变能力,发展速度滞后于一般行业。目前,我国盐业企业存在以下几个问题:

---

① 基金项目:四川省哲学社会科学重点研究基地、四川省教育厅人文社会科学重点研究基地——四川理工学院中国盐文化研究中心资助项目“转型期盐业企业社会责任与核心竞争力培育”(编号:YWHZ14-02)之阶段性成果。

② 韩松爱(1988—),男,河南鹤壁人,2013级硕士研究生,研究方向为企业发展与创新、人力资源管理。

③ 赵志彬(1987—),男,山东滨州人,2012级硕士研究生,研究方向为企业发展与创新、人力资源管理。

④ 邓红(1957—),女,四川富顺人,四川理工学院教授,研究方向为企业发展与创新、人力资源管理。

⑤ 范英红.社会责任视角下的企业核心竞争力的培育[J].中国集体经济,2010(22):35-36.

1. 设备陈旧,技术落后

盐业在我国有着悠久的历史,盐业的生产工艺依然保留着原始的、简单的做法和技术,而且机械化程度都不高,其产品功能单一、品质标准简单。虽然今天,我国盐业企业经过了近30年的技术改造,但总的来说,同其他行业相比其生产经营和产品的科技含量总体上偏低,缺乏企业核心竞争力。我国盐业企业大部分都是依托资源、就地办厂,分散在全国各地,且规模大小不一。由于我国产盐地多在海洋、湖泊和山丘,因此,企业也分布于这些地区。再加上生产工艺粗放,设备老化,企业也呈现出老化的现象。

2. 行业竞争激烈,市场相互渗透

当下,从中盐总公司到各个盐业企业,既有在统管机制下纵向的专营运作,又有横向的市场发展,形成了行业内的竞争格局;再加上盐业产品的生产与消费具有限量性,这就使得竞争更加激烈,促使各种盐业企业冲破区域市场互相渗透,海盐、井盐和湖盐互相挤拼,从而影响了整个盐业市场的协调发展和企业利益。①

目前,我国盐业企业正处于由计划经济向市场经济转变的关键时期,盐业也从国家垄断专营体制转变为向食盐专营、其他盐放开的双轨制运营体制转变。盐业企业应该抓住这个变革的关键时期,整合资源,重组企业,改进生产,开发新产品,加强市场营销,履行社会责任,培育核心竞争力,把盐业企业创建为现代化的企业。

二、转型期影响盐业企业社会责任履行的变量因素

企业社会责任是指企业在所从事的各种活动中,在创造利润、对企业内股东利益负责的同时,还要承担对利益相关者的责任,即对企业相接触的一切负责,以使企业在经济、社会、环境等领域能够得到均衡的可持续发展。企业社会责任具体体现在诸如遵守商业道德、生产安全、职业健康、保护劳动者的合法权益以及保护环境、节约资源、支持慈善事业、捐助社会公益、保护弱势群体等方面。②

我国盐业企业正处在转型变革的关键时期,在这个时期不断出现的新的社会问题和社会矛盾,表现为企业由计划经济时代下过度承担社会责任转变为现阶段的社会责任缺失,诸如盐业企业逃避社保缴费以及偷税漏税,企业内部员工在工作条件、劳动安全和劳动关系等方面的基本权益得不到保障;较少地考虑环境保护方面的作用,将利润建立在破坏和污染环境的基础之上;还有一些企业唯利是图,提供不合格的服务、产品或虚假信息,欺骗消费者,缺乏诚信等。

这些问题使我国盐业企业面临着提高获利能力与承担社会责任的平衡操控的巨大压力。很少有企业会真正意识到企业社会责任的重要性,更不会像发达国家那样,将履行企

① 潘春跃. 盐业企业核心竞争力的定位及其培育[J]. 四川理工学院学报(社会科学版),2007,22(6):19-22.

② 吴秀云. 企业履行社会责任的影响因素及制度安排[J]. 商业时代,2009(34):50-52.

业社会责任作为一种投资,从而使盐业企业树立良好的绿色形象,改善盐业企业同社会公众、政府的关系并且通过这种崭新的投资来提高企业的竞争力。我国盐业企业暴露出来的问题应该引起每一个企业的重视,要想使企业获得可持续发展,壮大企业的规模,就应该意识到社会责任的重要性,进而通过履行社会责任,提升自己的知名度,打造自己的品牌,增强企业的核心竞争力,使盐业企业实现永续发展。

在转型期,对我国盐业企业社会责任影响的变量因素具体体现在以下几个方面:

1. 转型期特殊的竞争环境

转型期直接关系到盐业企业可持续发展的起点的高低和持久性的强弱,转型期的过渡不仅要讲究时间优势,更要讲究稳步推进,特殊时期盐业企业发展要注重“度”。为了获得竞争优势,为了提高自身核心竞争力,强化企业的盈利能力和效率能力,有很多企业竟然采取恶性竞争措施,宁可自己亏损也要将竞争对手打垮。通过提高盈利能力、效率能力提高自身核心竞争力只能暂时保住盐业企业不被过早淘汰的命运,而不是长久之计。转型期恶劣的竞争环境直接导致盐业企业经济利润的下降,也就无法为盐业企业履行社会责任提供物质保障,尤其是对社会公益责任和政府责任影响巨大,减少了盐业企业的社会捐赠数额,削弱了盐业企业吸纳就业人数的能力。

2. 盐业行业的特点

盐业体制虽然经历了多次变革,形成了双轨制运营体制,体现了盐业市场的进一步开放,但是相对于其他行业,鉴于盐业保障民生的特殊行业性质,盐业行业承担并履行了更多的社会责任。从盐业行业企业种类看,盐业企业分为食盐生产企业和盐化工企业,食盐生产企业从数量上保障食盐供给,从质量上生产防止各种疾病的食盐,盐化工企业则应承担更多对环境方面的社会责任①;从总体上来看,盐业企业承担更多的是对政府的责任和对员工的责任。盐业自古就是纳税重点行业,其自然沿袭了对政府责任的贡献,而安逸的环境使盐业企业员工的福利待遇是相当不错的,但是不同企业以及同一企业不同层次的员工之间存在很大差距。总之,盐业行业的特点决定了盐业企业与其他行业履行社会责任侧重点的不同,盐业行业内部盐业企业性质的差别又决定了不同盐业企业履行社会责任的差别以及企业内部员工履行社会责任的差别。

3. 盐业企业的社会责任意识

企业社会责任的履行需要企业社会责任意识的引导,无论是整个企业还是企业管理层乃至企业普通员工,社会责任意识的缺乏都会减弱整个企业社会责任履行的程度。盐业企业社会责任意识包括盐业企业的核心价值观、使命、文化氛围,高层管理者的战略思维,普通员工的组织公民行为表现等。中盐集团以“引领现代盐业,创造美好生活”为企业使命,以“创业创新,同心同力”为核心价值观②,直接揭示了中盐总公司在保障食盐供

① 卢力,陈磊. 关于盐业企业履行社会责任的几点思考[J]. 苏盐科技,2010(3):36-37.

② 中国盐业总公司. 中盐介绍[EB/OL]. http://www.chinasalt.com.cn/gyzy/jyln/.

给基础上为人民生活质量提高而担负的社会责任；以创新为核心的价值观说明了中盐总公司盐业龙头老大的地位必须为整个行业革新履行应有的社会责任，也就是通常所说的社会公益责任范畴。具备战略思维的企业家、高层管理者必定会更加注重企业的长远发展，而社会责任对于盐业企业核心竞争力的提升作用，对企业的回报是有一定周期的，因此，高层管理者的战略思维意识会对盐业企业履行社会责任起决定作用。[①] 普通员工的社会责任意识是以企业使命和核心价值观为指导，以企业文化为熏陶自觉形成的，当然也深受盐业企业内部各种规章制度的影响。只有整个盐业企业自上而下达成履行社会责任的共识，形成默认的社会责任履行心理契约，才能推动整个盐业企业社会责任的履行。

4. 盐业协会等社会团体

盐业企业宏观层面所处的激烈的竞争环境，中观层面盐业行业的独特性质，微观层面盐业企业乃至企业员工的意识，都会影响盐业企业社会责任的履行。宏观上盐业企业恶劣竞争环境的改善需要发挥政府的主体作用，微观层面企业通过自身相关措施的制定也会有所改进，然而中观层面却存在主体不明确的问题。通过分析中观层面主体可以发掘影响盐业企业履行社会责任的另一重要因素——社会团体。

以盐业协会为主体的社会团体，可以监督盐企履行社会责任，制定相关社会责任的履行标准以及履行社会责任的相关行业准则。因此，盐业协会等社会团体作为不作为以及作为的程度都会直接影响整个行业盐企履行社会责任的情况。除此之外，盐业协会完全可以发挥自身社会责任知识经验储备的优势，为相关盐业企业提供社会责任服务职能。

三、转型期盐业企业履行社会责任的相关建议

1. 政府积极引导行业间的合理竞争

由于行业间的不良竞争会导致盐业企业的不良发展，政府首先就要制定相应的政策，积极引导盐业企业的良性竞争；其次，引进先进的生产技术，促使盐业企业迅速而稳定地转型；最后，投入大量的科研费用，积极创新，研制出多样的盐业产品。

盐业行业间的特点会影响企业社会责任的履行，首先，在盐业生产的质量上，应该加大对盐业质量的监管，制定相应的规章制度，根据全国各个地区对盐种类需求不同生产不同元素的食盐，满足不同层次的需要；其次，盐企应加大对政府以及员工社会责任的履行程度，但由于行业间的差距，同行业间不同层次员工的差距，都会影响企业社会责任的实施。

2. 提高盐业企业的社会责任意识

（1）企业文化对于培养企业内的社会责任意识具有显著的积极作用，通过它可以培育企业内部员工共同的社会责任意识，对企业的发展能够产生推动作用。盐业企业所要

---

① 吴秀云．企业履行社会责任的影响因素及制度安排［J］．商业时代，2009（34）：50－52.

做的就是培养企业内部的企业文化,从而提升企业的社会责任意识,实现企业内部包括股东及员工的利益,履行企业外部包括社会、环境等的社会责任。

(2)企业内部的规章制度也会对企业的社会责任意识的培育产生巨大的能动作用。首先,企业要定期对员工进行社会责任的培训,使每位员工都能对社会责任有共同的理解;其次,企业要对利益相关者进行正面的激励,包括物质上的、精神上的,从而使每一位利益相关者都能主动履行社会责任,最终形成整个企业履行社会责任的局面;最后,企业也要按照国家的相关规定,主动履行社会责任,从而提升企业在行业间的竞争力。

3. 发挥盐业协会的协调沟通作用

必须充分发挥盐业协会在盐务局与盐业企业之间的协调沟通作用,畅通盐务局与盐业企业的沟通渠道,确保信息的真实,提高盐业行业整体的办事效率。确保盐业协会的绝对权力,赋予盐业协会制定社会责任报告标准的权力。盐业协会应根据盐业行业多数企业往年数据,制定盐业企业社会责任评价指标体系,确定各个指标相关权重,得到盐业企业社会责任总分值计算公式,为盐业企业计算当年社会责任指数提供依据;同时,盐业协会应以社会责任指数为依据实施盐业企业社会责任等级评定机制,以优、良、中、差为四个等级,辅以相关奖惩措施,从而提高盐业企业履行社会责任的积极性。

四、小结

传统专营体制造成盐业企业生产方式落后、科技含量低的现状,归纳起来也就是盐业企业创新能力低下,导致盐业行业陷入恶性竞争的转型期。盐业企业渡过转型期必须通过创新这条唯一途径,而实现盐业企业自身创新能力提高,带动整个盐业行业竞争力的提升,也是盐业企业履行社会责任的重要方面。同样,盐业企业创新能力的提高也需要政府、盐业协会、盐业企业等主体发挥协同作用,以盐业企业为主体,发挥政府(盐务局)的主导作用和盐业协会的协调沟通作用,提高盐业企业履行社会责任的积极性,进而提高盐业企业的核心竞争力,实现盐业企业跨越式的稳步发展。

[参考文献]

[1]范英红. 社会责任视角下的企业核心竞争力的培育[J]. 中国集体经济,2010(22).

[2]潘春跃. 盐业企业核心竞争力的定位及其培育[J]. 四川理工学院学报(社会科学版),2007,22(6).

[3]吴秀云. 企业履行社会责任的影响因素及制度安排[J]. 商业时代,2009(34).

[4]卢力,陈磊. 关于盐业企业履行社会责任的几点思考[J]. 苏盐科技,2010(3).

[5]中国盐业总公司. 中盐介绍[EB/OL]. http://www.chinasalt.com.cn/gyzy/jyln/.

第四篇　盐文化与开发利用

河东盐文化传播浅论[①]

——基于晋陕豫黄河金三角区域合作的视角

王勇红[②]

河东盐池在中国古代是重要的食盐产区,盐池所产的食盐销往山西、陕西、河南三省的100多个州县。在晋陕豫金三角区域形成了以河东盐池为中心的独特的盐文化现象。河东盐文化作为我国优秀的传统文化之一,其内容丰富,底蕴深厚,可以说是5000多年传统民族文化中的一朵灿烂的奇葩。作为盐文化的重要物质载体,河东盐在传播山西区域文明、河东文化、河东盐文化等方面发挥了极其重要的作用。

山西省的运城市、临汾市,河南省的三门峡市和陕西省的渭南市,共同构成的晋陕豫三省边缘黄河金三角区域的核心地区,是以山西省运城市为中心的区域经济圈。从20世纪80年代开始,黄河金三角的概念已经基本形成。由于空间上相互毗邻,自然条件、资源禀赋结构相近,经济发展水平比较接近以及社会结构相仿等原因,在"八五"期间全国区域合作组织开始活跃的背景下,运城、三门峡和渭南三座省际边缘性城市不约而同地走到了一起,主要协作项目集中在基础设施的建设上。在1986年,山西运城、河南三门峡、陕西渭南三地就成立了"晋陕豫黄河金三角经济协作区"。30年来,协作区共同编制发展规划,联合建设基础设施,在产业合作等方面也联合发展,取得了显著成效。2007年,三市决定建立"国家晋陕豫黄河金三角区域协调发展综合试验区"。在2009年的全国两会上,河南、山西、陕西三省代表团联合呼吁建立"晋陕豫黄河金三角四市国家区域协调发展综合试验区"。2014年4月14日,经国务院批准,国家发改委向山西、陕西、河南省人民政府和国务院有关部委、直属机构印发了《晋陕豫黄河金三角区域合作规划》,要求认真贯彻落实《国务院关于晋陕豫黄河金三角区域合作规划的批复》精神,提高认识、紧密合作、扎实工作,努力把晋陕豫黄河金三角建设成为全国省际交界地区区域协调发展的试验区,中西部地区特色农产品生产加工、能源原材料及装备制造业基地,内陆地区重要的区域物流中心和华夏历史文化旅游目的地,为全国区域协调发展发挥典型示范作用。

河东盐文化作为中华民族的优秀文化,正以其独特的魅力影响着世界,它以和谐作为

---

① 基金项目:四川省哲学社会科学重点研究基地、四川省教育厅人文社科重点研究基地——四川理工学院中国盐文化研究中心资助项目(项目编号:YWHZ10-04)之阶段性成果。

② 王勇红(1975—),男,山西太原人,山西省社会科学院晋商文化研究中心副主任,经济学硕士,研究方向为区域经济史、晋商研究。

精神价值,以促进民族团结、合作发展、共同繁荣为核心,以实现社会经济文化全面发展为最终目的。弘扬和传承河东盐文化,有利于实现和平发展,构建社会主义和谐社会,促进和谐世界建设,也是展现中华民族强大凝聚力的需要。

河东盐文化内涵丰富,涉及文学、历史学、民俗学、考古学等诸多领域。如何有效地传播河东盐文化,理应得到广泛关注,但是现在对这方面的研究还略显薄弱。所以,本文以传播学为基础,结合其他学科,对河东盐文化进行深入而全面的研究,梳理河东盐文化的传播模式、传播策略,探讨河东盐文化的当代价值,促进河东盐文化的有效传播,发挥其建设社会主义和谐社会的现实意义,推进其在区域文化建设及振兴文化产业发展中的积极意义。

一、河东盐文化概述

文化是一种广泛的社会意识,也是经济发展的环境要素,推动或阻碍着经济的发展。一个区域的经济发展,与该区域的文化特质有着非常大的关系:当该区域的文化内涵与外在经济环境相协调时,它会成为促进区域经济发展的强大因素。因此,在研究区域经济发展时,就必须研究区域的文化特质。

研究河东盐文化,必须对文化的概念进行阐释,文化是河东盐文化研究的逻辑起点。什么是文化?古往今来,众说纷纭。据统计,学者们给文化所下的定义已有 200 余种之多,可见,关于文化的定义是丰富多彩的。1999 年版的《辞海》:"从广义来说,指人类社会实践过程中所创造的物质财富和精神财富的总和。从狭义来说,指社会的意识形态,以及与之相适应的制度与组织结构。文化是一种历史现象,每一个社会都有与其相适应的文化,并随着社会物质生产的发展而发展。作为意识形态的文化,是一定社会的政治和经济的反映,又给予巨大的影响和作用于一定社会的政治、经济。在阶级社会中,它具有阶级性。随着民族的产生和发展,文化具有民族性。通过民族形式的发展,形成民族的传统。文化的发展具有历史的连接性,社会物质生产发展的历史延续性是文化发展历史延续性的基础。"①可见,文化以精神和物质的形式而存在,文化的主体是人,人是精神文化和物质文化的创造者;文化不是静态的,而是动态的,我们应该用发展的眼光看待文化。

"河东盐文化"是以河东盐生产、交换、消费为逻辑起点,经历几千年的演变、积淀而发展起来的文化,因此,要对"河东盐文化"有宏观的、深入的了解,必须对河东盐及其产生的系列文化现象进行梳理和阐释。河东盐文化,是一种开放式的地域文化。兴起于运城盐池附近的河东盐文化是中国最古老的文化之一。河东盐文化包括了科学技术视角下的河东盐生产过程中形成的科技文化,包括了河东盐在运输、销售的过程中形

① 辞海[M]. 上海:上海辞书出版社,1980:79.

成的河东盐的商业文化,包括了河东盐运销地区与河东池盐相关的饮食、风俗习惯等民俗文化,包括了古代盐务管理、盐税等领域与河东盐相关的内容,以及与河东盐有关的文物古迹、神话传说等许多方面。河东盐文化的历史渊源非常深厚。

二、河东盐文化的传播

任何一种文化之所以能够被接触、理解、接受和传承,都离不开传播的作用。河东盐文化亦如此。2000多年来,从河东盐的史实到河东盐的“文化热”,河东盐文化的发展史就是一部河东盐文化的传播史。研究河东盐文化传播,我们必须了解传播以及文化传播的含义。

1. 传播与文化传播

人是传播的动物,传播是人类赖以生存和发展的基本行为之一,它渗透到人类的一切活动当中,是人类得以组成社会的黏合剂,“是形成人类关系的材料,是人类全部历史的水流,不断延伸我们的感觉和我们的信息渠道”①。“从本质上讲,传播是指人类交换和共享信息的过程,是人与人之间、人与社会之间,通过有意义的符号进行信息传递、信息接收或信息反馈的实践活动。传播定义为信息的传递、交流和共享过程,以及通过信息流动所达成的社会文化互动。”②

文化是传播的文化,传播是文化的传播。没有文化的传播和没有传播的文化都是不存在的。文化传播是伴随着人类社会文化的产生而产生的,并且推进着文化的变迁和文化的融合。当一种文化在某个社会、族群之中发生,日益传播,并渗透到社会中的个人和集体的思维、行动模式,这种文化就成为这个社会、族群的共有文化。当一个社会、族群的共有文化开始通过各种载体传播到周边社会、族群,并且与周边文化相互交织、互动时,就产生了文化的融合;而当自有文化所附着的社会、族群日益受到他者文化的传播,受其吸引,其思维和行动的模式渐向他者文化靠近时,则面临着自有文化的销蚀和被吸纳。文化传播是“人类赖以存在和发展的机制,是一切智能的象征和通过空间传达它们和通过时间保存它们的手段,每一种文化形式和每一个社会行为的表现,都或明晰或含糊地涉及传播”③。

文化的传播功能是文化的首要和基本功能,文化的其他功能都是在这一功能的基础上发展起来的。如果没有文化的交流与传播,任何文化都将是一种“死文化”而不是一种“活文化”;如果没有文化的交流与传播,把自己和外界封闭起来,把“本文化”与“他文化”

① (美)威尔伯·施拉姆,(美)威廉·波特.传播学概论[M].陈亮,周立方,译.北京:新华出版社,1984:20.
② 庄晓东.传播与文化概论[M].北京:人民出版社,2008:1-3.
③ 庄晓东.文化传播研究在当代中国的意义[J].天津社会科学,2004(2).

割裂开来,任何文化都不会葆有生机和活力,最终都将终结和消亡。所以说,文化的传播功能是文化的首要和基本的功能。传播是促进文化变革和创新的活性机制;传播是文化的内在属性和基本特征。文化不是一个凝固的物体,而是一个发展变动的过程,是一个"活"的流体;文化不是静态的而是动态的。说到底,文化是一个不断流动、演化着的生命过程,有一种向外扩散和传递的冲动。因此,一切文化都是在传播的过程中得以生成和发展的。

2. 河东盐文化在中国古代的传播

人类社会传播活动依次经历了口语传播、文字传播、印刷传播、电子传播和网络传播阶段。古代社会,媒介技术发展水平低、媒介类型单一,对河东盐文化的传播主要是文字传播和口头传播两种方式。

(1)文字传播。河东盐文化的重要载体是河东盐题材文学艺术作品,在2000多年的漫长历史中,河东盐题材作品之多、传播之广、影响之大都是中国盐文化史上少有的。几乎每朝每代、每个历史阶段,均有大量与河东盐有关的文学艺术作品问世、流传。

(2)口头传播。河东盐文化的口头传播主要以远古时期河东盐故事的口耳相传为主。在运城盐池的百里盐滩上,流传有许多优美的、想象丰富的关于盐池形成的神话。如神牛造盐池的神话:据说在很早很早以前,无论是在天宫,还是在人间,盐都非常稀缺。天宫里有一头神牛,把玉皇大帝的盐偷吃了。玉皇大帝知道以后,把神牛贬到人间来,让牛受苦受难。神牛来到人世间,卧在中条山下,躯体化成了一个盐湖。再如麒麟造盐池的神话:传说有一头麒麟,曾出现在古龙门附近。当地人不知是什么动物,以为是怪,便群起攻击,麒麟撒了几滴尿便离开了龙门,撒的尿便化作了盐碱滩。这头麒麟后来来到了中条山下,撒了一泡尿,便形成了盐池。还有蚩尤的传说:传说中的蚩尤是远古时期东夷族部落的首领,他到黄河流域与轩辕黄帝争斗。黄帝把蚩尤打败,将他杀死,并且把他的躯体肢解了。蚩尤的血液流入运城盐池,化成了卤水,卤水晒成盐供人食用。由于蚩尤的躯体被肢解,所以,这个地方便得名为"解",就是现今的山西解州。在运城盐池东南边有一个蚩尤城,传说是蚩尤的葬处,那里有蚩尤冢。传说,尧、舜、禹都曾在河东地区建立他们的都城:尧都平阳、舜都蒲坂、禹都安邑。这三代贤王的都城所在地都靠近盐池,位于消费运城盐池食盐的地区。他们率领部族聚居于运城盐池附近,并建立部族活动中心,其重要原因是:利用运城盐池天然优越的食盐资源,促使部族的凝聚、发展、壮大和强盛。关于河东盐的优美传说和众多的盐业遗址,都彰显了河东盐文化的博大精深。

三、河东盐文化传播的区域

先秦以前,人们就已经认识到河东盐池的重要性,对盐池的大小、方位的了解逐步全面。《山海经·北山经》中记载:"景山,南望盐贩之泽。""盐贩之泽",即指盐池。《左传》中有："沃饶而近盬。"西晋杜预注："盬，盐池，猗氏县盐池。"《战国策·楚策四》载："夫骥之齿至矣，服盐车而上太行。"马拉盐车上太行山，一方面说明河东地区产盐已外运，另一方面反映河东产盐在战国时已为远在南方的楚人所认知。①

唐时河东盐的行销地域在今日之河北、河南、山西、陕西的大部分地区以及安徽北部、湖北北部和甘肃的部分地区。河东盐在唐代各产盐区中处于非常重要的地位。宋代河东盐的运销范围主要分为三个区域：运往京西之蔡、邓、唐、均、郢等各州军者称为南盐；运往陕西路之京兆、凤翔、同、华、商、延、陇、庆等各州军者称为西盐；运往"三京"及京东之济、兖、曹、单、郓，河东之晋、绛、慈、隰，淮北之宿、亳等各州军者称为东盐。②

明清时期的食盐引岸区划比较稳定。明初河东盐的行销范围，在现存的明、清官书中均有记载。据《明史》记载，河东盐行销"陕西之西安、汉中、延安、凤翔四府，河南之归德、怀庆、河南、汝宁、南阳五府及汝州，山西之平阳、潞安二府，泽、沁、辽三州"③。由上述引文可知，明代河东盐的行盐范围共有11府4直隶州。其中汝宁、南阳二府，解盐与淮盐兼行。"万历三十八年后，明代解盐合法行销区域，由全盛的210余个州县，减为140余个州县，减少70余州县。这一格局，一直持续到明王朝的灭亡。"④

清代河东盐的行销范围，据乾隆五十五年（1790年）的《河东盐法备览》中记载："现行山西则平、蒲、泽、潞四府属，解、绛、霍三州属，并隰州属之蒲县；陕西则四、同、兴三府属，商、乾二州属，邠州及所属之三水、淳化二县；河南则河南、南阳二府属，陕、汝二州属并许州属之有襄城县。其实行盐州县一百一十九处。"⑤

今天我们称之为晋陕豫黄河金三角的地区正是河东盐行销范围的核心区域。晋陕豫黄河金三角区域历史文化中最具特色的部分即是河东盐文化。晋陕豫黄河金三角地区位于山西、陕西、河南三省交界地带的黄河沿岸，包括运城市、临汾市、渭南市和三门峡市（以下简称"三省四市"），面积5.78万平方公里。2013年年末，总人口1721万，地区生产总值4917亿元。黄河金三角处于我国中西部结合带和欧亚大陆桥重要地段，是实施西部大开发战略和促进中部地区崛起战略的重点区域，在我国区域发展格局中具有重要地位。河东盐文化是晋陕豫黄河金三角区域历史文化的重要内容，是该区域历史文化中最具特色的内容。在晋陕豫黄河金三角区域经济社会一体化发展的进程中，从文化层面看，河东盐文化能起到核心的纽带作用。

在晋陕豫三省发改委向国务院报送的《晋陕豫黄河金三角区域合作规划》⑥中，有多

① 薛瑞泽．汉唐间河东地区的盐业[J]．盐业史研究，1998(1)．

② 樊吉厚，张国祥，孙丽萍．河东盐三千年[M]．太原：三晋出版社，2008：107．

③ (清)张廷玉．明史[M]．北京：中华书局，1974：1933．

④ 孙晋浩．明代解盐行销区域之变迁[J]．晋阳学刊，2003(4)．

⑤ 蒋兆奎．运商门[M]//刻本．河东盐法备览(卷六)．1790(清乾隆五十五年)．

⑥ 晋陕豫黄河金三角区域合作规划[N]．运城日报，2014-04-26(1,4)．

处表述与河东盐文化相关。在该规划的第二章第三节的“战略地位”中提出:“华夏历史文化旅游目的地。进一步整合旅游资源,加强旅游基础设施建设,合力打造以黄河文化和寻根问祖为主题的华夏历史文化旅游特色品牌和精品旅游线路,共同开拓国内外旅游市场,建设国内一流、国际知名的旅游目的地。”第三章第二节的“培育壮大区域中心城市”中指出运城要“依托南山和盐池合作共建生态智慧城,建设生态宜居城市和区域性商贸物流中心、文化旅游中心”。第五章第三节的“合力发展现代服务业”中提出:“充分发挥黄河金三角区位、资源和人文优势,推进旅游、文化、现代物流、金融和信息服务业的深度合作,提质增效,全面提升区域服务业发展水平。共同打造旅游品牌。共同建设旅游基础设施,合力开拓旅游市场,联手整治旅游市场秩序,建设国内外重要旅游目的地。积极开展与国内重要旅游城市、著名旅游目的地和国际口岸城市的旅游合作,建立客源共享机制。”

四、河东盐文化在晋陕豫黄河金三角区域传播的模式

文化的发展依靠媒介的传递,每一个时代的文化都具有特定媒介所承担的内涵。媒介是文化的载体,是文化得以传播和传承的重要工具。从古至今,人类从语言传播到印刷传播,再到电子媒介传播,文化在岁月中沉淀、积累,在人类的互动活动中不断丰富,媒介担当了社会成员之间有效互动的重任。我们生活在一个传播时代,传播像人类的衣、食、住、行一样,渗透到我们生活的方方面面。可以说,有人存在的地方就有传播的存在。随着社会的发展,媒介技术的成熟,文化传播的渠道越来越多样化、复杂化。新的媒介环境为河东盐文化的传播提供了多元的渠道,为我们更好地推动河东盐文化传播提供了机遇。河东盐文化在当代的传播主要包括组织传播、大众传播和旅游传播等,每一种传播方式都有其自身的特点,文化传播的效果也不尽相同。

1. 组织传播

政府或民间的组织传播对河东盐文化的传承和发扬光大意义重大。组织传播以其明确的目的性、信息的集中性和内容的广泛性,将河东盐文化推向更宽广的舞台。运城市以“弘扬河东盐文化,增进晋陕豫金三角区域向心力,促进经济发展”为主题举办河东盐文化节,利用媒体通过对文化节进行动态性跟踪报道,动员了群众的积极性,营造了强大的宣传声势,扩大了河东盐文化的知名度和影响力。利用河东盐文化节的举办,提升了运城市的城市形象,促进了地区经济的发展,展示了运城市的风土人情和民族文化,对于河东盐文化的传播可以起到积极的作用。除了官方有组织有目的的文化传播活动外,民间组织也能对河东盐文化的传播起积极作用。

2. 大众传播

所谓大众传播,“就是专业化的媒介组织运用先进的传播技术和产业化手段,以社会

上一般大众为对象而进行的大规模的信息生产和传播活动"①。大众传播是面向大众传播信息符号的渠道,它包括报纸、杂志、广播、电视等。大众传播具有及时、覆盖广泛、影响力大等特点,它在传播河东盐文化的过程中起到了举足轻重的作用。

3. 旅游传播

随着社会经济的迅速发展,人们开始热衷于通过旅游来减缓压力、愉悦身心、增长知识,旅游者的数量逐年增长。旅游传播在广度上有所提升。旅游者可以通过电视、报纸、网络等大众传播方式了解旅游目的地情况,也可以通过亲朋、同事或旅行社对旅游目的地的介绍,了解旅游目的地的具体情况。这种情况下,旅游者是受众,接受作为传播者的亲朋、同事或旅行社的文化传播。旅行过程中,导游、旅游地的居民或旅游资源管理者都承担了一部分传播者的职责,旅游者或者游客是旅游地文化传播的受传者。当旅游者离开旅游地以后,会以人际传播的方式将自己获得的旅游信息或者感受告诉给其他人。在这个方面看来,旅游者在旅游活动中,既是信息的接收者,又是信息的发布者。

五、河东盐文化在晋陕豫黄河金三角区域传播的价值

1. 文化价值

河东盐文化的传播可以提升城市文化软实力。自从美国学者约瑟夫·奈20世纪90年代提出软实力概念以来,软实力迅速成为考察一个国家和地区综合实力的重要内容。一个国家或地区的软实力表现在诸多方面。根据约瑟夫·奈的观点,软实力也应该包括文化、政治和外交三个方面。所谓"文化软实力,是指文化中那一部分对外、对内能够发生某种性质的作用力的因素或成分,即对内具有一定的凝聚力和驱动力,对外具有一定的影响力和感召力"②。

如果说经济是一个城市的肉体,那么文化是一个城市的灵魂,是一个城市精神力量的体现,它是一个城市价值理念的来源、文化成果和产品的来源,为城市发展提供源源不断的动力和强大的人文氛围与智力支撑。一个城市的文化软实力,对外能够增强城市的影响力,提升城市的形象,对内能提高城市的品位和气质,彰显城市的内在美。因此,它属于城市综合竞争力的重要组成部分。文化内涵是维系城市生存与脉络的重要因素,是城市独有的文化名片与特色,是一个城市无可复制与模仿的竞争力。历数世界上许多著名的城市,无一不是承载着独有的文化内涵与特色,它们不仅是多年历史的积淀与辉煌文化的展示,更是城市人民深层次精神情感与文化品位的凝聚。在经济与科技日益发达的今天,约瑟夫·奈指出了软实力在国际竞争中的突出地位,而文化则是软实力的重要构成部分,

① 郭庆光. 传播学教程[M]. 北京:中国人民大学出版社,1999:111.

② 彭立勋,乌兰察夫. 文化软实力与城市竞争力——2008年深圳文化蓝皮书[M]. 北京:中国社会科学出版社,2008:28.

是提升国家竞争力的重要因素。对于一个城市而言,文化品牌与文化内涵同样发挥着重要的作用,一个地区的文化资源、文化氛围与文化发展水平也直接决定了城市的知名度与吸引力。随着城市间竞争日趋激烈,城市文化品牌的建设已成为一种共识,通过提升文化软实力来谋求城市竞争力成为 21 世纪城市经营的最新理念。

2. 经济价值

著名德国社会学者马克斯·韦伯认为:“每个时代的‘精神’都与其特定社会的文化传统存在着某种内在的渊源关系。”“现代资本主义精神以及全部现代文化的一个根本因素,即以天职思想为基础的合理行为,产生于基督教禁欲主义。”①马克思·韦伯关于资本主义精神源泉的论述,从本质上揭示了推动和影响经济发展的文化精神生成的文化底蕴。不难看出,晋陕豫黄河金三角区域利用本地文化资源的文化产业类别还不多,如关于河东盐题材的影视剧甚少。另外,河东盐文化尚未形成品牌。这就要求打造一些知名的河东盐文化品牌,在提高河东盐文化知名度的同时,也能带动其他相关产业的长足发展。

六、河东盐文化在晋陕豫黄河金三角区域传播的策略

河东盐文化作为中华民族的优秀文化,虽然得到了一定程度的传播,但传播的广度还需进一步拓展,传播深度仍需进一步深化。笔者认为,河东盐文化的有效传播需做到以下几点:

1. 构建山西—陕西—河南三维传播模式

河东盐文化的区域是由河东盐池向周边池盐消费区域发展的,由三大区域组成,这三大区域分别为山西的临汾市、运城市,陕西的渭南市和河南的三门峡市。从河东盐文化发展的三个区域来看,河东盐池所在地——运城市是核心,形成了一个三维空间。经济发展是构建文化空间格局的基础。近些年,由于国家西部大开发和中部崛起政策的实践,加之山西、陕西和河南三地自身的努力,三省经济得到了不同程度的发展,经济的发展促使城市群网络的出现,形成了巨大的经济和文化网络。城市群的出现不仅利于经济圈的形成,也利于地区文化圈的形成;城市群理念的提出和形成对河东盐文化空间格局的建构同样有很大的启发意义。鉴于河东盐文化从地理空间贯穿山西、陕西和河南三地,河东盐文化传播应是多方联动的三维空间格局,我们可以依据城市群的理论对河东盐文化空间格局进行现代建构的大胆设想。

目前,运城在河东盐文化研究及河东盐文化传播方面走在了前列,也取得了一定的成就,其他地区对于河东盐文化价值的认识和发掘则相对滞后。河东盐文化本该运用多种媒介方式传播而遍地开花,结果却只有运城一枝独秀,这一方面是由于政府部门未能发挥

① (德)马克斯·韦伯.新教伦理与资本主义精神[M].黄晓京,等,译.成都:四川人民出版社,1986:1.

其作为传播者的角色,尤其是陕西省作为文化大省,可利用的文化资源丰富,却对河东盐文化未做到充分认识,遂未能对于河东盐文化进行挖掘。另一方面,是由于前些年城市经济圈尚未形成,文化的发展缺乏雄厚的物质基础。现三个地区已有打造城市文化圈的实力,河东盐文化便是联动三方的纽带。渭南市、三门峡市和临汾市应与运城市相呼应,共同致力河东盐文化的研究与传播!

2. 正确运用“5W 模式”

传播学者拉斯韦尔提出构成传播过程的五种基本要素,并按顺序将它们排列,即所谓的“5W 模式”:

谁 → 说了什么 → 何种渠道 → 对谁 → 效果

图 1　拉斯韦尔的传播过程模式

这一传播模式从传播者、传播内容、传播媒介、传播对象和传播效果五个环节阐释了传播过程的结构。根据此传播模式,笔者对河东盐文化传播过程进行如下分析:

第一,提高传播者媒介素养。当前,河东盐文化的传播者主要是政府部门和各类媒体,这种传播模式局限了河东盐文化传播的时间范围,应利用网络媒体进行常态传播的模式。文化传播中的传播者都应树立尊重文化传播发展规律的传播理念。文化是人类在长期历史进程中自然发展而成的,这就决定了文化传播的传播效果是软性的、浸润性的。要让河东盐文化真正深入受众内心,并在当地产生积极的影响,是一个长期的、潜移默化的过程。急功近利、追求经济效益等观念下所派生出的传播理念都无法达到长期、深远的传播效果。因而,当前河东盐文化的传播,应在尊重文化传播发展规律的基础之上,分阶段、分步骤地稳步推进,注意做好相应政策、机制的同步建设,“随风潜入夜,润物细无声”地推动其在世界各地的开展。

第二,内容为王。传播者应充分发挥自身“议程设置”的优势,设置丰富多彩的传播内容,打造喜闻乐见的形式,使河东盐文化更富有知识性、趣味性以及适当的娱乐性,打造具有吸引力的传播内容。当前河东盐文化传播研究还是多关注传播能力、传播技术、传播手段等的提升,往往忽视了最为根本的影响因素——盐文化自身的吸引力。如果一种文化缺乏吸引力,即便再强大的传播能力也很难使其深入人心获得受众的共鸣与青睐。因此,要提升河东盐文化传播的效果,首先应打造出具有吸引力的盐文化。巩固文化根基,挖掘文化内涵。融合多元文化,增强文化的时代性,实现传统文化与现代文化的融合发展,提升盐文化的吸引力。要善于运用现代文化的精神去发掘传统文化中具有时代意义的文化内容,还要尝试运用传统文化去解读当代的发展与社会文化现象,将传统文化与现代文化融合在一起,提炼出具有时代性的盐文化,并将其发扬光大。

第三,携手媒介,完成多方延伸。晋陕豫黄河金三角区域的四地政府可以采取积极主动的态度,加强与电视台、报纸、网络、手机等媒体的沟通与合作,延伸河东盐文化传播的媒介范围;传播者亦可将河东盐文化进行形式或内容的分类,然后根据媒介的各自特点,对河东盐文化进行有的放矢的传播,比如可根据受众的学历、年龄对河东盐文化进行分类。

第四,受者中心论。在新的媒介环境下,过去以传播者为中心的传播模式已经让位于以受者为中心的传播模式,受众不再是被动的、消极的信息接收者,而是积极主动的信息搜寻者,为了满足个人的需求和愿望,他们通过媒介从海量信息中积极地寻求益己的内容,通过 QQ、BBS 论坛、微博、博客等新媒介表达自己的看法,传达自己的意见。在这种情况下,河东盐文化的传播者就应该树立服务受众的意识,通过新媒介与受众互动,把握其真实需求,使受众参与到河东盐文化的讨论中来,然后,传播者对传播内容进行"议程设置",及时调节传播内容,满足受众需求,从而促进河东盐文化的有效传播。

第五,拓展河东盐文化传播反馈渠道。做好河东盐文化传播必须拓展河东盐文化传播的反馈渠道,树立传播效果观念。为此,必须对河东盐文化传播效果进行衡量。采用问卷调查方法,在河东盐文化传播的核心地区发放若干问卷进行调查。样本结构覆盖不同职业身份、不同性别、不同年龄层次和文化水平的人群,分别从受传者对河东盐和河东盐文化的认知、对河东盐和河东盐文化的态度等方面设置研究问题,对调查所得数据进行统计分析,对河东盐文化对外传播者变量(政府、组织、媒介、个人)、传播内容变量(河东盐文化、民俗等)、受传者变量(城市、年龄、性别、学历、职业等)、传播渠道变量(课堂、旅游、媒介、节日活动等)、传播效果变量(对河东盐及河东盐文化的认知、态度、行为)之间的关系进行研究。

七、推动河东盐文化传播,促进晋陕豫黄河金三角区域合作

运城市北依吕梁山与临汾市接壤,东峙中条山和晋城市毗邻,西、南与陕西省渭南市、河南省三门峡市隔黄河相望,是河东盐文化的核心地区,是黄河金三角经济圈的核心城市。作为中华文明重要发祥地之一的黄河金三角地区,处于我国中西部地区结合带的省际交汇区,经过多年的经济合作与社会资源整合,逐步形成了展示区域互动效应和区域焊接功能,为我国实施"以东带西、东中西共同发展"的战略布局提供了极具可操作性的现实价值。

在 21 世纪经济全球化的宏观背景下,区域经济一体化在国际层面上进一步强化,区域之间的竞争已不再仅仅表现为单个城市的竞争,而是越来越体现为以核心城市为中心的城市群或大都市圈的竞争。研究一个地方的经济,需要对该地方的文化进行研究。通过挖掘区域文化的深层内涵,对区域经济的可持续发展提供深层的理论基础。在经济全球化发展的新世纪,要实现区域经济的可持续发展,必须高度重视挖掘地域文化资源,发挥地域文化的优势。河东盐文化是联系黄河金三角区域四市的重要文化纽带。黄河金三角区域历史文化的重要特色就是河东盐文化。

通过河东盐文化的传播,促进晋陕豫黄河金三角区域文化性格的形成,加强地域整体

的认同感;促进晋陕豫黄河金三角区域经济发展中群体规则和行为模式的形成;促进晋陕豫黄河金三角区域在经济一体化发展进程中凝聚力的形成。区域文化认同可以促进区域经济发展。区域经济合作与文化认同密切相关,没有文化认同的黏结,区域经济合作也就难以整合。文化认同有助于降低风险成本、磨合成本和加强区域凝聚力,从而推动区域经济合作。河东盐文化是晋陕豫黄河金三角区域文化认同的重要载体,加强河东盐文化的研究、开发,弘扬河东盐文化的深刻内涵,必将促进晋陕豫黄河金三角区域经济文化一体化的发展进程。

区域特色文化对区域经济的发展具有积极的作用,会推动区域经济的发展。区域特色文化渗透进特定区域经济活动的各个环节,形成区域特色经济。特色经济以分工理论和优势理论为基础,以区域为空间载体,通常包含了特色资源、特色产业、特色产品、特色技术等内容。区域经济具有整体性、关联性、相对独立性和空间差异性,差异显出优势,优势形成特色。各具特色的区域文化形成有特色的区域经济模式。地域特色文化渗透进区域经济中,立足于资源优势,可形成有特色的区域经济模式。不同的区域文化是区域经济发展的特色资源,深厚的文化资源的积淀可转变为促进区域经济发展的文化资本,增强区域竞争力。区域经济发展和区域特色文化建设必须结合起来,让特色文化融入经济,服务经济,促进经济发展。

河东盐文化是晋陕豫黄河金三角区域经济文化一体化的发展过程中可以充分利用的具有区域特色的优秀文化遗产。晋陕豫黄河金三角区域在经济一体化发展的过程中要认真调研和分析本区域的文化内涵,分析和研究其符合当今经济发展的优秀文化,继承和发扬其精华部分,突出区域文化特色,实现以区域特色文化促发展、促和谐、促协作,加快区域经济文化一体化发展的进程。

［参考文献］

[1]安虎森.区域经济学通论[M].北京:经济科学出版社,2004.

[2]魏后凯.现代区域经济学[M].北京:经济管理出版社,2006.

[3]樊吉厚,张国祥,孙丽萍.河东盐三千年[M].太原:三晋出版社,2008.

[4]薛瑞泽.汉唐间河东地区的盐业[J].盐业史研究,1998(1).

[5]宋巨盛.长江三角洲区域经济一体化研究[J].当代财经,2003(2).

[6]孙晋浩.明代解盐行销区域之变迁[J].晋阳学刊,2003(4).

[7]李庆松,董四代.区域文化与区域经济社会现代化[J].前沿,2004(4).

[8]王兰.区域文化与区域经济的关系浅析[J].陕西社会主义学院学报,2006(2).

[9]裴青萍.黄河金三角经济圈区域形象建设探讨[J].运城学院学报,2009(4).

[10]胡惠林,陈昕.中国文化产业评论[M].上海:上海人民出版社,2010.

[11]李岩.传播与文化[M].杭州:浙江大学出版社,2009.

扬州盐商园林的旅游创新与传播

——以个园为例

金川[①] 沈学峰[②]

清代扬州盐商雄厚的经济实力带来了扬州园林的空前鼎盛。如今,扬州盐商园林作为一种优质的文化旅游资源,成为人们旅游的热点,受到社会各界的瞩目。随着现代旅游业的不断发展,同时在对扬州盐商文化有了更多更深发掘的基础上,目前,扬州盐商园林特别是个园,已经从早期单纯的观光式景点走向互动式、体验式文化游览景点;而世界各地的游客也随着旅游过程中的文化碰撞和信息交流,更为广泛和深入地了解到盐商文化的魅力。

一、扬州盐商与园林

扬州东面临海,自汉代开始就成为重要的产盐区。西汉时期吴王刘濞煮海为盐,经过40余年的苦心经营,出现了"以故无赋,国用富饶"的强盛局面。扬州地处南北交通要冲、大运河与长江交汇处,是南北商品聚集地,同时也成为全国的盐业集散地与运输中心。到明清两代,朝廷在扬州设两淮都转运盐使司,负责管理两淮盐务,扬州于是成为全国盐业管理中心。来自全国的富商大贾遂纷纷来到扬州业盐,由此而形成两淮盐商集团。

扬州盐商的崛起使扬州城深深打上了盐商文化的烙印。扬州盐商富甲天下,争相购置宅园,逐渐形成了众多盐商私家园林争奇斗艳的独特景观。清代嘉庆以后,扬州共有200多处上规模的园林。因此在当时即有定评曰:"杭州以湖山胜,苏州以市肆胜,扬州以园亭胜。三者鼎峙,不可轩轾。"目前,扬州市区尚保存有盐商文化遗迹四五十处之多,堪称全国之冠。其中独具特色的盐商园林、富丽堂皇的盐商深宅大院,依然在向人们诉说着盐商这一特殊群体千百年的风流,诉说着扬州这座城市盐商文化的辉煌历史。

二、保护盐商园林原真性

个园是扬州现存历史最悠久、保存最完好、规模最大的盐商园林,南临中国十大历史

① 金川(1976—),男,江苏扬州人,扬州市个园管理处主任,中国商业史学会盐业史专业委员会副会长,扬州大学植保学院外聘研究生导师,高级经济师,主要研究方向为盐商、园林等。
② 沈学峰(1984—),男,江苏溧阳人,扬州市个园管理处安全科科长,主要研究方向为盐商、园林等。

文化名街东关街,北对扬州内河风光带盐阜东路,是清嘉庆二十三年(1818 年)两淮盐商商总黄至筠在明代寿芝园的基础上扩建而成的。1961 年,著名园林专家陈从周先生对包括个园在内的多所扬州园林做了实地测绘,并在《扬州园林与住宅》中写道:“个园以假山堆叠的精巧而出名。在建造时,就有超出扬州其他园林之上的意图,故以石斗奇,采用分峰用石的手法,号称‘四季假山’,为国内唯一孤例。”1982 年,个园恢复对外开放,受到了来自社会各界的广泛关注和好评。伴随着一系列软硬件条件的改善,开始吸引了越来越多的国内外游客前来观光旅游。1988 年,个园被国务院公布为“全国重点文物保护单位”,并确定了规划红线保护范围,开启了个园旅游发展的新纪元。

但当时的个园仅仅开放了花园部分,而堪称“国宝”的住宅部分仍被单位和居民占用,这让许多前来参观的游客与专家学者难以全面而深入地了解和感受个园的全部文化艺术价值。2002 年,在政府的关心支持下,个园收回了原来五路豪宅中的三路,占地约 3000 平方米,系个园主人黄至筠及其家人居住场所。个园住宅部分由东向西形成三条轴线,每条轴线又分为前、中、后三进,抄腰廊连接,由两条火巷分隔,住宅北部与花园部分连接,浑然一体。再加上北部竹园区,个园全园占地 2. 3 公顷,整体布局为古典园林前宅后园的传统形式,在造园上以竹石为主。植竹以品种丰富为旨归,万竿千姿,蔚为壮观。叠石以分峰用石为特色,叠出独一无二的四季假山,南北称奇,名闻遐迩。三路豪宅,宏达微著,余光遗响,彰显了一代盐商家居生活的奢华气象。由于置景独特,构撰巧妙,于疏朗开阔之中,别有一种曲折幽深、引人入胜的境界。

个园在恢复过程中,始终坚持“修旧如旧”,严格遵循史籍记载,不改变原有结构和形式,其完整性、真实性得到了全面保护。但历史上的个园原貌仍有别于现在:经古建筑专家的考古研究,最初的个园,自住宅北部应有一道蜿蜒曲折的复道回廊完整包围在花园区,实现了住宅楼阁与花园假山的空中对接,可谓名副其实的“空中花园”。为了向世人展示个园的历史全貌,个园管理处将依靠苏州园林博物馆的专业技术力量,开展“个园复原沙盘”制作工程。届时,人们将通过原貌沙盘直观地感受到扬州盐商的财力之雄厚与想象之浪漫。

三、打造盐商元素旅游项目

盐商园林是一种历史遗存的文物,通过旅游的活动、传播,而变得活泼、生动,充满了勃勃生机。漫步在园林之中,看到留存下来的住宅建筑、假山叠石、亭台水榭,仿佛穿越了时光,品味历史变迁的点点滴滴,满足了游客个性化的文化旅游需求。一直以来,个园积极致力在观光游览与互动中加入更多盐商元素,让游客在潜移默化中感受和了解扬州盐商文化的厚重与魅力。

1. 开发盐商菜谱

扬州是中国四大菜系淮扬菜的发源地,而从某种意义上讲,正是扬州盐商的美食消费，造就了今天的淮扬菜。著名学者、作家曹聚仁先生曾在《食在扬州》中指出：“昔日扬州，生活豪华。扬州的吃，就是给盐商培养起来的。”据记载，闻名于世的“满汉全席”，就是由扬州的盐商家厨首创烹制的。可以说，盐商饮食天然拥有数不尽的丰富资源；而个园自身也有着独特的饮食资源，在民间广为流传的几则有关个园园主黄至筠“好吃”的传说，最著名的要数“人参鸡蛋”与“黄山笋”。2014 年，个园以盐商精致饮食体验为主题，开发“盐商菜谱”，推出了盐商家宴式餐饮体验服务和相关的系列饮食项目。

2. 再现盐商的真实生活场景

在扬州众多盐商园林当中，很少能完整再现当年精致奢华的盐商生活场景，这让很多对扬州盐商文化感兴趣的外地游客感到十分遗憾。2010 年个园邀请中央电视台电视剧制作中心著名美术指导，对个园园主、两淮盐商商总黄至筠的时代背景、生平经历、生活起居习惯等相关资料进行收集整理和艺术加工。历时半年，完成了黄至筠生活起居场所、黄家公子书房与卧室、黄家小姐绣楼以及厨房的陈展布置和生活场景再现，一举提升了个园的游园品质，丰富了游览内容，充分发挥了扬州盐商文化与扬州园林文化的叠加作用，打造了国内一流的淮盐文化展示空间，使得中外游客能够在欣赏园林艺术的同时全面了解到扬州的盐商文化。

3. 举办综合性盐商文化节

在完整恢复个园园主家族生活场景的基础上，为了让游客能够进一步亲身体验扬州盐商的精致生活，个园不断策划以盐商文化及其精致生活为主题的系列游园活动。如扬州弹词、小姐抛绣球等游客互动演出，让游客直观地体验到扬州盐商家居生活文化的特别之处；2013 年推出的体验式盐商婚礼，因其原汁原味地还原了当年盐商婚礼的全过程，受到市民与游客的一致好评，同时也让人们了解到扬州盐商给扬州园林文化、扬州民俗文化带来的巨大影响。

四、深挖盐商园林人文内涵

盐商文化研究的一个重要组成部分即对盐商个案的研究。个园主人黄至筠作为嘉庆时期两淮地区最大盐商，代表了这一时期盐商发展的最高峰，具有盐商研究的典型意义，对于研究两淮盐业的发展变迁无疑有着不可替代的重要价值。

作为拥有正二品顶戴的红顶商人黄至筠，与朝廷官场有着千丝万缕的关系，除了过人的经商才干，他同时还有着深厚的文化艺术造诣。他的五个儿子也都个个饱读诗书，其中二儿子黄奭更是一代辑佚大家。黄家与当时文史名流如阮元、梁章巨、江藩、吴让之等更是有着密切而频繁的往来。这样一个盐商大家族的历史，实际上是当时经济、政治、文化的一种别具一格的缩影。

个园自 2010 年以来加大对黄至筠家族人物、家族历史的研究。我们通过与高校、研究机构的合作,不断丰富黄氏家族史料,深入挖掘个园的文化历史内涵。2011年,个园与中国商业史学会盐业史专业委员会、江苏省社科联、扬州大学联合举办了“全国盐文化遗产开发保护研讨会”,多年来从事盐文化研究的权威博导、教授、学者以及盐文化遗迹景区代表200余人与会。会议发表了《全国盐文化遗产开发保护扬州宣言》,进一步全方位、多角度地推动了“盐文化遗产”的保护和传承。2012年,一场以“个园黄氏”命名的研讨会正式举行,会议成功邀请到了来自复旦大学、南京大学、江西财经大学、扬州大学等高校和研究机构的专家学者,就个园黄氏家族以及扬州盐商展开多方面、深层次的研究与讨论。本次研讨会借助专业学者的力量提升了个园盐商文化研究的深度,扩大了个园在全国的影响力与知名度。

2013年9月,位于南部住宅区的个园史料馆正式向公众开放。个园史料馆共分四个展厅。每个展厅都有一个专门的主题,分别为:“黄氏家史”“名人名园”“阮元与个园”“风雨四百年”。史料馆运用文字、图片、实物、连环画等多种展示手段,对黄氏家族的研究成果以及个园百年历史的风雨变迁做了集中展示。个园史料馆既承担了对个园历史文化价值的传承与保护作用,同时又以专门的展览场所来展示和宣传盐商文化、园林文化,满足了市民和游客对盐商历史的求知需求,营造出一种精致、厚重的景区文化。

五、旅游创意宣传片荣获国际大奖

园林是一个艺术的综合体,她包含了建筑、园艺、书法、绘画、楹联等多个艺术门类。由个园投资,耗时两年拍摄而成的风光宣传片《梦里个园》用影像艺术来表现这个综合体。影片通过一段发生在个园的故事,艺术而形象地表现了盐商大宅家族议政事、听昆曲、小姐轩窗梳妆等生活场景,生动再现了扬州盐商当年的生活面貌。同时巧妙地融入了个园的美丽风景,以及扬州剪纸、扬州清曲、扬州画派等扬州传统文化以及扬州小吃等传统民俗和特产。

该片于2013年4月参加第46届休斯敦国际电影节,并以独特的构思和浪漫的影音效果以及中国传统文化元素得到了评委们的认可,获得了电影节电视片旅游类金奖。休斯敦国际电影节是北美三大国际电影节,《梦里个园》的获奖也为中国在国际A级电影节上又一次争得了荣誉。《华夏时报》等多家美国当地的华文媒体以及凤凰卫视等国内媒体也对此次活动进行了报道。本片还在北美地区的电视台进行了播放,可以说以个园为代表的扬州盐商园林通过此片走向了世界。

[参考文献]

[1]陈从周.扬州园林[M].上海:同济大学出版社,2007.

[2]李斗.扬州画舫录[M].北京:中华书局,2007.

[3]李亚如.扬州园林[M].南京:江苏人民出版社,1983.

论四川盐业生态化开发的理念和模式建构[①]

江昀[②]

四川省盐矿资源不仅有分布广、规模大、盐层厚的特点，且具质量好、品位高、开采方便等优势。据地矿部门勘测资料，远景储量在100亿吨到数万亿吨的特大型盐矿，占全省总量的99.3％，唯独埋藏较深，目前还难以开采的占51.2%。根据初步调查，全省有大小盐矿体25个，分布在16个地、市、州，54个县境内。四川省盐矿资源主要以岩盐为主，据地矿部门初步计算，远景储量达到9万多亿吨，占全国资源总量的86.9%，其中三叠系7万多亿吨，占全省总量的77.9％，矿体数目之多、规模之大均居全国之冠。

改革开放以来，在以经济价值为中心的盐业开发系统影响下，人们对盐业开发形成了一种错误认识，认为盐业开发对环境有一定的污染是理所应当的，对其负面影响的态度往往是"两害相权取其轻"——最终使环境服从经济发展的要求。在这种观念影响下，四川省的一些盐矿盲目开采、乱采滥伐、浪费资源的现象时有发生，给生态环境造成了巨大压力和破坏，甚至在某种程度上还直接威胁人民的生命财产安全。这种认识与行为上的偏差，一方面源于理论研究的滞后、政策法规的不健全、宣传教育的不到位所导致的人们生态意识淡薄；另一方面就是我们还缺乏一套科学、具体、可供行业参考的生态化开发的成熟模式与方法。

为此，本文在理论分析及实地调研的基础上，根据四川省盐业生态化开发的基本内涵与本质要求，建立逐级进化的盐业生态化开发实践模式，并对盐业生态化开发模式进行深入的理论阐释。从而，在理论层面上，通过对盐业生态化开发的思想理念、价值基础及应遵循的开发原则的深入研究，从社会学角度建构四川省盐业生态化开发的理论框架和基本模式。这对于充实我国盐业生态化开发的理论研究，发挥社会学对盐业开发的引领作用，加快实现盐业的生态化转向，推进更多的盐业开发主体自发地选择生态化的开发模式，提高国民生态意识及环境道德素质，规范盐业开发主体的行为，促进社会的和谐稳定具有积极意义。

一、盐业生态化开发的思想基础

盐业生态化开发的思想并非主观臆造的空想，它是在总结传统盐业开发缺陷以及与

---

① 基金项目：四川省哲学社会科学重点研究基地、四川省教育厅人文社科重点研究基地——四川理工学院中国盐文化研究中心招标项目（项目编号：YWHZ13－06）之阶段性成果。

② 江昀（1958—），男，成都理工大学教授，社会学硕士，主要研究领域为科技社会学与科技传播。

现代社会发展深层次矛盾的前提下,依据生态文明时代的发展要求,经缜密的构思和科学的设计而建立起来的全新盐业开发理念。它既秉承了现代生态学和生态哲学的最新思想,又融入了系统科学和生态伦理学的精髓。

1. 现代生态学

现代生态学突破了传统生态学的自然科学界限,其研究重点在于生态系统中各个组成成分的相互联系,其研究对象既不是生物,也不是环境,而是生物与其周围环境构成的整体——生态系统。现代生态学认为,生态系统具有复杂性和内部关联性,人类应当把自身放在生态系统中,放入自然—社会—经济复合系统中,重新审视人类在整个生态系统和生物圈中的地位与作用,努力协调好人类与其他系统之间的关系,从而促进自然、社会、经济的协调发展以及人类社会的可持续发展。

在工业文明中,人类在实践领域取得了巨大的成就,物质文明有了快速发展。然而,这种发展却以牺牲环境与资源为代价,不但对生态环境造成了巨大的破坏,还使人与自然的关系被异化。人不但成为掠夺与盘剥自然资源的野蛮统治者,还即将葬送自身的存在价值。生态哲学即是在反思工业文明时代的发展哲学观的基础上建立起来的。生态哲学要求我们改变过去的过分强调主次之分的价值观,放弃机械论、还原论的思维模式,转而用联系的、整体的、全面的、循环的、变化的观点看待我们所处的世界;要求我们改造自然的方法不仅是合目的性的,更应该是合规律性的,人类决不能不顾自然规律和自身的局限,去无限度地、无节制地对自然资源进行盘剥与改造;要求人类以新的态度,善待与人类休戚相关的自然界;要求人们在与自然界进行物质交换时,既要从经济合理性考虑,又要从社会文化这一复合系统考察,把对生态环境的保护、对人类社会持续发展的目标作为基本前提和主要条件。这些观点为盐业生态化开发提供了重要的思想来源,是盐业生态化开发的理论依据和根本动因。

2. 生态经济学

生态经济学是一门全面研究生态系统与经济系统之间规律的科学,是生态学与经济学相互交叉、渗透、有机结合的新边缘学科。生态经济学的产生主要缘于对传统经济发展所带来生态环境问题的批判与反思。学者们普遍认为,现代经济过程本身就是一个生态经济有机体——生态经济系统。2002 年,美国著名经济学家莱斯特·布朗在《生态经济——有利于地球经济构想》中指出,人类通过一场环境革命来加速实现从传统经济向生态经济的转变,必须要将经济系统视为地球生态系统的子系统,以环境中心论取代经济中心论;经济学家和生态学家们必须携起手来,共建有利于地球的经济模式——生态系统。要求人类的经济活动要模仿自然界生态系统"高效率、零污染"的运作方式,合理利用各种自然资源,尽量抑制地球生态系统熵值的增加,从而实现人类经济的持续发展。

生态经济学要求人们抛弃以往的将经济看作是一个不依赖外部环境的孤立系统,将自然界视为可以任意摆布的客体,将生态与经济分离开的传统思维模式,把经济系统、生态环境系统作为一个有机整体,寻求经济发展和生态环境和谐与持续发展的规律。

3. 生态伦理学

生态伦理学是研究生态环境的伦理价值以及人类对待生态环境道德准则的学说，其主要精神是“扩大生态关怀的范围”。生态伦理学首先确定了生态和自然固有价值和权力的思想，强调人对自然负有道德义务。生态伦理学要求人类社会发展及活动方式与自然界生态系统和平共处，为人类约束自身行为，以道德的方式对待自然与生态环境提供了理论依据。

现代生态伦理学强调人对大自然的道德义务，同时将人类与其后代的关系纳入了生态伦理学的视野。美国生态学者罗尔斯顿明确指出，“我们没有义务让子孙更富有，但像使用营地的野营者一样，我们有义务留给子孙一个不比我们接受时糟糕的世界”①。生态伦理学对改变长期以来人们持有的“人类对生态环境无道德责任”的观点产生了巨大影响。生态伦理学强调人对自然负有道德义务的思想，为盐业开发将环境保护作为首要道德命令，选择科学合理的、遵循生态规律的开发模式提供了理论依据。

综合来看，盐业生态化开发的思想来源是多方面的，除了以上学科，盐业生态化开发还吸收了其他哲学思想的精髓，诸如，中国传统哲学“天人合一”思想、现代技术伦理学、工程哲学，以及马克思、恩格斯的辩证唯物主义等均为盐业生态化开发提供了思想依据。

二、盐业生态化开发系统的本质属性分析

盐业生态化开发系统是以人类经济及环境可持续发展为前提，兼具经济效益与生态效益双优、绿色生产力持续，以及熵自控等基本特征的盐业开发系统。因此，它具有以下基本属性：

1. 经济与生态效益的共赢属性

盐业生态化开发系统与传统盐业开发系统最根本的区别体现在二者的价值取向上。传统盐业开发是一个孤立的经济系统，其价值取向仅有一个，那就是经济效益。因此，传统盐业开发是一元价值论的开发系统。价值取向的一元价值论，意味着其他一切相关因素都要服从经济效益这一主体，其结果必然会导致实践上的“经济效益至上”的观点。

与传统盐业开发的价值取向不同，盐业生态化开发系统并非一个孤立的经济系统，而是一个动态的复合生态经济系统，其价值取向上有两个中心点：一个是经济效益；另一个是生态环境效益。总之，盐业生态化开发系统是经济效益和生态环境效益“二元价值论”。

盐业生态化开发系统从属于生态经济系统。盐业生态化开发系统的“二元价值论”，决定了其在实践上必须既重视经济效益，也注重环境效益。在生态经济框架中，盐业生态化开发系统中的两个中心必须处于协调与耦合的状态，当两个中心合二为一时，系统将呈现出最理想状态。在两个重心紧密耦合的情况下，二者自然形成一个相互依存与相互制约的关系。盐业生

① （美）罗尔斯顿．环境伦理学[M]．杨通进，译．北京：中国社会科学出版社，2000：278.

态化开发系统的二元中心论价值观的基础,是力争经济效益与环境效益的双优。

两个中心的确立,使经济效益与生态环境效益同时成为盐业开发活动需要考量的重要因素。同时,这两个中心相互依存、相互影响与制约,两者紧密地耦合在一起,同处于盐业开发活动之中,致使开发活动的各个要素同时围绕这两个中心。盐业生态化开发系统的二元价值中心基础,决定了盐业开发活动必须努力实现两个中心的协调与稳定,形成一种二者的互相制约与促进,并追求双优的内部机制,从而有效地避免了因环境生态破坏而最终必然导致经济效益下滑的"此消彼长"或经济效益与环境生态效益"两败俱伤"的结果。

2. 生态生产力和系统自组织属性

盐业生态化开发系统隶属生态经济大框架之中,属于一种动态的经济复合系统。作为一个复杂的动态经济复合系统,盐业生态化开发系统之内具有一般生态经济系统所具有的共性。因而,它不是生态系统与经济系统的简单相加,而是二者的融合与有机统一,具有整体性、协同性、结构有序性以及内部结构趋优化等特性。作为动态的经济复合系统,盐业生态化开发系统包含了生态生产力系统、生态生产过程系统、生态经济系统、组织管理系统、生态环境系统和社会关系系统等多个子系统。其中,生态生产力系统是其他子系统存在的前提。生态经济生产力系统不仅包括"社会生产力",还包括生态系统自身含有的"自然生产力"。自然生产力实际上是生态系统自身物质与能量的变换能力或循环能力。

随着现代盐业开采设备能力成倍的提高,人类对矿产资源的索取速度不断加快,致使生态环境遭受的破坏逐步加重。当这种破坏达到一定程度,超出环境的承载能力时,生态系统就会失去自我调节能力、生态生产力,或曰自然生产力就会遭到破坏。盐业开发与生态环境保护之间应该说存在着天然的矛盾。其开发活动好似对地壳进行的"手术",目的是从中取出盐矿物,这一活动本身势必对地壳天然环境造成扰动和破坏。当这种破坏或扰动达到一定程度,生态生产力将会遭到破坏,可持续发展将受到威胁。另外,传统盐业开发是一种带有明显无序性的开发系统,其开发活动表现出持续的熵增趋势。

系统科学的自组织理论研究表明,自然生态系统的进化源于一种自组织机制,这种自组织机制是自然界生态系统乃至社会文化系统从无到有、从简单到复杂、从无序到有序、从低级到高级发展进化的根本原因。自然界生态系统作为大自然的杰作,正是在自组织机制的作用下,经过漫长的演化才发展到现在的样子——一个物种多样、资源丰富、山青水绿、充满生机的世界。

然而,现代科学的热力学第二定律表明:在一个理想封闭的热系统中,系统内部的状态总是向着熵值最大的平衡态变化发展,或者说系统总是向着内部差异减小,不断地失去其结构和组织方面的变化。如果按照热力学第二定律往下推论,似乎最终的世界将必然归于混沌、死寂。盐业开发活动实质上是一种将自然界富集的可用资源进行开采分离的过程,这种开发过程不但对生态环境形成扰动与胁迫,其采选冶工艺过程还会使开发区域的组织结构遭到破坏,使混乱状况增大,熵值增加。

盐业生态化开发系统将开发活动系统与生态自然环境系统的和谐相处作为基本前提，通过负熵的引入——外部的物质、信息和能量的补给，及时填补因开发活动导致的生态系统的“亏损”；通过增加新的控制因子，创立出人工负反馈机制，控制开发活动对生态环境造成的较大破坏。同时，通过嵌入新的产业链条——新的循环经济产业，增加系统内“动力因子丰度”，有力控制系统内的熵增趋势，使盐业开发活动始终保持在低熵状况下进行。在生产的各个环节努力做到清洁生产、无废生产，并通过足够的生态投入及时合理地修复受损的生态环境，使生态生产力得到妥善保护与维护，从而使盐业开发活动结束时，生态环境保持健康，为生态生产力顺利进入下一个社会生产或产业环节创造基础。

3. 盐矿资源的可持续演化属性

传统盐业开发系统以经济效益为唯一价值取向，导致其对生态环境的保护缺乏自觉性与系统性。盐业开发活动自始至终都伴有明显的环境破坏。其结果是，盐业开发活动结束了，资源被开发掉了，留下的却是满目疮痍、死掉的自然；开发主体获得最大收益的时候，当地居民却因生态环境生产力的衰退失去发展的基础，也就是说盐业开发主体的环境成本最终被转嫁到他人（或后代人）身上。与传统盐业开发系统不同，盐业生态化开发系统内在的两个价值中心对开发主体的行为构成全方位的规范。盐业生态化开发系统要求其开发活动不但是经济的，更是环保的，从而使“生态”和“绿色”成为约束其开发活动的尺度。在开发活动开始之初，就通过严格的工程决策程序和机制，将对生态环境破坏性较大的工艺技术与方案排除在外，在源头上控制了开发活动对生态环境的破坏。同时，及时地对已形成的地表及其他层面的负面影响进行修复与改善，从而保持了青山绿水，还从深层次上控制了环境破坏，表现出突出的“生态”与“绿色”特征。

三、盐业生态化开发模式的构建

1. 盐业生态化开发模式构建的目标与准则

一个成功的模式设计应当具有完整性、可行性并兼具“范式”特征。盐业生态化开发模式构建的目标是：通过盐业生态化开发模式的设计与构建，改变传统的直线型开发方式，在开发的各环节实现生态化，同时促进开发主体与外部各社会单元间的物质、信息、能量的交流，形成一个横向耦合、纵向闭合，以生态循环为主要特征的开发与发展模式。

要建构出理想的盐业生态化开发模式，需要首先制定出建模的基本准则。这是因为，盐业生态化开发作为一种哲学理念或者说是产业发展理念，与盐业生态化开发模式建构所应遵循的准则不同。盐业生态化开发应遵循的原则主要是认识论角度的对开发活动的理解，而盐业生态化模式构建的准则将是指向产业结构上应持有的尺度与观念，体现出来的主要是方法论角度上的要求，因此较之前者更为具体和细致，或者说是前者的操作化和具体化。

（1）设计结构的生态化与系统化准则：指盐业生态化开发模式的构建，必须依照生态学及系统科学的原理而建，其内部结构和机制的设计必须符合生态系统的结构与规律，具备盐业生态化开发模式价值目标实现的基本条件。盐业生态化开发模式可列入生态工业和生态工程的序列，在实践上应遵循工业生态学和生态工程学的基本要求。

盐业生态化开发模式在设计结构上应形成一条“生产者”“消费者”“分解者”齐备的“工业生态链”。其中的“生产者”就是资源开采部门，主要职责是通过科学的方法和环境友好技术进行盐矿资源的开采；“消费者”就是加工生产部门，其职责是在遵守清洁生产要求的前提下，将资源开采部门提供的初级资源加工转化为社会需要的工业原料；“分解者”就是还原再生部门，其职责是将前面环节中产生的废弃物及副产品进行无害化及资源化处理，使其转化为新的产品。

(2)生态—经济耦合准则。为了使构建的模式具有可行性，盐业生态化开发模式的建构，还要遵循“生态—经济耦合准则”。它指的是欲建的模式系统中不仅有“经济”要素控制的系统，而且必须是嵌入“生态”要素的系统，是一个由“生态”和“经济”两个基本要素紧密耦合在一起的生态工程系统。

在这个紧密耦合的生态工程系统中，两个要素系统紧密联系，互相影响，互相制约，并形成一种类似生态系统的负反馈机制。在这一机制的制约和调控下，经济要素及其相关链条上的因子处于生态环境要素的制约之下；同时，生态环境要素的自我保持有待经济及相关要素的支持与维护。

(3)简单易行准则，包括“简单性准则”和“易行性准则”两个方面。“简单性准则”指的是，所要构建的模型必须具有结构简单、设计合理、操作简便、运行顺畅、符合自然规律的特征；“易行性准则”指的是所要构建的模型必须符合行业特点和工艺程序，符合开发区域的生态环境条件和社会状况，并具备充分的可行性和易推广性。“简单”是“易行”的前提，“易行”是“简单”的结果。事实上，“简单易行准则”应是一切理想设计应达到的高度。“人法地，地法天，天法道，道法自然”即是对大自然追求简单本性的一个概括，也暗含了人类要“向大自然学习”的道理。盐业生态化开发模式的建立，只有遵守“简单易行准则”，其设计才能更符合生态系统的法则，符合工业实践的具体要求，也才能在实践过程中较好地实现经济与生态两个系统之间的有机融合。

2. 盐业生态化开发模式的建构

盐业生态化开发模式是融入了多种价值要素的目标体系，其模式建构的本质，就是实现各相关要素的最佳组合。要实现各相关要素的最佳组合，需要借助一些科学而合理的方法。为了使建构的模式更清晰、更具整体性，本文将借助系统科学研究常用的几种方法——系统分析方法、模型方法、系统动力学方法和信息方法来建构盐业生态化开发的基本模式。

作为一种复杂系统，盐业开发系统同一般生态系统一样，除了物质、能量的流动外，还存在着信息的流动与反馈，如图1所示。

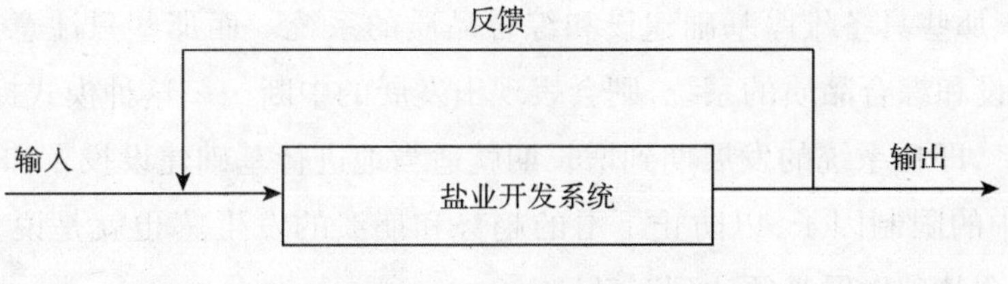

图 1　盐业开发系统反馈机制图

从图 1 可以看出，信息经外部输入盐业开发系统，在系统内处理后，又有新的信息输出。输出的信息从输出端出来后，又返回输入端，形成信息反馈。反馈信息又以一定的方式作用于开发系统，从而使其系统内做出“维持”或“矫正”的反应。

盐业生态化开发模式是在对传统开发模式进行批判与反思基础上形成的全新资源开发理念。传统盐业开发是一种只注重开发的直接生产投入，不注重系统综合品质的发展模式，其“系统”内部仅仅是一种相互不发生关系的线性物质流的叠加（如图 2 所示），必然形成大量的废料与生态破坏。

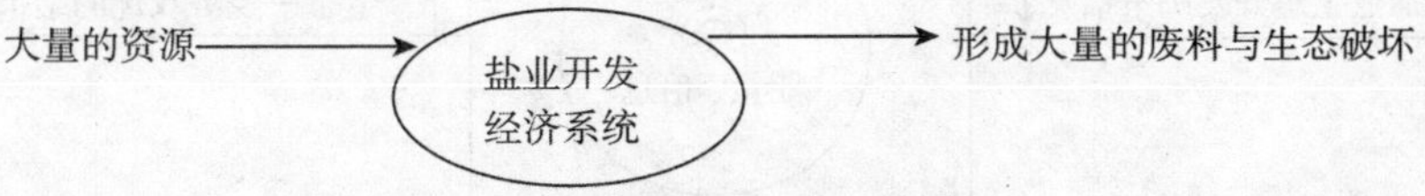

图 2　传统盐业开发系统图

从图 2 可以看出，传统盐业开发系统下的资源开发和企业发展同生态环境质量之间存在着一个正反馈回路，即存在着两个负相关：资源开发得越多，企业获利越多，发展越快，生态环境和社会环境越差；生态环境越差（实际上是减少或放弃生态环境的保护），资源开发得越多，企业经济效益就越好。

可见，传统盐业开发系统内部的机制是极其简单和自然的。其机制上的自然性与简单性，正是许多盐矿企业从自身角度出发，不愿意放弃这早已腐朽与老化模式的深层次原因。

传统盐业开发反馈系统表明，这种开发模式的经济增长是以生态环境的巨大破坏为代价的，其经济效益的获得具有明显的外部不经济性和高熵特征，是一种不可持续的发展模式。事实上，生态环境与企业发展之间并不是一种负相关的关系，从长远来讲，应该是一种正相关的关系，只不过从生态环境的破坏到企业发展之间的反馈有较长一段时间的延滞，而盐矿开采年限明显地受到资源储量的制约，许多矿山还没等到“大自然的报复”，就已经开始草草收兵。结果，由资源开发引起的生态环境反馈信息最终被阴差阳错地转嫁到下一个替代系统之内。

与传统盐业开发系统不同，盐业生态化开发是一种既注重开发的直接生产投入，又强调系统综合品质的发展模式，它与可持续发展模式同出一辙。

可持续发展问题的提出本身即源于生态环境问题。在这一探索过程中，人们利用系统动力学的方法得到一个基本结论：“发展的持续性，在于基础建设的投入和系统综合品质的提高,在于那些具备雄厚基础建设和综合品质的系统。而那些只注意直接生产投入而缺乏基础建设和综合品质的系统,则会表现出发展的中断……这种模式提示我们'有遇见地提前行动',即在系统的发展期到增长期就适当地进行基础建设投入和综合品质的改善,消除发展中的限制因子,以防止下滑的趋势和崩溃的发生。"也就是说,"一个系统的直接发展和综合基础发展必须达到互动"。

盐业生态化开发模式与可持续发展模式一脉相承,可以看作是可持续性发展理念在盐业开发活动中的具体落实与拓展。盐业生态化开发对资源开发采取的是一种自然界生态系统可以接受的"生态化"方式,资源在开发系统中的流动已不是线性的,而是循环的。其模式外在表现已不是大量资源的不合理开发所导致的生态环境破坏,而是科学合理的资源开发和企业的健康发展,以及良好生态环境的保护(如图3所示)。

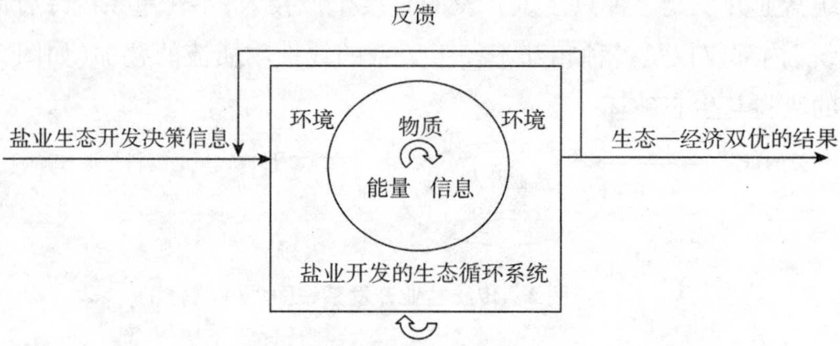

图3 盐业生态化开发基本模式图

图3显示,其系统以资源的合理开发,内部物质、信息、能量的循环流动和负面效应极小化为特征。所以,其基本模式为:资源的合理开发—开发系统—负面效应极小。从图3中可以看出,盐业生态化开发模式内的资源开发与企业发展同生态环境以及社会环境之间存在着一个负反馈回路:资源开发和企业发展形成对生态环境和社会发展的负面影响,而生态环境和社会负面影响的增加又会促使企业调整其负面控制因素,调整其开发中的不合理结构,从而使资源开发对生态环境与社会的负面影响得到有效控制。

从以上两种模式的建立与分析发现一个矛盾点,那就是同样是生态环境(包括社会环境)到资源开发和企业发展的反馈,为何传统开发是负相关,而生态化开发却能形成正相关呢?这正是人为设计所期待的结果。实现盐业生态化开发模式后半环回路正相关的原因在于,事先在其体系内注入了控制机制。这种机制实际上就是盐业开发系统内部的各系统之间相互制约的机制,盐业生态化开发模式构建的成功与否将主要取决于这一正相关回路的运行机制与功能状况。

前文所述,盐业生态化开发是包括生态经济系统、生产过程系统、组织管理系统、生态环境系统、生态生产力系统和社会关系系统六大系统组成的复合系统。经过科学合理的设计与建设,盐业生态化开发系统将会形成较为自然而又简单的自组织机制。其中,包括各自要素的六大系统之间会形成一个彼此联系、相互制约的关系（见图4）。

从图4中可以看出，盐业生态化开发六大系统中的每一个系统都与其余五个系统之间存在制约与联系，当各方的制约力达到均衡与稳定时，系统将处于规则有序的动态平衡状态。这时，其生态效益与社会效益达到协调耦合的状态，经济效益与生态效益两个中心合二为一，其内部各系统与要素之间，要素与要素之间，系统与系统之间实现最佳关系状态，核心引力强大集中，各系统之间相互联系与制约的关系紧密，分别按各自的轨道围绕两心合一的中心运行，形成一个健康、稳定、上升的，具有高度平衡与和谐之美的复合系统。

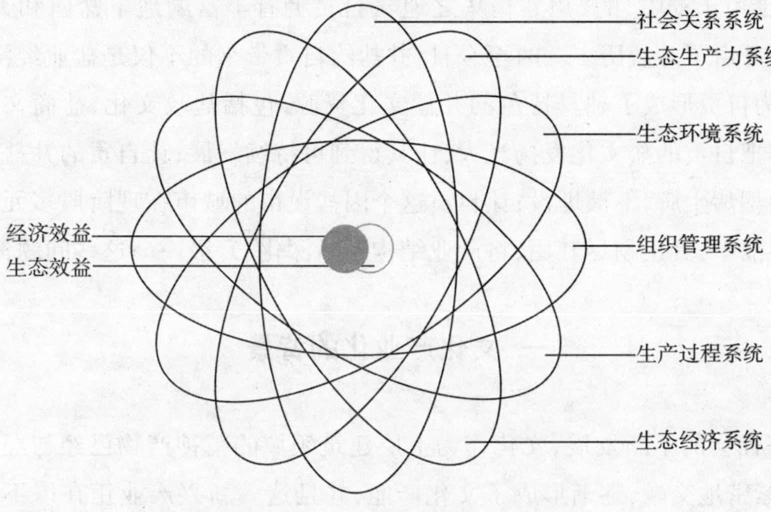

图4　盐业生态化开发复合系统空间运行效果图

［参考文献］

［1］（德）汉斯·萨克塞．生态哲学［M］．文韬，佩云，译．北京：东方出版社，1991.

［2］纳什．大自然的权利：环境伦理学史［M］．青岛：青岛出版社，1999.

［3］周爱民．基于工业生态学的矿山充填模式与技术［M］．北京：人民出版社，2001.

［4］席旭东．矿区资源循环利用模式研究：矿区生态产业链结构设计［M］．北京：煤炭工业出版社，2006.

［5］B. G. Norton Environmental Ethics and Weakan Thropocentrism［J］. Environmental Ethics，Summer，1984.

［6］Binswanger M. Technological Progress and Sustainable Development：What about Therebound Effect？［J］. Ecological Economics，2001，36（1）.

［7］Griffiths A. and J. A. Petrick. Corporate Architectures for Sustainability［J］. International Journal of Operations and Production Management，2001（11）.

自贡盐文化产业化发展模式论纲[①]

王鹏[②]　韩周瑜[③]

作为"富庶甲于蜀中"的"川省精华之地",自贡拥有丰富的地下盐卤和天然气资源,自东汉年间就开启了井盐历史。时至今日,井盐给自贡带来的不仅是盐业经济的繁荣,更重要的是,它为自贡形成了独具特色的井盐文化资源,包括盐政文化、盐商文化和井盐物态文化。如何把自贡的盐文化发扬光大,让其得到可持续发展;让自贡的井盐传奇在更长的历史之河中熠熠生辉,不被埋没;让自贡这个因盐设市的城市在现阶段多元化产业转型升级发展的浪潮中,真正物尽其用,将产业结构不断深化、升级……这些问题都亟须回答。

一、文化产业化的背景

随着经济社会的不断发展,文化作为上层建筑领域的精神产物已经与经济基础越来越多、越来越紧密地交融,逐渐形成了文化产业,并且这一新兴产业正在以不可阻挡之势在全球范围内迅速崛起。目前看来,文化产业作为第三产业的一种特殊形式,其产值在以美国为代表的发达国家 GDP 中占比急剧增大,其发展速度已经超过了部分传统产业,成为推动经济发展的"新鲜血液"。

1. 文化与产业化

文化有狭义和广义之分。狭义的文化一般指特定民族的文学、艺术、宗教、哲学的基本形态、理念和价值体系。广义的文化则指特定民族的生存方式、行为方式和文学、艺术、宗教、哲学背后的价值体系,因此有学者认为,文化是一个民族生存方式的总和,文化总是和人、和具体的民族联系在一起的,民族性是文化的基本特性。从系统论的观点来看,文化还是一个有机的系统,文化系统由实物文化、行为文化和观念文化三个文化层面构成。

"产业",源自英文"industry",与"工业"是同一个词语。作为一个经济学术语,产业是一个"集合"的概念,是国民经济以某一标准划分的部门,也是具有某种同一属性的企业的集合。而"产业化"(industrialize),是指如何将一种理念、想法、需求、价值、观念转化

① 基金项目:四川省哲学社会科学重点研究基地、四川省教育厅人文社科重点研究基地——四川理工学院中国盐文化研究中心重点项目(YWHZ13－05)之阶段性成果。

② 王鹏(1981—),男,四川省生产性服务业协会高级经济师,博士,主要研究方向为产业经济、区域经济。

③ 韩周瑜(1986—),女,四川大学经济学院博士,主要研究方向为世界经济。

为一种产品,进入市场建立营销体系,实现利润的过程。

因此,"文化产业"这个概念,是指一种特殊的因文化而产生的新兴生产部门,它属于第三产业。按照联合国教科文组织的定义,"文化产业"是指按照工业标准生产、再生产、储存以及分配文化产品和文化服务的一系列活动,是从事文化产品的生产、流通和提供文化服务的经营性活动的行业总称,是一种广泛意义上的文化经济类型。"文化产业化"即是将文化资源包装,以工业化的方式生产文化产品或提供文化服务的过程。

2. 文化产业化

过去很长一段时间里,对文化系统的行为文化和观念文化能否转化为产品,进入市场实现产业化,在国内外的大众阶层和学者心中,都产生过不同看法,甚至有学者持否定、批判的态度。但不可否认,文化产业化所带来的文化经济对整个社会经济起到了重要的作用。

首先,文化产业化创造了可观的经济效益,促进了经济增长。文化产业具有较强的创新能力,能够不断繁衍出新的种类和产业部门,不断更新、引导新的市场需求,创造更大的投资空间和消费领域。同时,当一个消费品被赋予更多的文化内涵、文化构思、文化形象等内容时,这个产品的附加值无疑被大大提高了,也就是说,文化附加值大大提高了产品的经济效益。

其次,文化产业作为第三产业中的新兴产业,以其知识密集和信息密集的特性,大大软化了经济结构,是产业结构优化升级的重要途径之一。

再次,文化产业的开发对象有别于传统产业,它并非是对物质能源的消耗而是对人类自身的资源开发。这种取之不尽、用之不竭的人类精神资源,使得文化产业拥有无限的发展可能,是可持续发展的最佳体现。

最后,文化产业满足了人们的精神需求,同时又带动了相关传统产业的发展,对经济稳定发展起到了重要的杠杆作用。

二、自贡盐文化产业化的内涵

1. 自贡盐文化的起源

东汉章帝时期(76—88 年),人们在今天的富顺县开凿出第一口盐井,由此揭开了自贡井盐的历史。此后虽历经千年,自贡井盐长盛不衰;到明代,更因所产的盐洁白味美而成贡品,盐业得以进一步发展;到清朝咸同年间以及后来的抗日战争时期,自贡盐业人抓住两次"川盐济楚"的历史机遇,开创了两个盐业发展的"黄金时期",从而使自贡成为华夏大地上著名的盐都,并于 1939 年正式设立了自贡市。

1900 多年的井盐生产历史,为自贡人留下了许许多多的物质积淀,同时也孕育出更多的文化和思想。正是这些物质积淀和文化思想,形成了独特的"自贡盐文化",更具体地说,就是"自贡井盐文化"。

2. 自贡盐文化的构成

为了深入理解自贡井盐文化,我们将其分为盐政、盐商和井盐物态文化三部分。

(1)盐政文化。自贡“因盐设市”,同时奠定了“盐行政”的基调——强调用行政力量来消除盐业发展中的各种制约因素,达到强化社会管理、保证国家收入的目的。其中最重要的就是盐务管理局。

清雍正年间,富顺、荣县便分设县丞,专门管理自流井、贡井地区的盐务,其后又设置分防把总、盐捕通判等机构,维护盐区生产经营的正常运转,形成了自贡现有城市框架的基础。抗战爆发后,自贡作为财源重地,其政治经济地位愈显重要,为了加强对自贡盐场的管理,1937年,国民政府将四川盐运使署与川南盐务稽核分所合并而成立四川盐务管理局(后更名为川康盐务管理局),实行政税合一的管理体制。

正是由于这一管理体制的存在,在当时的自贡形成了近乎完美的盐产业体系,将盐产业的生产经营发挥到了极致,为后来形成盐文化打下了牢固的基础。

(2)盐商文化。自贡盐商是自贡井盐文化在精神层面上的集中代表。正如晋商之于山西晋文化,盐商之于自贡井盐文化有着重要的传承和推动作用。

作为民族资本家,自贡盐商大力推动盐业技术创新,不断改进生产设施,独创了“主客井制”、“做节”制度以及“大关”等资本组织方式,自发形成了股份制经营模式,扩大了生产规模;更新了经营管理体系,摸索创制了一套完整的管理体系和制度,实现了资本所有者和经营者的分离,达到了同时代其他行业难以企及的水平,而且比西方国家早了一个半世纪。

与此同时,自贡盐商在当时的历史背景之下,充分展示出了他们的爱国精神和责任意识,积极慷慨解囊支持革命运动,纷纷捐款筹资发展教育事业,不但为拯救民族危难贡献力量,更为支援家乡建设做出了重要贡献,充实了自贡井盐文化的精神内涵。

(3)井盐物态文化。自贡井盐的物态文化即人们能真切感知的,包括现存的井盐生产设施、盐业建筑、盐商住宅,甚至饮食文化、艺术、民俗等在内的各种形式。这些都是自贡井盐文化的物质资源和重要载体。

3. 自贡盐文化产业化的必要性

自贡盐文化构成了自贡城市经济发展的丰厚的文化资源。然而,这些资源并不是产品,也谈不上产业。它仅仅是具备潜在开发利用价值的物质存在或非物质理念。换句话说,只有为静态的文化资源注入活的时代因素,让文化资源与当代人的精神生活形成一种相互接纳、相互促进的互动关系,才可以实现文化资源的产业化过程。

首先,从空间的角度来看,自贡盐文化产业化能够促进人们对井盐文化的认知,是对中国盐文化的补充,提高对全国盐文化资源整合的可能度。

其次,从资源地的角度来看,对盐文化科学合理地产业化开发,能够促进政府、企业和居民对盐文化资源的保护,有效防止破坏相关文物的现象。

再次,从大众的角度来看,通过对盐文化的产业化开发,能够普及盐文化知识,增强大众对这一文化领域的认知，对盐文化的传承起到推动作用。

最后，从产业结构调整的角度来看，“资本的时代已经过去，创意时代已经来临”。自贡盐文化产业化能够有效推动区域产业结构调整升级，而且市场化、产业化的发展能够促进盐文化更大范围的传播，提升自贡的城市形象和精神内涵。

三、开创盐文化产业化的“自贡模式”

正如国家发改委文化产业研究中心原主任齐勇锋强调，大力发展文化产业，并非要把文化全部产业化。毕竟大规模的产业化对文化的传承来说，是一把“双刃剑”：我们不难发现，文化的产业化推动了整个经济社会的发展，不但满足了社会各个阶层的文化需求，也充实和丰富了文化的多样性；但同时我们也会面临高雅文化低俗化、民间文化断代化的问题，也就是大量的低俗文化泛滥市场，而少数民间文化不被日益浮躁的青少年接受从而无法继续传承。因此，为避免负面现象的出现和繁衍，自贡盐文化的产业化模式和路径应慎重选择，充分借鉴前人经验，扬长避短，开创盐文化产业化的“自贡模式”。

1. 打造“自贡井盐文化”品牌

一是通过申报世界物质文化遗产、非物质文化遗产等方式，利用品牌效应推进自贡盐文化产业化。以整体品牌战略发展为契机，在产业内部率先培育出一批具有市场号召力的分支文化品牌，并将其扩展到相关产业中，最大化地实现品牌价值。如学习《印象·刘三姐》《印象·丽江》等大型实景演出或《大河之舞》《金沙》等舞蹈、舞台剧的创作及市场化运作模式，打造属于自贡井盐文化的独特品牌符号。

二是整合区域旅游资源，形成“自贡井盐文化”资源链。将“自贡井盐文化”包装成为独特的旅游资源，与自贡恐龙博物馆、灯会的旅游资源有效整合，形成自贡“盐、龙、灯”旅游路线。应充分借鉴山西晋商文化的产业化发展模式，通过旅游与文化的深入融合，让游客深入观察、体验、感知井盐文化，在为游客提供良好的游览机会和高品位的艺术欣赏价值的同时，也创造巨大的经济社会效益。

2. 构建“自贡井盐文化”产业链

围绕“自贡井盐文化”这一核心文化资源，有意识地引导发展影视、书籍、文艺、信息，甚至玩具、礼品开发，动漫游戏等产业，形成“自贡井盐文化”产业链。深入挖掘核心文化资源，通过反复产出和出售，为相关产业提供市场附加值，同时带动一大批传统产业转型升级。比如，借推出反映自贡盐商家国故事题材的优秀文化产品的机会，同时推出一批以此为基础的高端文化创意产品，可以是小说、动漫游戏，也可以是影视基地、井盐生产体验园等，充分带动相关产业的发展。

3. 培育“自贡井盐文化”产业集群

集群集约式发展盐文化产业，前瞻性地为产业发展划定区域。以现有井盐物态文化资源为中心,或以影视文化基地的方式,或以展览展示厅的方式突出这一中心,在周边一定区域范围内发展井盐文化产业集群。一方面,根据井盐文化特色,开发文化产业项目;另一方面,建设资源丰富、特色鲜明的井盐文化产业基地和园区,培育井盐文化产业集群,并且延伸产业链,实现文化产业集群发展和产业规模效应的充分释放。

4. 完善"自贡井盐文化"产业发展支撑体系

产业的发展集合人力、物力和财力,所以自贡井盐文化产业的培育和发展离不开政府、企业和群众的支持;离不开井盐文化的深入挖掘;更离不开财政资金和民间资金的投入。应进一步完善扶持自贡盐文化产业发展的政策,加大对井盐文化开发和产业化培育的财政资金支持力度;逐步建立和完善文化资源开发的投融资体系,完善风险投资进入和退出的渠道,探索建立"自贡井盐文化开发专项资金"。

5. 实行"自贡井盐文化"的"高位开发"

要深入挖掘井盐文化资源,把自贡井盐文化资源优势迅速转化为产业优势,实现产业文化和文化产业化。只有当井盐文化和它存在的功能处于一种水乳交融的状态时,自贡盐文化的精神内涵才能得到释放。但同时,也要充分认识到井盐文化的开发,不能简单地按市场经济的规律和利益来开发,要适当适度,要按照为人们提供精神素养,培育人的从容高雅及风骨等标准来"高位开发"。具体来说,就是深度整合自贡"大三绝"(2000年盐业历史、亿万年恐龙之乡、近千年彩灯文化)、"小三绝"(龚扇、扎染、剪纸)的文化资源,挖掘多种文化资源潜在的关联,创意升华一种自贡精神,总结、提炼、升华自贡井盐文化的精髓,形成有别于其他地区文化产业的创意符号。

[参考文献]

[1]胡惠林. 文化经济学[M]. 上海:上海交通大学出版社,1996.

[2]欧阳友权. 文化产业通论[M]. 长沙:湖南人民出版社,2006.

[3](日)日下公人. 新文化产业论[M]. 北京:东方出版社,1989.

[4]张胜冰,徐向昱,马树华. 世界文化产业概要[M]. 昆明:云南大学出版社,2006.

[5]李炎. 文化实现产业化的可能及途径的理论思考[J]. 民族艺术研究,2003(5).

[6]自贡市委党校课题组. 自贡文化软实力的提升路径研究[N]. 重要研究成果专报,2013-10-24.

[7]陈星生. 一个城市的隐痛——从因盐设市看传统给自贡行政文化带来的难题[N]. 自贡日报,2010-01-07.

[8]星戈. 探寻井盐文化 构筑城市精神[EB/OL]. 自贡市人民政府网站,http://www.zg.gov.cn/news/Articles/2008/04/26/20080321091223-112920-00-000.aspx.

[9]陈叶军,齐勇锋. 发展文化产业并非要把文化全部产业化——文化采取市场机制的方式来进行发展是一把"双刃剑"[EB/OL]. 人民网—理论频道,2011-10-17,http://theory.people.com.cn/GB/15920742.html.

盐文化传播现状与应用开发研究[①]

桂元[②]　董亮[③]

盐,不仅是人类生存和发展不可缺少的宝贵资源,同时也是创造辉煌的人类早期文明和灿烂文化的源泉。即使在21世纪,科学技术迅猛发展和信息洪流不断高涨的今天,它也未能被湮没,反而熠熠生辉,随着人类文明的步伐同步闪亮。盐在饮食、经济、文化、城市发展等诸多领域彰显出潜在的价值和深远的影响,它所拥有的独特而丰富的文化特色和内涵,正越来越多地被人类认识、挖掘和开发利用。

近年来,不懈努力探索的盐文化学者们,在中国盐业历史,特别是盐业科学史及盐的经济史研究上达到了一个崭新的高点,使得我国盐业研究的国际地位显著提高,学术影响力也明显增加。但总体而言,学者们较少从文化角度对盐资源的开发利用进行全方位的探索,忽略了盐这一特殊资源在人类历史长河中所孕育出来的"盐文化"现象,到目前为止,盐文化学科体系在中国仍不完善。本文试从分析盐文化传播现状入手,剖析盐文化资源保护情况,以期找准井盐文化与现代文化产业的结合点,从而进一步提升盐文化传播的空间,促进盐文化产业的开发利用。

一、加大盐文化传播力度,提高井盐文化知名度

1. 拓展盐文化传播对象

目前,从事盐文化研究的人群大多集中在部分专家学者和政府部门之间,而就普通大众来讲,对于盐文化的理解仍然较为零碎和片面,这种集学术化和精英化于一体的传播对象,对盐文化的发展是不具可持续性的。只有将盐文化传播的对象从精英人群扩展到普通受众,将精英化的盐文化大众化,才能使大众能深刻地认识自贡悠久的盐文化内涵,并将其传承发展:首先,可将传播内容更接近平民化,注重普通受众的理解力和心理的可接受程度;其次,将传播方式通俗化、娱乐化,比如采用画面和音乐配合,减少单调的文字叙述等静态传播方式;最后,采取"量体裁衣"模式,针对不同受众采取差异化和分层化的传

① 基金项目:四川省哲学社会科学重点研究基地、四川省教育厅人文社科重点研究基地——四川理工学院中国盐文化研究中心资助项目"盐文化在思想政治教育中的应用研究"(编号:YWHQ12－04)之阶段性成果。

② 桂元(1987—),女,四川自贡人,硕士研究生,助教,主要研究方向为大学生思想政治教育。

③ 董亮(1980—),男,四川自贡人,硕士研究生,讲师,主要研究方向为大学生思想政治教育。

播方式。

2. 开发盐文化传播媒介

在盐文化传播过程中,仍以传统平面媒体和电子媒体的传播占据主导地位,如纸质文字报道、冗长的纪录片和专题片等,然而这些并不是受众喜闻乐见的形式,故传统传播媒介价值仍需深入挖掘。当前我们应遵循受众对浅显易懂的文字、形象逼真的画面较为青睐的趋向,策划制作更多丰富多彩的传播内容,普及盐文化知识。如电视讲坛、人物访谈和宣传短片等形式,力求从历史、人文和地理等多个维度去诠释和完善,以展示其丰厚的文化内涵,发挥广大的宣传作用。

利用互联网传播的空间优势来拓展盐文化传播。借助这种新的媒体网络的时效性、全球性、海量性和互动性等特点,来筛选整合现有的盐文化资源。比如建立盐文化网上博物馆和数据库,开发盐文化数字产业等,将盐文化资源和盐文化产业发展结合起来,实现盐文化传播和盐文化产业发展的相互促进。

二、增强盐文化资源保护力度,挖掘其潜在利用价值

井盐文化遗产是自贡这座城市在历史演变中传递历史文化信息的载体,其中蕴涵的信息资源失而不可复得,是自贡特有的极为宝贵的财富。在开发与保护的关系上,笔者认为,保护应是前提,没有保护就没有资源,而一旦破坏,难以再生,谈何开发;但没有开发,再好的资源也难以被人们认识,无法发挥其社会价值和经济价值。

1. 重新审视井盐文化资源，培养和树立资源保护意识

自贡现有全国重点文物保护单位5处,省级文物保护单位15处,市级文物保护单位71处,国家3A级以上景区3处,中国历史文化名镇2座,其中80%以上属于盐文化遗产,颇具重要的历史价值、艺术价值和科学价值,极具代表性的如世界第一口超千米深井——燊海井。现有非物质文化遗产国家级4项、省级1项、市级9项、区县级8项、濒危项目7项,共60多项,其中有14项与盐相关,如久负盛名的自贡小三绝之一的扎染工艺。

然而,这些盐文化遗产保护现状由于以下众多因素:政府保护力度不够,资金结构不平衡,专业人才匮乏,井盐文化开发缓慢、开发水平不够等原因,正遭受着毁灭性的破坏和处于濒危的边缘。以自贡天车为例,现存18座,除燊海井和吉成天车群2座国家级文物得到较为完好的保护外,大多数都已破旧不堪。面临如此严峻的形势,可见加强盐文化遗产保护已然成为自贡人刻不容缓的任务,大众应培养和树立自贡特有盐文化资源的保护意识,为其传承和发展提供前提保障,同时这也是实现人类文明延续和可持续发展的必然要求。

2. 制定井盐文化遗产保护措施,为其潜在价值开发提供前提保障

对井盐文化的保护,实质就是对井盐文化的物质文化遗产和非物质文化遗产的全面保护。我们应该掌握真正的可持续和合理利用资源的开发方式,最大限度地保护历史文

化遗产，让井盐文化发挥其应有的作用，这就要求我们做到以下几点：

(1)加强宣传，推进群众参与机制。盐文化遗产的形成与发展和人类生活息息相关，普通群众才是盐文化遗产真正的守护者、传承者和参与者。在遗产保护实践过程中，我们应向广大群众普及盐文化资源保护的理念，培养和强化保护意识，明确遗产保护的历史责任。

(2)唤醒政府重视力度。政府要充分发挥其职能，制定和完善保护开发条例及优惠政策，建立健全长治久安的保护机制。加强盐文化资源保护的专业性人才队伍建设，尤其是从事非物质文化遗产的相关人员急剧紧缩，文化的传承更是受到极大威胁。

(3)应用数字化技术。应用现代信息技术可为盐文化遗产创造良好的保管环境，采用数字化方式将活态的凿井、制盐及表演艺术等形象、全面地记录在案，既可方便留存、节省空间，也能保留其原真性和活态性。

(4)寻求跨区域合作。统一规划，在处理好城镇建设与历史资源保护的关系上，注重与外界的沟通交流，实现资源共享和项目合作，提升盐文化资源保护的协同创新能力。

三、拓宽盐文化遗产开发价值，找准与现代文化的结合点

盐文化内涵独特而丰厚，盐文化物质遗产和非物质遗产更是其最佳的呈现载体。我们在开展盐文化基础性研究的同时，也要将应用开发研究结合起来，以“政产学研”为有机整体，将盐文化与现代文化产业发展紧密联系，使之促进地方经济建设的发展和繁荣。

1. 提高旅游产业的市场化程度，不断增强旅游产业的发展活力

自贡盐文化旅游业主体由政府引导和调控，比如制定旅游产业发展规划和出台相关政策，对旅游项目开发进行审批和监督管理，对旅游资源实施生态保护等。然而，除了这些宏观政策性垄断外，与旅游产业相关联的附加值产业却具有极强的市场竞争能力，比如交通、餐饮、住宿等行业。因此，旅游业也应顺应经济发展的规律要求，在市场这个大环境中接受挑战，走市场化发展的道路。

旅游，只有按照现代理念来经营才能展现出其中所蕴含的文化深度和潜在价值，即始终坚持以政府为主导，以市场为导向，以企业为主体。在遵循市场经济发展规律的前提下，以市场导向来制定旅游发展的方向和规模，减少政府干预，激发企业为主体的产业发展活力，将盐文化融入旅游项目建设过程中，实现无缝链接，以此来打造文化旅游新亮点，如以仙市古镇为主的古盐道探秘游。随着市场竞争日益加剧，旅游业面临着更多的挑战，但只有让其经受市场的大浪淘沙，才能占稳市场的份额，从而打开一个广阔的空间，实现大发展。

2. 提升旅游业的产业化水平，加快构建特色旅游经济体

组织专家对盐都现存盐文化资源进行定位，整合有效资源，有目的、有计划地进行合

理开发,使之将相关产业链加长,关联度契合性增大。根据游客的不同需求,设计出不同的旅游线路,突出不同的主题:开展以盐业历史博物馆为主的知识游,以西秦会馆为主的行帮会馆游,以桑海井盐业公园为重点的生产现场游,三多古寨民俗风情游,东源井休闲度假游,古盐道探秘游,古街区文化之旅游等。

为此,必须做到以下几点:一是重视基础设施建设,改善铁路、公路,甚至是市内公交等运输方式,同时,加强旅游相关配套设施建设,满足广大游客各方面需求。二是有机地将零散分布的资源整合起来,形成交通、住宿、餐饮、旅游、购物、娱乐一条龙服务优势,把盐文化资源开发和现代文化产业发展结合起来,延伸产业链。三是深度挖掘特色盐文化资源相关景点,尤其是将静态景点的潜力充分开发,能以静动态旅游结合的方式吸引游客,将文化内涵融入旅游当中,从而提高产业水平,打造品牌。四是提高从业人员队伍建设,选拔培训现有优秀人员,引进外来专业人才,为自贡盐文化旅游产业注入新鲜血液和提供智力支撑,从而提高整体业务水平。

3. 加快推进旅游产业的信息化,大力提升旅游业的信息化水平

在人类社会经济活动中,随着信息技术的快速发展和广泛应用,全面推进信息化水平已成为各行各业提高产业素质和增强市场竞争力的必不可少的有效途径。面对包罗万象的旅游行业,空间广阔,群体不一,需求不一,尤其要充分利用信息化技术特性来实现全面网络化服务,及时有效地将各种信息发布和传递。

借助信息化手段,推进自贡盐文化产业跨越式发展。首先,运用现代信息技术,开发盐文化遗产资源,实现盐业历史博物馆等资源信息在线共享,网上互动。其次,要加快自贡市的旅游资讯平台建设,建立旅游信息数据库,加快信息传播和交流,大力推进网络服务。最后,加快市场营销网络化,优化销售流程和数字记录、数字保护、数字开放的流程,搭建扩散式的文化空间,运用网络开展文化交流、商品交易和版权出售。

4. 加快推进旅游产业的社会化,逐渐形成旅游大产业格局

建立和谐统一的盐文化旅游产业链,就必须以景点为纽带,串联着吃、住、行、购、娱等各方面的业务,整合一体,才能发展一个完整的自贡盐文化旅游。因此,除政府部门外,必须组织社会各界力量联合办旅游,这样才能使盐都盐文化旅游业的发展具有强大的后备力量和长期的可持续性。

推进盐文化旅游产业的社会化,首先,要加强政府部门协调合作,联合打造旅游产业整体形象,共同推动旅游产业发展。其次,充分调动社会各方面的积极性,增强盐都人民的主人翁意识,广泛动员他们为盐都旅游营造良好环境,提供优质服务。最后,按照自然与人文交融、商贸与旅游一体、经济与生态并重的原则,协调一致办旅游,构建和谐旅游、生态旅游、人文旅游,从而提高产业互动发展,打造自贡盐文化旅游良性发展的态势。

四、结语

自贡,这座古老的盐文化名城,蕴涵着深厚的井盐文化物质遗产和非物质遗产,既是盐都千年井盐生产发展和社会沧桑变化的积淀,更是中国井盐业发展的历史缩影。它要求我们根据实际情况的发展趋势,不断地探索、研究、应对和预测问题,并在此过程中不断地去调整和解决,最终在社会历史发展的进程中与时俱进。这样,才能使自贡井盐文化遗产保持较为长久的生命力,让我们宝贵的传统文化在开发利用中得到保护与延续传播。

[参考文献]

[1]曾凡英．盐文化的内涵与特征[J]．四川理工学院学报(社会科学版),2006,21(1).

[2]李朗,陈卓,文铭生．略论盐文化传播[J]．盐业史研究,2012(1).

[3]程龙刚．自贡盐文化遗产保护与利用研究[J]．中国名城,2011(8).

[4]黄健．关于保护与开发自贡井盐文化遗产的一些设想[J]．盐业史研究,2011(3).

[5]邹礼洪,钟莉．自贡井盐文化的保护对策探讨[J]．地方文化研究辑刊,2011(3).

[6]赵鸣．淮盐文化的历史流布、传承与开发战略研究[J]．山东社会科学,2011(12).

[7]赖斌,杨丽娟．盐文化主题旅游产品的市场价值挖掘与深度开发研究——以大英死海、自贡盐都为例[J]．人文地理,2009,105(1).

[8]喻学才,李常生,钟行明．盐的未来:关于淮盐遗产保护与旅游发展结合的探讨[J]．盐业史研究,2011(3).

[9]魏晓露．论河北省历史文化名城赵县保护与旅游发展[D]．河北师范大学,2008.

文化性在井盐文化旅游纪念品设计中的应用研究①

张久美② 周立③

文化是个非常广泛的概念,给它下一个严格和精确的定义是件非常困难的事情。笼统地说,文化是一种社会现象,是人们长期创造形成的产物,同时又是一种历史现象,是社会历史的积淀物。确切地说,文化是凝结在物质之中又游离于物质之外,能够被传承的国家或民族的历史、地理、风土人情、传统习俗、生活方式、文学艺术、行为规范、思维方式、价值观念等,是人类之间进行交流的普遍认可的一种能够传承的意识形态。我国盐的生产约有五六千年的历史,伴随着盐业生产的出现,在劳动、生产和经营过程中,相应出现了一种依附于盐业的文化现象,即盐业文化。自贡盐文化,是以自流井地域为代表的各族人民,在漫长的历史发展过程中创造并积淀下来的物质文明与精神文明的总和。自贡盐文化主要包括与盐有关联的物质文化、精神文化和制度文化三个方面,是一种以自贡地域文化为铺染,以自流井盐文化为主体,以盐遗存及其伴随盐生产发育、成熟的思想文化和科学技术的集合。[1]盐文化的历史内涵非常丰富,主要为:第一,盐业中的英雄崇拜。第二,盐业技术文化。第三,盐业的制度文化。第四,盐文学、艺术。第五,地名中的盐文化。第六,饮食中的盐文化。[2]千年盐都自贡以其拥有丰厚的井盐文化资源,被国务院列为国家级历史名城和优秀旅游城市。积淀深厚的井盐文化遗产为自贡发展文化旅游产业打下了坚实的基础,但是从现实情况来看,与近2000年井盐生产有关的井盐文化旅游资源却未得到有效开发,自贡井盐文化旅游产业发展缓慢。盐文化旅游纪念品是盐文化旅游产业发展中的一个必不可少的环节,本文重点探讨文化性在盐文化旅游纪念品设计中的应用,希望可以提高盐文化旅游纪念品的品质,促进自贡盐文化旅游产业的发展。

一、自贡盐文化旅游纪念品的现状分析

旅游纪念品是指游客在旅游地购买的能体现当地文化特色、具有纪念价值的产品,

---

① 基金项目:四川省哲学社会科学重点研究基地、四川省教育厅人文社科重点研究基地——四川理工学院中国盐文化研究中心2013年立项课题(编号:YWHY13-04)之阶段性成果。

② 张久美(1979—)女,重庆人,四川理工学院机械工程学院讲师,硕士,研究方向为工业设计及机械设计。

③ 周立(1977—),男,四川理工学院副教授,主要研究方向为中国历史文化。

它是构建旅游城市形象、传递旅游城市文化的重要工具和媒介。自贡市盐业历史文化源远流长，盐业生产古迹数不胜数，旅游资源颇为丰富，旅游纪念品开发的题材也相当广泛，但是在旅游纪念品市场上独具自贡城市地域特色的精良工艺的纪念品并不丰富。在自贡旅游纪念品市场上常见的典型的产品主要有久大盐业公司开发的系列盐产品，索贝斯沐浴盐、索贝斯足浴盐、索贝斯洁面盐、索贝斯果蔬盐等，这类产品主要有养生保健的功能；久大盐业公司开发的系列盐灯产品，索贝斯水晶原石盐灯、索贝斯青花四季盐灯、索贝斯水晶金字塔盐灯等，这类产品主要有空气清新、安神防辐射的功能；以展示盐井、盐船、盐业历史博物馆为内容的剪纸作品等；其他诸如食品、土特产等商品便是包装设计不到位，档次偏低，文化附加值低。自贡井盐文化旅游纪念品的品种较少、产品单一，部分旅游纪念品多年来千篇一律，同质化现象严重，不能满足来自全国不同地域、不同年龄段游客的需求。部分旅游纪念品没有新的创意、品位不高，甚至出现了游客想买却找不到特色旅游纪念品的问题等，这都在制约着自贡盐文化旅游纪念品的发展。将井盐文化旅游纪念品设计成能够在传承自贡独具特色的盐业历史文化的前提下，用具有时代感的创新手法使旅游纪念品满足不同类型广大游客的物质需求与精神需求，是目前自贡井盐文化旅游纪念品市场面临的重要课题。我们应对有特色的盐文化旅游纪念品的开发抓住区域文化特色，满足纪念品开发原则，注重分析地域文化符号在旅游商品转化中的运用。

二、自贡井盐文化元素的提取

井盐文化元素指那些能够代表自贡作为千年盐都的视觉元素，这些元素在视觉上有效传达了盐都自贡的某一种城市形象。由于中国的井盐文化旅游资源主要集中在四川的自贡地区，独具特色的井盐文化资源就成了自贡地区发展文化旅游产业独有的潜力和优势。[3] 自贡井盐文化旅游资源主要包括：①盐生产的遗址和现场。2000 多年的盐生产过程中，自贡地区先后开凿了 13000 多口盐井，形成了一整套完整而精湛的凿井、汲卤、煎盐技艺。第一口超千米的深井——燊海井，罕见的高产稳产气井——东源井，第一口古盐井——富义盐井以及大公井、小桥井，散落于全市的盐井、井架、灶房、盐垣，自流井古近代顿钻工具群、气卤采输和制盐工具群等，对旅游者所产生的吸引力是其他资源无可比拟的。②反映盐运输和贸易的古镇、古街。仙市镇、牛佛镇、贡井河街、自流井中华路、汇柴口、八店街等古街古镇，其中仙市镇是四川省历史文化名镇，是历史上自贡盐运输的交通要道。③反映盐商生活的住宅大院和山寨。有李庄、王家大院、杨家大院、涵园以及三多寨、大安寨、五富寨等城堡山寨，其中三多寨被誉为“川南寨堡之首”。④反映盐商和盐工活动的会馆建筑。主要有炎帝宫、桓侯宫（即张爷庙）、王爷庙、西秦会馆、南华宫、禹王宫、天后宫等，其中以王爷庙、西秦会馆、桓侯宫保存最好，特别是西秦会馆不仅是古代建筑的珍品,也是不可多得的盐史文物,被确定为全国文物保护单位。这些会馆、宫、庙等古建筑,既是自贡盐业经济发展的见证,又是自贡盐文化的精品,构成了自贡文化旅游资源的重要景点。⑤独具盐业经济特色的地方饮食文化。主要指以自贡盐帮菜饮食风味为代表的"小河帮菜系"。⑥反映盐业经济的地方民俗文化风情。除闻名遐迩的自贡灯会外,还有牛王会、王爷庙会、土地会以及放水节等。自贡的龙灯狮舞、牛儿灯也极具盐场传统民俗风情。⑦与盐业相关和由盐派生的民间艺术、文艺。主要有川剧围鼓、盐场歌舞、盐工号子以及龚扇、扎染、剪纸、彩灯、糖人、面人、木人等。

依托丰富的井盐文化旅游资源,自贡井盐文化元素可以划分为以下几大类:①社会经济文化活动遗址遗迹,如盐场老街、盐业古镇、古盐井、古盐道、天车等。②景观建筑与居住地,如三多寨、大安寨、西秦会馆、王爷庙、桓侯宫、炎帝宫、法藏寺等。③菜品饮食,如水煮牛肉、火边子牛肉、牛佛烘肘、富顺豆花、郑抄手、谢凉粉、庆荣森豆腐脑水粉、自流井调味盐、香辣酱、太源井晒醋、龙都香茗等。④民间习俗,如农历二月初二和八月初二的土地会、农历二月二十的城隍会、农历四月二十八的药王会、农历五月二十三的单刀会、农历六月初六的王爷会、农历十月初一前夕的牛王会以及观音会、娘娘会、川主会、土地会、东岳会等。⑤民间工艺与艺术,如彩灯、龚扇、扎染、剪纸、糖人、面人、川剧、秦腔、木偶戏、说书、牛儿灯、杂耍、盐工歌舞、盐工号子等。

自贡井盐文化元素涵盖的内容非常广泛,而旅游纪念品的设计又要受众多条件限制,筛选条件重点考虑信息传达的准确性和加工工艺的限制。信息传达的准确性是指所选择的某一自贡井盐文化元素在转化成视觉图形后,能否准确地传达这一元素体现的文化与内涵。加工工艺则指其图形元素在设计应用的过程中能否适应批量生产和制作工艺的要求。在井盐文化旅游纪念品的开发设计中,应从自贡的特色井盐文化元素分析入手,收集大量自贡井盐元素符号,对传统的元素符号进行系统收集和研究,结合现代的设计理念,提出在旅游纪念品上运用盐文化符号的具体设计方法,让自贡浓厚的井盐文化积淀与现代的设计理念相融合,设计出的旅游纪念品具有自贡印象,成为最具代表性的自贡文化旅游纪念品。

三、自贡井盐文化元素在旅游纪念品设计中的应用

如何将有深厚文化内涵的井盐文化元素应用到旅游纪念品设计中呢?要选择典型的井盐文化元素将其转化为视觉图形,而转化需要建立在了解井盐文化元素的历史含义和典型特征的基础上,取其"形",延其"意",传其"神"。设计者应从不同的观察方法入手,运用丰富的色彩与生动的造型,将自贡井盐文化的图形元素以新鲜、活泼的形象呈现给世人。在应用井盐文化元素设计旅游纪念品的过程中,不能将井盐文化元素标签式地粘贴到旅游纪念品表面,而应当从城市文化内涵的角度将两者真正融合到一起,以达到"神形

兼备”的效果。具体而言,对于不同类别的井盐文化元素应采取不同的方法开发旅游纪念品。

①遗址遗迹类井盐文化元素,应以体验设计为主进行旅游纪念品的设计开发。我国目前的旅游热点地区大多是世界遗产地、国家名胜风景区、国家历史文化名城、国家森林公园等。自贡盐文化遗产是世界级的品牌,来自全国各地的游客到自贡井盐遗址参观游历时,体验成为行程中的关键。在旅游体验中,游客要求得到难以忘怀的回忆,当离开那种特定时间和地域之后,最终留下的还是一种精神上的回忆和享受,这不仅需要在产品体验消费过程中产生,而且需要在富有当地特色、文化内涵和艺术形式的旅游纪念品中保存下来。[4]游客们到仙市古镇、自流井老街、古盐道、古盐井参观体验时,由专业摄像师为游客拍下照片,录好影像,并将这些照片、影像分别嵌在精美的相框里和制成DVD光碟。这些相框和光碟的制作专门印上自贡盐文化的标志建筑和图案,体现盐都特色。游客应该非常希望将自己在世界级的盐文化遗迹游览时的体验记录下来,回去与亲朋分享,作为终身留念。开发这类体验的纪念品,成本不高,却充满地域特色。让每一个游客在离开盐都之后还念念不忘,这些纪念品可以很好地宣传自贡的世界级盐文化遗产。

②对于生产井盐的工具、文物类文化元素(例如天车),可以开发出这些历史文物的仿制、复制及各种变形制品的模型。凿井、修井、汲卤、煎盐等使用的工具,主要有鱼尾锉、财神锉、提须子、柳穿鱼、花刀、槽杠、霸王鞭、煎锅等。可以对这些造型简洁大方、形态线条优美的工具通过变形设计出一些审美价值和使用价值并存的生活用品(如盐灯、钥匙扣、相框、皮带扣、开瓶器、梳子、调味品、吊坠等)、文具(书写笔、笔插、笔筒、U盘等)。[5]

③对于民间习俗类井盐文化元素,可以采取主题性旅游纪念品的设计。每年春节举行的自贡灯会、农历二月初二和八月初二的土地会、农历二月二十的城隍会、农历四月二十八的药王会、农历五月二十三的单刀会、农历六月初六的王爷会、农历十月初一前夕的牛王会以及观音会、娘娘会、川主会、土地会、东岳会等,可以借助这些民俗活动设计主题性纪念品,包括吉祥物、特色纪念品的开发等,借此丰富井盐文化旅游纪念品的种类以及类型,并以此丰富旅游的形式。

④对于菜品饮食类井盐文化元素,应用好盐帮菜品牌,开发色香味俱全、方便携带的自贡特产。自贡盐帮菜,既是中国饮食文化中的一朵奇葩,中国盐文化的组成部分,也是千载盐都风情民俗的重要体现,更是当代川菜系列中的重要品牌。自贡盐帮菜分为盐商菜、盐工菜、会馆菜三大支系,以麻辣味、辛辣味、甜酸味为三大类别。盐帮菜以味厚、味重、味丰为其鲜明的特色,最为注重和讲究调味。各地游客到自贡旅游,一定会体验自贡盐帮菜的美味。当游客将火边子牛肉、牛佛烘肘、自流井调味盐、香辣酱等特产作为旅游纪念品带回家乡,与家人朋友分享时,便是分享了自贡的饮食文化,宣传了自贡盐文化。

⑤对于民间工艺与艺术类井盐文化元素,应将继承传统工艺与现代科技创新相结合,开发种类更丰富、品质更高的工艺品。根据游客的审美消费趋势和消费心理的变化,借鉴国

内外旅游纪念品开发的经验,以创新的产品去适应市场的需要,争取更好的经济效益和社会效益。

四、井盐文化旅游纪念品开发设计中应体现文化性

相对于一般商品而言,旅游纪念品具有地域性、纪念性和文化性等特征。文化与设计相辅相成。设计是文化的体现手段,文化提升了设计的附加值。旅游纪念品是旅游商品中最具有纪念意义的商品,作为文化的载体,它铭刻着旅游者的一段难忘经历,蕴含着旅游地的风土人情和地方特色,提高旅游纪念品的文化设计品位,既能带动旅游区经济的发展,又能起到很好地宣传旅游区文化的作用。[6]自贡井盐文化旅游纪念品的开发设计应该以井盐文化为第一要素,树立产品的文化形象,弘扬自贡的城市精神,以文化宣传城市,以文化带动经济,让文化与经济更加紧密地结合起来,共同促进自贡市的发展。具体来说,旅游纪念品的设计要体现文化性。

第一,旅游纪念品的主题创意要体现井盐文化特性。旅游纪念品的主题创意能突出其纪念价值、收藏价值和审美价值,应以自贡悠久的井盐历史文化为基础,结合著名的传说和典故,提炼出旅游纪念品的主题风格,设计出融时尚性、地域性、文化性于一身,品质优良的井盐文化旅游纪念品,丰富旅游纪念品市场,展现盐都自贡的文化内涵。

第二,旅游纪念品的图案造型应体现井盐文化特性。旅游纪念品是一种无声的语言,通过其造型不仅可以使纪念品发挥它的认知功能,使消费者明确了解这个纪念品出自哪个国家、哪个地区、哪种文化、哪种工艺或者体现了哪种文化内涵、历史背景、轶事典故等,而且我们可以充分发挥它的审美功能,给人以亲切温馨的感受和带来对生活意义的感悟等。[7]就自贡井盐文化而言,从古至今,都有很多可以借鉴的造型与图案,例如天车以及凿井、修井、汲卤、煎盐等使用的工具。

第三,旅游纪念品的色彩和材料应体现井盐文化特性。色彩在旅游纪念品设计中的作用不容忽视,能给游客带来最直接的视觉冲击。井盐文化旅游纪念品的色彩可以在继承传统的基础上添加符合现代人审美的色彩,例如模型、工艺品等,颜色采用开采工具如天车以及提取的卤水的古色古香的材料本色搭配现代材料的鲜艳色彩,回归自然之余不失时尚华丽。自贡井盐文化包含很多民间艺术及其产品,主要有龚扇、扎染、剪纸、彩灯、糖人、面人、木人等。这些传统工艺使用不同的材料,这些独特的材料又体现了独特的地域文化性。设计和开发民间工艺类井盐文化旅游纪念品,应以天然材料为主,就地取材,以传统的手工方式制作,通过这些产品体现出自贡悠久的井盐历史文化沉淀。

第四,旅游纪念品的实用性应体现井盐文化特性。对于许多旅游者来说,购买旅游纪念品时都是看中了它的日常使用价值。在设计开发旅游纪念品时应将其实用性与艺术性巧妙地结合起来,应在保持传统特色的同时,增加其新颖性、时尚性,才能吸引更多的旅游

者购买。久大盐业公司开发的系列盐产品，如洗浴盐、足浴盐、洁面盐、果蔬盐等，由于满足了游客的日常生活需求并且时尚，销量供不应求。这一成功的旅游纪念品的开发，便是将产品的实用性与井盐文化结合的典范。受此启发，还可开发"井盐文化特色图案T恤""井盐文化特色纹饰手提包"等旅游纪念品。

五、结束语

盐都自贡山川秀美、历史悠久、文化璀璨，古老盐业历史和深厚的井盐文化形成了丰富的旅游资源。自贡的井盐文化在世界上具有不可替代的地位，是全人类宝贵的文化遗产。在四川省旅游发展总体规划中，自贡市属于重点开发的旅游城市，并确定为4个优先开发的世界级旅游区、4条旅游热线和6处优先开发的景区之一。自贡市委、市政府也十分重视旅游业，将发展大旅游作为产业结构战略性调整的重要内容，确定了充分发挥旅游资源优势，推进潜在旅游资源优势向现实经济优势转化，建设"独具特色的旅游城市"的方针。[8]伴随自贡旅游事业的迅猛发展，自贡市应进一步大力发展蕴含井盐文化特色的创新旅游纪念品，开发出更多品种、更高品质的旅游纪念品，使盐都自贡的形象、地位和知名度大幅度提升，创造更多旅游收益。大力发展盐业旅游、扩大旅游纪念品市场份额，促进自贡制盐老工业城市成功转型，实现自贡城市科学发展、和谐发展、又好又快发展以及可持续发展。

［**参考文献**］

[1]代晓东，王浩．小说《自流井》中的盐文化解读[J]．岁月，2012(4).

[2]刘彦群．盐文化与旅游开发[J]．盐业史研究，2005(2):32.

[3]王红．自贡盐文化资源与旅游业的开发[J]．盐文化研究论丛，2006(1).

[4]宋强．体验设计指导下的旅游纪念品设计[J]．商场现代化，2008(13).

[5]张久美．基于井盐文化特色的旅游纪念品开发研究[J]．包装工程，2014(14).

[6]邱柱．谈旅游纪念品的文化设计[J]．韶关学院学报(社会科学版)，2004(10):136.

[7]王丹花．旅游纪念品设计的文化性研究[J]．现代商贸工业，2011(19).

[8]练红宇，夏敬标．自贡盐文化旅游资源评价及旅游开发策略研究[J]．四川烹饪高等专科学校学报，2011(6):62.

第五篇　盐文化与文学艺术

简论明清“盐业家乐”的剧目及伶人①

李树民② 杜晓晶③

与诗歌、散文的兴盛条件相比,戏曲艺术的繁荣对物质条件的依赖非常突出,不管是演员的培养、观众市场的形成,还是演出设施的完备,都离不开强大的社会经济基础。文本形式的戏曲必须在演出后才具有生命,故某一时期的戏曲是否繁荣,不能仅仅从其留存作品数量的多寡与成就的高低去衡量,还应从演出史的角度、从当时戏曲演出水平达到的高度去评估。从演出主体——戏曲班社展开研究就有了重要意义,关于明清戏班,张法颖《中国戏班史》《中国家乐戏班》,刘水云《明清家乐研究》,杨惠玲《戏曲班社研究:明清家班》诸书从戏班发展史的角度已有深入的研究,学界对明清时期扬州、苏州、通州等地区盐业与戏曲的关系也有深刻的论述。本文则尝试从盐文化与中国文化传播的角度切入,将明清盐业人士的家班名目、家班演出的剧目及伶人做一简单梳理,以便揭示明清盐业家乐在当时戏曲发展中所起的重要而独特的作用,希望能就明清盐文化对明清戏曲传播的影响做一点肤浅的探讨。

一、明清的“盐业家乐”

研究明清戏曲,必须重视以“盐业家乐”为代表的“盐业戏班”这一类戏曲班社。顾名思义,凡是与盐业有关的戏班,似乎都应纳入“盐业戏班”这一概念。但是,明清时期的戏班种类繁多,各有特点,这样简单处理,不仅不能彰显反而淡化了这类戏班“盐业”这一特点,有必要专门界定。

中国传统戏班,大致可分为业余戏班和职业戏班两大类。业余戏班的水平有限,人们关注的主要是职业戏班。

明清职业戏班大致可分为“家乐”与江湖戏班两大类。“家乐”在明嘉靖、万历年间开始出现,天启、崇祯年间开始繁荣,清初直至乾隆中叶一直盛行。这种家庭戏班多由私家蓄养童伶,延请高水平的艺人教习,一般只在私人家中演出,影响演出水平的外部不利因素被有效排除,故家班是明清时戏曲最高演出水平的代表。职业戏班除“家乐”外,还有一般在乡村

① 基金项目:四川省哲学社会科学重点研究基地、四川省教育厅人文社科重点研究基地——四川理工学院中国盐文化研究中心资助项目“盐与辽金元诗歌研究”(项目编号:YWHZ13-03)之阶段性成果。

② 李树民(1971—),男,重庆垫江人,四川理工学院人文学院教授,研究方向为中国古代文学。

③ 杜晓晶(1986—),女,四川自贡人,研究方向为中国古代戏曲,现供职于富顺县东湖镇。

演出的草台班、冲州撞府的江湖流动戏班等职业戏班，我们认为“盐业戏班”不宜包含这一类。一方面，这些班社的生存环境非常艰难，不管是演员培养还是演出条件、环境，都缺少坚实的经济基础，故它们难以成为最优秀的演出团体。更重要的是，这些班社虽然在盐区活动甚多，得益于盐业之处甚大，但是，它们并不固定在盐区，观赏对象与其他地区的戏班也没有本质的区别，故不宜勉强纳入。我们主要关注“家乐”这一类班社。

“家乐”有京都“王府家乐”与地方绅商家乐之别。戏曲班社的分布与政治和文化有密切的关系，职业戏班也是如此。“职业戏班有明显的地域性分布，一般地说，经济的富庶是它的物质基础，政治和文化中心也是职业戏班的荟萃之地。”①典型的政治和文化中心莫过于京都，明清京都的戏班主要有皇室宫廷戏班和王公官宦家班，即所谓的“官乐”“王府家乐”。这些班社也时时向民间征戏，盐业人士进献的伶人、戏文也应该不少，但是，明教坊、钟鼓司的演剧活动，清代宫廷戏曲从教坊、南府到升平署管理的三个时期的演出情况，都没有完整的资料可以复原全貌，故盐业的贡献难以确考。大致来看，受到粉饰现实、点缀升平等政治要求和制造气氛等具体需要的影响，宫廷戏曲一般场面宏大、热闹壮观，但是没有也不容许有深刻的矛盾冲突展现，没有将艺术追求放在第一位，虽然最有条件但最终也不是最高水平的演出。京都绅商家班一直在朝廷禁戏等限制因素下尴尬生存，一直难以得到自由的发展。相对于京都，普通地方绅商戏班遍布全国，类型多样，值得深入研究。

“盐业戏班”的研究必须重视盐区的地方绅商戏班，但这类戏班数量众多，部分戏班受盐业影响甚微，自然不能将这些戏班全都作为“盐业戏班”的研究对象。盐区普通地方士绅戏班中，盐政的戏班必须重视。因特定的经济、政治背景，两淮盐政等盐政机构设有乐部，扬州一带的盐官可以借助盐商的名义蓄养家乐，因此，明清盐政官署乐部和盐官家乐得到了健康发展，值得深入研究。民间家班则主要是商人家班，商人家班中，又主要是盐商的家班。“在规模甚巨的商人家乐队伍中，盐商是其中最为显耀的一支”②，我们认为，应该以“盐商”家乐为研究重点。“商人阶层对戏曲的全面倡导和深度介入是明清戏曲史上一大重要的文化现象，明清商人的耽溺戏曲极大地推动了戏曲的繁荣。作为明清商人中财雄势盛的盐商阶层，他们的声伎豪侈更为时人所注目。”③扬州一带盐商家班非常兴盛，他们的演出代表了当时戏曲的最高成就。

这样，因盐业经济兴盛而兴起的地方盐业士绅戏班和民间盐商家班——“盐业家乐”就成了明清“盐业戏班”研究的核心。我们所谓的“盐业家乐”，具体地说，就是明清地方盐业人士家乐，是指盐业人士掌控的戏曲班社，这里的盐业人士包括盐官和盐商等成员。“盐业家乐”的外延主要包括盐政官署乐部（大多是为盐业士绅演出，本质是家乐）、盐官家乐、盐商家乐，等等。

两淮、两浙盐务蓄养或雇用的戏班有“维扬院宪内班”等。盐官家班有恒豫的恒知府

---

① 谭帆．优伶史[M]．上海：上海文艺出版社，1995：38.

② 刘水云．明清家乐研究[D]．浙江大学，2005：101.

③ 刘水云，郑培凯．清康乾年间昆曲复兴的盐商背景[J]．戏剧艺术，2013(1)：32.

班、包松溪家班、方竹楼家班等,也包括一些有着盐商背景的官宦名士家班,自身虽非盐官,但祖上曾经业盐,自身已经弃商入仕,“大量的缙绅蓄妓者都有盐商家族背景,如季振宜、汪懋麟、俞锦泉、程梦星等家族就是父、祖经营盐业致富,子孙弃商从文,跻身仕途,过着选伎征歌、诗酒风流的生活”①。其著者为清代康熙年间泰兴季振宜和山西平阳亢氏的家班。季振宜,字诜兮,号沧苇,顺治进士,官至御史,康熙时致仕回籍。易宗夔《新世说》称:“顺康之时,海内富室以季姓为最。季氏居季家市,族人三百余家,皆有复道,门户可通。每夜击柝巡行者,至六十余人。蓄女乐两部,服饰至值百万。”钮琇《觚剩》称季氏“家有女乐三部,悉称音姿妙选,阁燕宾筵,更番佐酒,珠冠象笏,绣袍锦靴,一妓之饰,千金具焉”②。扬州盐商亢氏的祖先则官商一体,“亢氏原籍山西临汾,约在明成化年间寓居扬州,明嘉靖二十六年(1547年),亢家子弟亢思谦以‘商籍’考中进士,亢秉忠于万历十六年(1588年)、亢孟桧于万历二十年(1592年)考中举人,至清初时,亢家已成为盐商中的巨富,有‘南季北亢’或‘北安西亢’之称”③。亢家在山西原籍建造了规模宏大的园林,其家班则多在山西老家的园林中演出,培养了远近闻名的家庭昆班,在晋昆形成中起了重要作用。盐商家乐为数最多,不一而足。

从地域来看,盐业家乐主要在淮扬一带,以扬州、泰州、通州等为中心的淮扬盐商家班为主,如著名的“七大内班”(实质是家班)等;也包括广州、杭州、淮安、天津地区。鲁盐盐区也是培养缙绅家乐的温床。康乾间曾任山东平度州和胶州知州的泰州人陈端(字才行,号琢余),归里后自养家班,纵情歌舞,所居之地被称为“歌舞巷”。陈端死后,家班散去。阿林保(号雨窗)任山东盐运使时,其使署备有乐部,日事演剧征歌。

从现存资料看,盐业戏班主要分布在海盐产区。内陆盐区,如井盐产区自贡,依靠盐业支撑的祠堂、会馆、神庙等大都建有戏台,戏曲演出繁荣,但主要是江湖职业戏班演出,并非家班,故暂不列入本文讨论范围。

二、明清盐业家乐的演出剧目

与普通绅商家乐不同,盐业家乐在演出剧目和伶人构成方面都有自己的特点。

虽然盐业家乐的主人也与一般家乐蓄养者一样,有出于满足自身享乐的需要而倾力蓄养家乐的一面,但同时还有奉承帝王、为自身发展铺平道路,以及炫耀显示、抬高自身身价等目的,故其演出剧目也与普通绅商家乐不同。

其一,普通家乐多为折子戏,盐业家乐则折子、全本皆上演。

普通绅商家乐一般规模较小。“小班”的格局不便演出全本大戏,再加上普通绅商家乐为满足主人个人的偏好,多演出班主最欣赏的戏曲片段。这样,折子戏就成了普通绅商

① 刘水云,郑培凯. 清康乾年间昆曲复兴的盐商背景[J]. 戏剧艺术,2013(1):36.

② (清)钮琇. 觚剩[M]. 北京:中华书局,1960:216.

③ 曾永义. 论说“折子戏”[J]. 戏剧研究(创刊号),2008:51.

家乐的主要形式。曾永义认为,“明正德至嘉靖间的零折散出,南杂剧之短剧及众多之地方小戏,就应当是其(折子戏)青少年时期,而万历以后,则为其‘而立’进入壮年时期了”[①]。折子戏的流行,主要就体现在这些普通绅商家乐的演出活动中。

盐业家乐当然也有“以乐侑酒”的功用,也时时演出折子戏,但是,它更多时候要为主人合家演出,或为节庆演出,或为渲染气氛演出,出于此等目的,全本大戏的演出就十分常见。具体剧目有《义侠记》《邯郸梦》《琵琶记》等,这从《扬州画舫录》的有关记载可以感受到:“黄班三面顾天一,以武大郎擅场,通班因之演《义侠记》全本”[②],洪班“文元小名巧福,为程伊先之徒,演《邯郸梦》全本,始终不懈”[③],江班的“亮彩为君美子,以《醉菩撮(提)》全本得名”[④],“盐务自制戏具,谓之‘内班行头’,自老徐班全本《琵琶记》《请郎花烛》,则用红全堂……”[⑤]这些文字都提及全本大戏的演出。特别是盐业家乐常常需要连续数天的演出,折子戏就不大合适了,全本大戏成为首选的样式。全本大戏之于折子戏,有如长篇小说之于短篇小说,前者的地位和作用,是后者没法取代的,也因此,我们可以说,明清戏曲的盛大展现,是出现在盐业家乐的演出中。

其二,明清经典剧作在盐业家乐得到淋漓尽致的展现。

明清优秀剧作甚多,最著者为《牡丹亭》《长生殿》《桃花扇》《鸣凤记》等,当时的盐业家乐为这些剧本的演出做出了重大贡献。

作为明代最出色的剧作,《牡丹亭》自然也为普通绅商家班搬演,如冒襄家班、查继佐家班十些班、吴之振家班玉笋班、王文治家班彩云班、王永宁家班等,都曾演出。而盐业家乐吴琨家班的演出尤其值得注意,明潘之恒《情痴·观演〈牡丹亭还魂记〉,书赠二孺》(原《亘史》杂篇卷四“文部”,《鸾啸小品》卷三)载:“同社吴越石家有歌儿,令演是记(牡丹亭),能飘飘忽忽,另番一局于缥缈之余,以凄怆于声调之外。一字不遗,无微不极。”[⑥]扬州洪班金德辉“演《牡丹亭·寻梦》《疗妒羹·题曲》,如春蚕欲死”[⑦],江春的德音班演出的《牡丹亭》也广受好评。“(董)抡标,美臣子,能言史事,知音律,《牡丹亭记》柳梦梅,手未曾一出袍袖。”[⑧]张班、程崟的家班亦擅长演出此剧。由此可见,盐业家乐演出《牡丹亭》的频率、演出效果,都是其他戏班难以相提并论的。

同样,清代的《长生殿》,普通绅商家班如叶重元池亭女乐、王文治家班彩云班也曾搬演,但盐业家乐的演出更多,老徐班、大张班、洪班、亢氏家班、李煦家班、曹寅家班、程崟家班都有演出。老徐班名伶董美臣以《长生殿》闻名,亢氏家班的演出更是空前的。王友

① 张林雨. 晋昆考[M]. 北京:中国电影出版社,1997:13.
② (清)李斗. 扬州画舫录[M]. 北京:中华书局,1980:124.
③ (清)李斗. 扬州画舫录[M]. 北京:中华书局,1980:125.
④ (清)李斗. 扬州画舫录[M]. 北京:中华书局,1980:126.
⑤ (清)李斗. 扬州画舫录[M]. 北京:中华书局,1980:135.
⑥ (明)潘之恒. 潘之恒曲话[M]. 北京:中国戏剧出版社,1988:72.
⑦ (清)李斗. 扬州画舫录[M]. 北京:中华书局,1980:128.
⑧ (清)李斗. 扬州画舫录[M]. 北京:中华书局,1980:127.

亮《双佩斋文集》卷三《记季亢二家事》叙说:"康熙中,《长生殿》传奇新出,命家伶演之,一切器用费镪四十余万两。"大张班的规模也非常宏大,"盐务自制戏具,谓之'内班行头'……他如大张班《长生殿》,用黄全堂……戏箱各极其盛。若今之大洪、春台两班,则聚众美而大备矣"①。班中老生刘天禄擅长《长生殿·弹词》,"兼工琵琶,其《弹词》一出称最"②。李煦之子李鼎,酷爱戏曲,能亲自上场演出,并喜欢延请名师教习梨园。"公子性奢华,好串戏。延名师以教习梨园,演《长生殿》传奇,衣装费至数万。以至亏空若干万。"③程崟的家班擅长折子《长生殿·盘舞》。就现有的资料看,盐业家乐因为有坚实的经济基础,故在演出《长生殿》时,能尽可能在道具方面争胜,极具视觉冲击力。

明清盐业家乐对《桃花扇》的上演更有特殊意义。孔尚任在泰州完成《桃花扇》后,即由有盐商背景的乡绅渔壮园主人俞锦泉的家班在船舫首演。之后,盐业家乐对《桃花扇》的投入不遗余力,《清稗类钞·戏剧类》"昆曲戏"称:"康熙朝,京师内聚班之演《长生殿》;乾隆时,淮商夏某家之演《桃花扇》,与明季南都《燕子笺》之盛,可相颉颃。淮商家豢名流,专门制曲,如蒋苕生辈,均尝涉足于此,故其时为昆曲最盛时代。"④所谓"淮商夏某家之演《桃花扇》",当是指淮扬盐商家乐的演出,为当时最成功的《桃花扇》演出。相较而言,普通绅商家班如湖北田氏家班、宋荦家班搬演的《桃花扇》,则未见到特别之处。

总的来看,盐业家乐不仅搬演了最优秀的明清戏曲,而且最大可能地展示了这些戏曲的艺术魅力。早有人指出,扬州的戏曲代表了当时戏曲演出的最高成就,而这些演出又主要是由盐业家班承担的,"乾隆年间,繁盛于扬州府城的家班,几乎都是盐商蓄养的,就连唯一例外的包松溪家班也是家道甚富的盐务官员"⑤。因此可以说,盐业家班的演出代表了明清戏曲演出的最高成就。

三、明清盐业家乐的伶人

盐业家乐如此辉煌的成就,具体是哪些艺人创造的呢?盐商家乐到底是哪些伶人组成的呢?我们根据《扬州画舫录》《论乾隆时期扬州盐商与昆曲的发展》《清康乾年间昆曲复兴的盐商背景》《明清家乐研究》《明清家班》等资料,对明清盐业家乐的有关情况做了梳理,形成了《明清盐业家乐简表》(见附录),表中罗列了班主姓名、家班的名称、家班中的主要演员,其所属行当、擅演剧目、擅长角色,对一些著名演员还注明了其最后的归宿,对某些班社做了必要的说明。通过此表我们可以对明清时期盐业家乐伶人的构成情况、演出情况有一个初步的了解。

从表中我们可以看出,盐业家班班主大多是明清时期的著名盐业人士如江春、黄元德

① (清)李斗. 扬州画舫录[M]. 北京:中华书局,1980:135-136.
② (清)李斗. 扬州画舫录[M]. 北京:中华书局,1980:125.
③ (清)顾公燮,佚名,陈去病,等. 吴城日记·五石脂[M]//丹午笔记. 南京:江苏古籍出版社,1999:178-179.
④ (清)徐珂. 清稗类钞(第十一册)[M]. 北京:中华书局,1986:5013.
⑤ 赵小石. 明清时期通泰地区的家班研究[D]. 苏州大学,2007:37.

等人。他们家资巨富，文化修养普遍较高，其中不乏出于自身对戏曲的喜爱而蓄养家班的人士。他们中的许多人如同普通绅商家班班主一样亲自担任家班教习，参与家班演出剧目的创作编排，有的甚至亲自粉墨登场，参与演出活动。他们不仅为家班的发展提供了充足的资金保障而且为家班的舞台演出提供了文学脚本、制定了演出规范，这些在很大程度上确立了明清戏曲（尤其是昆曲）的审美标准和美学追求，在戏曲演出史上写下了浓墨重彩的一笔。这对后世戏曲的发展，尤其是昆曲的繁荣发展产生了深远影响。

不仅如此，盐业家乐还广揽名伶，从而具有鲜明的特色。与一般士绅家班不同，盐业家乐更注意延揽名伶，集天下梨园英才。他们的演员很多是社会上声誉卓著的艺人。根据《明清盐业家乐简表》中显示的各盐业人士（包括盐官和盐商）的家班中众多名伶的演出和活动情况，我们不难得出这一结论。这里特别要提到的是，普通绅商家班一般是昆班，伶人自然也是昆曲艺人，而“两淮盐务例蓄花、雅两部，以备大戏：雅部即昆山腔；花部为京腔、秦腔、弋阳腔、梆子腔、罗罗腔、二黄调，统谓之‘乱弹’”①。这说明盐业家乐在会集了大批昆曲名伶的同时还会集了大批花部名伶，在促进昆曲发展的同时也为花部的发展做出了贡献。以扬州而论，“郡城自江鹤亭征本地乱弹，名春台，为外江班。不能自立门户，乃征聘四方名旦，如苏州杨八官、安庆郝天秀之类；而杨、郝复采长生之秦腔，并京腔中之尤者，如《滚楼》《抱孩子》《卖饽饽》《送枕头》之类，于是春台班合京秦二腔矣”②。因为春台班聚集了花部的优秀演员，使得扬州也成了花部戏曲的重镇。其吸纳力度巨大，有遍揽天下英才之势。“四川魏三儿，号长生，年四十来郡城投江鹤亭，演戏一出，赠以千金。尝泛舟湖上，一时闻风，妓舸尽出，画桨相击，溪水乱香。长生举止自若，意态苍凉。”③西蜀僻壤，天挺之才也为扬州网罗，其他地区也就可想而知。

士绅讲究清雅，故普通士绅家乐一般以生、旦为主。“它也不可避免地带有一些缺陷。就角色扮演而言，生、旦普遍优秀而净色普遍平庸。”④盐业家班的生旦也是主要群体，所不同的是，它的角色行当更为齐备，这一缺陷并不那么明显。在盐业家乐的行当里，副末、副末副席等角色不少，更重要的是，属于“净”角的“大花脸”大面角色不少，红面、黑面以及笑、叫、跳等名角比比皆是，如老徐班有大面周德敷、二面钱云从、三面陈嘉言；黄班有三面顾天一；江班有大面陈小扛，三面顾天祥、谢天成等。“七大内班”无一不拥有众多的净角。春台班更是以丑角出名。这不仅使得各种戏曲行当都得到健康发展，也使得各行当有了同台竞技、互相切磋的机会，为充分发挥各行当的优势，提高各自表演艺术提供了可能。

总的来看，作为盐业行业中最活跃的群体，盐业绅商为了满足自身和社会的需要而组建的家乐，对中国戏曲尤其是明清戏曲的发展有极大的推动作用，对江南地区戏曲的作用更是不可取代。这也从一个侧面充分说明了盐业的繁荣与戏曲的传播确实有紧密而独特的联系。

---

① （清）李斗．扬州画舫录[M]．北京：中华书局，1980：10.
② （清）李斗．扬州画舫录[M]．北京：中华书局，1980：131.
③ （清）李斗．扬州画舫录[M]．北京：中华书局，1980：132.
④ 齐森华．试论明代家乐的勃兴及其对戏剧发展的作用[J]．社会科学战线，2001(1)：122.

附录:

明清盐业家乐简表

班主名	家班名	演出剧目	主要演员	行当	演出剧目	擅长角色	备注
许自昌		《水浒记》 《桔浦记》 《报主记》 《弄珠楼》 《临潼记》 《百花亭》					其父经商,为吴中巨富。四次应试皆败北,万历三十五年捐资授文华殿中书舍人,年三十一岁。次年归家,与张凤翼、钟惺、董其昌、陈继儒友善。筑梅花别墅,得闲堂前有场地供演出,好宴客,声妓甲于吴中。好奇文异书,能诗文,做传奇《水浒记》《桔浦记》《报主记》《弄珠楼》《百花亭》等十种,今存五种。
汪道昆							汪道昆家族多经营盐业,祖父汪守义、父汪良彬等都曾行盐。
汪犹龙							字季玄,徽州人,寓居扬州。懂音律,能按拍协调。明潘之恒《鸾啸小品》卷三《广陵散二则有序》:"招曲师,教吴儿十余辈,竭其心力,自为按拍协调,举步发音,一钗横,一带飏,无不曲尽其致。"
吴琨		《牡丹亭》					《鸾啸小品》卷二《艳曲十三首并序》、卷三《病中观剧有怀吴越石》有载。
汪宗孝			孙瑶华				汪宗孝字景纯,安徽歙县人。早年为诸生,又习武。后迁扬州,经营盐业,发家后长期寓居南京,"徙金陵,得王孙故宅废圃,拓而新之,水竹花石,位置都雅,为隩室连阁,洞户绮寮。择稚齿曼容、千金百琲者贮之,教以歌舞,尽一时妙选"。曾聘曲师曹莘野在家授艺,著名演员有孙瑶华。与臧懋循、吴梦旸有交往。
徐税监							扬州监税。
姜图南							曾任巡视两淮盐课御史、巡视陕西茶马监察御史等职。

续表

班主名	家班名	演出剧目	主要演员	行当	演出剧目	擅长角色	备注
汪汝谦							《春星堂诗集》卷五辑毛际可《遗诗序》："余少时闻武林有汪然明先生，先生置舫曰'不系园'，桂楫兰桡，宏丽特甚。每四方名流至止，必选妓征歌，连宵达旦。"
张霖							张霖字汝作，号鲁庵，其父系长芦盐商。杨钟羲《雪桥诗话余集》卷二："鲁庵方伯由岁贡起家，落职家居，筑遂闲堂、一亩园、问津园、思源庄、篆水楼，极园亭声妓之盛。"
查日乾 查为仁							查为仁《莲坡诗话》卷中："海宁陈文贞公与家大人为总角交。康熙癸丑秋，予告归里，过水西庄，置酒征歌，流连竟日。"郑方坤《国朝名家诗抄小传》："心谷既出狱，则结园沽水之西，冠盖相错，宾至如归，投辖赠鞭，征歌对酒。"
刘氏	枣园班（一名枣香班）						清康熙年间济南商人刘氏。金埴《不下带编》卷四记载："历下泺口有卤贾刘氏，辟枣园为梨园以教歌，延予连夕赏之枣香中，主人即席索诗，埴应声曰：'乐为红梨歌太繁，枣香香里舞新翻。愿祈教主唐天子（今优曹例尊明皇为梨园教主，称曰老郎菩萨），诏改梨园号枣园。'孙太常莪山勷闻而艳之，有和诗曰：'梨枣知音度曲繁，梨香才舞枣香翻。玉妃一笑传优诏，新赐梨园合枣园。'和者甚多。埴因改其名为'枣园班'，亦曰'枣香班'。今盛行于二东。"

续表

班主名	家班名	演出剧目	主要演员	行当	演出剧目	擅长角色	备注
汪懋麟							汪懋麟(1640—1688),字季甪,号蛟门。康熙六年(1667年)进士,官至刑部主事。康熙二十三年(1684年)罢官还里,办班自娱。李念慈诗:“妖姬三五人,秀色可餐掬。顿喉转春莺,度出清妙曲。”(《题汪蛟门舍人少壮三女子小像》)孙枝蔚的《咏史诗·炀帝》中,说他生平有三好:书、酒、音律。(《溉堂后集》卷五)
季振宜							
俞瀫							康熙年间泰州的家班女乐,曾得吴门曲圣沈恂如的真传,极负时誉。俞氏名瀫,字锦泉(又字水文),号音隐,以廪生膺荐候选中书。精通南昆音律,兼工鼓笛,为昆曲名家。
陈端							
程梦星							程梦星(1679—1755),字午桥,一字伍乔,号汛江,又号香溪,江都人(先世安徽歙县人)。康熙五十一年(1712年)二甲进士,选庶吉士,三年后官编修。五十五年因为父母去世告归,不复出。于府城二十四桥东(今维扬区双桥乡卜桥村)购“小园”为家园,雍正十年构“篠园”,日与宾客吟咏其中。
安岐							安岐生活于清康、乾年间,字仪周,号麓村,别号松泉老人。高丽人,因随高丽贡使入京而常住中国。他和他的父亲安尚义,曾经是康熙时权倾朝野的相国明珠的家臣。
李陈常							曾任两淮盐运使。萧奭《永宪录》卷四:“陈常,字时夏,癸未进士。矫饰清名,官至两淮巡盐御史。乃广殖田园,多蓄声妓,其貌甚怪,俗呼为‘正面蟒’。以面长、麻,而鼻似劓也。及卒,贪婪败露,罚及其子宗仁。”

续表

班主名	家班名	演出剧目	主要演员	行当	演出剧目	擅长角色	备注
尹继善							雍正十年,协办江宁将军,兼理两淮盐政。赵翼《瓯北集》卷十《寿尹望山相公七十》(组诗四首)其四:“十年诗客辱知名,燕见常叨倒屣迎。蜡凤诸郎皆好友,登龙前岁又门生。后堂丝竹惭高第,词垒旌麾许主盟。不为怜才致私祝,升平赞化要耆英。”
徐尚志	徐班(老徐班)	全本传奇《琵琶记》《寻亲记》《宵光剑》《西楼记》《长生殿》《千金记》《西川图》《风雪渔樵记》,折子《河套》《游殿》《议剑》《鸣凤记·写本》《彩毫记·脱靴吟诗》《荆钗记·上路》《琵琶记·遗嘱》《渔家乐·刺梁》《一捧雪·刺汤》《铁冠图·刺虎》《义侠记·杀嫂》《水浒记·杀惜》《翠屏山·杀山》	余维琛	副末			本苏州石塔头串客,落魄入班中。面黑多须,善饮,能读经史,解九宫谱,性情慷慨,任侠自喜。尝于小东门羊肉肆见吴下乞儿,脱狐裘赠之。后入德音班。
			王九皋	副末 副席			
			山昆璧	老生	《鸣凤记·写本》		声如镈钟,演《鸣凤记·写本》一出,观者目为天神。
			张德容	小生	《寻亲记》	周官人	
			陈云九	小生	《彩毫记·吟诗脱靴》		年九十演《彩毫记·吟诗脱靴》一出,风流横溢,化工之技。
			董美臣		《长生殿》		董美臣亚于云九,授其徒张维尚,谓之董派。
			张维尚		《西楼记》		以《西楼记》擅场,游京师时,人谓之“状元小生”,后入洪班。
			王丹山	老外			气局老苍,声振梁木。
			孙九皋	外脚 副席			戏情熟于丹山,而声音气局,十不及半,后入洪班。
			周德敷	大面、红黑面,笑、叫、跳	笑:《宵光剑》,叫:《千金记》,跳:《西川图》	铁勒奴、楚霸王、张将军	小名黑定,以红黑面、笑叫跳擅场。

续表

班主名	家班名	演出剧目	主要演员	行当	演出剧目	擅长角色	备注
			刘君美				
			马美臣				
			马文观	白面兼副净	《河套》《参相》《游殿》《议剑》		为白面,兼工副净,以《河套》《参相》《游殿》《议剑》诸出擅场。能合大面、二面为一气。
			钱云从	二面	江湖十八本		江湖十八本,无出不习,今之二面,皆宗钱派,无能出其右者。
			钱配林				技艺虽工,过于端整,为云从所掩。后入洪班,方显其技。
			陈嘉言	三面			一出鬼门,令人大笑,后与配林合入洪班。
			余美观	老旦			兼工三弦,本京腔班中人。
徐尚志			史菊观	正旦	《风雪渔樵记》	李三娘	
			任瑞珍	正旦			瑞珍口大善泣,人呼为阔嘴。幼时在沈阳从一县令,会县令被逮,瑞珍左右之。县令死,瑞珍经纪其丧,始得归里。后入洪班。
			吴福田	小旦			吴福田,字大有,幼时从唐榷使英学八分书,能背《通鉴》,度曲应笙笛四声。苏州叶天士之孙广平,精于音律,称“大有为无双唱口”。
			许天福	小旦	三刺三杀		汪府班老旦出身,余维琛劝其改作小旦,三杀三刺,世无其比。
			马继美	小旦			年九十为小旦,如十五六处子。
			王四喜				以色见长,每一出场,辄有“佳人难再得”之叹。

续表

班主名	家班名	演出剧目	主要演员	行当	演出剧目	擅长角色	备注
黄履暹（黄元德）	黄班	全本传奇《义侠记》《连环记》，南杂剧《酬红记》，折子《鸣凤记·报官》	顾天一	三面	《义侠记》《连环记》《鸣凤记·报官》	武大郎	
黄晟							熊之垣《花间笑语》卷五："徐园傍为晓园，主人黄晟，字东曙，俗称黄大元宝。有槐荫书堂，池面最大，园今半归谢侍郎溶生家。闻当时女乐最佳，得吴门女教师魏大娘所传。"
张兰（张广德）	太平班						苏州《翼宿神祠碑记》："（乾隆）二十年，维扬广德太平班公捐银三十二千五百十五文。"广德是盐商张兰的旗号，太平班是张兰的家班。
张霞（张大安）	张班（大张班、小张班）	《牡丹亭》《长生殿》《精忠记》，折子《西楼记·拆书》《人兽关·掘藏》《占花魁·醉归》《邯郸梦·云阳》《渔家乐·羞父》《长生殿·弹词》《西厢记·惠明寄书》《写本》《宗泽交印》《羊肚》《盗印》《鸾钗》	张国相	老外	《西楼记·拆书》《西厢记·惠明寄书》《宗泽交印》	周旺、法聪	
			程元凯	老生	《鸣凤记·写本》		
			刘天禄	老生	《长生殿·弹词》	李龟年	兼工琵琶。
			张明祖	小生			与沈明远齐名，后为洪班教师。
			顾天祥	三面	《羊肚》《盗印》《鸾钗》		
			谢天成	三面	《羊肚》《盗印》		
			陈小扛	大面			为马美臣一派。
			马大保	小旦	《占花魁·醉归》	王美娘	马美臣子。
			张廷元	老旦	江湖十八本		后为教师。
			熊如山	小丑	江湖十八本		后为教师。
			吴端怡	正旦	《人兽关·掘藏》		任瑞珍徒。
			汪颖士		《邯郸梦·云阳》《渔家乐·羞父》		串客，后为教师。

续表

班主名	家班名	演出剧目	主要演员	行当	演出剧目	擅长角色	备注
汪廷璋(汪启源)	汪班(汪府班)		许天福	老旦,改作小旦	三杀三刺:《水浒记·杀惜》《义侠记·杀嫂》《翠屏山·杀山》《一捧雪·刺汤》《渔家乐·刺梁》《铁冠图·刺虎》		后转至徐班。
程谦德	程班	全本《水浒记》《西川图》《三国志》,折子《狮吼记·梳妆/跪池》	周君美	三面			即陈嘉言之婿,尽得其传。与郭耀宗齐名。
			石涌塘	正生	《狮吼记·梳妆/跪池》	陈季常	学陈云九风月一派,后入江班,与朱野东演《狮吼记·梳妆/跪池》,风流绝世。
			冯士奎	大面	《水浒传》	刘唐	
			韩兴周	红黑面			
			王采章	老生			张德容一派。
			杨二观	小旦			上海人,美姿容;上海产水蜜桃,时人以比其貌,呼之为"水蜜桃"。家殷富,好串小旦,后由程班入江班,成老名工。
			倪仲贤	老外			有王丹山气度。
			王景山	老旦			眇一目,上场用假眼睛如真眼,后归江班。
			吴仲熙	正旦			任瑞珍徒,小名南观,声入霄汉,得其激烈处。

续表

班主名	家班名	演出剧目	主要演员	行当	演出剧目	擅长角色	备注
洪丕振(洪充实)	洪班(大洪班、小洪班)	全本《邯郸梦》《醉菩提》《一捧雪》《烂柯山》《长生殿》《西楼记》,折子《天门阵·产子》《牡丹亭·寻梦》《疗妒羹·题曲》《翡翠园·盗令牌》《蝴蝶梦·劈棺》	张德容	老生			
			陈应如	老生			本织造府书吏,为海府班串客。
			周新如	老生	《四声猿·狂鼓吏》	祢衡	
			朱文元	老生	《邯郸梦》		文元小名巧福,为程伊先之徒,演《邯郸梦》全本,始终不懈。先在徐班,以年未五十,故无所表见;至洪班则声名鹊起,班中人称为"戏忠臣"。徐班散后,角色归苏州,值某榷使拘之入织造府班;迨洪班起,诸人相继得免。唯吴大有、朱文元二人总管府班,不得免。家益贫,交益深,乃相约此生终始同班;逾年,文元逸去,入洪班三年乃归。大有侦知之,拘入府班十年。是时大有家渐丰,文元贫欲死,挽大有之友代谢罪。大有恨其背己,而知其贫也,乃求于榷使罢之,遂归德音班。
			俞宏源	副末	《一捧雪》	莫成	
			俞增德	副末			
			刘亮彩	老生			
			王明山	老生			
			周维柏	老外			善外科,施药不索谢,敬惜字纸,遇凶灾之年,则施棺槥,此又班中之好施者也。
			杨仲文	老外			
			沈明远	小生			
			陈汉昭	小生			
			施调梅	小生			
			王炳文	大面			说白身段酷似马文观,而声音不宏。
			奚松年	大面			

续表

班主名	家班名	演出剧目	主要演员	行当	演出剧目	擅长角色	备注
洪丕振(洪充实)			陆正华	二面			
			王国祥	二面			
			滕苍洲	三面	《西厢记》	法聪	
			周宏儒	三面			
			施永康	老旦			
			管洪声	老旦			
			徐耀文	正旦			
			王顺泉	正旦			
			金德辉	小旦	《牡丹亭·寻梦》《疗妒羹·题曲》	杜丽娘、乔小青	演《牡丹亭·寻梦》《疗妒羹·题曲》,如春蚕欲死。
			朱野东	小旦			
			周仲莲	小旦			
			许殿章	小旦			
			陈兰芳	小旦			
			孙启凤	小旦			
			季赋琴	小旦			
			范际元	小旦			
江春(江广达)	江班(德音班)	传奇《醉菩提》《西楼记》《一捧雪》《尉迟恭》《烂柯山》《蝴蝶梦》《琵琶记》《铁勒奴》《水浒记》,杂剧《四弦秋》,折子《紫钗记·阳关/折柳》《罗梦》《人兽关·掘藏》	刘亮彩	老生	《醉菩提》		亮彩为君美子,以《醉菩提》全本得名,而江鹤亭嫌其吃字,终以不得文元为憾。
			朱文元	老生	《邯郸梦》		及文元罢府班来,鹤亭喜甚,乃舟甫抵岸,猝暴卒。
			汪建周	小生			一字不识,能讲四声。
			李文益	小生	《西楼记》《紫钗记·阳关/折柳》	于叔夜	丰姿绰约,冰雪聪明,演《西楼记》于叔夜,宛似大家子弟。后在苏州集秀班,与小旦王喜增串《紫钗记·阳关/折柳》,情致缠绵,令人欲泣。
			沈明远	小生			
			洪季保	白面			
			张明诚	红黑面	《罗梦》		唯《罗梦》一出,善用句容人声口,为绝技。

续表

班主名	家班名	演出剧目	主要演员	行当	演出剧目	擅长角色	备注
江春（江广达）		《琵琶记·遗嘱》《牡丹亭·寻梦》《疗妒羹·题曲》《狮吼记·梳妆/跪池》《鲛绡记·写状》	吴端怡	正旦	《人兽关·掘藏》		
			孙九江	老外	《琵琶记·遗嘱》		
			费坤元	老旦			本苏州织造班海府串客，颐上一痣，生毛数茎，人呼为“一撮毛”，喉歌清腴，脚步无法。
			陈殿章	副净			细腻工致，世无其比。
			恶软	副净	《鲛绡记·写状》		
			丁秀容	小丑			善插科打诨。
			孙世华	小丑			独不能扮武大郎。
			余绍美	小旦			满面皆麻，见者都忘其丑。
			金德辉	小旦	《牡丹亭·寻梦》《疗妒羹·题曲》	杜丽娘、乔小青	
			范三观	童生		安安小官人	
			潘祥龄				神光离合，乍阴乍阳，号“四面观音”。
			董抡标	小生	《牡丹亭》	柳梦梅	巾生，董美臣子。
			朱野东	小旦			小名麒麟观，善诗。
			沈文正	副末			与俞宏源并称。
			俞宏源	副末	《一捧雪》	莫成	
			王炳文	大面			说白、身段酷似马文观，而声音不宏。
			朱道生	大面	《尉迟恭·扬鞭》	尉迟恭	
			姚瑞芝	二面			与沈东标齐名，称国工。
			沈东标	二面	《窦娥冤》	蔡婆	
			王喜增	小旦			

续表

<table>
<tr><th>班主名</th><th>家班名</th><th>演出剧目</th><th>主要演员</th><th>行当</th><th>演出剧目</th><th>擅长角色</th><th>备注</th></tr>
<tr><td rowspan="6">江春(江广达)</td><td rowspan="6"></td><td rowspan="6"></td><td>周仲莲</td><td>小旦</td><td>《天门阵·产子》《翡翠园·盗令牌》《蝴蝶梦·劈棺》</td><td>穆桂英、田氏</td><td></td></tr>
<tr><td>范松年</td><td>大面</td><td>《水浒记·评话》《宵光剑》</td><td>铁勒奴</td><td></td></tr>
<tr><td>蔡茂根</td><td>二面</td><td>《西厢记》</td><td>法聪</td><td></td></tr>
<tr><td>石涌塘</td><td>小生</td><td></td><td></td><td>与朱野东演《狮吼记·梳妆/跪池》,风流绝世。</td></tr>
<tr><td>王景山</td><td>老旦</td><td></td><td></td><td></td></tr>
<tr><td>余维琛</td><td>副末</td><td></td><td></td><td></td></tr>
<tr><td rowspan="5"></td><td rowspan="5">春台班</td><td rowspan="5"></td><td>杨八官</td><td>旦</td><td></td><td></td><td></td></tr>
<tr><td>郝天秀</td><td>旦</td><td></td><td></td><td></td></tr>
<tr><td>关大保</td><td>旦</td><td></td><td></td><td></td></tr>
<tr><td>滕苍洲</td><td>小丑</td><td></td><td></td><td></td></tr>
<tr><td>刘八</td><td>丑</td><td></td><td></td><td></td></tr>
<tr><td>马曰琯
马曰璐</td><td></td><td></td><td>顾以恭</td><td></td><td></td><td></td><td>李斗《扬州画舫录》卷十一:“清唱鼓板与戏曲异,戏曲紧,清唱缓,戏曲以打身段下金锣为难,清唱无是苦,而有生、熟口之别,此技苏州顾以恭为最。先在程端友家,继在马秋玉家,与教师张仲芳同谱《五香球》传奇。”</td></tr>
<tr><td>卢见曾</td><td></td><td></td><td></td><td></td><td></td><td></td><td>闵华《澄秋阁集》三集卷三《雅雨先生招集平山堂探梅分韵得横字》:“春暄花信早,地胜游人并。湖山非旧观,草木增新荣。我公政闲暇,探梅朝出城。杯杓溢乡酝,歌管聆家伶。归途照镫火,篙楫纷纵横。桥外吏人立,水边旌旆迎。回首望岩际,白云明英英。”</td></tr>
</table>

续表

班主名	家班名	演出剧目	主要演员	行当	演出剧目	擅长角色	备注
全德							清王汝璧《铜梁山人诗集》卷二十四《挽全惕庄榷使》:"兰州一载共潆洄,雅度真如千顷陂。兄事好论十年长,心期早许一言知。尊前丝竹成泡影,袖里诗篇惹梦思。最是锦袍持赠处,朝霞璀璨耀牙旗。"清赵翼《瓯北集》卷四十四《全惕庄织造七十寿诗》(二首)其一:"海筹添报日初寅,正是香天浴佛晨。宦绩不离财赋地,官资久属老成人。笙歌十部吴趋曲,灯火千樯浒墅津。举案更欣同介庆,迦陵仙韵共鸣春。"
徐观政							曾任浙江盐运副使。《柴桑乐序》:"闭门养拙,筑室避嚣……梦魂常在氍毹间。一日无此,则嗒然如丧其偶。"
王亶望							《清实录·仁宗实录》:"乃竟蓄养戏班,开筵聚饮。以属员之犒赉,肥优伶之橐囊。如王亶望、福崧等事,更属不成政体。"
明保	迎福班						舒氏《批本随园诗话》:"(明保)善于谋利,江南及口外皆有其买卖。在杭州太守任内,养美姬十数人,专为应酬权贵之用,与张朝缙、蒋锡同。然为人却通脱风雅,以事落职家居,园亭歌舞,无一不精绝。所蓄苏州戏班名迎福,殁后数年,今已一败涂地矣。"
阿林保							沈清瑞《乙酉重九前一日,阿雨窗鹾使留饭春雨山房,出家伶侑酒,即席漫成》,可见有"家伶"。
阿克当阿							金安清《水窗春呓》卷下"阿财神":"童仆以百计,幕友以数十计,每食必方丈,除国忌外鲜不见戏剧者。"

续表

班主名	家班名	演出剧目	主要演员	行当	演出剧目	擅长角色	备注
汪勋（汪石公）			乳莺		《舞盘》		扬州盐商，死后由其夫人经营家班，人称汪太太，家班装备齐全，服装华丽。徐珂《清稗类抄·豪侈类》中“汪太太奢侈”：“汪石公者，两淮八大盐商之一也。石公既殁，内外各事均其妇主持，故人辄称之曰‘汪太太’。太太当高宗幸扬时，与淮之盐商先数月在北城外择荒地数百亩，仿杭之西湖风景，建筑亭台园榭，以供御览。家蓄优伶，尝演剧自遣。”
方元鹿							方竹楼，名元鹿，字苹友，名画家，其画多署名竹楼。家巨富，蓄声妓。后方家中落，班中演员多被同邑程夔洲家班聘去，遂散班。团维墉《穷交十传·画士缪青岚、方竹楼传》：“方竹楼，讳元鹿，其先歙人，业鹾，家于仪，累财巨万，第宅园林甲一邑，童奴指千，年少走马挟弹，有游闲公子名。工诗词，善画，性豪侠，常致食客数百。家蓄声妓，有伶名乳莺者，秀慧，尤长舞盘诸剧，嬖之，饮食恒置膝上，缠锦黄金钏累累，他伶亦皆附之，赏必均，所至群从束发琼琚，悉千金值也。”
郑侠如		《浣纱记》					郑侠如（1610—1673），字士介，号俟庵，居休园。
曹寅		杂剧《北红拂记》《李白登科记》（《清平调》）《长生殿》					苏州织造、江宁织造，兼两淮巡盐御史，官至通政使。明声律，曾作杂剧《北红拂记》《太平乐事》，传奇《虎口余生》《后琵琶》，能串戏。
李煦、李鼎父子		《长生殿》	翠竹、小红、月香				煦任苏州织造兼司扬州盐政，为曹寅妻兄。其子鼎，能亲演，并延请名师教习梨园。“性奢华，好串戏。延名师以教习梨园，演《长生殿》传奇，衣装费至数万。以至亏空若干万。”（清·顾公燮《丹午笔记》）

续表

班主名	家班名	演出剧目	主要演员	行当	演出剧目	擅长角色	备注
黄振							黄振(1724—1773),字舒安,号瘦石,如皋监生,屡试不第,布衣终老,辟斜阳馆,精于音律,酷嗜戏曲,曾作传奇《石榴记》。顾云《石榴记序》中提及其家班中有女伶翠竹、小红、月香等。其父亲黄元灿、姐夫汪之珩为盐商。
汪启淑							汪启淑,字秀峰,安徽歙县人,寓居杭州,曾营盐业。家富,捐资入仕,工诗好古,家有开王楼和飞鸿堂藏大量图书古印,是当时江南有名的藏书家之一。有《撷芳集》等。
程增							佚名《圣祖五幸江南全录》:“皇上行宫演戏十一出,系择程乡绅家小戏子六名,演唱甚好。”
程崟		传奇《牡丹亭》,南杂剧《拂水》,折子《长生殿·盘舞》;曹寅的传奇《虎口余生》					程崟,字南陂,一字夔洲,号二峰,祖籍歙县,移居仪征。先世经商。少年师事方苞,康熙进士,官户部郎中,家境优裕,筑别业于仪征,有《二峰文集》。嗜音律,顾曲之精为吴中老乐工所不及,凡经指授者,皆出擅重名,遂为法部之冠,曾作杂剧《拂水》。
程茂							袁枚《小仓山房诗集》卷六《到淮游程莼江晚甘园作》:“辟疆园自好,恰称主人翁。图画芭蕉雪,笙歌玉笛风。张灯千树上,开卷万花中。莫畏烟波阔,青山护此躬。”
程易							王觐宸《淮安河下志》卷八《园林》“寓园”:“寓园,程吾庐副使宅后之园……东有长垣洞,辟横廊三楹,白石铺地,有合六间为一间者,曰揽秀,为菊部征歌地。揽秀西有门,署石曰‘寓园’。”

续表

班主名	家班名	演出剧目	主要演员	行当	演出剧目	擅长角色	备注
亢氏		《长生殿》					山西平阳(今临汾市)盐商。
李氏		传奇《红梨记》					俞洵庆《荷廊笔记》卷二:"嘉庆季年,粤东鹾商李氏家蓄雏伶一部,延吴中曲师教之,舞态歌喉,皆极一时之选。"
罗荣泰							《扬州画舫录》卷五载其名。
夏某							《清稗类钞·戏剧类》"昆曲戏"载其名。
黄至筠(黄潆泰)		折子《浣纱记·采莲》《琵琶记·赏荷》	居宁山				清乾嘉时期扬州盐商总管,建筑个园,蓄家班于其中。金安清《水窗春呓》卷下:"道光中,陶文毅改票法,扬商已穷困,然总商黄潆泰尚有梨园全部,殆二三百人,其戏箱已值二三十万,四季裘葛递易,如《吴主采莲》《蔡状元赏荷》则满场皆纱縠也。"
恒豫	恒知府班						
包松溪							包松溪,官运司同知,为盐务官员,家甚富。道光二十四年(1844年),购扬州旧园,拓新栋宇,改名棣园,园内建戏台,备戏班,演出昆曲。一时名士常赴园中作琴樽之集,兼观演出。雅爱昆曲的士大夫亦借台借班,琢磨曲词声韵及道具化妆诸方面的技艺,极一时之盛。(据明光整理)

[参考文献]

[1]谭帆. 优伶史[M]. 上海:上海文艺出版社,1995.

[2]刘水云. 明清家乐研究[D]. 浙江大学,2005.

[3]刘水云,郑培凯. 清康乾年间昆曲复兴的盐商背景[J]. 戏剧艺术,2013(1).

[4](清)钮琇. 觚剩[M]. 北京:中华书局,1960.

[5]张林雨. 晋昆考[M]. 北京:中国电影出版社,1997.

[6]曾永义. 论说"折子戏"[J]. 戏剧研究(创刊号),2008.

[7](清)李斗．扬州画舫录[M]．北京:中华书局,1980.

[8](明)潘之恒．潘之恒曲话[M]．北京:中国戏剧出版社,1988.

[9](清)顾公燮,佚名,陈去病,等．吴城日记·五石脂[M]//丹午笔记．南京:江苏古籍出版社,1999.

[10](清)徐珂．清稗类钞(第十一册)[M]．北京:中华书局,1986.

[11]赵小石．明清时期通泰地区的家班研究[D]．苏州大学,2007.

[12]齐森华．试论明代家乐的勃兴及其对戏剧发展的作用[J]．社会科学战线,2001(1).

禅宗“盐语”[①]

陈家春[②]

禅宗“盐语”,指的是禅宗中关于“盐”的俗语。禅宗提倡教外别传,以心传心,不立文字,所以,禅师在传教中不直接讲解和分析教义,而是采用隐喻暗示的手法,从语言和行动上制造机锋以启示学人悟道,并运用很多含有禅意的独特意象,来“绕路说禅”。其中,盐就是这样一个意象。它蕴含于日常生活中,是最平凡普通却又不可或缺的事物,因此,被禅宗看作禅宗精义的象征。“俗语也叫俗话,是一种通俗、形象、广泛流行在人民群众中的定型语句,是人民群众在日常生活、生产劳动、社会实践中创造出来的,它是成功经验、失败教训、科学知识、生活感受的总结。”[③]“汉语俗语作为语言学概念,应该包括谚语、歇后语(引注语)、惯用语和口头上常用的成语。”[④]本文拟通过对禅宗文献中的谚语、歇后语、惯用语和俗成语来揭示禅宗中的盐文化。

一、“盐”谚语

“谚语是通俗简练、生动活泼的韵语或短句,它经常以口语的形式,在人民中间广泛地沿用和流传,是人民群众表现实际生活经验或感受的一种‘现成话’。”[⑤]禅宗文献中,关于“盐”的谚语主要有以下几个:

1. 吃盐闻咸,吃醋闻酸

禅宗喻指禅味就如同盐的咸味、醋的酸味,不可言传,只能自己体味。如:

上堂。僧问:“如何是佛?”师云:“许多时向什么处去来?”乃云:“达摩未来时,冬寒夏热。达摩来后,夜暗昼明。诸人若下得一转平实语[⑥],吃盐闻咸,吃醋闻酸。若道不得,迦

---

① 基金项目:四川省哲学社会科学重点研究基地、四川省教育厅人文社科重点研究基地——四川理工学院中国盐文化研究中心重点项目“禅籍盐文化研究”(YWHZ13-04)之阶段性成果。

② 陈家春(1978—),女,四川富顺人,四川理工学院(人文学院、语言文学应用研究所)副教授,主要研究方向为汉语研究。

③ 徐宗才,应俊玲. 俗语词典[M]. 北京:商务印书馆,1994.

④ 温端政. 方言与俗语研究——温端政语言学论文集[M]. 上海:上海辞书出版社,2003:330.

⑤ 武占坤,马国凡. 谚语[M]. 修订本. 呼和浩特:内蒙古人民出版社,1980:8.

⑥ 转语,一转××语,禅林用语。在禅者迷惑不解、进退维谷的时候,禅师为了提示禅者而说出的话,以此拨转禅者从迷开悟。

叶门前底。”[①]（宋才良等编《法演禅师语录》）[②]

这段话的意思是提示禅僧们要从日常生活中去体悟禅意。如果体悟到了，就能用平实的转语表达出来；如果道不出转语，就应该继续体悟，就像阿难领会迦叶门前的刹竿那样。而这些禅意，都不是能用语言表达的，正如水里的咸味和醋里的酸味，只有尝试了才知道。

与此谚语相似的说法还有：醋是醋味，盐是盐咸；遇姜则辣，遇盐则咸；盐咸醋酸；盐咸醋淡；有盐曰咸，无盐曰淡；梅止于酸，盐止于咸；……如：

典座问：“干矢橛意旨如何？”师曰：“醋是醋味，盐是盐咸。”座礼拜。（清德凯说，行悟等编《山西柏山楷禅师语录》）

古梅志云：“不干不湿，胡饼呷汁。不湿不干，盐咸酢酸。”（清集云堂编《宗鉴法林》）

2. 豆好合酱，盐好煮羹

豆可以用来做酱，盐适合用来煮羹。禅宗喻指禅意就在普通生活中，不可言说，要靠自己细细品味证悟。

上堂：“豆好合酱，盐好煮羹。饭能疗饥，茶可止渴。从上以来，的的相承。逗到理极情忘处，无越乎此。”（宋昭如、希陵等编《雪岩祖钦禅师语录》卷一）

上堂，师云：“豆好合酱，盐好煮羹。问汝诸人，是什么滋味？出来道看。”（清融说，师住、妙印录《永济融禅师语录》）

3. 少食枣而齿黄，老饱盐而瘿[③]亡

少年时多吃枣牙齿会变黄，老年时多吃盐会得颈瘤而亡。禅宗喻指不同的事物会引发不同的结果，参禅悟道方式亦如此。

保福萃长老写师像求赞：“少食枣而齿黄，老饱盐而瘿亡。兔分月魄入犀角，蜂采华滋归蜜房。”（宋集成等编《宏智禅师广录》）

4. 画饼不充饥，吃盐难救渴

禅宗喻指参禅或引导的方法不对，就不能真正悟道。

直饶一一透将来，也是循途而守辙。何也？画饼不充饥，吃盐难救渴。毕竟如何？（清显权说，海澄录《达变权禅师语录》卷二）

相似说法还有：吃盐救渴；吃盐添得渴；渴若吃盐加得渴；画饼不可充饥，吃盐哪能止渴；……如：

---

① 《禅林宝训顺硃》卷4：“昔阿难问迦叶：‘世尊传金襕袈裟外，别传何物？’迦叶召阿难，阿难应诺。迦叶云：‘倒却门前刹竿着。’阿难于言下契证投机，名曰教外别传。传至西天二十八祖来东土，是为初祖。唯一味，以此言下契证投机。”据此，迦叶门前底，指的是阿难，如果未受到点拨则还未契悟。前田慧云，等，编．卍续藏（第64册）［M］．东京：京都藏经书院，1912：602．

② 本文所有例句均来自中华电子佛典协会所编《电子佛典集成》（CBETA）2009年版。

③ 瘿，《说文》：“颈瘤也。”即今天所说甲状腺肿大。（汉）许慎，撰．说文解字注［M］．（清）段玉裁，注．上海：上海古籍出版社，1981：349．

上堂:“黄檗手中棒,剜肉作疮;大愚肋下拳,吃盐救渴。”(明文玹等编《楚石梵琦禅师语录》)

问:“如何是佛?”师云:“吃盐添得渴。”(宋惟白敕集《建中靖国续灯录》)

禅宗把参禅方法不对的人称作“吃盐止渴汉”,如:

菩提场中一千七百个吃盐止渴汉,作尽不良人,总未具透关眼在。西峰今日吐胆倾心。(清达珍编《正源略集》)

5. 只解卖盐,不顾看秤

禅宗喻指为了悟道不择门路、盲目参证的行为。

乃云:“这伙懵懂汉!只解卖盐,不顾看秤。当时云门若在,只向他道:‘大好不打破鼓笛,更说什么好曲调!’”(清静思说,智操等编《百愚禅师语录》)

亦作“只会卖盐,不顾看秤”。

青龙斯云:“这伙懵懂汉,只会卖盐,不顾看秤。当时山僧若在,只向道:‘大好不打这破鼓笛,更说什么好曲调。’管教这棚傀儡一时收场不及。”(《宗门拈古汇集》)

6. 鸡儿换盐,两不见钱

用鸡来换盐,物物交换,大家都没见到钱。禅宗喻指如果一方能恰当地设置机锋,另一方也能用相应的手段对机。

买一件物事,诸人若有,一任将来,两手交易,不用买卖。不见道:“鸡儿换盐,两不见钱。”(明通忍说,行导编《朝宗禅师语录》卷四)

7. 穿破绫罗只是衣,吃尽千般莫过盐

禅宗喻指禅味如同盐味,平常而不平凡,不可或缺,却又无法言传。

击拂子云:“穿破绫罗只是衣,吃尽千般莫过盐。滋味本无别,何用假言传?咦!不言传将谓壶中别有天。”(清如纯说,学正录《善一纯禅师语录》)

8. 一朝起来七件事,柴米油盐酱醋茶

禅宗喻禅意就蕴含在柴米油盐的日常生活中,平凡而朴实。

一朝起来七件事,柴米油盐酱醋茶。有人识得其中主,不用天涯问作家。(清集云堂编《宗鉴法林》)

亦作“每日起来七件事,柴米油盐酱醋茶”,亦可单用“柴米油盐酱醋茶”。

“试看古人问如何是西来大意?庭前柏树子,何尝奇特?如何是本身卢舍那?与我过净瓶来,何尝奇特。如何是善知识?灯笼、露柱、猫儿、狗子,何尝奇特?奇特且置,直今唤什么作平常心地?”良久云:“每日起来七件事,柴米油盐酱醋茶。”(明广真说,灯来编《聚云吹万真禅师语录》)

小参:“柴米油盐酱醋茶,般般俱在别人家。不消活计希求得,且看莲开数朵花。”(清智操说,德昊编《寒松操禅师语录》)

二、“盐”惯用语

禅宗中关于“盐”的惯用语是指那些在禅宗中涉及盐的、具有特殊禅意的禅林用语。这些惯用语在一般文献中也可以用，但通常并不具备特殊禅意。

1. 贩私盐

禅宗提倡以心传心，不立文字，不用语言直接传授禅宗意旨，这是禅宗的基本规矩，因为怕学人陷入语言文字义理中，更不能顿悟；但如果完全不给提示，又无法对学人进行引导，于是就必须想办法设置机锋运用手段让学人悟道，这就是“贩私盐”，也用作“官路贩私盐”“肩挑滴醋卖私盐”等。

时东昌路濮州人王仙芝，始聚众数千人起于长垣。二年，黄巢亦聚众千余人应王仙芝。巢少时与仙芝皆以贩私盐为事。（元觉岸编《释氏稽古略》卷三）

后来雪窦和尚拈云：“谁家锅里无一颗两颗，入水方见长人。山僧与么告报，也是官路贩私盐。”（清行悦《列祖提纲录》卷十二）

通过暗示等机锋能悟道的禅僧通常被骂为“贩私盐汉”“贩私盐客”“贩私盐贼”等：

师问新到僧：“什么处来？”僧云：“从南来。”师云：“还知有赵州关否？”僧云：“须知有不涉关者。”师云：“遮贩私盐汉。”（宋道原纂《景德传灯录》卷十）

官路无人独自行，自家公验甚分明。路旁偷贩私盐客，草里蹲身过一生。（宋法应集《禅宗颂古联珠通集》卷三十八）

禅宗中还有与“贩私盐”同义的惯用语——“官不容针，私通车马”：

有行者问：“某甲遇贼来时，若杀即违佛教，不杀又违王敕，未审师意如何？”师曰：“官不容针，私通车马。”（宋道原纂《景德传灯录》卷二十三）

2. 吃盐多

禅宗喻指禅僧道行高深。

举许郎中到上蓝问首座：“年多少？”座云：“六十八。”许云：“几夏？”座云：“四十夏。”许云：“圣僧几夏？”座云：“与虚空同受戒。”许云：“下官吃饭，不似首座吃盐多。”（宋了觉等编《石田法熏禅师语录》卷二）

二千年前腊月八，黄面瞿昙眼睛活。阿僧祇劫吃盐多，苦行六年添得渴。（清性音重编《禅宗杂毒海》卷一）

3. 不少盐酱

禅宗喻指能够参透禅意。出自马祖道一禅师的一则公案：

让和尚闻师阐化江西。问众曰：“道一为众说法否？”众曰：“已为众说法。”让曰：“总未见人持个消息来。”遂遣一僧往彼，俟伊上堂时，但问作么生，待渠有语记取来。僧依教往问之。师曰：“自从胡乱后三十年，不少盐酱。”僧回，举似让，让然之。（《马祖道一禅师

广录》)

南岳怀让和尚派人去勘察马祖禅师是否真正已经悟道。马祖回答“自从胡乱后三十年,不少盐酱”,就是说,胡乱之后的三十年,都一直保持着能参透禅意的状态,就正如每天吃饭都有盐酱这样的平常。由于马祖的这一回答非常巧妙,后被当成禅宗公案在后世流传拈颂:

上堂:“马祖大师道:‘自从胡乱后三十年,不少盐酱。’此地无金二两,俗人沽酒三升。”(宋宗谧等编《南石文琇禅师语录》卷二)

“不少盐酱”的反义则为少盐酱、少盐醋,喻指未能参透禅意或缺少禅机:

师齐次,问僧:“应是从前丛林学得的言语总拈却。尔道我饭作么生滋味?”代云:“菜里少盐醋。”(宋守坚集《云门匡真禅师广录》卷中)

金华圣者:“饱啖猪头肉,长斋不吃素。莫言滋味别,要且少盐醋。吽,吽,大有着你处。”(宋宗慧等编《无准师范禅师语录》)

4. 酱里得盐,雪中送炭

禅宗喻指在平常生活中感受禅机顿悟禅理,正如酱里有盐才美味,雪中送炭最及时一样。

上堂,举僧问法眼慧超咨和尚:“如何是佛法?”眼云:“汝是慧超。”师云:“还委悉么?病遇良医,饥逢王膳。酱里得盐,雪中送炭。”(宋绍隆等编《圆悟佛果禅师语录》卷七)

雪中送炭堪为喜,酱里添盐更是佳。往往尽随言语转,却同蛙步辗泥沙。(清集云堂编《宗鉴法林》)

相似的用法还有:买酱得盐,雪里送炭;盐中着酱,虚浮生死;盐落酱里;……

5. 伤盐费醋

禅宗喻指在设置机锋的过程中花费精力,却徒劳无功。

北禅烹露地牛,未免伤盐费醋。东林烧木柴火,却宜送旧迎新。(宋修义等编《西岩了慧禅师语录》上)

类似的用法有“伤盐仍费醋”“费盐费酱”“费盐醋”“枉盐费醋”等。

如果要表达在机锋设置中煞费苦心,则表示为“添盐搭醋”“添盐合醋”“沽盐买醋”“添醋和盐”“添盐着醋”“足盐足酱”“着盐蘸酱”:

师云:“今日承众耆德亦为先老人周忌设斋,治平者里不必问去问来、添盐搭醋,但只因斋庆赞。”(清敏说,性钜等编《竺峰敏禅师语录》卷一)

如果学人向禅师求点拨,叫作“讨盐觅酱”“索盐索酱”“索盐得醋”:

南泉和尚尝向口角边讨盐觅酱吃有么奇特。(清光电说,悟本编《长目电禅师语录》卷上)

没有真正顿悟禅意,叫作“有盐无醋”“乏盐没酱”:

达摩不来东土,家家有盐无醋。二祖不往西天,草鞋耳断无人穿。(日本海寿编《古

林清茂禅师拾遗偈颂》卷上）

6. 盐贵米贱

禅宗以此喻指禅意就蕴含在平常的生活中，正如盐价贵米价便宜一样的平常，需要自己体悟。

问僧："甚处来？"曰："定州。"师曰："定州近日有甚奇特事？"曰："某甲旦过，但闻盐贵米贱，苦无奇特事。"师曰："我这里也只如此，粗粥淡饭与僧，别无奇特事。你又来这里觅个什么？"（清集云堂编《宗鉴法林》卷十三）

赵州因僧问："外方忽有人问赵州说什么法，如何抵对？"师曰："盐贵米贱。"（宋法应集《禅宗颂古联珠通集》卷十八）

也作"盐贱米贵""盐贵如米""盐丰米贵""盐荒米贵"：

诸上善人，同会一处。不顾释迦遗教，不待弥勒授记。任他春去秋来，管你盐贱米贵。二时展钵开单，说甚珍馐百味。（宋道胜等录《保宁仁勇禅师语录》）

三、"盐"歇后语

"歇后语是汉语中由含有引注关系的两个部分组成的、结构相对固定的、具有口语特色的熟语。"[①]"盐"歇后语指的是禅宗文献中内容涉及"盐"的歇后语。

1. 老鼠吃盐——方知其味

据传，老鼠本来不吃盐，因此从来不知道什么滋味，等老鼠不小心吃到盐，才尝到了盐的滋味如何。禅宗以此喻指学人略通禅意，初尝禅味。

问："曹溪一路，请师举扬。"师曰："莫屈着曹溪么？"曰："恁么即群生有赖。"师曰："汝也是老鼠吃盐。"（宋道原纂《景德传灯录》卷二十二）

2. 将盐止渴——更加渴

禅宗喻指如果没有正确的参禅方法，更会陷入烦恼之中，不仅于事无补，还会雪上加霜。

上堂："谈玄说妙，撒屎撒尿。行棒行喝，将盐止渴。"（明居顶撰《续传灯录》）

也作"如饥吃盐""盐汤止渴""止渴添盐""食盐加渴"：

迷头认影[②]不知歇，如饥吃盐添得渴。澄神静虑而无为，似水浸石空经时。（宋法林等编《元叟行端禅师语录》卷六）

---

① 温端政．歇后语[M]．北京：商务印书馆，1985：20.

② 大正藏（第39册）[M]东京：大藏出版株式会社，1934：881.《首楞严义疏注经》卷四："室罗城中演若达多，忽于晨朝以镜照面，爱镜中头眉目可见，嗔责己头不见面目，以为魑魅，无状狂走。"比喻迷失本性，不见自己本来面目。

3. 水中盐味,色里胶青[①]——无迹可寻,只可意会

禅宗把禅味比喻为水中的盐味,光看是看不出来的,只有亲自品尝过才自知其味,却又无法言说。

《心王铭》:观之无形,呼之有声。为大法将,心戒传经。水中盐味,色里胶清。决定是有,不见其形。(宋道原纂《景德传灯录》卷三十)

虽密合一处,亦不犯所执我中通二性过,如水中盐味,但执是水,不执于盐,水与盐原不相离。(宋延寿集《宗镜录》卷五十二)

亦作"如盐在水,如胶在色;以胶投漆,将盐入酱":

夫真寿者,人之神明也。如盐在水,如胶在色。(宋太泉录《为霖道霈禅师餐香录》卷下)

4. 张公卖醋,李公卖盐——道路各别,养家一般

禅宗喻指禅师点拨学人所设置的机锋各有不同,但目的都是同样为了帮助学人顿悟禅意。

张公卖醋,李公卖盐。道路各别,养家一般。(宋观通等编《愚庵智及禅师语录》卷七)

四、"盐"成语典故

1. 索盐奉马

禅宗喻指对答机锋者未能领悟旨意,从而答非所问、应对不当。

升座:"适才这些说话,不是索盐奉马,还是指煤为墨。敢劝诸人,记得六祖在法性寺见二僧议论风幡话?"(宋居简等编《磬山牧亭朴夫拙禅师语录》卷三)

"索盐奉马"出自佛经故事,东晋法显译《佛说大般泥洹经》卷六云:"譬如大王命诸群臣,亦有如是隐密之教,如有时言持'先陀婆'来,而'先陀婆'一名四实:一者,盐;二者,澡盘;三者,马;四者,剑。是四种物皆名'先陀婆';若王食时命其左右索'先陀婆',诸臣应知王必索盐;若王食已索'先陀婆',诸臣应知必索澡盘;欲诣林园索'先陀婆',诸臣应知王必索马;临阵斗时索'先陀婆',诸臣应知必索利剑。王有如是隐覆之言,诸臣亦应知其旨趣。"[②]

2. 良骥负盐

本义为千里马被困于拉车运盐,禅宗喻指还没有悟道的大根器,如果得不到高僧的点

---

① 刘方喜. 中华古文论释林(南宋金元卷)[M]. 北京:北京大学出版社,2011:348."水中盐味,色里胶青,决定是有,不见其形。""胶青",指已制成颜料或染料、色泽比较纯净的胶质。《中州记》:"集弦胶,青色如碧玉。"明李贽《观音问·答自信》:"又谓之色里胶青。盖谓之曰胶青,则又是色;谓之曰色,则又是胶青。胶青与色,合而为一,不可取也。"后常用以论诗文等不可见之韵味。

② 大正藏(第12册)[M]东京:大藏出版株式会社,1934:894.

拨，就会困顿于烦恼之中。

资福广云：“良骥负盐，非伯乐不能赏鉴。騄駬载车，须王良方堪驾御。”

这个典故出自伯乐与千里马的故事。《战国策·楚策》记载：“汗明曰：‘君亦闻骥乎？夫骥之齿至矣，服盐车而上太行。蹄伸膝折，尾湛胕溃，漉汁洒地，白汗交流，中阪迁延，负辕不能上。伯乐遭之，下车攀而哭之，解纻衣以幂之。骥于是俛而喷，仰而鸣，声达于天，若出金石声者，何也？’”

亦作“良骥困服盐之御”“马足翘寒困负盐”“真世良骥，不遇青眼，困驾盐车”：

“良骥困服盐之御，徒敝追风之能。”（明智訚说，成峦等录《雪关禅师语录》）

盐，是老百姓不可或缺的调味品，“一朝起来七件事，柴米油盐酱醋茶”，更被誉为百味之王，“吃尽千般莫过盐”，无论多么精致的佳肴，如果缺少了盐，就不可能成为真正的美味。禅意正如盐一样，蕴含于平凡的日常生活中，正如禅门名士庞居士的名句“神通并妙用，运水及搬柴”①，必须要亲自去体验，才能品尝得到个中滋味，才能真正顿悟禅机，根除烦恼，得大解脱。“极为平常普通的生活常识，禅师们却一本正经地作为说法的内容，这就取得了强调的效果，具有明显的修辞色彩。”②

［参考文献］

［1］杜继文，魏道儒．中国禅宗通史［M］．南京：江苏人民出版社，2008.

［2］顾宏义．景德传灯录译注［M］．上海：上海书店，2009.

［3］刘方喜．中华古文论释林［M］．北京：北京大学出版社，2011.

［4］宋良曦．盐史论集［M］．成都：四川人民出版社，2008 .

［5］四川自贡市盐业历史博物馆．中国盐业史辞典［M］．上海：上海辞书出版社，2010 .

［6］温端政．歇后语［M］．北京：商务印书馆，1985.

［7］曾凡英．盐文化研究论丛（第三辑）［M］．成都：巴蜀书社，2009.

① 大正藏（第51册）［M］东京：大藏出版株式会社，1934：263.

② 于谷．禅宗语言和文献［M］．南昌：江西人民出版社，1995：34.

盐的文化精神分析[①]

田一坡[②]

“我要吃盐”——这句话既描述了盐对于人的实用功能,同时也是一个象征性的隐喻。就像诗人痖弦在《盐》一诗中深情吁请:“春天她只叫着一句话:盐呀,盐呀,给我一把盐!”或者像那些在感到灾难即将降临之时的祷告:“我要吃盐,我要吃盐……”[③]在这样的生命经验中,盐的实用和象征性质有着更深的本源,它迫使我们去思考盐与我们的身体、与我们的生命空间和精神品质之间的多重关联。

天生曰卤,人生曰盐。盐这种神奇的结晶体不仅仅是人工的造物,它从弥漫氤氲的卤水开始,穿行于人的味蕾、血脉,最终像盐溶于水那样渗透进每个人的日常生活。犹如味蕾对于咸味的依赖与适应,盐在人们的生命经验中日复一日地沉淀,并悄然地形塑着种种可能的文化精神。

在“盐—人”的关系图景中,我们将探寻关于盐的叙事背后的文化内涵与文化精神。在身体叙事层面,盐既是身体必需的成分,同时也关乎生命的精微刻度。在生活叙事层面,盐所经历的从传统到现代的转型成为人们生活方式转型的表征。在政治叙事层面,盐一直处于传统政治叙事的核心,同时构筑了官方意识形态与民间叙事的紧张。在伦理叙事层面,盐是中国人关于骨气、正义与圣洁的精神修辞与隐喻。

一、钠离子的离散:盐的身体叙事

关于盐的身体叙事首先与味蕾的渴求相关。盐在味蕾上引起的咸味感觉是最基本的五种味觉(酸、苦、辛、咸、甘)之一。早在周代,人们就已经把咸味作为“五味”之一,《尚书·说命下》称盐为“百味之祖”。这是关于盐的味蕾叙事的最早记载。可以肯定的是,人们关于盐的味蕾记忆应该比文字记事更久远,那些咸味在远古时代的人们的味蕾上留下的芬芳逐渐沉淀到一个种族的血脉中,形成了人们对于咸味的一种隐秘的渴求。

---

① 基金项目:四川省哲学社会科学重点研究基地、四川省教育厅人文社科重点研究基地——四川理工学院中国盐文化研究中心资助项目“盐与新诗研究”(YWHY14-10)之阶段性成果。

② 作者简介:田一坡(1977—),男,苗族,重庆彭水人,四川理工学院人文学院教师,主要研究方向为诗歌研究、文化研究。

③ 宋良曦. 盐史论集[M]. 成都:四川人民出版社,2008:4.

在五味之中,盐所引起的咸味有着不可替代的独特性。味道是由味觉受体和味道物质的相互作用引起的。虽然都是味觉受体,但感受咸味和酸味的受体与其他味觉受体很不一样。它们两个的主体是离子通道,这是一种中间带孔洞的蛋白质,通过孔洞的尺寸和电荷来控制,只允许特定离子从中通过。对于咸味受体,最适合从中通过引起咸味感受的是钠离子,此外一些与钠离子个头、性质差别不是很大的离子也可以,比如钾离子。钾盐也是咸的,但咸度不及钠盐。一个东西想要尝起来是咸的,需要能够分解出可以通过这个通道的特定离子。这个条件就使得它的大小和电荷完全被限制住了,它就只能是天然存在的这少数几种碱金属离子。我们甚至都没办法用人造的元素来试一试,因为这些人造元素不仅会有放射性、不稳定的问题,它们的半径也太大了。钠离子的离散,是氤氲在人类味蕾上的最温馨的体验与记忆。

与咸味相反的是咸味的缺失——淡。在汉语语境中,淡的味觉反应最终和生命的整体感觉紧密结合在一起。“一切都看淡了”,意味着生命的欲望、意志的淡化,意味着生命意义的缺失。意义是无形的,它弥散在生命的历程中,正如盐溶于水,正如钠离子在味蕾中的弥散。在这里,盐成为生命意义的最直观的形象,咸味成为生命意义的最温暖的体验。

关于盐的身体叙事由味蕾开始,然后深入血肉。《周礼·天官》中有“以咸养脉”的记载。《本草纲目》则说:“《素问》云:咸走血……水生咸。此盐之根源也。夫水周流于天地之间,润下之性无所不在,其味作咸,凝结为盐,亦无所不在。在人则血脉应之。盐之气味咸腥,人之血亦咸腥。咸走血,血病无多食咸,多食则脉凝泣而变色,从其类也。”①在传统医学的眼光中,纯身体的叙事被带入一种天人感应的天道叙事中。盐在身体中的周流与滋养隐秘地对应着水在天地之间的周流与滋润。

一个人对盐的摄入必须保持在一个精微的度之中。正常成人体内的含钠量,相当于体重的0.15%,而每天要排出4.5克左右的钠盐于体外,所以身体需要不断地摄取食盐来补充。摄入量不足,会引起四肢无力,食欲不振甚至呕吐痉挛、休克等症状,而摄入过多会引起体内“水化”,产生高血压等症状。在“食盐”与“无多食盐”之间,一种由生理需要引起的营养学比例被外化为一种关于生命刻度的精微比例。过与不及之间,中庸之道被细化到每一天每一顿的日常生活之中。盐,被保持在精微的比例中穿行于人的血脉,在身体中循环周流,带给身体以无限的生机与活力,当然,与之对应的则是水在天地间的循环周流与天道在时间中的循环周流。于是,盐的身体叙事被巧妙地镶嵌进一个更宏大的文化叙事中。

---

① 李时珍. 石部(第十一卷)[M]//金陵版排印本. 王育杰,整理. 本草纲目. 北京:人民卫生出版社,2005.

二、官盐与私盐:盐的政治叙事

盐作为生活必需品,同时又是很难以家庭生产的方式获得的商品,必然会被官方关注并被纳入政治叙事之中。最早关于盐的政治叙事是由管仲提出的:“唯官山海可耳。”“官山海”中的“山海”,意是“山海之藏”“山海之业”“山泽之利”,主要指藏于大海中的食盐和藏于山岭中的铁矿两项重要资源。“官山海”则是实施制盐业和冶铁业的国家垄断性经营,实施食盐和铁器的国家专卖。管仲主张官府将盐铁揽为己有,垄断售卖,以此获得源源不断的收入。民众不容易发现这项剥削,所谓“民不益赋而天下用饶,利不用竭而民不知”。管仲向齐桓公建议“计口售盐”,“大男食盐五升少半,大女食盐三升少半,吾子食盐二升少半”,其他盐贩卖到梁赵宋卫等不产盐的内陆诸侯国。

西汉时桑弘羊在汉武帝支持下,坚持国家干涉经济的盐铁官营政策,因其既能直接将朝廷权力变现“以佐助边费”,又能“离朋党,绝并兼之路”,打击君主以外的利益集团。正因如此,他的经济改革措施也为历代统治者所效法。从唐代到明代,盐业专卖收入一直占据了国库岁入的一半。①

管仲的做法是:私人生产,国家收购,进行垄断性专卖。西汉时的垄断程度最高,生产、批发、零售都由政府排他性经营。以后对盐业的垄断经营逐渐走向政府授权的商人垄断性经营。762年盐铁使刘晏进行改革,生产和零售都交给商人,政府只控制批发这一环节,即政府收购成品盐并加价批发给商人送到各地零售。宋代之后又逐渐形成了盐引制,即商人花钱(或支付其他实物,如明代开中制下就是运送粮食到边关换取盐引)购买盐引(食盐的专卖证)到指定盐场取盐,并运到指定地区零售。这种盐引制在不同时期做法也不完全相同,但明清时代一直在采用。

专卖制度构成盐的政治叙事的主旋律。在盐的政治叙事中,权和利既是叙事的目的也是叙事的动力。权和利的相互推动中,盐业专卖制度恰如其分地图解了马克思关于经济基础和上层建筑的理论构型,并在汉语的叙事中巧妙地替换为帝国的统治术。盐这种神奇的结晶体再次流淌在帝国的庞大身躯中,和银子一样,成为帝国白花花的金融血液,滋养和润滑着庞大的帝国机器的运转。权为利保驾护航,利为权殚精竭虑,唯一遗憾的是,作为盐的民间消费者,只能作为沉默的终端被权和利的巨大怪圈所吞噬,他们在关于盐的宏大叙事中是沉默的。

在盐业专卖之下,“官盐”是政府经营,或者由政府授权私人经营,且交纳各种税费的盐。与之相对,“私盐”是违背盐业专卖法,个人经营且不纳税交费的盐。官盐和私盐,构

① 熊剑. 从“利出一孔”,看盐之专卖与走私[EB/OL]. http://club. kdnet. net/dispbbs. asp? id = 8197846&boardid = 1&read = 1.

成了盐的叙事中的复调效果，有官盐的垄断与专卖，基本上就会伴生出私盐。“天下私贩盐徒，其多官商几倍；天下所食私盐，其多官商几倍。”①在官盐的叙事中，包含着对私盐叙事的暴力。汉武帝时，对私盐贩子“钛左趾，没入其器物”。“钛左趾”是在左脚趾挂上6斤重的铁钳，“没入其器物”是没收生产工具，煮盐的工具当年也相当值钱。唐代“自淮北置监院十三”，捕私盐者。私盐贩子要杀头，连相关官员都要连坐。五代时，盐法最严酷，贩私盐一斤一两就可以正法。宋代略宽了一点，无非是杀头的标准放到三斤或十斤而已。元明清以后，这种对私盐的打击和惩罚从未放松过。读这些法律和案例，至今都可以感到血腥气。②

尽管官盐对私盐极尽打击之能事，但二者的叙事却分享了同一叙事逻辑——对利的追逐和对权的渴望。官盐和私盐并不构成官方叙事与民间叙事的对抗与紧张。事实上，“缉获而受惩者皆小民谋一口一身之计，迫之出于无赖者。其上亏国计，下蹙民生之大宗私贩固逍遥法外。所谓窃钩者诛窃国者侯也”③。大宗私盐贩子大多带有黑社会性质，他们就像帝国的阴影，是帝国政治叙事的低沉回声。在官盐和私盐的叙事之外的，是广阔大地上的沉默的民间，他们的沉默与隐忍构成盐的政治叙事的背景。他们就像流淌于地底的卤水，芜杂、苦涩，然而正是他们，才使得盐的政治叙事成为可能。

三、在你们所有的奉献中，必须包括食盐：盐的伦理叙事

在民间的说法中，盐是一个人气力的关键。不吃盐则人无力。于是，盐被转义为骨力、骨气的精神修辞。这种语义的转喻使用成为我们探寻盐的伦理叙事的线索。盐是从卤水中提纯的晶体，它意味着净化和大地的精华，对盐的使用与占有也成为一种人生经历的积淀的象征。“我吃的盐比你吃的饭都多。”这不是简单的攀比与比较，而是在人和人的比较中引进盐的度量与刻度。

在西方不少国家的人们，将品德不好或自己所瞧不起的人，称作“没有吃盐资格的人”。向亲友或宾客表达敬意的礼节，则是献上面包和盐。法国有一部著作叫作《礼节大全》，书中把食盐作为区分人的地位尊卑的标志。在宴席上，要在瞩目的位置摆放一个银制的盐罐，主人和贵宾坐在盐罐的上方，称为“在盐之上”，坐在盐罐下方的人就次一等了。座位离盐罐越远，就表示人的地位越低。④

在许多文化形态中，盐都具有某种象征的性质。在基督教的《圣经》里，把食盐看作永恒、忠诚和纯洁的象征。《旧约全书》第三章说：“在你们所有的奉献中，必须包括食

① (明)陈子龙．明经世文编(卷四一九，第5册)[M]．北京：中华书局，1962.

② 梁小民．盐业专卖下的私盐泛滥[N]．南方周末，2006-01-19.

③ 吴炜．辑私[M]//铅印本暨影印本．四川盐政史(第五篇)．1932(民国21年).

④ 宋良曦．盐史论集[M]．成都：四川人民出版社，2008：5.

盐。”《马太福音》第五章第十三节将人类的精华、社会的中坚喻为“大地的盐”①。

盐作为一种晶莹的结晶体,折射出人的精神世界的纯洁与永恒。盐是大地对于人的无私馈赠,它既赠予人的身体的健康,也赠予人的精神的丰富。人在承受盐的恩情的同时,也必须以同样的健康与丰富赠予他人。“在你们所有的奉献中,必须包括食盐。”这是一种相互的奉献,在这种奉献之中,盐的晶莹与精神的清明得以相互照亮。所以,即使是民间沉默的二嬷嬷,也能够在春天深情地喊出:“盐呀,盐呀,给我一把盐!”

［参考文献］

[1]宋良曦. 盐史论集[M]. 成都:四川人民出版社,2008.

[2](法)加斯东·巴什拉. 火的精神分析[M]. 杜小真,顾嘉琛,译. 长沙:岳麓书社,2005.

[3](古希腊)亚里士多德. 尼各马可伦理学[M]. 廖申白,译注. 北京:商务印书馆,2003.

① 宋良曦. 盐史论集[M]. 成都:四川人民出版社,2008:4.

20世纪30年代四川盐文学的独特画卷[①]

——论罗淑的井盐小说创作

姚洪伟[②]

盐乃百味之首，与我们的生活息息相关。号称“天府之国”的四川，自古以来就以盛产独特的井盐享誉中外。拥有2000余年井盐生产历史的盐都——自贡，便是其中的典型代表。然而，目睹空前繁荣、长盛不衰的盐业经济，不禁让人感叹，在中国这样一个拥有千年盐业生产历史的文学大国里，却找不到与之相匹配的盐文学作品，让人十分遗憾。近现代以来，随着文学创作题材的拓展和作家们的辛勤耕耘，盐文学创作也日渐兴盛。20世纪30年代的四川女作家罗淑便是井盐文学创作的优秀代表，她首次将四川井盐生产作为小说题材，为我们描绘了一幅幅独特的井盐生产画卷。在罗淑短暂的创作生涯中，共创作了四篇反映四川井盐生活题材的小说——《井工》《地上的一角》《阿牛》《鱼儿坳》。作品虽不多，然而极其珍贵，为盐文学的“筚路蓝缕，以启山林”立下了汗马功劳。著名文学评论家李健吾在评论罗淑的井盐题材作品时说：“特别是那些关于盐厂的断片小说，把一个我从来不曾结识的世界展给我看，似乎还没有第二个作家注意这个偏僻角落……”[③]罗淑为我们展现的20世纪初四川盐业生产的一些基本情况，是四川井盐历史真实而形象的写照，是丰厚的井盐历史文化积淀的一部分，是研究井盐历史、井盐文化的宝贵历史资料。透过罗淑这为数不多的几篇井盐小说，我们可以追溯四川井盐历史，深入了解四川井盐业过去发展的艰难历程。

一、罗淑井盐小说概述

罗淑，原名罗世弥，1903年生于成都。父亲罗树屏是个屡试不第的读书人，为人比较开明，喜欢议论时事，从不用陈规陋习约束子女。1912年，罗淑随父从成都迁居简阳，全家人靠经营几口盐井为生。罗淑年幼时先后在简阳乡下及成都读书求学，在五四新思潮的冲击下，积极接受新知识的洗礼。1929年，罗淑从成都省立第一女子师范学校毕业后赴法国留学。在法国学习教育学、心理学、社会学等课程，同时喜欢研读雨果、左拉、罗

---

① 基金项目：四川省哲学社会科学重点研究基地、四川省教育厅人文社科重点研究基地——四川理工学院中国盐文化研究中心资助项目（YWHY13－11）之阶段性成果。

② 姚洪伟（1980—），男，苗族，重庆彭水人，泸州医学院讲师，文学硕士，主要研究方向为现当代文学。

③ 李健吾．记罗淑[J]．文艺复兴，1946，1(6)．

曼·罗兰和现代作家的作品。1933年,学业结束后回国,先后在上海、桂林、成都等地工作和生活。1934年,在文艺界朋友的鼓励下开始文学创作。1936年9月,处女作《生人妻》在巴金主编的《文季月刊》上发表,引起强烈反响;随后相继发表了《橘子》《刘嫂》等小说,成为当时文坛上冉冉升起的一颗新星,获得了文学界的广泛赞誉。1938年2月,因患产褥热在成都不幸英年早逝,年仅35岁。[①] 自罗淑发表处女作《生人妻》到病逝,前后持续不到两年的时间,却为我们留下了短篇小说集《生人妻》《地上的一角》和小说散文集《鱼儿坳》三部集子,共有短篇小说十篇和散文三篇。在这些作品中,罗淑以其独特的创作个性为我们展现了20世纪30年代的农村生活和盐业生产状况,开拓了一片崭新的艺术天地,"以她留下来不多的几篇文字活在人心"[②]。在中国现代文学史上确立了她独特的文学地位。罗淑的创作起点高,人生经历丰富,是位卓有才华的女作家。在罗淑仅有的十篇小说中,除了成名作《生人妻》外,《井工》《地上的一角》《阿牛》《鱼儿坳》四篇井盐题材的小说独具特色、引人注目,不仅为我们展现了20世纪初的盐业生产情况,还为我们生动、形象地描绘出当时四川盐工生活的真实图景。

《井工》讲述了青年盐工老瓜的悲苦际遇。13岁时,父亲跌入盐锅,被活活煮死。为了生计,老瓜被母亲送入盐厂,吃起"咸水饭",开始了他牛马不如的盐工生活。进入盐厂后,蛮干得像条小牯牛的老瓜,逐渐地枯萎下来,变成了一个滑稽而可轻蔑的人,是顶不足算中尤不足算的一个。在众人的揶揄和嘲笑中,老瓜的生活一步步被逼向绝境:弟弟像被主人抛弃的野狗一样冻死在稻草堆里,母亲眼睛变瞎成了"走千家"的乞丐婆。老瓜每天起早贪黑地拼命干活,却吃不饱,脚杆瘦得像"鸡骨头样"。为了填饱肚皮,老瓜不得不偷吃盐厂主埋在地里的死牛肉。最后,因被管事发现而遭开除。走投无路的老瓜被迫偷走盐船,永远地离开了生养他的工厂。

《阿牛》记述的是盐厂汲盐水的筒匠小阿牛的故事。父亲十年前滚下盐锅死了;为了生活,小阿牛到盐厂做盐工;母亲则在盐厂附近开起烟馆。盐厂的何管事经常光顾烟馆与小阿牛的母亲关系暧昧,加上一些风言风语,让倔强的小阿牛对何管事怀恨在心。一次回家偶然撞到娘正在为何管事打烟泡,这深深地激怒了小阿牛。他大骂何管事老狗,与母亲发生激烈争吵,开罪了何管事。为了报复小阿牛,何管事以不孝顺父母触犯国法厂规的罪名将小阿牛抓了起来,用厂规惩办,抽打了五十大鞭。小阿牛的母亲听闻后极力营救儿子,但最终仍未能让小阿牛避免皮肉之苦。

《地上的一角》描写的是卖盐小贩的悲苦生活。二爷是一个失地农民,为了生存当起了卖盐小贩。作为农民的二爷视每一块泥土黄金般贵重,在生活的逼压下,不得不卖了水田,押了青㭎坡,连种给孙子吃的橘子也不得不变卖;即便如此,还是欠下了一堆烂债。最

① 马小弥. 罗淑年表[J]. 中国现代文学研究丛刊,1985(4).

② 李健吾. 记罗淑[J]. 文艺复兴,1946,1(6).

后二爷只有靠卖盐赚取一丁点“敷水”(利金补贴)来维持艰难的生计。突然灶上又决定取消“敷水”,上涨“厘金”(通关税),让二爷唯一的活路被堵死,生活上被逼入绝境。在向“公桓”(官盐管理处)争取“敷水”的过程中,二爷因拥挤碰到了“官人”王师爷而惨遭毒打,被罚款四十元,盐款充公。走投无路的二爷只有变卖寿木。二爷的儿子——老实巴交的长发不得不铤而走险,走上了“偷关”运盐的反抗之路。

《鱼儿坳》是一篇未完成的作品,讲述的是卖盐小贩二爷在得知盐灶上要取消“敷水”后的复杂心境。小说的内容跟《地上的一角》有相似的地方,但能明显地感受到不一样的视角,作者的突然离世为这篇小说留下了遗憾。巴金在《鱼儿坳》的后记中写道:“《鱼儿坳》和《贼》都是被侮辱与被损害者的故事,但显然是未完成的作品。前者好像还是一个长篇中的一段,和《地上的一角》《阿牛》《井工》三篇都有关联,是同样的背景和人物,而且这小说的第二节与《地上的一角》的第二节,连文句也是大同小异的。”①很显然,罗淑的创作计划是要写就一部反映四川盐工生活的长篇。巴金不无惋惜地说:“倘使作者能够在这世界多住十年,她一定会给我们留下几部描写四川盐厂生活的杰作。”②

罗淑这四篇描写四川盐厂生活的小说,我们可以看成一个整体来相互参照阅读,因为这些小说具有相同的人物形象和生活场景,从不同的侧面反映了当时四川井盐生产的情况。黎烈文在回忆与罗淑的交往时说:“有一次她和我说,她小时候的生活和四川的一些特别情况,很可以写成一部长篇小说,当时我便极力劝她尝试;不过,我的意思长篇比较难作,起初不妨从那些材料里抽取一个片段,写成短篇或中篇,以后如有必要,再将几个短篇或中篇连贯成一部长著。这意见很得到她的赞成。”③由此可以推断,罗淑是按照黎烈文的劝导进行创作的,这四篇有关井盐生产的小说便是罗淑尝试的结果。在罗淑的井盐题材作品中,“她写的几乎都是丧失和正在丧失土地的农民,或者是被迫离开土地另谋生路的农民。通过描写农民被无情地抛出了历来的生活轨道的种种遭遇,写出了农村经济急剧破产的严酷事实”④。罗淑笔下的盐业工人,除了劳动方式改变外,他们仍然是劳动和生活于乡间的地道农民。罗淑以细腻的笔触、新颖的题材、开阔的背景、深度的主题,别开生面地写出了家乡的这些“特别情况”,为中国现代文学留下了一笔宝贵财富。

二、罗淑井盐小说中的人物形象分析

作为现代井盐小说的开拓者和领路人,罗淑的四篇井盐小说无论在人物形象的塑造上,还是在社会生活的描写上都是十分成功的。它不仅丰富了现代文学创作的题材,还开

① 巴金．鱼儿坳·后记[M]．上海:上海文化生活出版社,1941.
② 巴金．鱼儿坳·后记[M]．上海:上海文化生活出版社,1941.
③ 黎烈文．关于罗淑[J]．文丛,1938,2(2).
④ 樊骏．论罗淑——兼及中国现代文学发展演变的若干轨迹[J]．齐鲁学刊,1988(1).

创了中国现代盐文学的新局面,具有十分重要的开拓意义。罗淑塑造的多个人物形象,在20世纪30年代的小说创作中独具特色、各有个性,他们都非常含蓄、丰满,生动而形象地展现了当时不被人注意的一大批盐工的形象。

罗淑井盐小说中塑造的人物形象大致可以分为四类:

一是以老瓜、长发等为代表的年轻一代盐工形象。他们对旧社会剥削阶级由忍受到不满再到反抗,表明了年轻一代盐工不屈服于命运安排的抗争精神。井工老瓜是罗淑塑造得最为丰满的一个人物,也是最为成功的一个人物形象。身世悲凉,生活凄苦。"这名字的意义是无力,是懦弱,甚至是憨痴,更由这而来的是讪笑,是揶揄。"[①]在罗淑的四篇反映井盐题材的小说中,老瓜这个人物都有所关涉,即便在《阿牛》一文中没有直接提到老瓜,但我们从阿牛的身世等可以推断小阿牛就是年幼时的老瓜,他们不仅共有一个名字——梧子,而且父亲都经历了滚入盐锅被煮死的悲惨命运。

老瓜原本并不"瓜",在《阿牛》一文中,他是一个性格倔强,脾气暴烈的小牯牛,"活在眼前,就管眼前,吃了亏总得还"。天不怕地不怕,即使痛骂何管事后,仍能呼哧大睡,面对来捉拿他的管事也毫不惧怕。然而在《地上的一角》中,老瓜开始变得嗜赌,喜欢喝酒,怕人嘲笑。在《井工》中,老瓜开始真正变"瓜"了,成了"一个滑稽而可轻蔑的人","是顶不足算的一批中尤其不足算的一个"。不幸的生活和悲苦的遭遇改变了老瓜。父亲"失脚跌下滚腾着白色溶液的盐锅,煮死了"。弟弟在一个冬天的早晨,"像被主人抛弃了的野狗似的死在人家屋侧的稻草堆上了"。娘成了瞎婆子,靠"走千家"乞讨为生。老瓜的人生变故反映了当时农村的破败和农民生活的艰辛与悲苦。为了混口"咸水饭"吃,老瓜在盐厂起早贪黑,困了只有"用一节竹签两头捏个泥丸把眼皮上下绷起来"。这种非人般的生活压得老瓜喘不过气来,因为吃不饱,晚上不得不到别人田里偷食吃。最后因给瞎眼娘偷吃了盐厂主埋在地里的死牛肉而被厂主开除。老瓜这个带有侮辱性的名字是在弟弟死后才被赐予的,老瓜真正变"瓜",表明经历了一系列人生不幸后老瓜的"沉沦"。在这个过程中,老瓜表面上似乎被苦难的生活折磨得像牲口一样沉默不语,但他内心并不麻木:对于别人的过分揶揄,表面上只叹气、哼唱几声就完了,实则深埋心底为盐主烧成大包雪白的盐,他一月却只能领取一元的工资,每天只吃三顿盐泡菜下饭而愤愤不平。外表沉默顺从,实则刚毅倔强,对不平的社会制度怀着强烈不满;生活的步步逼迫,使得他将不满情绪逐渐转变为反抗行为。在被开除后无路可走的情况下,悄悄将丁厂老板装满盐的盐船开走。在这一惊人举动产生的过程中,老瓜从默默忍受到不满,最后上升到反抗这个不平的社会制度。

老瓜这个人物形象除了具有反抗精神外,还极具同情心。当遇到来讨盐水的妇人时,表面不答应,实际上帮其装满盐水,遇到长发"偷关"运送私盐而助其通行。这是老瓜的

---

① 罗淑．罗淑选集[M]．成都:四川人民出版社,1980.

形象。《地上的一角》中的长发在遭遇失地、欠债、父亲被打等走投无路的情况下，邀约一大群乡邻铤而走险，拿着刀枪“偷关”贩运私盐，从而走上了自发反抗的道路。“像他爸爸的下场，着实使他见了寒心！”老瓜是一个人的反抗，长发则是组织乡邻的群体反抗，这是旧社会广大劳苦农民走上反抗道路的两个阶段。罗淑的井盐题材小说反映了20世纪30年代年轻一代盐工自发反抗旧社会不平等制度的思想演变过程，不再是鲁迅笔下那个“哀其不幸，怒其不争”的落后农民形象，与同时期其他乡土小说相比具有明显的进步意义。罗淑通过自己的井盐小说，塑造了具有反抗精神和行为的年轻一代盐工形象，为现代文学史留下了弥足珍贵的一页。

二是以二爷为代表的老一代卖盐小贩形象。他们忍辱屈从、逆来顺受，虽然对黑暗社会心生不满，但默默地甘愿受苦，为了生存而不断痛苦挣扎。李健吾说：“活在里面是些穷苦的强壮的可怜人物，默默为生活挣扎，不平的念头时时在他们肺痨的胸脯涌起，随即平息了，也许要吃苦地默默为生活挣扎。”①这是对罗淑小说中二爷这类老盐工形象真实而妥帖的评价。二爷在罗淑笔下是一个逐步破产失地的农民，同时也是一个卖盐小贩——以赚取微薄的“敷水”来维持艰难生计的盐贩。一个视土地为性命的农民，因为生活的逼迫，先是卖了田地，抵押了青㭎坡，卖了橘子，然而还是入不敷出。为了争取到微薄的“敷水”，与广大盐贩一起到公桓向王师爷求情，在这个过程中不小心碰撞了王师爷而被视为闹事，继而惨遭毒打并被收监，“事后三天，二爷取保释放出来，四十元罚款，盐款充公”。面对如此遭遇，二爷的内心虽然无比愤懑，然而因生活的重压而无力反抗，躺在病床上得知罚款后也只有无力地自言自语：“黑良心！——四十元！不要认罚呵，——听我的话！老骨头，坐监就坐监！——没有钱呵！——前世的孽！”二爷在遭遇种种不幸后仍将自己悲苦的命运归结为“前世的孽”，并决定卖掉自己放了十几年的寿木，但这样仍无济于事，“他的两眼蒙眬着泪水，但在媳妇跟前哭不出来”。到了这样的地步二爷仍然隐忍、压抑着反抗情绪，默默地承受着。他一直坚守“管他呢！什么都有个定数，未必人还能斗得过天？”的人生信条。罗淑塑造的卖盐小贩形象让人印象深刻，他们默默忍受，到了最后也没有认识到自己悲苦命运产生的社会根源，是被折磨得变了形的老一代受难盐工的形象。

三是以管事、师爷等为代表的盐业“公事人”形象。他们骑在盐工身上作威作福，是盐厂老板和旧政权的帮凶，靠压榨和盘剥盐工的利益生存。管事是处于盐厂老板和盐工之间的一个关键人物，他代表盐厂老板的利益，同时也是依附在盐工身上的剥削阶层。在罗淑的四篇反映井盐题材的小说中，何管事的形象被塑造得惟妙惟肖。《井工》中的管事，《阿牛》中的何管事，《地上的一角》和《鱼儿坳》中的管事何先生、官人王师爷都是这一形象的代表。在《井工》中，管事代表盐厂老板管理盐厂的生产和销售，成天强迫盐工们起早摸黑不停地劳作，给予盐工的却只有带着砂粒的咸水饭和每月一元的薪酬。盐厂推

① 李健吾．记罗淑[J]．文艺复兴，1946，1(6)．

车的老牛死了,管事煞有介事地要给牛一副全尸,“这条牛是老牛,拖了二十年的车,有功劳,我把他当人待,给他一副全尸”。然而,老瓜的“父亲做了二十年的老灶工,他的尸首呢?——烂豆腐一块!”在管事眼里,只有厂主和自己的利益,任何人触犯了他们的任何利益都将受到惩治。在管事眼里,管不得盐工是死是活,人的命比不上主人的牛的全尸。罗淑在小说中非常生动鲜明地刻画了当时的“公事人”形象,以及他们对贫苦百姓的蛮横粗暴。在《阿牛》中,何管事在阿牛娘的烟馆打烟泡,因阿牛不满何管事,大骂其老狗,何管事不仅要回了已经消费了的打烟泡的银圆,还公报私仇。为了惩治阿牛,何管事罗织罪名,以不孝敬父母触犯厂规为由,将小阿牛大打五十大鞭。当阿牛母亲表示自己要带回家管教时,何管事煞有介事地喊叫着说:“哪个有工夫来替你管什么儿子!他是我灶上的工匠,打母亲算是犯国法,轻则得照厂规办理,重则送县,现在的事和你不相干,你知趣就各人给我走出去。”明眼人一看就知道何管事是泄私愤,但嘴里还满口厂规国法,振振有词。旧政权的“公事人”不秉公办事,反而欺压百姓,无恶不作的形象被罗淑描绘得入木三分。在《地上的一角》中的“公事人”王师爷更是猖狂,当盐贩们为了一点“敷水”来找他求情时,他不但不同情这些挣扎在濒临破产边缘上的小摊小贩们,反而变本加厉。

王师爷一跳,出现在门上,脸气得铁青,指着这些口里不清不白的一群人,咆哮着:

“还不开秤么!对!对!你们这些盐贩子!好不懂法律的家伙!——你们打算,——打算行凶么?吃哪一行的饭就得服哪行管!是,——是国税!——怎么?——想打算抗税么?给我——给——我——拖出来!是哪几个人?哪几个要闹事?——拖出来!——巡丁!巡丁,来,来!”

“做什么?拖?——我们没有犯王法!”

“买卖人!——好家伙!”

“弄清楚一点!——你!你!你在骂哪个?——”

听了这样的话,王师爷猛虎似的扑到人堆面前,同时,三个巡丁也跟拢去。

“公事人”王师爷将卖盐小贩二爷毒打一顿后收监,另外还罚款四十元,没收全部盐款后才放人。“公事人”蛮横凶残的帮凶形象被罗淑寥寥几笔就刻画得惟妙惟肖、淋漓尽致。罗淑通过塑造这些“公事人”的凶残无情和蛮横粗暴,揭示了旧社会剥削阶级的真实面目以及旧中国国家机器的反动本质,激发人们起来反抗。

四是以阿牛娘、二姐等为代表的旧社会女性形象。她们为了生存一步步失去尊严,但不论苦到什么程度,她们心里仍装着爱,对生活始终充满希望。阿牛娘为了生存,不得不在盐厂附近开起烟馆,成天为那些男人们打烟泡。作为一个旧社会女性,开烟馆本身就是一个屈辱的职业,背地里还被人称为“妖精”,她的自尊受到了严重伤害,即便如此,她仍没有丧失对生活的信心。小阿牛因母亲与何管事的暧昧关系与她发生冲突时,她被彻底地打垮。当她听说儿子被何管事绑走，又急匆匆地跑去救儿子，见何管事不依不饶，一个四川女性的独立、泼辣、不管不顾的形象立即生动起来：

我自己亲生的儿子，我倒管不着，倒要别人来管闲事？挨打是我，痛也是我，我是他的娘，他是我生的蛋，我甘愿给他打，你们又怎么样？“清官不理家务事”，我偏不叫你来管！开口厂规，闭口厂规，我管不着你们这些混账事，除非我牛牛犯了偷，犯了盗……不放他，我同你拼老命！来，来……

为了让儿子免受皮肉之苦，阿牛娘奋不顾身地要跟何管事拼命，罗淑给我们塑造了一个卑微母亲的伟大形象。在罗淑的井盐小说中，二姐的着墨虽不多，却鲜明、生动。面临丈夫要卖她的危险，她仍忍辱负重、默默承受。她拿鸡蛋去盐厂找盐工换盐水，即使生活再艰难，也表现出积极的生活态度。

罗淑在小说中塑造的这些盐工形象，为我们研究盐文学提供了丰富的素材，成为20世纪30年代小说创作中的独特风景。在构建人物形象的过程中，作者“发出正义的喊声，为那些被侮辱与被损害者呼吁”①。让我们感受到的也不再单单是沉重和压抑，而是在20世纪30年代的激烈斗争中，在社会动荡中劳苦大众的觉醒与希望，真切地感受到了“地火”的突奔，时代脉搏的跳动。罗淑在塑造人物形象时，有意渲染他们心灵中积极美好的因素，给人物增添一些理想主义的光彩，让人看到底层人物身上的温暖和光亮，正如毛一波评价的那样“富有着革命浪漫主义的倾向”②。通过以上分析，我们可以看到罗淑通过不同人物形象的塑造，表达了她对广大劳苦人民的同情，对旧政权不平等的剥削制度予以揭示和批判，以激起人们的反抗，具有鲜明的进步性和政治倾向。

三、罗淑井盐小说的艺术价值和文化审美内蕴

作为20世纪30年代井盐文学创作的代表，罗淑的小说除塑造了典型的盐工形象外，还具有独特的艺术价值和文化审美内蕴。罗淑通过对盐场工人的生活、生产场景以及盐业经济关系等的描述，将20世纪30年代四川井盐工人的生存状况、生产条件以及当时的社会经济关系等反映了出来。另外，作者还从一个独特的视角描写了盐井生活和盐井周边的农村生活，反映了当地的民风习俗，具有浓烈的乡土色彩。从罗淑的小说中，我们还可以对盐文学丰富的内涵进行深入挖掘，从盐业发展的多个视角打探出当时的井盐业状况。

下面，笔者将从三个方面来考察罗淑小说的艺术价值和文化审美内蕴。

---

① 巴金．鱼儿坳·后记[M]．上海：上海文化生活出版社，1941.

② 毛一波．罗淑及其小说[N]．中央日报（成都），1939-10-06.

一是对底层盐工生存状况做了社会经济学意义上的考察。罗淑笔下的盐工都是生活在最底层的劳动人民,他们为了生存不得不放弃土地从事盐业生产。不论是盐业工人还是卖盐小贩,他们的生活并未因此得到改善,反而变得更加凄苦。老瓜等盐工们"每天吃三顿咸泡菜下饭"或者是"有石砂磕牙齿的开水饭","大冬天还只穿一件破背心",困了"用一节竹签两头捏个小泥丸把眼皮上下绷起来",睡的"几乎是躺在牛粪便中",时时还有"失脚跌下滚腾着白色溶液的盐锅"的危险;二爷则"由自耕自种的人家变成别人的佃户",只有靠"敷水"为生,而盐厂主和灶户们家家发,"成千成万地赚"。罗淑从政治经济关系入手,揭示了统治阶级、盐厂主和盐工、农民的对立关系和不可调和的阶级矛盾,以及广大农民陷入困境的社会根源。正如《地上的一角》中的阴阳六老师所说:"他们越发,你们就越败!"深刻地揭示了20世纪30年代旧中国"人吃人"的剥削制度和阶级本质,为我们从整个社会学的意义上描绘了当时民不聊生的社会现状以及统治阶级对广大劳苦大众的超经济盘剥。另外,罗淑还从政治关系学的视角为我们描述了当时广大劳苦大众所受的政治压迫。农妇向盐工讨口盐水吃,遭到穿黄衣的公事人"拖你进公桓"的威胁;盐贩们到"公桓"恳请主管盐水的官员不要取消"敷水",被斥为"好不懂法律";阿牛被何管事以不孝敬父母触犯"厂规""国法"为由,重打五十大鞭;因为"凡事一说上公事就不好办,什么人敢同公事做对头呢!"这些描述充分表现了当时的统治阶级打着"法律""国法""公事"的幌子,横行霸道、胡作非为,对广大劳动人民进行政治压迫。罗淑从政治关系的角度,非常尖锐地揭露了当时统治阶级的反动和粗暴本质。

二是对当时盐业生产的基本状况做了历史记录。在罗淑的井盐小说中,通过其对盐厂生产、盐工生活等方面的描述,为我们还原了当时的盐业生产情况。"盐井毗连一片立在山巅上。每一个井棚里仿佛动的只有牛脚蹄车盘和绞水的辘轳。""他看着牛把井底的盐水拖出地面,他就天天伸手把它放进地盆,又天天听着它走埋在地下的引筒里霍霍地流到坡下的盐灶上去,烧成大包的雪白的盐。""谷底下,盐灶房的大房屋仍然安舒地蹲在黑暗中,只盐灶顶独特而矜骄地矗立着,火光还旺哩。""父亲因为到盐锅边上添水,煤烟和水蒸气使他的眼睛模糊了,于是失脚跌下滚腾着白色溶液的盐锅,煮死了。"从这些描述中,我们可以大致推断出当时的四川井盐生产的流程结构和使用的设施设备状况,从而得知当时的厂房环境、生产规模、机械化程度、生产方式等方面的历史知识。另外,我们还可以从罗淑的描述中看到当时井盐生产的一些细节,这对于盐业史的考察极具价值。

牛鼓起大肚皮,笨重地拖着车盘团团转。"赶车"拿着鞭子在它们后腿上用力追打,牛只快了两步,依旧缓慢下来。井口那一面,辘轳随着车盘的转动,把竹筒从几十丈深的井底往地面上曳,筒一出口,大半节伸进棚顶上的护竿,打水匠就用一只手抓住,揭开皮搭,让盐水往埋在地下的盆里倾,白泡沫略为翻倾,盐水由引筒流到山下盐灶去了。

竹筒重新放入井里,车盘疯狂地自由地转动着。

这段文字详细地记录了当时四川简阳地区井盐生产的一次采卤过程。汲取盐水的动力全靠牛的拖拉，采卤装置由“车盘”“辘轳”“护竿”等组成，其生产设备异常原始、简单，文中还为我们展示了生产流程和工具的基本操作过程。从文中的描述可以推断，简阳一带的盐厂生产规模并不大，生产方式非常落后，其生产能力十分有限，生产效率并不高。这些描述为我们研究当年的盐业生产和盐工生活提供了确凿的证据，具有很高的史料价值。

三是以四川方言建构起地方乡土特色的文学表达形态。罗淑的小说具有鲜明的四川沱江流域的地方色彩，其小说中的地方性描写和方言运用，具有十分浓郁的地方乡土风味。杨义在谈到四川乡土作家时说：“由于地域文化意识的浓郁，四川乡土作家群的作品大都有明晰的地方指认性。”而且，“四川的地域文化由于相对封闭，带有更多的历史积淀、远古遗传和民间特色”①。罗淑的小说就具有这种明晰的地方特征，带有历史积淀下封闭而野性的四川民间文化色彩。四川的井盐生产，历史悠久，享誉全国，罗淑选择井盐题材为自己的小说内容，以沱江上游两岸的盐业生产为背景，这非常突出地彰显了罗淑小说的地方性特征。她写农村的失地破产农民、盐工和盐业小贩，以中国20世纪30年代的四川农村为背景，以丁厂这个井盐生产地为中心，反映当时的盐业生产和贫苦农民的生存状况。丁厂成了四川井盐生产地的文学地标，极具地方性特征。方言俚语的使用，非常贴切地表现了小说人物的性格特征，使罗淑的小说具有了真实性和浓郁的地方特色。“掟”（仍）、“眼子”（办法）、“打整”（打发）、“打野”（胡闹）、“困”（睡）、“转去”（回去）等方言俚语，使人物形象更生动。另外，这种地方性特征在罗淑小说人物的名字上也有充分体现，如老瓜的“瓜”。在四川方言里，“瓜”具有非常丰富的内涵，“瓜兮兮”“瓜娃子”。“瓜”常被四川人用来形容傻、憨、痴、呆、笨等，是一个带有侮辱性的词语。罗淑用“瓜”来命名自己的小说人物，不仅形象生动，而且还具有突出的地方特色。罗淑的井盐小说在细节描写、人物刻画和语言表达等方面都具有浓郁的巴蜀地方特色，给人一种真实、朴素之感，这些地方特色构成了其作品独特的创作风格。

描写井盐题材的作品，在罗淑之前还没有人尝试过。罗淑以新颖的题材、深刻的主题、较高的艺术审美价值，为我们开拓出了文学的一片新领域。她塑造的人物形象、描绘的社会生活、揭示的社会问题、反映的现实矛盾成为我国盐文学的宝贵财富，为盐文学发展做出了功不可没的贡献。罗淑是一个极具悲悯情怀的作家，“她不夸张，然而她有感情；她爱人类，然而她不呐喊。她在默默之中写些她生活过的材料，亲切，因为不勉强；本色，因为她不似若干女子，沿着身世凄凉之感的传统的路子写些哀怨的词句”②。我相信，罗

① 杨义．中国现代小说史[M]．北京：人民文学出版社，1998.

② 李健吾．记罗淑[J]．文艺复兴，1946，1(6).

淑和她的作品,将永远“活在我们的心里,活在我们的理想里”①。

［参考文献］

[1]罗淑．罗淑选集[M]．成都:四川人民出版社,1980.

[2]艾以,沈辉,等．罗淑罗洪研究资料[M]．北京:北京十月文艺出版社,1990.

[3]罗淑纪念室．罗淑纪念册[G]．罗淑纪念室编印,1986.

[4]罗淑．鱼儿坳[M]．上海:上海文化生活出版社,1941.

[5]马小弥．罗淑年表[J]．中国现代文学研究丛刊,1985(4).

[6]马小弥．罗淑小记[J]．新文学史料,1983(3).

[7]李健吾．记罗淑[J]．文艺复兴,1946,1(6).

[8]黎烈文．关于罗淑[J]．文丛,1938,2(2).

[9]毛一波．罗淑及其小说[N]．中央日报(成都),1939-10-06.

[10]巴金．纪念一个友人[J]．文丛,1938,2(2).

[11]艾以．一个不该被遗忘的女作家——罗淑[J]．社会科学研究,1983(6).

[12]樊骏．论罗淑——兼及中国现代文学发展演变的若干轨迹[J]．齐鲁学刊,1988(1).

[13]徐岱．乡土旧事:论民国女性小说四家[J]．浙江大学学报,2002(3).

[14]杨义．中国现代小说史[M]．北京:人民文学出版社,1998.

[15]游友基．女性文学的嬗变与发展[J]．中国现代文学研究丛刊,1994(4).

[16]王家伦．罗淑研究述评[J]．徐州师范学院学报,1996(4).

[17]蒋明玳．左翼文坛一颗早陨的明星[J]．镇江师专学报,1997(4).

[18]张衍芸．独具特色的乡土女作家——罗淑[J]．宁夏大学学报,1985(4).

[19]孙自筠．为底层劳动者的美丽灵魂造影[J]．内江师专学报,1990(1).

[20]程捷．罗淑在中国现代小说史上的地位辨[J]．河南师范大学学报(哲学社会科学版),1993(4).

[21]贾剑秋．论罗淑小说的文化意蕴[J]．西南民族学院学报,2001(7).

[22]杨国华．罗淑创作论[J]．四川师范大学学报,1992(5).

① 巴金．纪念一个友人[J]．文丛,1938,2(2).

自贡古代散文的题材类型概观①

赵永平②

自贡,今下辖荣县、富顺两县,位于四川省南部,系国家历史文化名城,素有"盐都"之称。古代自贡以盛产井盐而闻名,更为重要的是,古代自贡还有较为悠久的文学创作历史。宋代的黄庭坚、陆游,明代的杨慎、熊过,清代的段玉裁、宋鸣琦等人,都在自贡留下了作品。可以说,自宋代至清代,自贡的散文创作一直较为丰富。这些文章的作者构成较为复杂,既有自贡本地文人,又有来自贡为官的外地人,也有来自贡游玩的外地人。就笔者目前所掌握的资料来看,这些文章数量较为可观,大约有近200篇,文体也较齐备,包括了记体文、序、跋、启、表、引、疏、碑、墓志铭、墓表、传记以及赋等类型。不过,学术界尚未予以关注,本文拟做扼要介绍。

一、物产的诗意呈现

说到物产,自贡最为著名的就是井盐了。清代富顺文人李芝对当地井盐颇为熟悉,撰写了一篇《盐井赋》③。该文长达1500字,采用汉大赋形式,仿效司马相如《子虚赋》《上林赋》的写法,虚构了逆旅王孙与含冲居士两人,设为问答。文章以逆旅王孙向含冲居士发出提问开篇,"维西川之盐井,称山海之奥陕。吾子之所熟悉,能觇缕其条目乎?"于是含冲居士从容答道——

夫盐井者,潜穿地穴,倒吸洪涛。山泽通灵,水火相遭,熬波成石,镕液为膏。虽沿象于夙沙,实寓巧于圆刀。尔其创于炎汉,盛自祥符。……其始掘也,匝地騣騂,连山淹凿,天车排闼以林立,地架喧阗而鼓作。素绠蛇游以蜿蟺,辘轳霆震而骇愕。幽石为之泐嵃,地轴为之硖错。窒窖窈冥,寥廖淡漠。寻海脉,卜水踪,锁玉女,驱毒龙。潜钻蜩象之窟,直捣冯夷之宫。羵羊惊惮于水府,巨灵詟伏于幽窿。觉千仞之犹浅,引一脉以渊通,路入

① 基金项目:四川省哲学社会科学重点研究基地、四川省教育厅人文社科重点研究基地——四川理工学院中国盐文化研究中心资助项目(YWHY14－09)之阶段性成果。

② 赵永平(1973—),女,山东鱼台人,文学博士,四川理工学院人文学院讲师,四川省哲学社会科学重点研究基地西部区域文化研究中心特聘研究人员。

③ (清)段玉裁.山川下[M]//富顺县志(卷二).自贡:釜江书社,1881(光绪七年):22－25.

地外达海之渊。……凭畜力之推挽,按五御而翩跹。尔乃鼎蜀骏,縱吴牛,翘关执辔,离角鸣軥。齐步曲之止骤,抑磬控以夷犹。……尔其砌以陉突,注之釜鬶。比嵇康之锻灶,像欧冶之铸金,霹雳吐火,列缺施焜。一合一散,焱晃焱阴。沸波激而洄沍,滚奫迭而渗淫。传薪而午夜不息,灰起而晴昼成雾,扬光炜灼而晦夜。春晓流汗霡霂而六月秋霖。流烟为雾,晦日扬霄。卤气横江而作绮,红尘赧起以建标。岭有鳟而皆熏,山有木而同焦。……于是披砂汞成飞花,雪乱初出素以霏,微更硁輷而鲜燦。提来伞子,类柳絮之轻盈;焕出水晶,正琳英之璀璨。……

这一番回答,运用生动形象的比喻和大胆雄奇的夸张,对富顺井盐的形成、井盐的汲取、井盐的运输、井盐的煎制等方面一一作了描述。可谓浓墨重彩,极尽铺张扬厉之能事,令听者精神震荡,有如身临其境,于是逆旅王孙"龥然而喜"。赋的最后,含冲居士话锋一转,讲到了盐工的苦难生活:"若乃夏日陶陶,炎风爞爞。苦回禄之蒸人,入洪炉而相绕。亭午而气不苏,夜深而汗未了。或焦头而烂额,或颜黴而目眇。"若遇隆冬季节,则更为凄苦:寒风侵骨,雪积满山;又有虎狼出没,时有性命之忧。此种工作凶险至极,"诚人世之危区,而艰苦无过于是也"。一般来讲,汉大赋作者在赋的末尾往往向统治者含蓄地提出一些建议,以期收到"劝百讽一"的效果。李芝在这里显然也是有意为之,他是在婉转地提醒执政者:追求富顺井盐"榷税经邦"的同时,不要忘记体恤盐民的辛苦。总之,该赋最为翔实地描摹了古代自贡物产——井盐,艺术而真实地反映了其一系列生产流程,使井盐类物产得以诗意地呈现。因此,该赋不仅具有文学特质,也具有文献价值。

二、风景的艺术写真

盐都人民的盐生产十分繁荣,他们所表现的智慧也许与自贡的山水灵秀有很大关系。古代自贡以山水著称,面对大自然,作者们妙笔生花,描绘了一幅幅弱柳拂风、秋荷着花、红绿相映、明月波光的迷人美景。可以说,古代自贡文人对盐都许多怡人风景均有不同程度的描写与记叙,如宋代冯俨的《啸台记》,明代周麟的《龙凤寺八景记》,清代王培荀的《凝翠楼记》、宋鸣琦的《镜香亭匾额后跋》、许源的《重建望景楼记》以及邹学山的《罗星阁》等,就很有代表性。当然,写得最为出色的要属《凝翠楼记》①——

城中少山,山上祠宇参差,竹树茂密,纬以平畴绿野,此境为难。署中少园,园中多竹,多水,多亭馆花木,此境为难。两境兼之又难,而吾以一楼专之。荣署西偏,地势凹下,为园三四亩,自听雨楼之南,石磴逶迤,红栏曲折,过停云馆,下至会心不远斋,由斋过石桥而北为镜香亭。四面皆水,夏日荷花大放,消暑最宜。园以竹为藩篱,杂植芙蓉、紫薇、木瓜、

① (清)王培荀. 艺文志·国朝文[M]//刻本,增刊. 荣县志(卷三十四). 1878(光绪四年):56.

绛桃,掩映亭畔,以时代谢,而芭蕉、杨柳、皂荚垂青拥绿以补其缺。此前人培植之力而予坐享其逸也。第一园之景,一目可了。北有知稼亭,地基颇高,可望园外;而亭小地僻,不可久坐,亦一憾也。今秋,内宅西偏一室忽圮,乃就悬崖为楼,厂其前,后与知稼亭相对,小桥联之而围以墙。公余,静坐楼中,俯视园内,池光如镜,花木蔚如。外见平野旷杳,城内外山耸峙,翠扑几席,遂名之曰"凝翠"。

这一段景物描写非常讲究层次感。首先写远景,接着写近景,然后重点描述凝翠楼之绝景:在其周围,有听雨楼、石磴、红栏、停云馆、会心不远斋、石桥、镜香亭等各种建筑物与之相互映衬,布局合理,颇具精致和谐之美。又有芙蓉(粉色)、木瓜(淡红色)、紫薇(紫红色)、绛桃(深红色)等各种深色花木在园中开放。为避单一色调带来的审美疲劳,又栽种竹子、芭蕉、杨柳、皂荚等绿色植物以补其缺。红绿相间,整体上给人以赏心悦目的感觉。水润物,物生辉。景物之中如果缺少了水,观者就会产生枯竭之感。因此,作者用"四面皆水""池光如镜",便让凝翠楼顿生灵性。总之,坐于凝翠楼中,外可见山峰耸峙、原野旷杳;俯视园内,亭榭相间,红绿掩映,人间美景尽收眼底。另外,作者又运用移步换景之法,诸如"过亭云馆""下至会心不远斋""由斋过石桥而北",其中的"过""下""至""北"等一连串动词就起到了迅速转换空间的作用,景物虽多,却非常有层次,没有杂乱之感。

与《凝翠楼记》相媲美的是《镜香亭匾额后跋》①一文——

荣署西偏有池,广可数亩;盈池皆种荷,红白错出,夏时花,颇烂漫。临池有小屿,竹树丛杂,极饶葱茜之致。上有亭,倾圮久矣。汇泉明府葺而新之,并旁屋小桥皆就理焉有。……拈太白"荷花镜里香"句意以颜之……得一徜徉其间,花在镜中,身居香国,当亦太乙仙人,别开一妙莲世界也。

在这里,作者用精细之笔,描绘了镜香亭之美:小桥流水,花木郁郁,红白错出,葱茜相间,真是别有一番风致。作者又引著名诗人李白"荷花镜里香"名句说明此亭的来历,更觉美不胜收。因此,坐于此亭,不但有美景可赏,更有悠悠古蕴值得玩味。

其他又有写罗星阁之雄奇的:"画栋凌烟,珠帘卷雨,危临细柳之堤,特立垂杨之浦。红霞激射,迷离桂殿兰宫。白鹭飞还,掩映云巅竹坞。连江之甸畇畇,夹岸之原膴膴。上蟠下际,半空锁住乾坤;夕霁朝阴,一日衍成今古。"②也有描绘凤栖山之秀奇的:"岝嵂嵌奇,孤秀特出……城郭如画,堞雉随冈峦起伏,五山峙其中,双溪环其外,蚕市桑田,纵横绣错。……烟云缥缈,竹树玲珑,瞬息幻千万状。"③还有描写啸台崖壁高耸入云的,"真如崖

① (清)王培荀. 艺文志·国朝文[M]//刻本,增刊. 荣县志(卷三十四). 1878(光绪四年):52.
② (清)王培荀. 艺文志·国朝赋[M]//刻本,增刊. 荣县志(卷三十五). 1878(光绪四年):1.
③ (清)王培荀. 艺文志·国朝文[M]//刻本,增刊. 荣县志(卷三十四). 1878(光绪四年):48.

壁倚天,岩实深杳。景物不凡,风清月白”①。

总之,上述作品对古代自贡风景的描写,从某种程度上说,做到了随物赋形,留下了古代自贡逼真的山川影像。

三、儒家传统文化的多维度展示

文化积淀丰厚的古代自贡,成为文人为之倾情歌咏的家园。因此,文人在对物产、风景描写的同时,也对饱蕴着传统文化特色的寺庙、祠堂、宫殿、桥梁、书院等人文景观,给予了极大的关注。古代自贡的文庙、西湖书院、桂林书院、文昌宫、兴教寺、崇仁祠等成为他们撰写的主要对象。古代自贡散文作者通过他们所描写的对象来表达社会主流价值观,透示出当时社会所承载的传统伦理观念,尤其是儒家文化的某些特质。

自贡古人特别注重尊师重道和兴办教育,我们以文庙为例。明代孙璠在《重修大成殿记》②中这样写道——

建学立师,国家为治道计也。……孔子乃万世师,学校实育贤之地。我朝列圣相承,未尝不以兴学、养贤、图治为重。……吾夫子以仁义礼智信五者之道,流传于天地之间,化育万民。故凡遵乎圣人之道者,莫不孝悌忠信以遂其安富尊荣之乐。苟或背吾夫子之道,则是欺世盗名矣,其能遁其自暴自弃之责乎?言至此,则知圣道之在人,蕴之为德行,行之为事业,如凿地得泉,无所往而不在也。岂可委之于难名,付之于难闻?行不著,习不察,而自外于圣人耶?为吾民而游于斯,览于斯,必皆观感向慕,凌厉振迅力之,以躬行实践,以求无愧于吾道。然后庆会风云,致身通显,珪璋神化,黼黻皇猷。是则其道为有光,而学不徒建矣。

文章开宗明义,认为创办学校、尊重老师是治理国家的要道。因此,作者提出尊奉孔子为万世之师,并以孔子倡导的仁、义、礼、智、孝、悌、忠、信等德行为圭臬来教育学生,从而达到治理天下的目的。周洪谟在《重修明伦堂记》③中亦持相同观点:

道不外乎五伦而已。尧舜禹汤文武以之师天下,孔子以之师万世。师天下必尽人伦之至,以建极于上,而又设学校庠序之教,以明伦于下。师万世者,虽不得师天下之任而推明群圣之道。笔之经以诏万世,使师天者必法之,以建明伦也。……后进之游乎此者,晨夕密迩,宫墙之下,恍然如亲炙于杏坛之上。岂可聚谈旷日而已哉!必尊师亲友,即经以明道而践之身,以孝其亲,以敬其长,以睦其宗族,以信其朋友。他日,见试于国,以之忠

① (清)王培荀. 艺文志·宋文[M]//刻本,增刊. 荣县志(卷三十四). 1878(光绪四年):5.

② (清)段玉裁. 学校[M]//富顺县志(卷二). 自贡:釜江书社,1881(光绪七年):68.

③ (清)段玉裁. 学校[M]//富顺县志(卷二). 自贡:釜江书社,1881(光绪七年):69.

君，以之庇民，以之修政事，以之树声绩。则于斯学，岂不为有光乎？呜呼！道若大路，然岂难知哉！讲之明，践之力，道在斯矣。

文庙是古代祭祀思想家、教育家孔子的场所，又称为孔庙、文庙和夫子庙。孔子逝世第二年（公元前478年），鲁哀公将孔子旧宅改建为庙堂，堂内收藏孔子生前所用衣冠、琴、书、车等物，并且定期进行祭祀和供奉。随着我国几千年的文化融合与发展，文庙的功能逐渐扩大，不仅是供奉和祭祀孔子的标志性建筑，更是传授儒家文化和宣扬儒家教化的场所。在古代自贡，尤其是到了明清两代，承载着儒家思想文化的文庙更是得到统治者的大力推崇与认同，并赋予它更多的教育、教化功用。从上述两篇文章中，我们就能深切地感受到这一点。

此类文章，还有很多，如陈盟的《重修文庙记》、曾玙的《泮宫颂》，清代许源的《改葺文庙碑记》、龚汇的《文庙碑记》、熊葵向的《重修大成殿记》以及廖朝翼的《改修文庙碑》等多达20余篇，内容不外乎尊奉"至圣先师"——孔子为楷模，以此激励学子们立志苦读、勤勉奋进，以获取功名，然后显亲扬名、报效国家等。此不一一赘述。

政府除对承载着重大教育、教化任务的文庙大力投入与关注外，还在县、镇不同行政区域设立形式多样的教育机构，为学生提供读书、食宿、休息等场所。因此，像西湖、桂林等书院，南浦、西麓等社学，云程、云龙等讲社以及景行、高山等义学大量涌现。自贡古代文人撰文记载了此等盛况，如明代侯秩的《西湖书院记》，清代徐大枚的《建凤鸣书院记》、龚巽的《凤鸣书院重增膏火碑记》、宫鉴桂的《桂林书院碑记》和许源的《重建考棚碑记》等皆是。古代自贡人讲究尊师重道、兴办教育，展示了自贡古代儒家传统文化兴盛的一个方面。

自贡古代教育的发达，一方面与政府重视教育、大力投入分不开，另一方面也与当地人捐资助学密切相关。古代自贡诸如文庙、书院等修建经费虽多由官府承担，但很多乡绅、富商看到大成殿、明伦堂、书院因破损、倒塌而不利于学子求学时，就主动慷慨解囊，捐款修缮，如富顺县令孙璠重修大成殿时，"邑人熊福能辈，慨然捐赀来助"①。荣县县令王泽重修明伦堂时，其"僚友、乡绅以逮商民，亦皆乐输锱铢"②。还有做得更好的。荣县县署专门为学子设立考棚，但学子参加考试时，如遇雨雪肆虐，往往因无处躲避而不得不忍受寒冷的侵袭。开明绅士刘廷选看到这种景况，"恻然动念，自捐钱四百余缗，于龙门外，甃砖石，饬胶油，鸠工庀财，建立雨棚八楹"③。自此，学子们再也不用担心雨雪等恶劣天气了。学子们的心情舒畅了，文思自然也就畅达了。乡绅们不但捐款助学，还修桥铺路，像富顺的通远桥等就是靠当地人王铎捐助的善款建成的。对于上述良善之举，文人多撰

---

① （清）段玉裁．学校[M]//富顺县志（卷二）．自贡：釜江书社，1881（光绪七年）：68.

② （清）王培荀．艺文志・国朝文[M]//刻本，增刊．荣县志（卷三十四）．1878（光绪四年）：26.

③ （清）王培荀．艺文志・国朝文[M]//刻本，增刊．荣县志（卷三十四）．1878（光绪四年）：57.

文予以颂扬,称赞他们的乐善好施不但荫庇当世,更会泽及后人。其实,积德行善,轻财好义,这也是儒家一再提倡的德行。因此,自贡古代文人旌扬善德善举,也是在展示自贡古代的儒家传统文化。

为臣要尽忠,也是儒家传统文化的重要组成部分。因此,表现臣子的忠诚之心、忠烈之举也就成为自贡古代散文的题中之义,像明代陈鎏的《崇仁祠记》和刘应箕的《忠孝祠记》等就是。

古代自贡有一个著名的人物:胡子昭。他因反对朱棣篡权,以忤逆罪惨遭杀害。《崇仁祠记》[①]描写较为详细:

我朝太宗靖难之日,宫中闻变,及阖门自焚。子昭具衰经哭入朝。比有诏诘问,子昭历陈君臣大义。反复辩论经,辞色过激,上怒,命下狱。居五月,复诏诘之,无能改于其初。数请死,遂磔于西市。夫人黄氏死焉,女金奴没为官婢,姻属逮系戍边者五十八家,加荣之赋八百石。

胡子昭为守君臣大义,不惜牺牲自己的生命。作者赞之为"死其精忠大节"!

男子尽忠,女子守节。歌颂贞女烈妇,似乎也是儒家文化不可或缺的部分。明代马之骐《贞烈杨孺人传》[②]写杨孺人在丈夫死后痛不欲生,经父亲百般劝慰才有所好转,但发誓绝不再嫁。父亲怕她再有轻生念头,将她带回娘家,她从此不再化妆,独卧小楼,以诵读佛经度日。后来,听说亡夫的嫂子产下一子,于是请求公婆立为子嗣,礼既成,上吊而亡。封为"贞烈"。其他如明代董其昌的《书郭烈妇遗书后》、陈继儒的《郭烈妇练铭》、孙如游的《杨氏贞烈题疏》以及沈国华的《贞烈颂》等就是旨在通过颂扬贞妇烈女,倡导儒家伦理标准与行为规范。

作为古代重要的传统文体之一,散文的主要任务就是歌颂国家的文治武功,唱响主旋律,宣扬社会主流价值观,凸显国家意志,等等。自贡古代文人通过对具有传统文化特色的寺庙、祠堂、宫殿、桥梁、书院等人文景观的抒写,很好地表现了上述内容,一定程度上展示了自贡古代所具有的儒家传统文化色彩。

综上所述,盐都自贡古代散文在描摹物产、描绘景物、展示儒家传统文化等方面都有较为出色的表现。通过阅读自贡古代散文,我们不仅可以感受到古代自贡物产的丰富和景色的怡人,更为重要的是,我们可以感受到自贡古代悠远而厚重的儒家传统文化。古代散文作为儒家教化的重要传播文体,它的重点则是集中地、较典型地表现传统的尤其是儒家的思想伦理观念,诸如尊师重道、兴办教育、忠君爱国、乐善好施等,自贡古代散文就承担了这项任务。

---

① (清)王培荀.舆地志·祠庙寺观[M]//刻本,增刊.荣县志(卷九).1878(光绪四年):2.

② (清)段玉裁.列女[M]//富顺县志(卷五).自贡:釜江书社,1881(光绪七年):43.

作为国家历史文化名城，自贡古代的散文创作也是其历史文化的重要构成。通过研究，我们要使人们认识到这一点，这不仅可以提高盐都人民的文化自豪感，也有利于今天我们正在进行的建设文化自贡的宏伟事业。从另一个角度看，这一工作也有利于丰富、拓展四川古代文学史的研究，从而为拓展中国文学史的研究视阈付出我们的一点努力。

［**参考文献**］

[1]郭预衡．中国散文史[M]．上海：上海古籍出版社，1986.

[2]刘衍．中国古代散文史[M]．北京：高等教育出版社，2004.

[3]方孝岳．中国散文概论[M]．北京：生活·读书·新知三联书店，2007.

[4]谭家健．中国古代散文史稿[M]．重庆：重庆出版社，2006.

[5]陈平原．中国散文小说史[M]．上海：上海人民出版社，2004.

[6]刘大櫆．论文偶记[M]．北京：人民文学出版社，1959.

[7]吴德旋．初月楼古文绪论[M]．北京：人民文学出版社，1959.

[8]林纾．春觉斋论文[M]．舒芜，点校．北京：人民文学出版社，1959.

[9]刘师培．论文杂记[M]．北京：人民文学出版社，1959.

[10]（宋）李涂．文章精义[M]．王利器，校点．北京：人民文学出版社，1960.

[11]（宋）陈骙．文则[M]．王利器，校点．北京：人民文学出版社，1960.

[12]（明）吴纳．文章辨体序说[M]．于北山，校点．北京：人民文学出版社，1962.

[13]（明）徐师曾．文体明辨序说[M]．罗根泽，校点．北京：人民文学出版社，1962.

[14]褚斌杰．中国古代文体概论[M]．增订本．北京：北京大学出版社，1990.

[15]童庆炳．文体与文体的创造[M]．昆明：云南人民出版社，1994.

第六篇　盐业遗迹与地方文化

研究与“历史现场”①

——地方历史视野中的自贡盐业研究文本

秦双星②

“我国历史上的手工业生产相当发达。”[1] 自贡是传统井盐业发达的代表,其井盐发展历史久远。旧时自贡称富荣,因井盐之利富甲川蜀,盐商巨贾多会于此,盐都城郭得以夯实。可想见当年富荣场镇锉凿见功、蒸腾煎煮、渡船航运的繁盛图景。我们确实需要了解、研究自贡的地方历史,特别是自贡的盐业历史。对于研究而言,这需要的不仅是符合推理逻辑的基本理论、观点,同时也是要通过一些文本谋求一个有依据的“真实”——地方历史现场。基于研究的需要,笔者接触到一些资料,感受到了一种亲切且极为厚重的历史传达。这些传达对于我们贴近自贡历史、自贡盐业、战时盐业纠纷、地方文化,起到了支撑历史现场的作用。

一、史料的现场:地方档案、地方志与集略之维

欲了解地方旧事,难脱档案与方志类。重农抑商是传统中国不少历史时期中的一种常见现象。“但是,在中国,类似西欧那种因手工业和商业因素而产生、发展起来的城市,也不乏其有。”[2] 自贡是井盐构建的城市,井盐手工业、商业鼎盛。作为著名的盐都自贡,其所藏井盐方面的档案是极为丰富的。自贡档案中涉及井盐方面的资料确实不在少数,多以近代为巨,包括有关市政、商会、法院、盐署、公会等公文式的文献资料,也包括著名的自贡盐业契约等稀有档案资料。这些档案文献多以记述盐业行业运行为特色,门类齐整,内容甚详。另外,清代以来自贡方志多有细致的盐业记录,近现代自贡地方也多有补充。以富荣而论,共有《荣县志》《富顺县志》等旧志。实际上,《荣县志》《富顺县志》有多个版本,呈现出方志富藏一隅乾坤的景象。具体而言,《富顺县志》主要有清同治版、清光绪版、民国版。《荣县志》主要有清乾隆版、清嘉庆版、清光绪版、民国版。另有清同治版《自流井风物名实说》、清光绪版《富顺乡土志》等作为地方志的摘要或者补充。上述这些作为去时不远的历史文献,在自贡称富荣之时,具有时人说事的历史亲切感、真实感,记录着

① 基金项目:本文是四川省教育厅人文社科重点研究基地——四川理工学院中国盐文化研究中心立项课题(编号:YWHY13-10)之成果;也是中国博士后科学基金第53批面上二等资助成果之一(资助编号:2013M530587)。

② 秦双星(1981—),男,黑龙江七台河人,法学博士后,四川理工学院法学院讲师,主要研究方向为法律史学。

富荣的盐产、盐政等诸多涉及盐业的内容。另外,需要说明的是,自贡市档案馆、北京经济学院、四川大学合编《自贡盐业契约档案选辑》,彭久松、陈然先生所著《中国契约股份制》两部书,主要是对地方档案与地方志等原始文献资料的汇编整理,这在当时绝非易事,其功巨大。实际上,《自贡盐业契约档案选辑》《中国契约股份制》汇集了清代、民国时期大量的自贡盐业契约与部分战时诉讼案件,书中多有研究与注释,任何时期看来其在自贡盐业史上的功用都是难以计量的。同时这两本书也描绘了自贡盐业生产"规范"的概貌,其中不乏厂规、盐业契约、官署法令、公函等。更为重要的是,其对于盐业经营合作方式、战时盐业纠纷有详细记录。整体上,这使自贡地方的盐业生产有了详细资料与研究文本。

实际上,原始档案、方志等构建的是一个地方史料现场。史料现场是一个记述性现场,更多的是将历史记录传达给后人。这样可以使得研究者的结论有历史依托。基于历史阔度、佐证等诸多因素,我们对于原始档案、地方志确实可以深表信任,同时更是感叹《自贡盐业契约档案选辑》《中国契约股份制》著述者的累功。地方史料现场这样一个具有底色性质的历史场域得以建立,确实有助我们发现自贡地方特别是自贡盐业的旧事,也使得研究有了坚实的、使人信服的基础。

二、生活的现场:王余杞先生与小说《自流井》之功

食人间烟火,是做研究的基础。通过笔记小说研究地方历史,是回到历史生活现场的极好方式之一。以往以自贡为题材的小说不乏力作,其中《自流井》具有很强的代表性。作为地方历史记录者之一——王余杞(曼因)先生是幸运的,更为幸运的是,先生所撰《自流井》小说为世人所见。王余杞先生身为自贡大盐商"王三畏堂"之后人,在小说《自流井》中他以回忆的叙事方式,记录着一个归乡者的情怀、见闻、所感。在小说中,自贡盐业场镇风情、盐民生活状态、乡土民俗等地方"琐事"一一详见。需要着重说明的是,小说《自流井》也记录着自贡盐区井盐发展的诸多环节、细节,具有极强的社会写实性,同时,地方盐味充满了小说。在小说记录的旧中国当中,自贡地方盐业经济一度面临窘境。自第一次川盐济楚的盛景后,引岸制度的禁锢使得自贡井盐多难脱巴蜀,自贡曾经的富庶、繁盛难寻踪迹,锉凿蒸腾之气被萧条之景掩盖。确实,王余杞先生在小说《自流井》中见证了富荣盐业旧时的荣衰历史。

实际上,王余杞先生在所处时代与小说《自流井》之间,保持着一定合理而温情的距离。这种距离多一分则使得《自流井》成了天马行空的肥皂剧,少一分则使其成了回忆录式的纪录片。王余杞先生将此距离拿捏得合理、到位,我们在其中可瞥见盐业发展的丝丝真实,但是又丝毫不缺失如小说给读者的想象空间。换个角度稍加审视,小说《自流井》确实是研究自贡盐业的极好读本。《自流井》营造的是一个充满着生活色彩的历史现场,日常民俗、生活百态、地方气象等陡然纸上,这难免使人想起鲁迅回乡的情景,那份社会真

实。通过这个充满着生活印记的历史现场,读者可见一种历史的真实。这种历史真实,是可以预见但是又不愿见的。小说中充满着方言,不乏以对话方式记录着盐业点滴,引人入胜。笔者作为研究自贡盐业的初学者,通过王余杞先生的时代与小说也是多有发现,在审读档案、文献后那种深厚感被小说所记录的生活点滴逐步冲散,带来的是一种源自内心的生活化的真实。历史上自贡盐民的生活确实如《自流井》记录这般,不仅有利益争夺、家族荣衰、社会黑暗与丑恶等充斥其间,同时善良友爱、纯真奋进等固有的朴质民风也在激励、温暖着读者。回到这个生活的现场,我们也看到盐业发展中很多妥协、无奈,在深感地方盐业经济发展艰辛的同时,看到民国自贡盐业很多怪异现象出现的合理原因——生活与生存需要。在一个饱受军阀等利益集团压迫下的地方盐业经济环境之中,强权、压榨是司空见惯的事情,民间温情被民国惯见的黑暗阴霾笼罩,家族荣衰不断,似乎王余杞先生的曾经回忆才是微光。整体上,这个历史现场给研究者带来极多信息量。在小说中,我们也看到自贡盐业历史书中的诸多故事。《自流井》此书后经刊校又得以以新版刊印,王先生后人等作序使得小说更具有家族史的真实感、质朴感。如小说《自流井》一般的存在,使得自贡相关的盐业与纠纷研究有了生活色彩,相关研究多了些经得起历史考验的人文、生活的坚实基础。

三、域外的现场:《中国科技史》《自流井考察记》《自贡商人》之声音

若想观看山中秀,要站在山外高处。对于自贡盐业的研究而言,外国人的身影或名字与其关系密切,外国研究者中包括欧、美、日等学者。其中李约瑟先生所著的《中国科技史》将自贡井盐先进的技术、工具展示给世界,给国人以历史自信和重新读取自我历史的契机。确实,自贡井盐技术是高超精湛的,地方井盐业是极度发达的。《中国科技史》成为研究自贡盐业手工业技术的必读文本,由此自贡声名大噪。同时,弗吉尔·哈特先生也密切关注自贡,在那个特殊的时代,他描绘了富荣盐井、盐灶等具体盐业生产场所,关注了许多自贡地方商民,留下了翔实记录,并汇集成《自流井考察记》一书。在《自流井考察记》中,他记述了一个饱含希望同时较为富足的盐都。《自流井考察记》中自贡商民无意间流露的豪情、信心,向海外展示着中华民族的自信;同时,自贡当时从业人口之众,场产规模之大,都是自贡给予世界的震撼。在研究自贡者中,特别是如笔者的初学者,必须要感谢美国哥伦比亚大学曾小萍教授。她富有研究深度和影响力的《自贡商人》帮助了很多研究自贡盐业的学人。《自贡商人》使得自贡在海外一定程度上成了中国井盐、中国传统手工业重地的代名词。确实,"在我国手工业的资本主义萌芽中,井盐业是比较正常的行业之一"[3]。在《自贡商人》中,近代自贡很大程度上是一个具有"西方城市"意义的中国手工业"城市",自贡也是近代工业文明在中国不多见的火种之一。通过此书我们更是细致地发现,自贡盐业发展中具有井盐业大规模的集群,具备一些符合经济发展的近代产

业模式。自贡特殊的产业结构、合作方式促使着盐业不断向前发展,更为重要的是《自贡商人》将自贡经济特别是盐业经济和自贡人推向了世界。在域外视野中,我们很难发现自贡盐业在生产技术方面存在的瑕疵。与之相关的是,世界发现了自贡,说明自贡盐业是一个可以振兴近代民族产业的力量、依靠。

实际上,外国人看中国,历史上不乏先例。李约瑟与《中国科技史》、弗吉尔·哈特与《自流井考察记》、曾小萍与《自贡商人》,鲜明地打出了一个中国自贡符号,引领或者说构建了世界对于自贡的长期关注。这也使得我们不再沉醉于自我角度中,而是认真看待别人的视角、看法。这样一个历史现场完全必要,因为这里不仅有与"国际接轨"的历史需要,更有借别人之口认识自己的必要性。这域外的历史现场不仅是经济的、器物的、技术的,更有别样的历史真切感。

四、乡土的现场:《自贡城市史》《中国盐业契约论》之研究

身处地方社会,更需了解乡土。"自贡地区人烟的集聚、场镇的兴起,是以盐泉的发现、盐井的出现为始。"[4]在很大程度上,自贡史是地方盐业发展的历史。现今国内研究自贡者甚多,多是以盐为重点,其中云集着很多研究自贡历史的学者。实际上,国人研究自贡,这是对于乡土资源文化的一种特殊回馈与解读。这个群体中,不乏研究自贡的大学者,如彭久松、陈然、宋良曦等大家,他们著作等身,著文称巨。确实,自贡历史多与井盐密切,相关研究也多是如此。基于战时盐业纠纷研究的需要,笔者对《自贡城市史》《中国盐业契约论》有些许了解和认识,则要略说。

王仁远、陈然、曾凡英所撰《自贡城市史》基于一个地方历史核心或者说长线,其撰写主旋律中隐含着因盐聚人、建市的乡土历史真实。在《自贡城市史》中,盐民拓荒、盐场规模等有关盐业诸多事务,纳入一个城市框架式的叙事体系。更重要的是,其反映出的自贡历史上经济、科技、文化、政治、社会等方面都有盐业影响的印记。通过《自贡城市史》,我们发现盐在自贡地方影响力巨大。盐业作为一个行业不仅支撑起自贡地方经济,吸纳了大量人口就业,促使自贡盐业行帮林立、盐署齐备,同时夯实了城市形成的基础,使得自贡甚至成了全国的盐业重地。通过《自贡城市史》,我们有理由相信自贡盐味厚重不是朝夕形成的,作为千年盐都名副其实,同时学人乡土情感得以淋漓展现,盐文化气息浓烈。另外,吴斌、支果、曾凡英所著《中国盐业契约论》一书对于自贡盐业契约进行了专业梳理。《中国盐业契约论》一书,通过法学、历史学式的研究对自贡盐业契约分门别类,就凿井、合伙、借贷、租赁、买卖等方面以及相关的制度、习惯等进行细致研究,重点论述了自贡契约价值与特色,具备很强的盐气质。整体上,应当说《自贡城市史》《中国盐业契约论》是国人对于地方历史、盐业历史的关注,是具有天然亲切感的,这是重要的乡土历史现场。

需要说明的是,相关研究对于身在或来过自贡的研究者有着特殊"义务"。这些特殊

“义务”是由乡土社会、盐文化赋予的。应当说,这样的乡土历史现场也是存在很多载体的,除了地方文献,还有如建筑古迹与绘画、盐场旧址、盐商故居等历史遗存。这样的历史真实感使得研究者负有传承历史的义务。这样充满乡土化、情感化的历史现场是难以复制的,因为这需要生活的、乡情的或者说本土的因素,在这种情况下进行研究不缺少历史温馨感。但需要说明的是,这样一个维度是在不断泛化的。川人是胸襟豁达的,大量他乡人来到自贡或者研究自贡,最后融入自贡盐文化,甚至离开自贡也仍是自贡“家中人”,其所言之事有了家务事的意味。在此,很多研究自贡的学者有一种乡土归属感、自豪感,应当说这是地方社会文化或者说盐文化缔造的历史乡土场域。

五、余论

对于自贡地区的盐业研究,我们确实需要根据实际构建出一个饱满的历史现场,或者说历史现场的某个翔实层面。这样的历史现场是具有人类社会发展情怀的。对于自贡盐业历史而言,一个个历史节点永远存在,未曾变化。我们所做的只是贴近,如有可能争取最大限度地还原历史真实。依据不同文本所构建的自贡盐业历史现场,在一定程度上更加贴近历史真实,有助于人们了解自贡盐业发展与纠纷解决、地方艺术与文化,这更是展望地方未来的一个起点。

诚然,作为初学者,研读史料可以明心智,回顾生活之历可以厚品德,了解他人之说可以饱见闻,眼观乡土之美可怡情感。当然,历史呈现不是只有一个层面,深藏历史真实也不是只有一种解读方式。广义上,其实除了上述历史现场外,还有很多层面的非文本化历史现场,如近代以来自贡场镇、会馆、庙宇、故居等建筑所构建的历史现场,民国孙明经先生等以及后人所拍摄影视作品中构建的现场等。其中建筑与绘画建立的现场,韵味独特。所以,我们要想窥见自贡盐业历史全貌,需要在各个视角与层次上谋求支点,共同缔造一个真实盐都的历史现场。可见,我们了解自贡一方水土风貌,更多的是要读书卷、近生活、亲乡土,努力描绘一幅多彩的地方历史图景。

[参考文献]

[1]自贡市档案馆,北京经济学院,四川大学.自贡盐业契约档案选辑[M].北京:中国社会科学出版社,1985:1.

[2]宋良曦,钟长永.川盐史论[M].成都:四川人民出版社,1990:183.

[3]自贡市盐业管理局.自贡市盐业志[M].成都:四川人民出版社,1995:7.

[4]王仁远,陈然,曾凡英.自贡城市史[M].北京:社会科学文献出版社,1995:32.

唐宋地理学视野中的巴蜀井盐与火井

马强[①]　陈呈[②]

中国传统地理学向来重视对矿藏资源的考察与记载。唐宋以前的地理学文献如《华阳国志》《水经注》已有对巴蜀地区矿藏分布的一些零星记述，但并没有形成系统的考察记录。四川的井盐、秦岭及大巴山地区的崖盐（又称岩盐）和四川盆地的火井及其地热资源温泉等都是中国古代西部地区重要的地矿资源，但在唐宋之前除了极少舆地学著作记载外，更多的只是在一些文人诗赋等文学作品中有所反映。唐宋时期，自然地理之学重心已经由中原"禹域"转向西南地区[③]，随着西南地区在中央王朝政治、军事战略中的地位渐次上升和与中原地区经济、文化交流的加强，文人学士对巴蜀地区的地理考察也日益增多，反映到地理学上的一大特点就是对巴蜀地区诸如井盐、火井等地下矿产资源分布、特色及其开采多有记述，且较系统。这里考察的重点不是唐宋地理学对盐矿和火井的具体生产过程的记述，而是探讨唐宋间对井盐记述的地理学价值及认识程度、特点等问题。

一、唐宋地理学文献中的巴蜀井盐资源分布及其特征

关于唐代盐池（井）的分布，《新唐书》有一段重要记载：

唐有盐池十八，井六百四十，皆隶度支。蒲州安邑、解县有池五，总曰"两池"，岁得盐万斛，以供京师。盐州五原有乌池、白池、瓦池、细项池。灵州有温泉池、两井池、长尾池、五泉池、红桃池、回乐池、弘静池。会州有河池。三州皆输米以代盐。安北都护府有胡落池，岁得盐万四千斛，以给振武、天德。黔州有井四十一，成州、巂州井各一。果、阆、开、通井百二十三，山南西院领之；邛、眉、嘉有井十三，剑南西川院领之；梓、遂、绵、合、昌、渝、泸、资、荣、陵、简有井四百六十，剑南东川院领之。皆随月督课。[④]

中国古代的食盐资源大致可以分为四类：一是海水中提炼的"海盐"；二是从天然盐

---

① 马强（1963— ），男，陕西汉中人，历史学博士，西南大学历史地理研究所教授、博士生导师，主要研究方向为西南地区历史地理、中国地理学史及唐宋史等。

② 陈呈（1990— ），女，四川成都人，西南大学历史地理研究所2013级硕士研究生，研究方向为区域历史地理。

③ 马强．唐宋时期西部地理认知若干特征初探[J]．社会科学战线，2009(9).

④ （宋）欧阳修，宋祁．食货志[M]//新唐书（卷五十四）．北京：中华书局，1975：1377.

湖中引出晒制而成的"池盐";三是凿井汲卤、煮熬而成的"井盐";四是混杂于山间土石中的"崖盐"(岩盐)。大致相当于南宋章如愚所说的四种"品目盐","品目盐有四种:一末盐,海盐也;其次池盐;又其次井盐;又其次崖盐"①。宋代西部地区的盐资源主要是池盐和井盐。前者主要指陕西路解州(今山西省运城)的"解盐"。沈括以当时人对流通于全国食盐的了解,将盐类分为四类及四个流通区:"盐之品至多,前史所载夷狄间自有十余种。中国所出亦不减数十种。今公私通行者四种。一者末盐,海盐也,河北、京东、淮南、两浙、江南东西、荆湖南北、福建、广南东西十一路食之。其次颗盐,解州盐泽及晋绛潞泽所出,京畿、南京、京西、陕西、河东、褒、剑等处食之。又次井盐,凿井取之,益、梓、利、夔四路食之。又次崖盐,生于土崖之间,阶、成、凤等州食之。"②这其中井盐是记载频率最高的矿产,而阶、成、凤等州的"崖盐"因为产量、流通均小,且分布范围局限于秦岭山间,文献记载也相对稀少,这里略去不论。井盐主要分布在四川地区,如沈括所说:"忠、万、戎、泸间夷界小井尤多。"③在唐宋地理文献对四川经济地理的记述中,井盐始终是一个重要内容。《元和郡县图志》《通典·食货》《旧唐书·食货志》《新唐书·地理志》都不同程度地记载了四川井盐的产地、质地等。这里根据《元和郡县图志》《新唐书》《太平寰宇记》等书的有关记载,对唐代四川盐井的分布统计如表1所示:

表1　唐代剑南西川和东川、山南西、黔中四道井盐产地分布表

四川行政区	产盐州	产盐县	今地
剑南西川道	眉州	彭山	四川眉山
	邛州	蒲江、火井	四川邛崃
	简州	阳安、平泉	四川简阳
	资州	盘石、资阳、内江、龙水、银山	四川资阳
	维州	薛城	四川理县
	雅州	卢山	四川雅安
	嶲州	昆明	四川西昌
	戎州	义宾	四川宜宾
	嘉州	产盐县失载	四川乐山
剑南东川道	梓州	郪、通泉、玄武、盐亭、飞乌、永泰、涪城	四川三台
	遂州	方义、长江、蓬溪	四川遂宁
	绵州	巴西、昌明、魏城、罗江、盐泉	四川绵阳

① 章如愚.财赋门·茶盐类[M]//四库全书文渊阁本.群书考索·后集(卷五十七).扬州:广陵书社,2008.

② 沈括.梦溪笔谈(卷十一)[M].上海:上海书店出版社,2003.

③ 李焘.熙宁七年八月丙戌条[M]//续资治通鉴长编(卷二百五十五).上海:上海古籍出版社,1986.

续表

四川行政区	产盐州	产盐县	今地
山南西道	普州	安岳、安居、乐至、普康、普慈	四川安岳
	陵州	仁寿、跺平、籍、井研	四川仁寿
	荣州	应灵、公井、资官、威远、和义	四川荣县
	渝州	巴、璧山	重庆
	泸州	江安、富义	四川泸州
	昌州	昌元	重庆隆昌
	合州	产盐县失载	重庆合川
	阆州	阆中、南部、新井、新政	四川阆中
	果州	南充、相如、西充	四川南充
	通州	宣汉	四川达州
	开州	万岁	重庆开县
黔中道	黔州	彭水	重庆彭水

由表1不难看出,《元和郡县图志》对四川盐井的分布记载十分详尽,共载24州60余县有盐井分布(其中嘉州、合州具体产盐县失载),盐井之多可与贾耽《十道志》所载巴蜀"家有盐泉之井、户有橘柚之园"①的记载相互印证,且正确反映了唐代四川盐井的分布特点,即剑南东川道、剑南西川道分布最为密集,其次是山南西道、黔中道呈递减分布。由于今本《元和郡县图志》山南西道的巴南诸州与山南东道部分亡佚无存,估计原本记载四川盐井数量超过今本无疑。② 宋代学者对四川盐井的记载更为重视,记载文献远较唐为多,且观察记录趋于丰富、翔实。南宋李心传曾长期仕宦蜀中,对四川盐井分布及其各地井盐质量优劣十分熟悉,《建炎以来朝野杂记》作如是记录:"蜀中官盐,有隆州之仙井、邛州之蒲江、荣州之公井,大宁、富顺之井监,西和州之盐官,长宁军之淯井,皆大井也。若隆、荣等十七州,民间所煎则皆卓筒小井而已,其用力甚难。唯大宁之井,咸泉出于山窦间,有如垂瀑,民间分而引之。又有彭山之瑞应井,其味近硝,得隆、荣卤饼杂煎之,然后成盐。元丰、崇宁两尝禁止,以食者多病故也。"③对南宋时期四川官营、私营盐井的空间分布说得很清楚,而且各地井盐因所含矿物质化学成分不同,质量也差异很大。值得注意的是李心传提到隆、荣等州"民间所煎则皆卓筒小井而已,其用力甚难"问题,使人颇生疑惑。卓筒

① 乐史. 益州·土产.[M]//王文楚,等,校. 太平寰宇记(卷七十二)//中国古代地理总志丛刊. 北京:中华书局,2007.

② 王溥. 转运盐铁总叙[M]//唐会要(卷八十七). 上海:上海古籍出版社,2006. 元和五年宪宗诏书中提到"使峡内煎盐五监,先属盐铁使,今宜各属度支,便委山南西道两税使兼知粜卖峡内盐"的税收的调整,可见三峡一带盐井至少在五处以上。

③ 李心传. 蜀中官盐(上册)[M]//徐规,点校. 建炎以来朝野杂记(甲集,卷14). 北京:中华书局,2000:300.

本是北宋仁宗庆历、皇祐年间在四川出现的一种新的井盐开采技术,工艺、产量都较传统井盐技术有所提高(详见后文论述),为什么到南宋时反而逆转到“用力甚难”地步?是李氏的误记还是南宋四川盐井开采技术出现退化?《建炎以来朝野杂记》的记载值得进一步研究。关于宋代四川盐井的分布和数量,贾大泉先生根据《文献通考·征榷考》《宋史·食货志》及《太平寰宇记》《元丰九域志》《舆地纪胜》等书记载,查明宋代川峡四路有盐井地区为34州、军监,比唐代多了14个州、军产盐。① 而据笔者对宋代《太平寰宇记》《舆地纪胜》等现存五大地理总志统计,涉及四川盐矿、盐井的记载多达167次,包括产地、盐质、工艺等各个方面,是我们今天研究宋代四川盐矿地理的重要史料来源。

宋代学者除了对井盐产地多有记载外,还对蜀地盐井采盐技术的革新有翔实记录。北宋中期以前,四川普遍使用的开采井盐方法是传统的大口浅井方法,南宋人胡元质淳熙年间曾出任四川制置使兼知成都府,对蜀地传统掘井煮盐程序十分熟悉,“蜀盐取之于井,山谷之民,相地凿井,深至六七十丈,幸而果得咸泉,然后募工以石甃砌,以牛革为囊,数十人牵大绳以汲取之。自子至午,则泉脉渐竭,乃缒人于绳令下,以手汲取,投之于囊,然后引绳而上。得水入灶,以柴茅煎煮,乃得成盐”②。胡元质的这段叙述表明,传统的采盐工序为:先在山间凿石挖井,掘至深数十丈至“盐泉”(卤水)时,培砌井圈,利用绞盘牵引牛皮囊为桶将井水吊出,然后流入大池,以薪柴烧煮出盐。这样的方法投入人力多,风险性大,开采艰辛,且井盐产出率也差。从汉晋至隋唐,代代沿袭,少有改变。北宋仁宗庆历、皇祐年间,蜀地邛州(今四川邛崃)一带盐民终于在长期生产实践的基础上创造了一项新的深井采盐技术——卓筒井工艺,大大改变了传统取盐的落后技术,成为四川井盐开采史上的一大创新。这一新的盐井采盐技术首先为蜀籍著名文学家苏轼所记载:

> 蜀去海远,取盐于井。陵州井最古,淯井、富顺盐亦久矣……自庆历、皇祐以来,蜀始创筒井。用圜刃凿如碗大,深者数十丈,以巨竹去节,牝牡相衔为井,以隔横入淡水,则鹹泉自上。又以竹之差小者出入井中为桶,无底而窍其上,悬熟皮数寸,出入水中,气自呼吸而启闭之,一筒致水数斗。凡筒井皆用机械,利之所在,人无不知。③

毫无疑问,苏轼所记载的“卓筒井”工艺是一项重大的开采井盐的技术革新,应该是井盐开采技术的一大突破。从地理学角度看,蜀地地下盐卤层一般埋藏较深,“数十丈以外,乃得开采”④。川西地表以下石土相杂,开采艰难。《元和郡县图志》《太平寰宇记》皆谓川西陵州(今仁寿县)盐井有五六十丈深,当非虚言。邛州盐民发明的卓筒井

---

① 贾大泉. 宋代四川经济述论[M]. 成都:四川省社会科学院出版社,1985:131-132.

② 佚名,撰. 宋孝宗五[M]//李之亮,点校. 宋史全文(卷二十六上). 哈尔滨:黑龙江人民出版社,2002.

③ 苏轼. 志林四十六条·井河[M]//东坡志林·仇池笔记//华东师范大学古籍研究所,点校. 东坡全集(卷一百〇四). 上海:华东师范大学出版社,1983.

④ (明)宋应星. 作咸·井盐[M]//潘吉星,译注. 天工开物(卷上). 上海:上海古籍出版社,2008.

技术很明显有很高的技术含量，先用新型钻具“圜刃”开凿出小口深井，次以去节巨竹插入井中作为导管，再以打通的小竹筒插入导管，并用皮革（可能是牛皮）置入竹筒底部，提升重型筒时卤水在压力作用下将皮革压入底部封闭出口，这样比较简便地就将盐卤提取上来。① 卓筒井技术的核心是用尖利金属“圜刃”冲击顿锉代替锸锹挖掘。苏轼《东坡志林》中的这段记载，也向来为中外科技史学者所重视，英国著名科学家李约瑟先生就认为苏轼的记载表明早在公元11世纪，中国人就发明了世界上最早的液压活塞启闭装置。②

二、唐宋地理学文献对巴蜀火井的考察与记述

气候变化与丰富的古生物演化等，都是天然气形成的重要因素，这使得四川盆地成为我国西南地区天然气蕴藏分布的主要地区，今天四川自贡、泸州，重庆开县仍然以巨大的天然气蕴藏量闻名全国。

古代蜀民习惯上将天然气井称为“火井”，隋、唐在川西南均曾设置有“火井县”③。蜀民常常以天然气煮熬井盐，是四川古代富有地域特色的手工业经济部门，因此在历史文献中留下的记载相对丰富。早在西汉，著名文学家扬雄《蜀都赋》中就说蜀地“东有巴賨，绵亘百濮。铜梁金堂，火井龙湫”④。西晋张华的《博物志》中也涉及对临邛“火井”的记载：“临邛火井一所，纵广五尺，深二三丈。井在县南百里。昔时人以竹木投以取火。诸葛丞相往视之后，火转盛。执盆盖井上，煮卤得盐。入于家，火即灭。迄今不复燃也。”⑤东晋常璩《华阳国志》对临邛“火井”有更具体生动的记载：“临邛县，郡西南二百里，本有邛民。秦始皇从上郡实之。有布濮水，从布濮来合火井。江有火井，夜时光映上昭，民欲其火光，以家火投之，顷许如雷声，火焰出，通耀数十里。以竹筒盛其光藏之，可拽行终日不灭也。井有二水，取井火煮之，一斛水得五斗盐，家火煮之得无几也。”⑥上述记载表明临邛“火井”乃自然生成的天然气井，古代蜀民很早就用于煮盐生产。《华阳国志》记载过的这个火井，唐代依然存在，《元和郡县图志》卷三十二言：“火井广五尺，深三丈，在临邛县南一百里。以家火投之，有声如雷；以竹筒盛之持行，终日不灭。”⑦

---

① 苏轼记载的“卓筒井”工艺过程，中外学者尽管理解类似，但解释准确程度却出入较大。笔者以为张绵鹏博士的解释较为准确。张锦鹏．宋代商品供给研究[M]．昆明：云南大学出版社，2003：289.

② （英）李约瑟．中国科学技术史（第一卷第二分册）[M]．中译本．《中国科学技术史》翻译小组，译．北京：科学出版社，1975：551.

③ （后晋）刘昫，等．地理四·剑南道[M]//旧唐书（卷四十一）．北京：中华书局，1975．“隋临邛郡之依政县。武德元年，割雅州之依政、临邛、临溪、蒲江、火井五县，置邛州于依政县。”

④ 扬雄．扬子云集（卷五）[M]．文渊阁四库全书本．台北：台湾商务印书馆，1986.

⑤ （晋）张华，等．异产[M]//王根林，等，校点．博物志（卷二）．上海：上海古籍出版社，2012：36.

⑥ （晋）常璩．华阳国志校补图注（卷三）[M]．任乃强，校注．上海：上海古籍出版社，1987：157.

⑦ （唐）李吉甫．剑南道·邛州·临邛县[M]//贺次君，点校．元和郡县图志（卷三十二）．北京：中华书局，1983：781.

宋代地理志文献对四川"火井"记载更多。《太平寰宇记》卷七十五载邛州"火井有水,郡人以竹筒盛之,将以照路。盖似今人秉烛,即水中自有焰耳"[①];蓬州蓬池县,"火井在县西南三十里,水涸之时,以火投其中,烟从地中出,可以御寒,移时方灭。若掘深一二丈,颇有水出"[②]。对蓬州蓬池县这一火井,王存《元丰九域志》也作了跟踪记载:"古迹:火井,以火投其中,即焰出。移时方灭。"[③]宋代遂宁府(今四川遂宁市)的火井也是闻名遐迩,南宋《方舆胜览》云:"井泉:火井众在长江县客馆镇之北二里伏龙山下,地洼若池,以火引之,则有声隐隐然发于池中。少顷,炽炎。夏月积雨停水,则焰生水上,水为之沸,而寒如故。水涸则土上有焰,观者至焚其衣裾。"[④]

泸州长宁监在唐为羁縻州,宋代新发现有大型天然气井,宋廷特地设立淯井监,以加强生产、税收管理。[⑤]《舆地纪胜》记载长宁军一火井"尝夜有光如虹,乱流而济,直至井所"[⑥]。从唐宋地理文献所载四川"火井"分布来看,川西南天然气已经渐显衰竭迹象,出现向川南长江一线与川东北发展的趋势,宋代尤其明显,标志着随着唐宋间中国经济重心的东迁南移,四川同黔东贵州、长江峡路及荆楚地区经济关系的加强。

三、结语

唐宋时期对巴蜀地区井盐与天然气资源(火井)的考察与记述蔚然成风,在中国地理学史上写下了浓墨重彩的一章,同时这些地理文献记述也为国家、地方政府与民间对井盐与天然气资源的勘探、开采提供了文献与理论依据支持,有力地促进了对四川地区矿藏资源的开发,其意义不容忽视。但是从另一方面考察,舆地文献对四川盐井分布的记载并不全面,反而是诸如马端临《文献通考》这样的典制体史书文献对四川井盐的记述相对全面清楚。[⑦] 唐宋时期对巴蜀矿藏资源记述过程中还没有完全摆脱志怪传奇的渲染,如《括地

① (宋)乐史. 十道记[M]//剑南西道四·邛州//(民)王文楚,等,点校. 太平寰宇记(卷七十五). 北京:中华书局,2007:1524.

② (宋)乐史. 山南西道七·蓬州[M]//(民)王文楚,等,点校. 太平寰宇记(卷一百三十九). 北京:中华书局,2007:2710.

③ (宋)王存,等,撰. 下蓬州咸安郡军事治蓬池县[M]//(民)王文楚,魏嵩山,点校. 元丰九域志(卷八)//中国古代地理总志丛刊. 北京:中华书局,1984.

④ (宋)祝穆. 遂宁府[M]//施和金,点校. 方舆胜览. 北京:中华书局,2003:1101.

⑤ 关于长宁军与淯井监的来历,欧阳忞《舆地广记》卷三十一《梓州路》载:"长宁军,盖汉犍为郡之汉阳县地。唐置羁縻长宁等二州,隶泸州都督府。皇朝置淯井监,属泸州。熙宁八年,夷人献纳十州地以属焉,政和四年改置长宁军。"

⑥ (宋)王象之. 潼川府路·长宁军[M]//影印本. 舆地纪胜(卷一六六). 北京:中华书局,1992:4477.

⑦ 吉成名. 井盐产地(第四章)[M]//宋代食盐产地研究. 成都:巴蜀书社,2009:98-99.

志》记载蜀地成都郫江、流江时征引女巫化为苍牛事①,神化李冰;《舆地纪胜》说雅州严道县金沙镇有"金穴",传说多有金,但毒蛇盘踞,人不敢上②;宋祁的《益州方物略记》对蜀地矿藏及其生物资源有多方面的记述,但其写作缘由用宋祁本人的话讲是感于"益为西南一都会,左阻剑门,右负夷蕃,内坦夷数百里,环以长江,褁以复岑,川陆盛气,碍而不得东,回薄蜿蜒,还负一方,为珍木、为怪草、为鸟鱼芋稻之饶"③。简而言之,宋祁记载四川奇花异草,是出于向中原人传播巴蜀风物知识。因此唐宋地理学对巴蜀地区井盐、火井等矿藏资源的记载也自有其时代局限性,尚无法完全符合科学性考察与记录。但如果我们不苛求于古人,这些记述中的遗憾毕竟只是次要的。

[**参考文献**]

[1]李吉甫.元和郡县图志[M].贺次君,点校.北京:中华书局,1983.

[2]乐史.太平寰宇记[M].王文楚,等,点校.北京:中华书局,2007.

[3]王存.元丰九域志[M].王文楚,魏嵩山,点校.北京:中华书局,1984.

[4]王象之.舆地纪胜[M].影印本.北京:中华书局,1992.

[5]祝穆.方舆胜览[M].施和金,点校.北京:中华书局,2003.

[6]章如愚.群书考索[M].四库全书文渊阁本.扬州:广陵书社,2008.

[7]胡道静.新校正梦溪笔谈 梦溪笔谈补证稿[M]//胡道静文集.上海:上海人民出版社,2011.

[8]王溥.唐会要[M].上海:上海古籍出版社,2006.

[9]李心传.建炎以来朝野杂记(甲集)[M].徐规,点校.北京:中华书局,2000.

[10]贾大泉.宋代四川经济述论[M].成都:四川省社会科学院出版社,1985.

[11]张锦鹏.宋代商品供给研究[M].昆明:云南大学出版社,2003.

[12]李约瑟.中国科学技术史[M].北京:科学出版社,1976.

---

① (汉)司马迁.河渠书第七·正义《括地志》[M]//史记(卷29).北京:中华书局,1959."大江……西北自新繁县界流来,二江并在益州成都县界。任豫《益州记》云,二江者,郫江、流江也。《风俗通》云,秦昭王使李冰为蜀守,开成都县两江,溉田万顷。神须取女二人以为妇,冰自以女与神为婚,径至祠劝神酒。酒杯澹澹,因厉声责之,因忽不见。良久,有两苍牛斗于江岸,有闲,辄还,流汗,谓官属曰,吾斗疲极,不当相助耶?南向腰中正白者,我绶也。主薄刺杀北面者,江神遂死。"

② 王象之.成都府路·雅州(景物上)[M]//影印本.舆地纪胜(卷一四七).北京:中华书局,1992.

③ (宋)宋祁.益部方物略记·序[M]//景印文渊阁四库全书.台北:台湾商务印书馆,1986.

巴蜀、盐巴之谜

田景和①

中国上古文化之产生和发展,基本上是围绕着盐巴与丹砂而进行的。不仅仅如任乃强在《说盐》中谈及“食盐与丹砂是最早推动商业发展的商品”,而且食盐与炼丹牵涉到一个民族、一个王国的兴衰成败。历史上的炎黄大战其实质与盐丹有关,而且有学者称“黄帝和蚩尤之战,也实为争夺盐源与丹砂”之战。② 今日重庆彭水郁山后照河古盐井的遗存及酉阳银岭丹穴山之丹砂传说,更证实了远古巴人因盐丹而兴,亦因盐丹而亡的史实。

一、巴文化概念的形成过程

“巴”的小篆像蛇形,本义是大蛇。“巴”,巴虫也,或曰巴蛇食象(《说文》),《说文》的解释是正确的。《山海经》:巴蛇食象,三岁而出其骨。君子服之,无心腹之疾。其为蛇,青黄赤黑。一曰黑蛇青首。

“巴”的象形文字图案,即“巴蜀图语”时代,最早就是男根生殖器的形状,是“父系文明”的标志性符号。“巴”之前的“母系文明”符号标志则是酉或桃——桃柳(酉)妖精,或者说尤(酉)物。

张良皋先生根据甲骨文推论“巴”为“跪着的人”,这样也解释了“席地的人”为文明人。同时认为甲骨文中的偏字为巴,认为是“持节的人”,推论出“巴”训“节”,同时经史互训,别开生面。

“巴人”作为人类进入“父系文化”时代的男性符号,因为首先拉开了汉字记录人类最早的生存活动而得到了后世的广泛认同。

二、巴蜀文化自古多系同宗

常璩《华阳国志·蜀志》开篇即曰:“蜀之为国,肇于人皇,与巴同囿(酉)。”《华阳国

① 田景和(1965—),男,土家族,重庆市巴渝文化研究院院长助理、副研究员,重庆市巴渝文化研究院创意策划研究所所长,重庆中华传统文化研究会会员,酉阳桃花源文史顾问,酉阳桃花源书院院长,酉阳华夏祠都文化研究会常务副会长。

② 张良皋. 巴史别观[M]. 北京:中国建筑工业出版社,2006:157.

志·巴志》上又说："《洛书》云：人皇始出，继地皇之后，兄弟九人，分理九州，为九囿（酉），人皇居中州，制八辅。华阳之壤，梁岷之域，是其一囿，囿中之国则巴、蜀矣。"（《华夏文明根在巴蜀》）可见巴蜀天府之国自古一脉相承，只是先巴后蜀而已。（篇幅所限，本文重点谈巴蜀盐巴之谜，蜀国及丹砂文化另作表述）

历史上的"巴蜀文化"与"大夏文化"都是自远古以来"长江文明"的优秀产物，都是源自7000年前的巴方武陵酉阳桃花源太皞伏羲及女娲所创造的大易太极八卦文化——大溪文明。只是当历史进入4500年以后，以"殷商文化"为代表的"黄河文明"逐渐强大起来，经过反复的盐巴文化的激烈争夺较量，最终以强悍的"黄河文明"取得了统治天下的权力，也就是"殷商文化"取代了长江巴蜀地区的"大夏文化"；并根据巩固皇权的政治需要，对代表长江文明的"大溪文化"及"大夏文化"，进行了全面的改造、移植并加以神化。从此，关于武陵酉阳桃源"大溪文明"孕育的长江"巴蜀文化"与"大夏文化"就不再被正式记入史册，甚至一度被淹没在历史的洪流之中，变成了"天府之国""瑶池天宫"的"巫、鬼、神、仙"！

但是，历史总在不断地进步与发展，当历史进入3500年以后，由巴蜀先民进入"三秦大地"的周氏部落渐渐强大以后，取代了"商王朝"，建立了强大的"周王朝"。此后，代表长江文明的"巴蜀文化"又被重新发掘与重视起来，也就出现了相当灿烂的"三星堆文明"以及后来的"金沙文明"。这些文明深刻地反映和记录了"巴蜀祖先"包括"大溪文明"与"大夏文明"的远古历史，同宗多系，而促使其整个历史发展的终极推手，便是本文主要谈及的"盐巴"话题。

三、巴人、巴国、巴蜀的历史演绎

《山海经·海内经》载，"西南有巴国，太皞生咸鸟，咸鸟出乘厘，乘厘生后照，后照始为巴人"。"巴人"便是自"母系文明"过渡到"父系文明"时代的整个族群的尊称与代号。

巴国：巴人最早组成的国家。巴国是一个内涵相当丰富而复杂的概念，上古时代包容面相当广泛，主要是指四川盆地东北、正东、东南的广阔地域，即以川东南（江州重庆及渝东南以酉阳桃花源、彭水郁山古盐都等武陵山区为中心）、川东北（以古阆中为核心）、正东大三峡（以鄂西及巫山、巫溪、长阳等为中心）地区，北达陕南，南及黔中和湘西地区的一大片连续性地域，所以古代居息繁衍在这个地域内的各个古族也被通称为巴国人。这个中心的核心点就是今天重庆市酉阳县桃花源钟灵山、丹穴山及彭水县的郁山后照河古盐都，并由此派生出巴人、巴国、巴文化等概念。

《左传》记"巴姬"，根据《周礼》所载"妇人称国及姓"之制（姓氏乃母系时期的产物），巴为国名，姬为国姓。蛇巴化蜀，蜀之为国，肇于人皇，与巴同囿（酉），始有黄帝之妻嫘祖巧作蚕桑绸布。又巴蜀，地名，秦置蜀郡，即益州地。巴蜀皆为姬姓——国名国姓，巴蜀乃宗祖之国!

也就是说,巴蜀古国史称“宗姬之国”,“宗姬”之“姬”为国姓,“宗”则是宗祖之意。巴蜀远世,则炎、黄之支;封在周,乃宗姬之宗族。

根据现代考古资料显示:古代“盐巴文化”大约产生于距今7000年左右。古代盐巴的产区主要在古代巴国境内(重庆市彭水县郁山古镇与重庆市巫溪县大昌古镇)。以巴命名的东西都是中国古今文化中最有代表性的概念:盐巴、锅巴、社巴、蛇巴、虎巴、鱼凫(凤凰)巴、鳖巴、干巴、泥巴、葛巴、蕨粑、糍粑、嘴巴、棕巴、刀巴、哑巴、结巴、牙巴、鸡巴、巴结、尾巴、巴适、巴渝、巴蜀、巴楚,等等。

事实上,人类最早母系父系交替时期的文化就是生殖文化。土家族(巴人后裔)茅古斯舞演绎的正是祖先最早的生殖崇拜文化;酉阳西有大酉洞,东有二酉洞,中间酉溪洞出洞入,此乃先天自然道家太极八卦的本源。酉阳太古桃源之“羲皇上人”——太皞伏羲氏就在桃花源高高的卦台之上,裸体起舞,摇摆仰俯,察观天象地貌、日月乾坤、天地男女、阴阳二酉。附阴抱阳,上阳下阴,外阳内阴,男阳女阴,日月为阴阳,酉阳为油盐,酉阳为阴阳,阴阳结合,自然守衡……则“大易太极”成也。

据古代文献记载,中国不少氏族曾以龙为图腾,如远古的黄帝、炎帝、共工氏、祝融氏、尧、舜、禹等氏族,以及后世的吴国、越国等——都是巴蜀先祖伏羲的后裔。另外一种说法是廪君一代已经传了7000岁了。自巴蜀成为周王朝的南土后,巴蜀王族已经开始在军事外交方面使用夏语言文字,而下层人民却仍然使用甲骨文前身的“巴蜀图语”来进行社会交流。

巴人—巴国—巴楚—巴蜀的繁衍发展路线图:酉阳桃花源大酉洞及二酉洞“大溪文明”(武陵钟灵山下的赤黑二穴)—彭水郁山古镇(盐阳、夷城)—涪陵小田溪(枳:涪陵古代称为“枳”),下启丰都、忠县、万州、巫山、巫溪(大昌古盐同样极负盛誉),然后进入长阳、竹山、宜城等荆楚大地;上至长寿、重庆、合川、泸州、自贡(自贡井盐闻名天下)、内江及川西平原,然后翻越秦岭进入三秦大地与北方民族融合。另外,顺着土家母亲河酉水河向南方湘楚的沅江流域、洞庭湖再次跨越长江向下游及北方发展,并与三秦文化重新汇合于中原大地,逐步演变成了“山寨版”的黄河上古文明。与此同时,盐丹文化经过酉水河、沅江、洪江等水系进入云南、贵州并连接缅甸、印度甚至欧洲等广大地区发展,最终宣传了“南方盐丹之路”,孕育了具有东西文明特征的“良渚文化”“三星堆文明”及“金沙文明”……

四、巴祖廪君与盐水女神最早拥有天然盐泉

先秦最早典籍《世本》载:“廪君之先,故出巫延,巴郡南郡蛮,本有五姓。巴氏、樊氏、谭氏、相氏、郑氏,皆出武落钟离山。其山有赤黑二穴,巴氏之子生于赤穴,四姓之子生于黑穴,未有君长,俱事鬼神。廪君名曰务相,姓巴氏与樊氏、谭氏、相氏、郑氏凡五姓俱出争神,乃共掷剑于石,约能中者,奉以为君。巴氏之子务相乃独中之,众皆叹服。又令乘土

船，雕文画之而浮水中，约能浮者，当以为君。余姓悉沉，唯务相独浮，因共立之，是为廪君。”

可见，廪君的祖先伏羲是从武陵中生存发展而来的。巴郡南郡蛮泛指酉秀黔彭武陵山（今渝东南地区）一带，为蛮夷之地。武落钟离山：武陵（酉阳桃花源）钟灵山。赤穴：酉城东边的二酉洞（背靠银岭赤色朱砂——丹穴山）。黑穴：酉城西边大酉洞（现桃花源洞）。中间的酉城河皆可行土船。廪为“谷所振入也”，即谷仓。民以食为天，故廪君为能惠民粮食有余的君主。廪：治也，即治理和带领解决民众食饭之君主。“廪”与“灵”近音，故廪君就是灵君，并出“钟灵山”“武陵钟廪山”。灵者巫也；君者酋（酉）长也。合二为一，即为灵君或廪君，而酉阳城址为群山包围，恰如盛粮之器物——谷仓（桃花源镇之古名官仓坝），也就是廪君的出生地（今酉阳县城）。而风水宝地武陵钟灵山依山傍水，被酉阳800年古州二十四世土司王选作钟灵毓秀墓葬之宝地。

《路史·后记·太昊伏羲氏》，“西南有巴国，太昊生咸鸟。太昊，伏羲氏……风姓。伏羲生咸鸟；咸鸟生乘厘，是司水土；生后照；后照生顾相，降于巴，是为巴人”——巴人始祖即为廪君（土家人前身）的前生世系！

王安国《帝王代纪》列伏羲为“三皇”（伏羲氏、神农氏、黄帝）之首，“三皇”之间相隔500余年。伏羲至黄帝相隔上千年，而廪君的始祖顾相、后照、乘厘、咸鸟乃居住于酉阳桃花源太皞伏羲氏的第一至第四代子孙，与伏羲年代相差不过百余年时间，也就是说巴人始祖廪君比黄帝要早出800年以上。以此排列为：盘古—燧人—华胥—伏羲—女娲—后照—顾相—廪君—炎帝—黄帝—蚩尤—尧帝—舜帝—夏禹—殷商—西周—东周—春秋—战国—秦汉……

巴人始祖廪君作为生活在酉阳桃花源（武陵钟灵山）的第四代传人，继续管理着酉阳桃花源大酉洞及二酉洞为标志的“东方灵山”，同时开始向外扩展地盘，今彭水郁山的后照河天然盐泉之地，便成了他扩展地盘的第一站。郁山的天然盐泉——后照河的名称，或者就是以伏羲女娲之嫡系“后照”而命名的河流。

《世本》记载，廪君乃乘土船从夷水至盐阳，盐水有女神世谓廪君曰：“此地广大，鱼盐所出，愿与共居。”廪君不许。盐神幕辄来取缩，旦即化为飞虫，与诸虫群飞，掩蔽日光，天地晦暝。积十余日，廪君不知东西所向。七日七夜，使人操青缕以遗盐神，曰：“缨此即相宜，与女俱生，不宜将去。盐神受而缨之。廪君即立阳石上，应青缕而射之，中盐神，盐神死，天乃大开。”

夷水即郁水。盐阳与夷城均指今天的郁山古镇：夷（郁）水之夷（郁）山之北，鱼盐所出，正是指郁山后照河出天然盐泉。廪君从酉阳（钟灵山）出发到阿蓬江到黔江乘土船下郁江共150余公里，到郁山与盐水女神相遇，无奈地处死了盐水女神，夺取了盐阳后照河的制盐权，并在郁山建立了最早的巴国（君乎夷城），这就是巴人制盐并命名“盐巴”的名称之始，迄今有六七千年的历史了。

盐水女神,传说是盐水部落的首领,最早掌握制盐技术的女神,土家人尊称为德济娘娘,相传为廪君的妻子。盐阳有条盐水河——后照河,盐水女神就是这里的女首领。她不仅长得楚楚动人,而且聪颖智慧,善制盐巴。这位女神一见到廪君,就被他的英雄气概折服,产生了爱慕之情,愿意以身相许,和廪君结为夫妻。女神对廪君说:“我们这里方圆广阔,有出产丰富的鱼和盐,希望你能留下来,和我共同生活,不要再往前走了。”廪君虽然也为女神的美貌和风韵所倾倒,但感到盐阳虽有盐巴之利,但毕竟盐阳地方太小,全部族都在此生活,还不够理想。如果自己单独留下,也对不起全部族的父老乡亲,思来想去,廪君还是婉言谢绝了女神的要求。他因爱生恨最终处死了这位美丽而痴情的姑娘,因此也留下了一件千古爱情的憾事。

郁山,古黔中郡,六朝设县治,巴盐济湘楚数千年。夏商至春秋,郁山仍为廪君国地,由巴族控制。郁山采盐有7000余年的历史,与伏羲及廪君时代完全吻合。郁山,战国为楚黔中(公元前362年);秦国为黔中郡(公元前280年);西汉置涪陵县(公元前140年);王莽新朝(公元前9年)为巴亭县;汉昭烈帝刘备在此设涪陵郡,军师中郎将庞统之子宠宏任涪陵郡太守。唐代时郁山设置专收盐丹税的“盐丹使监”,成为当时天下“十监之一”,天下之赋,盐利居半。

因此,笔者认为在人类历史的进程中,巴蜀地区(重庆的酉阳、彭水、巫山、巫溪、铜梁,四川的自贡、内江、泸州、阆中等地)因为盛产盐巴与丹砂而开创了最早的巴蜀盐丹文明,也就是华夏民族的史前文明。巴蜀,先巴后蜀。巴楚,先巴后楚。可是,也正是因为不肖后人为了争夺这些重要的生存资源,巴蜀文明最终被强大的黄河文明替代,并渐渐地消失在北方政权主导下编撰的历史典籍之中。这也就是巴蜀因盐巴丹砂而兴,又因盐巴丹砂而亡的历史之谜。

[参考文献]

[1]汪家生.黔中文化研究文集[M].北京:中国戏剧出版社,2010.

[2]陶渊明.陶渊明集[M]//(韩)林东锡,译.中国思想100.首尔:东西文化社,2012.

[3]谭大樑.易经裸舞[M].长春:吉林文史出版社,2005.

[4](清)冯世瀛,冉崇文.酉阳直隶州总志[M].藏本.成都:四川出版集团巴蜀书社,2009.

[5]闻一多.伏羲考[M].藏本.上海:上海古籍出版社,2009.

[6]张海.解读山海经的钥匙[M].成都:四川出版集团,2011.

[7]熊笃.巴渝神话传说[M].重庆:重庆出版社,2004.

[8]张良皋.巴史别观[M].北京:中国建筑工业出版社,2006.

[9]郭志成.走进伏羲[M].北京:光明日报出版社,2005.

[10]汪忠长.周易[M].北京:当代世界出版社,2005.

泰州盐宗庙

黄炳煜[①]

我国古代各行各业,都有本行业共同尊崇的“神灵”(祖师爷),如酒业的杜康、茶业的陆羽、造纸业的蔡伦、纺织业的黄道婆等。后世的业内人士,都分别为他们建起了各自的庙宇,对他们顶礼膜拜,让他们接受香火供奉。逢年过节或在本行业的某一特定日子,还有更为隆重的祭祀仪式或庙会活动,形成了一种传统的文化现象。泰州盐宗庙就是这种文化现象的表现之一。

盐作为人们生活的必需品,又是我国古代财税的重要来源。盐神与盐宗的祭祀在我国也早已出现。如五代后期天津祀圣母的盐母庙,宋代山西解州祀宿沙氏的盐宗庙,明代泰州的管王庙,清同治二年(1863 年)泰州的盐宗庙,同治七年(1868 年)四川资中的盐神庙,同治十二年(1873 年)扬州的盐宗庙……在两淮地区,祭祀盐神(盐宗)最早的城市,要算出产淮南盐数量较多的泰州。

一

泰州,我国东南沿海的一座古城, 7500 年前,从海里成长而来。泰州最先称海阳,取面海朝阳之义,接着称海陵。“海”是大海,“陵”为形声字,从阜,陵声,意为高地。无论海阳还是海陵,都是大海的邻居。海水是咸的,里面有盐,泰州先民自汉初以来,就一直依靠着海,煮海水为盐,并围绕煮盐、运盐等经济活动逐步发展起来,成为一座历史悠久的文化名城。

西汉初年,为了医治秦末战争的创伤,朝廷推行了一系列“与民生息”的政策,其中一项就是弛山泽之禁,放松了对山海资源的控制,取消了食盐的官营政策。一些权贵、豪强和富商大贾们,乘机垄断盐业,役使成百上千的奴童和逃亡的农民从事煎煮,以获盐利。就在此时,吴王刘濞在江淮沿海间点起了第一把煮海为盐的灶火,也就是在古老的海陵大地上,开始了书写中国淮盐历史的宏伟篇章。

刘濞,汉高祖兄刘仲之子,高祖十二年(前 195 年)被封为吴王,建都广陵,统辖丹阳、豫章、会稽 3 个郡 53 个城,地方三千里,相当于今天的江苏、安徽、江西、浙江、福建,又拥

① 黄炳煜(1974—),男,江苏泰州人,泰州市博物馆原副馆长,教授,主要研究方向为考古学。

兵50万,是西汉初年东南一个大的郡国。惠帝、吕后时期(前194—前180年)天下初定,郡国诸侯可以不实行汉制,享有较多的特权,各务其民。吴国则更有着诸多的地利,境内有铜山,又濒临东海,吴王濞就发展生产,形成了铸钱、煮盐两大产业。他堂而皇之地由其官府出面,将天下的亡命者统统招来。史书记载,与吴国相邻的齐国的"山东奸猾",就有不少聚集到了吴国;甚至当有些郡国的官吏来捕拿从他们国家逃出来的人时,吴国都以官府出面,包庇容纳这些人,禁止被来人带走,保护他们在海边煮盐。这样,各国的一些"奸猾"之人,包括犯了法的罪人,越来越多地远离故乡,集中来到了吴国。他们来到吴国,既无生活资料,更无生产资料,成年累月地在海滨煮盐,养家糊口,但是免除了被捉拿回国处以罪行的惩罚。这就使得吴国拥有了一批极为廉价的劳动力,极大地降低了煮盐成本,为国家创造了特别丰厚的利润,进而,在国内实行"无赋于民"。文帝时(前179—前157年),吴国煮盐业进一步发展,除了无赋而国用足外,又实行了不少富民安邦的措施和政策。一个经济强盛的大国,在古海陵地区开创盐业的背景下,逐渐成长起来。

吴国煮盐的江淮之间,海岸线长,海水含盐量高,燃料充足,劳动力又多,盐的产量越来越多。但煮盐不是最终目的,要把煮的盐变成财富,这就要将盐运出去、销售出去。为提高运输能力,刘濞专门从广陵古邗沟旁的茱萸湾,一直向东开挖了一条用于运盐的河,采用水上船运的方法,将盐从产区运出。一只船相当于北方数十辆车。

这条专门用于运盐的河,西自茱萸湾,向东挖到海陵,抵达如皋蟠溪(今如皋东汤家湾),连绵数百里。在当时人挖肩挑的条件下,开挖一条如此长的河道,还要能满足来来去去的船只双向行驶,有足够的宽度,其工程之大,可想而知。这说明吴王刘濞将煮盐当成发展本国经济的一大产业,将生产、运输与销售融为一体了。河挖成后,海边煮出的盐,就通过这条河被运到广陵城脚下,然后再通过古邗沟或北上或西去,运往各地。同时,这条河又把西边古邗沟那里大量的淡水,顺着这条开挖的运盐河,送到了海边,给沿海的人们带来了福音,提高了他们的生产与生活水平,有力地促进了古海陵的发展,使得原来处于海边一隅的古海陵,从西汉时起,就开始沿着水路走向了全国。司马迁说,刘濞等依仗有海盐之饶,招致天下喜游子弟,使吴地繁华起来,成为"江东一都会"。司马迁所指的江东一都会,当包括初期的海陵。

汉以后的魏晋南北朝,前后300多年,是一个分裂割据时期。中原地区长期处于战争状态,群雄并起,连年战祸,南方地区相对于北方有了长足的发展,首先是北方郡县南迁。史书记载,当时的海陵县境内,东北有名为"青蒲"的地方(在今溱潼东边的溱东,现属东台县),四面湖泽,皆是菰葑,逃亡所聚,威令不能及。淮南太守毛璩率千人往讨,"时大旱,璩因放火,菰葑尽燃,亡户窘迫,悉出诣璩自首。近有万户,皆以补兵,朝廷嘉之"。数万逃亡者在荒野菰封中隐匿生活,就是因为这里靠近海边,其中定有以煮盐为生者。

东晋义熙七年(411年),朝廷对行政区域进行了一次大规模的调整,将广陵郡分为3个郡,即广陵郡、海陵郡、山阳郡。海陵郡有临江、如皋、宁海、蒲涛、建陵5个县,分析其原因大概也与海陵的经济主要是盐的生产有关。

两晋南北朝时期结束后，隋朝建立起来。隋炀帝大业九年(613 年)迁海陵富商大贾入东都洛阳。虽然我们无法知道隋朝初期海陵有多少富商大贾，又为什么将他们迁到洛阳，但有一点可以肯定，这些富商大贾中经营盐业者定不在少数。

唐安史之乱后，淮南盐受到特别关注。《新唐书·食货志》《元和郡县志》载，在海盐生产区的四场十监中，海陵监的年产量为60万石，为十监中产量最高者。大历末年(779年)，全国的盐业收入由40 万贯增到600 余万贯；全国的赋税数额之中，盐税占一半之多。

南唐海陵由县升州。出土的南唐碑刻上说“咸鹾赡溢，职赋殷繁。可谓水陆要津，咽喉剧郡，以兹升建”。盐赋的丰盛、经济地位的重要，是1000 多年前泰州城市升格的决定性因素。

《宋史·食货志》记载：“隆兴元年以来，泰州海陵一监，支盐30 万席，为钱六七百万缗，则一州之数，过唐举天下之数。”在中国盐业专卖史上，“泰州盐仓场一年内支发‘客请盐，及四十万袋’，创一仓支盐一亿两千万斤的全国最高纪录”。

《元史》卷170《郝彬传》称“国家经费，盐利居十之八，而两淮独当天下之半”。《郑端公文集》一道奏疏中也说“江南苏、松、杭、嘉等府，田赋甲于天下；江北扬州、通泰等处，盐课甲于天下”。

明嘉靖《两淮盐法志》记载，两淮盐赋，实居天下诸司之半。万历年间，两淮盐引为三十五万二千引，泰州盐引达二十万九千八百引，超过两淮盐引总数之半。

明初，泰州在城北的中间河与草河上各建起了一座阻隔上河水的土坝。盐船到泰州要过坝换船。为杜绝从盐场夹带到泰州的私盐，顺治年间，在泰州设置泰坝监掣署，对泰州及通州所属各盐场的盐船进行检查。雍正十二年(1734 年)高凤翰接任泰坝监掣官。高凤翰在泰州北门外西仓大街(今大清小学对面)建造了泰州监掣署衙门，规模宏大，有房屋51 间。乾隆三年(1738 年)两江总督正式请给泰坝监掣署“淮南监掣泰坝官”关防大印。泰坝监掣署成为泰坝衙门，“泰坝”后来就成了泰州的代名词。

清康熙重修的《淮南中十场志》中说：“寓内之产盐省会凡八，而两淮为最。两淮产盐之区凡三十，而中十场为最。是中十场者，东南之泉府，而朝廷委输积贮之薮也。”中十场是指泰州分司管辖的栟茶、角斜、梁垛、何垛、东台、丁溪、草堰、小海、安丰、富安等十个盐场，被誉为东南泉府，国家的钱库。

清咸丰年间，太平军占领扬州，盐运线路改从泰州向南经南官河至口岸出江。成千上万的盐船直接从泰州南边的口岸运出，进一步促进了泰州及口岸镇的兴旺。诗人储树人有一首《海陵竹枝词》说：“抬盐浦里日喧嚣，大捆分为小捆销。当日三人抬一捆，如今两捆一人挑。”后注“泰盐过坝，向皆大捆，自咸丰三年后，改为小捆”，是当时泰州盐业的缩影。

从公元前195 年吴王刘濞在海边煮海为盐、开运盐河，直到民国年间，泰州产盐、运盐经历了2000多年。作为“产盐之区、运盐之道、掣盐之坝”的泰州盐业,对我国封建社会的各个王朝都做出过杰出的贡献,同时也带动这座城市一步步从古代走来。

二

清咸丰八年(1858年)十月,太平军三克扬州。七年,乔松年授两淮盐运使;十年冬至海陵领盐司事。太平军占领扬州后,两淮盐政机构被迫从扬州迁来泰州,大批盐官和盐商也同时涌向泰州城,使得泰州城变得异常繁荣,一时冠盖之盛、商贾之多酷似扬州。诗人朱宝善就此在《海陵竹枝词》中称“眼底烟花太寥落,淮南赖有小扬州”。

同治元年(1862年),淮南总栈盐商,以600缗购得城西原泰州画家顾坚的别墅,为盐务公所,并精心修缮布置,使之成为一座占地约十余亩,前后四进,前有园门,内有亭、廊、堂、馆、池、花木、修篁等,布局井然的小花园。二年,两淮盐运使乔松年,将其易名为“小香岩”,还请书法名家吴文锡为斯园题额并跋。从此小香岩成了盐官盐商们继续从事他们的盐政事务的议事与休闲之地。乔松年亦曾在此日了公事,夜接词人。

就在扬州盐商们兴建小香岩的同时,经盐运使乔松年倡议,由淮商捐资,将小香岩的左前方的原明珠禅院,改成了祭祀盐宗的盐宗庙。庙体量不大,建筑类似普通民居,硬山屋面,前后两进,前面是3间庙门;当中的半圆形门洞上,嵌乔松年题“盐宗庙”石额。门两旁砌八字墙。进庙门是天井,迎面是3间大殿,东西各有1间厢房,构成一组四合院式的建筑群。大殿内主祀夙沙,左右配祀胶鬲和管仲。

泰州盐宗庙里,夙沙、胶鬲和管仲三位同被尊为盐宗。《太平御览》称“夙沙”是炎帝时的部落首领,臣服于炎帝,专为炎帝“煮海为盐”,是我国人工盐的创始者;“胶鬲”原为商纣王的大夫,遭商纣之乱,隐遁经商,贩卖鱼盐,是我国历史上最早见于史籍记载的盐商,贩运食盐的鼻祖;“管仲”是春秋初期的政治家,他创建了食盐民产、官收、官运、官销的榷盐制度。在泰州建盐宗庙之前,人们仅把煮盐的夙沙与创专卖盐制的管仲作为盐神和盐宗。泰州盐宗庙第一次将从事包括煮盐、榷盐及运销盐的人,同时尊为盐宗,开创了中国盐宗庙共祭三位盐宗的先例。其重要原因,可能是因为泰州盐宗庙是由淮盐的盐商们出资兴建的,因而也就将贩盐的胶鬲同样视为盐宗而供奉起来。

当盐宗庙建好后,乔松年亲自写了一篇《新建盐宗庙记》。《(民国)续纂泰州志》卷十一《祠祀》收录了其记文,但缺少了结尾部分,现据泰州图书馆藏《新建盐宗庙记》拓本,全文抄录如下:

古圣人开美利之源以贻万世,后人必有报祀之典以答其功,下至贩夫佣竖,亦知求其始事之人而奉祀之,若酒则杜康,茶则陆羽,其类甚夥。细犹若此,况其大乎?盐之资于人久矣,江淮间盐利尤饶,上以佐国赋,下以给民用。凡官商胥吏士大夫与市井纤夫,仰给于斯者无虑数万人,顾未尝求始事之人而祠之,无乃礼之缺欤。按,许叔重《说文》曰:"古者宿沙初作煮海盐。"鲁连子曰:"宿沙瞿子善煮盐。"皆未言为何时人。《世本》谓"夙沙作煮盐",而宋忠注乃目为齐灵公时之夙沙卫,此为妄言。卫能煮盐,何《左传》《国语》《史记》无一语及之。即以齐盐而论,当举管夷吾,亦不当举卫。考郑夹漈《通志》引贾执《英贤传》:"炎帝时侯国夙沙氏。"罗泌《路史》注,谓"夙沙"即"宿沙",又作"质沙"。炎帝之诸侯煮海为盐,是《世本》之夙沙,即《说文》之宿沙,固宜从《路史》注,断为炎帝时诸侯无疑。乐史《寰宇记》载,解州安邑县有盐宗庙祀夙沙氏。谓之盐宗者,尊之也,是唐宋以来固已祀于解池。

咸丰十年冬,予领盐司事,侨治海陵,询之诸曹,知千百年淮司未举斯祀,窃以为疑。古人于农则祀后稷,于蚕则祀西陵,至今由之。道光朝江苏疆吏以宋元间黄妪教民艺木棉有功,疏请祀为先棉,诏报可。盐之事重于木棉,夙沙之爵与年尊于黄妪,正当与后稷、西陵并隆终古。顾阒寂无闻,莫为报礼,岂非事之大可憾者哉。会兵警方急,未暇经营,至同治纪元,羽檄稍疏,四境清谧。偶过城西兰,若见所奉神不经,遂去其像而改祀夙沙氏,以商贤大夫胶鬲、齐相管夷吾为配,亦如解州之庙,题曰"盐宗"。

曩在京师见官建泉神祠,题曰"泉宗庙",盖取穆天子传河宗之义,以宗主为解与尊之之义,可互相发明。庙既新,偕寮宷陈酒醴牲牢罗拜于堂下,佥以为当于理餍于心行之晚而不可废也。方乾嘉间,淮扬禺筴所入可当天下租赋之半,官商上下皆宽然有余裕,贤者馆游士养食客,赒无告之民否?则治园亭,教歌舞,岁靡金钱无算。至于琳宫梵宇亦踵华极丽,猥多而不可纪,乃于盐所自始者独漠然不以动念,岂果思不及此耶。抑考之未审而犹有所疑耶?夫以国家极盛之时,贤使者后先相望,其力足以举斯事而张大之,而卒无为之者,予强欲举之而军书杂沓、物力凋敝,仅仅得老屋数椽,聊以行吾敬,乃益叹时与人每不相及,凡不能乘时有所作为者为大可惜也。

祠南北各三楹,东西有厢,然甚狭隘,虽明禋已举犹惧不足以妥神。异日盐纲复畅,府有余财,当拓其堂庑,增其丹雘。庶称神灵之所依而满,奔走瞻拜者之意,是在后之君子毋失时矣。

二品衔两淮盐运使太原乔松年撰,前署四川盐茶道仪征吴文锡书。

乔松年在上面的记文中,写到盐对人民与国家的重要,但未有对盐业创始人建祠祭祀。写到他考证古代煮盐夙沙氏,当为炎帝时的诸侯。写到他作为盐官,来到海陵(泰州的旧称),询问了不少有名的人,知道千百年来淮盐未曾有过祭祀,是一大憾事。写到他经过泰州城西,看到一座名为"明珠禅院"内供奉不是正宗的神灵(祀疟疾的神),就将其中的塑像去掉,改成祭祀夙沙氏,以胶鬲、管夷吾为配祀的庙,题庙名为"盐宗"的经过。写到改成盐宗庙之后,他率领同僚们一齐祭拜。写到清乾隆、嘉庆年间,淮盐当天下租赋之半,期望国家兴盛之时,能将盐宗祭祀的庙宇建得更大些。还写到他将一座旧庙改成盐宗庙,是由于当时条件的限制。最后写到盐宗庙的规模很小,官府有钱后,要进行拓建。全文最主要的意思是,自古以来淮盐祭祀,未曾有过庙宇,是他在海陵任盐官时,兴建了淮盐祭祀的盐宗庙。

三

两淮盐运使乔松年说是他首先开始在淮盐地区创建的盐宗庙。事实并非如此。早在明代的泰州就建起了供奉盐神的管王庙。

管王庙位于泰州城北篮子行街(今海陵北路)东侧,在从前停满盐船的中间河边。明《(万历)泰州志》记载的街市北关大街中,有一个管王庙巷,就是因这座建筑内供奉管王为神,才产生出来的地名。巷以庙而名,既说明管王庙当时颇有一定名气,也反映了建庙比名巷的时间要早。巷起码在明万历时已经存在,庙始建时间还要提前。从明代建庙以后经过清代,几百年过去,不仅庙还继续存在,而且以庙作巷的名字也一直保留。直到民国初年,巷名中省去了“庙”字,改称为“管王坊”。

管王庙,顾名思义是祭祀管王的庙宇。据房主徐源先生生前说,管王是祭祀古代的盐官管仲。明永乐二年(1404年),东台至泰州的泰东河开通后,盐场的盐改变了从串场河向南经运盐河西运的路线,径直从泰东河经溱潼附近的青蒲运达泰州。无数盐船停靠在泰州的中间河与草河中(清代设泰坝后盐船只停靠在稻河内),需要由人工将盐包挑抬翻过西坝与东坝进入护城河,再从泰州护城河向南,进入运盐河西行。这样,泰州就成了淮南盐重要的转运地。成百上千搬运盐包的工人,长年累月、川流不息来往于城北及西仓一带,其搬运盐包的情景及由此而带来的城市繁华可想而知了。为祈求盐运业在泰州永远兴旺,稻河与草河间的祭祀盐神的庙宇就此建成了。当时的人把管仲看成了盐神,建造的盐神庙就起名为管王庙。

从小生活在管王庙内的徐源老人在世时常说,他的祖上就是盐工,而且已有十数代人居住于此。管王庙原来有大门堂、小天井、厢房和厅屋。厅屋中间供奉着两尊一人高的坐像,分别是管仲和管娘娘,两边还有四尊半人高的塑像。从前这座庙一方面是与盐有关的信众来烧香供奉管王,一方面作为搬运盐工歇脚的地方。1951年城市拓宽街道,大门堂、小天井和两间厢房被拆,但庙内主要建筑的大殿被保存下来。

管王庙现存的大殿,表面上和附近的古民居没有多大差别,也是青砖黛瓦,但其内部结构却非同一般。厅屋平面近似方形,面阔3间,当中1间特大,两边很小;梁架不用普通厅屋的抬梁式而用有中柱的穿斗式结构,每根桁条下都增加一根大的木枋,特别是减去了中间前面2根金柱,在脊桁与中柱处加丁头拱与如意云抱梁构件,再就是用材较大。这些建筑特征,都与泰州现存诸多晚明时古民居不同,具有较明显的明代早中期的做法,其建筑时间与明成化时开通泰东河、无数盐船从泰州经过的历史时期正相呼应。

当今扬州学者韦明铧先生，在他的《盐宗庙散记》一文中说："泰州盐宗庙建于同治元年(1862 年)，地址在光孝寺与行宫之间，今已不存。但实际上，早在明代泰州城北就有了管王庙。管王庙位于泰州城北篮子行街，坐东面西，今仍存在。从外表看，它与周围老房子相差无几，其实乃是明初两淮盐工所建，一则是纪念盐政之祖管仲，二则也是盐工歇脚之地。管王庙原来供奉两尊坐像，分别是管仲和管娘娘，两边还有诸将官塑像，'文革'期间悉数被毁。明初的泰州城，盐务发达，盐工众多，才建此庙于通衢，名为管王庙，实为盐宗庙。"韦先生将泰州管王庙理解为泰州明代建造的盐宗庙不无道理。

距今 150 多年前，两淮盐运使乔松年，从经营了明清数百年盐业的扬州来到泰州，其原因正如他所说是"兵警方急"。在建泰州盐宗庙的时期，太平军仍未平息。乔松年对当时的局势很不乐观，为了安抚民心，祈求神灵庇荫，也为了保佑他的前程，于是他就在泰州兴建了祭祀盐神(宗)的盐宗庙，估计这是他建盐宗庙的出发点与原因。建庙之初，他对泰州并不了解，曾询问相关人氏，淮盐有无祭祀。回答是没有。尽管他当时也"窃以为疑"，但终未能顾及泰州当时完好存在的管王庙，因而得出了是他在两淮地区第一个兴建盐神(宗)祭祀庙宇的错误结论。然而他所建的盐宗庙，除了祭祀管仲外，还有夙沙氏与胶鬲，将泰州人视为盐神(宗)的管仲一人，改成三人。从这一角度来说，乔松年第一个在淮盐地区兴建祭祀三位盐神(宗)的庙，也许还有些道理。

在泰州盐宗庙里还有一则鲜为人知的往事。据地方史料载，咸丰年间，太平军攻打武昌时，身为两江总督的陆建瀛，奉命前往救援。他因轻出无备，大败而回，还守江宁。江宁城陷，陆潜逃泰州，投靠了乔松年。因早年陆为盐政时，将盐运使的美差给了乔。陆、乔二人关系密切，乔就设法为其掩护，后让陆剃发为僧，隐藏于盐宗庙内，成为庙内主持。此事世人不知，《清史稿》上说陆为战亡，但泰州陈某曾在小香岩内，亲眼看到过陆。有人还说，盐宗庙后小香岩内"凤以桐为宅，鹤将松比年"对联，就出于陆建瀛之手，表达了他对乔的感激之意。

乔松年在泰州除兴建盐宗庙外，还写下了海陵后八景"斗坛来鹤"等八首七律诗及"后三峰堂歌"等，又书写了若干长卷条幅，并与骚人墨客常宴集流连于小香岩、斗姥宫等处，在泰州留下了不少印记。同治七年，乔松年将新结识的吴文锡所居的"蛰园"买下，改名"乔园"。

晚清民国以后，古泰州境内的盐场因海水东去而逐渐消失，盐业的经营、运输退出泰州历史舞台，盐宗庙很少有人问津，至 20 世纪中期已被拆除。可喜的是位于城北的管王庙大殿至今还在，被列为市级文物保护单位。市住建局对此文物建筑尤为重视，决定原地保留，并已请设计部门进行了修缮设计，待时机成熟时给予全面修缮。乔松年曾经住过的园子也以其最初主人起名"日涉园"，被国务院公布为全国重点文物保护单位。

明代早期泰州就建了纪念盐宗的管王庙，到了清代晚期又建了纪念三位盐宗的盐宗庙。两座与盐宗有关的庙，是泰州盐文化的重要载体，也是泰州历史文化的重要内容之一。

[参考文献]

[1](西汉)司马迁. 史记·吴王刘濞传[M]. 北京:中华书局,2012.

[2](宋)欧阳修,宋祁. 新唐书·食货志[M]. 北京:中华书局,1975.

[3](元) 脱脱,等. 宋史·食货志[M]. 北京:中华书局,1977.

[4](元)脱脱,等. 宋史·郝彬传[M]. 北京:中华书局,1977.

[5]淮安市志办. 明嘉靖两淮盐法志[M]. 上海:方志出版社,2011.

[6](明)黄佑,章文斗,刘万春.(万历)泰州志[M]. 南京:江苏古籍出版社,1894.

[7](清)王有庆,等,修.(道光)泰州志[M]. 上海:上海书店,1990.

[8](清)胡维藩,修.(民国)续纂泰州志[M]. 韩国钧,王贻牟,总纂. 南京:凤凰出版社,2014.

[9]郭正忠,中国盐业总公司. 中国盐业史[M]. 北京:人民出版社,1997.

[10]韦明铧. 扬州盐宗庙散记[J]. 江苏地方志,2007(3).

庆历税印

韩昊[1]　商剑平　王申筛[2]

江苏泰州历史上曾是淮盐的重要生产基地。20世纪末,泰州发现了一方北宋庆历七年(1047年),由少府监铸就的"泰州西溪镇茶盐酒税务朱记"铜印(简称"税印",下同),为泰州与我国北宋时期茶、盐、酒税文化的研究增添了一份重要的实物资料。

税印近四方形,边长5.5厘米、宽5.3厘米、厚1.3厘米。印上带长方钮,钮高3厘米,宽2.7厘米,底厚1.2厘米,上厚0.9厘米。印面铸文3行,每行4字,篆书"泰州西溪镇茶盐酒税务朱记"计12字。印背在钮的左边有"庆历七年",右边有"少府监铸"各4字,为錾凿而成。从铜印的印文"泰州西溪镇茶盐酒税务朱记",可以知道这方铜印是当年泰州西溪镇征收茶、盐、酒税的官印,现为泰州国税局收藏。

北宋时的泰州西溪镇,就是现在的东台市西溪镇。西溪镇位于泰州西北60公里,在泰州通往东台的泰东河畔,东距东台市区1.5公里左右。清乾隆三十三年(1768年)东台从泰州划出前,西溪镇一直隶属泰州。

古代,西溪东边就是一片大海。其位于海的西边,境内有一条与淮水相连的小溪,后来就被称为西溪。西汉高祖十二年(前195年)吴王刘濞东煮海水为盐。西溪在吴国版图的海陵(按:泰州古名海陵)之内,东临黄海,海边有大面积的滩涂,又生长着取之不尽的芦苇、茅草等煮盐燃料,加之这里海水的含盐量较高,有着得天独厚的煮盐资源。煮海水为盐的历史,早在刘濞时就拉开了序幕。

汉唐时期,朝廷对盐业生产高度重视。隋文帝开皇三年到唐开元前,大约有130年时间不征盐税。开元初,恢复盐税征收。"安史之乱"后变革盐法,实行国家专卖。此后,盐税在国家财政收入中就一直占有较大比重。《舆地纪胜》引《元和郡县志》称,海陵监一岁煮盐60万石。西溪作为海陵监管辖的重要盐场之一,煮盐的生产规模不断扩大,盐丁队伍越来越壮大。

北宋年间,泰州西溪设立了盐仓监,管理附近各盐场。西溪盐业生产进入最为繁荣的时期,引起了北宋王朝特别的关注。当时的著名文人晏殊、吕夷简、范仲淹,相继被派到西溪担任盐仓监的盐官,后来他们三人都位居宰相。其中的范仲淹任内修筑了捍海堰(后称范公堤),使得西溪更加名声大振。

---

① 韩昊(1978—),男,就职于泰州市国家税务局。
② 王申筛(1956—),男,江苏泰州人,泰州市国家税务局副调研员。

宋朝的食盐专卖制度更加完备,淮盐以官运、官销为主,但有时也在一定范围内开放通商。雍熙二年(985年)为解决边防军饷供应,令商人输纳粮草至边塞,时称“入中”,按路途远近从优折算价值。商人持券赴京师,按券面价值偿付现钱,或移文江、浙、荆、湖,给其领盐贩盐。庆历年间(1041—1048年)其时边防军需物资,政府皆以盐易之。庆历二年(1042年)诏商人纳粮草于陕东、河东,发给凭券,商人持券至京师,官府以钱及金帛各半偿之,不愿金帛者,给予茶、盐、香、药。而淮盐利厚,商人愿得盐贩卖。政府控制盐、茶等生产资料,以高于向盐民收购的价格卖给商人,从中得到好处,获得赋税;商人贩运也能得到丰厚利润。包括泰州西溪盐场在内的淮盐,成为宋代赋税的重要来源。

郭正忠先生主编的《中国盐业史》里说:“宋代亭户(产盐的民户)的赋税,属于‘合纳常赋’,其缴纳办法,一般是按税粮价钱折计为盐数。”

泰州收藏的税印为庆历七年所铸,当是为来西溪贩运淮盐的商人取盐、运盐,亭户缴纳赋税时凭证上钤盖的。就在这方税印铸成后的第二年,庆历八年,政府变通盐法,实行了新的“钞盐法”。政府以东南末盐钱为三边之备,史称钱积于京师,钞行于三路,商走于东南。泰州西溪盐监的盐务管理更显重要。

盐税是北宋赋税里田税、身丁税等以外的一种杂税。杂税主要包括盐、酒、茶等。北宋时期,对于人民生活必需品的盐、茶、矾、酒等,实行官卖,又称专卖。按当时规定,茶农收获的茶叶,要全部卖给官府的山场。商人买茶要到东京榷货务缴纳茶价,榷货务给以“要券”(茶引),商人持券到指定的场、务取茶。酒的官卖称榷酤。官府在各地城镇置酒务(酿酒、卖酒)、酒场、酒坊(卖酒)。宋仁宗时,各项杂税猛增,“凡百赋率,增至数倍”。“下至果菜,亦皆加税。”

见于正史与泰州、西溪等方志的文献里,此前我们只能看到西溪产盐,朝廷派往西溪的是盐监官方面的史料,从未提到西溪的产茶与酿酒,更无法知道西溪管理盐的税务机构与管理茶和酒的税务机构是合为一体的。税印的发现,补充了文献记载的不足,为我们了解北宋时盐仓监除管理盐外还有管理茶与酒税务的职能,又向我们提供了西溪在产盐的同时还生产茶叶与酿酒的信息。事实上,过去的西溪虽然靠近海边,以产海盐为主;除了产盐,离海边较远的地方可能也会种植茶树,出产茶叶。同时因为这里属于里下河平原的边缘,盛产粮食,用粮食酿酒也当自然。至今东台市西溪等古镇还有一些小酒坊,精选糯米与名贵中药材,按传统的工艺流程,酿制东台陈皮酒。这样,宋庆历年间设在西溪的盐仓监,在管理盐务的同时,也管理茶与酒务,盐、茶、酒都属杂税,也多属国家控制的专卖商品,印章上茶、盐、酒税务一体,就顺理成章了。

铜印铸造于庆历七年,也是宋仁宗施行庆历新政失败后的第三年。庆历三年(1043年),范仲淹等谏官就当时官僚队伍庞大,人民生活困苦,北方和西北边疆受到辽和西夏威胁等,纷纷上疏言事,提出改革建议,仁宗采纳了他们的大部分意见,施行新政。但由于新政触犯了贵族官僚的利益,遭到阻挠。庆历五年(1045年)年初,各项改革也被废止,新政失败。西溪在盐仓监监管盐业的官印上，同时还包括有茶、酒的税务，似乎让我们看到庆历新政时机构精简合并的影子。

史称，有宋一代重文轻武。宋代官印在唐五代官印的基础上，进一步发展，有着自己的风貌，由宝、印、记三部分组成。帝、后、太子印为宝；各级军事、行政机构印称印；其隶属及诸将军校印叫"记"与"朱记"。"朱记"是自唐代起印章的又一种名称，意思为朱红色的印记，与"印""章"等用法相同。税印印文"泰州西溪镇茶盐酒税务朱记"，用的是"朱记"，与当时规定相符。

宋代百官的印，统一用铜材铸造。税印呈赭黑色，黑中显赭，估计是铜铁合金，保存完好。印系朱文，笔画纤细，弯曲盘旋，分布均匀，流利自如，被称为"九篆文"。最具特色的是字腔较深，达8毫米左右，就像是用很薄的铜板竖起拼组成笔画连续的文字，为一般篆刻的方法所望尘莫及，是用我国古代传统的失蜡法铸造而成。先用质地较软的蜡做成印的样子，刻出很深的印文，成为一方蜡制的印模，然后用耐高温的材料将印文中空隙填实；再在印的外面敷满耐高温的材料，并留有通向印模的小孔，进行加温，使印模中的蜡全部熔化，成为一方由高温耐火材料构成的印范，接着向印范里注入熔化的铜铁合金熔液；待冷却后，去掉敷在印外的材料，印就成了。此失蜡铸印工艺，宋以后已经失传。印铸成后，再在印背与印纽上錾凿出相关铭文。

宋代铸印的专门机构是少府监。《宋史》称，少府监，"旧制，判监事一人，以朝官充。……本监但掌造门戟、神衣、旌节，郊庙诸坛祭玉、法物，铸牌印诸记，百官拜表案、褥之事"。(见《宋史》卷一百六十五"职官五")铸印的印文由专人书写，书法精致，风格相近。税印上錾凿"少府监制"，与宋印监制机构相吻合。

宋代官印有严格的上缴与销毁制度。宋敏求《春明退朝录》卷上说："予治平初，同判尚书礼部掌诸处纳到废印极多……今之废印，宜准故事碎之。"神宗时，就有销毁官印的记录，这是宋官印存世极少的原因之一。有研究者认为，综观数十年考古发掘资料，宋代官印或为当时战败者所遗弃或为当时战胜者所缴获，多出于古代遗址或江河湖泊之中，而大量宋墓中仅见出土私印，从未见有官印。由于宋代实行官印上缴与销毁制度，传世的宋代官印就成了凤毛麟角。泰州税印是21世纪初，在一个乡村小镇里发现的，这个镇与西溪镇靠得很近，估计就是从西溪镇流入的。至于为什么能在民间流传，尚难以说清。泰州税务部门征购此印后，曾请南京博物院原副院长宋伯胤先生与该院文物保护科学技术研究所专业人员鉴定，确认是北宋的真品。

东汉许慎在《说文解字》中说："印，执政所持信也。"北宋泰州税印的印文与边角，磨损痕迹较重，为长期使用所形成。它为当年的大宋王朝不知征收了多少赋税，是泰州盐税文化的重要实物载体。在我国现知的文物史料中，此种税务铜印未曾见诸报道，因而有着珍贵的文物价值，在未来泰州盐税博物馆中，将有机会向观众展示。

［参考文献］

[1](清)王有庆,等,修.(道光)泰州志[M]. 上海:上海书店,1990.

[2](宋)王象之. 元和郡县志[M]//李勇先,校点. 舆地纪胜. 成都:四川大学出版社,2005.

[3]郭正忠,中国盐业总公司. 中国盐业史[M]. 北京:人民出版社,1997.

[4](元)脱脱,等. 宋史[M]. 北京:中华书局,1977.

[5](宋)宋敏求,等. 春明退朝录[M]. 北京:中华书局,1966.

[6](东汉)许慎,等. 说文解字[M]. 北京:中华书局,2013.

会馆艺术品读①

——基于自贡西秦会馆的些许思索

王纯②

我国各地会馆林立，其中多有艺术精品者，如同一个个鲜活的艺术宝藏。素有“千年盐都”盛誉的自贡，自然不乏精品会馆建筑。因自贡地方会馆本多是盐业产业关节或是与盐关系密切，会馆更是盐味浓厚。笔者根据自贡一些资料以及结合相关考察，体悟到西秦会馆的建筑历史、艺术风格表现深受传统文化、盐文化影响。确实，西秦会馆艺术精品诸多，可谓是一个有历史内涵的艺术文化宫殿。“西秦会馆是中国清代民间杰出的装饰文化宝库。”[1]西秦会馆历史韵味深厚，在艺术风格方面具有较强的文化特色。

一、西秦会馆历史记录——契约、碑刻

西秦会馆为陕西商民的同乡会所，馆内恭供武圣关帝，多有井盐从业者会之，集结天地人气。自贡资料中相关记录有清雍正时期西秦会馆地契一则，其记录着出卖者“今甘愿请中卖与西秦大会建修庙宇”[2]的事实。同时，在馆内碑刻中有记录会馆修葺的点滴，据清道光时期《西秦会馆关圣帝庙碑记》记录会馆为秦人联络乡谊之用。相关契约、碑刻中隐含着会馆地基的来历与用途，这为其建筑艺术风格的形成提供了强大的历史气场。

其一，会馆所在。在自贡地方诸多的历史建筑中，西秦会馆的身世确实具有很强的代表性。西秦会馆所在聚山水之势，汇人文之气。西秦会馆临凤凰山、釜溪河之要地，系景致优美、位置绝佳之所。自贡文献反映出陕西盐商的建馆选址、汇聚乡人的事实，同时也说明了西秦会馆的诞生历史。确实，会馆建筑所需土地要同乡协力购置，而会馆建筑的营造、艺术选择更颇费心力、周张。一般而言，造就会馆不仅是彰显门楣之气，更需符合国人的传统观念。实际上，西秦会馆地址选择与后兴建之事，确实充分考虑到了诸多因素，如地形、交通、人文、经济等，其中对于人文气质的考量更是独具匠心的。整体上，会馆内的艺术设计显示了盐商对于人文气质的把握，后世修缮多是遵循建筑原貌而进行的。可以说，盐商建造会馆以及后人的不断维护、翻修，为西秦会馆建筑艺术的展现提供了有力的

---

① 基金项目：本文是四川省教育厅人文社科重点研究基地——四川理工学院中国盐文化研究中心立项课题（编号：YWHY 13－10）之成果。

② 王纯（1981—），女，辽宁沈阳人，设计艺术硕士，四川理工学院艺术学院讲师，主要研究方向为设计艺术。

历史支撑和保障。

其二,会馆功用。西秦会馆是西北盐商他乡之所,不乏乡人联络情感之用。实际上,自贡地方会馆诸多,西秦会馆功用较具代表性。西秦会馆实有联系同乡情感的用意,也有协调内外诸事等用。西秦会馆建成后,陕西盐商就是在馆内解思乡之苦,彼此辅助,协力营业。就会馆的整体功用而言,应当说其作用是诸多方面的。如果就会馆的文化功能而言,应当说不难发现西秦会馆的功能是突出的,其强大的历史文化氛围影响了乡民,如西秦会馆武圣文化向心力,凝聚忠义、大德之气,感召后人。这样的文化功能在艺术领域体现出西秦会馆对传统文化的推崇,重视南北艺术的结合与展示,其盐味道也很突出。西秦会馆建筑气度宏大,重视传统和细节,其艺术不仅有西北民风的酣畅,更有北人入川随俗的隽永,屡经重修不改其汇通南北的艺术意味,同时盐味道充满其中。这在自贡地方形成了一个以西秦会馆为中心的文化场域。这个艺术文化场域起到了融合、提升地方文化的作用,对于盐商主客关系的和谐、传统文化的传承、地方文化的凝练,这都具有积极的历史意义。

一定层面上,西秦会馆是一个艺术文化载体,很大程度地体现出历史文化的影响,在其历史形成与发展中都有盐味道。在艺术方面,我们更多地感受到西秦会馆强大的文化气场,其艺术气质与历史文化存在密切的关系。

二、西秦会馆艺术经典——彩绘木雕

西秦会馆艺术韵味十足,其建筑优美,艺术品形式更是繁多。整体上,西秦会馆的建筑布局与设计就是一件难得的艺术品,在绘画、雕刻、石刻等方面更是蕴藏着无数精品。以西秦会馆彩绘木雕艺术为例,其技艺秀卓,立意超然,堪称难得的巨匠之功。

其一,主体内容。西秦会馆彩绘木雕主要集中在会馆建筑的门楣、梁柱等处,其多是镏金镶蓝,朱红嵌框。特别是在西秦会馆中轴一线及楼台等地方,更是精品集中,如在献技楼、金镛阁、贲鼓阁等。西秦会馆彩绘木雕的主体内容多是反映传统文化精髓,这也说明了盐商们所尊崇价值的所在。彩绘木雕多以传说、历史故事、戏剧等为底本,其中有喜庆欢腾的场面,如王母庆寿,具体表现出天庭欢庆王母圣诞的喜悦;也有婚姻爱情故事,如柳毅故事等。同时彩绘木雕题材尤其对武圣尊崇、忠义气节展示也有经典手笔,如三国题材戏剧、人物等彩绘木雕。另外有君子之气的体现——梅兰竹菊,吉祥富贵的场景——龙凤花鸟。西秦会馆彩绘木雕不仅使会馆传统情怀浓厚,而且更可以为激励后人提供一种无形的文化动力。

其二,艺术技法。西秦会馆彩绘木雕在艺术技法运用方面是突出的。实际上,木雕在我国历史悠远,技法多种多样。西秦会馆的木雕艺术技法较为繁多,其平、原、线等雕刻技法精练。会馆内的木雕技法建立在细致纹饰雕刻基础上,工匠在木板上多先刻画神仙、人物、花鸟之形象，雕刻技法大气、纯熟、不失活泼，这为之后的艺术提升奠定了基础。西秦会馆木雕作品多配以色彩，这达到了极好的艺术效果。在木雕着色方面，画匠会根据具体情况进行，大多着色都是以金色为主，蓝红为辅。可以说，西秦会馆彩绘木雕的雕刻技法是细致的，着色是厚实的，这对于人物动作、面容等展示是具有积极意义的。这样无论是神仙人物，还是戏剧人物都栩栩如生。整体上，观察彩绘木雕多见工匠技法纯熟、着力干净之处。西秦会馆细部雕饰考究，具有"华贵雅丽的气氛"[3]。虽历时年久，会馆屡损屡修，但是观察现有彩绘木雕的具体的艺术技法，确实传统韵味、气度浓厚，不失精到。

西秦会馆确实为一座地方艺术博物馆，具有强烈的历史文化厚重感。其中彩绘木雕不仅有时人精准的选材取向、超群的立意，同时在具体着色上，匠人对于木雕纹理的掌握、把控都是纯熟的。彩绘木雕可以说是西秦会馆的艺术经典之一。

三、西秦会馆彩绘木雕艺术之特色

"雕梁画栋、富丽堂皇、溢彩流金、耀人眼目，这就是闻名遐迩的西秦会馆。"[4]西秦会馆彩绘木雕作为会馆的艺术精粹，这是极为重要的。西秦会馆的彩绘木雕艺术更是符合历史文化的核心内涵，其艺术特色十分突出。具体而言，西秦会馆彩绘木雕具有诸多艺术特色，这主要集中在其主题形式，雕刻、色彩，文化底蕴等方面。

其一，主题形式。好的彩绘木雕就是一个个讲述者。因此，彩绘木雕题材尤为重要。从宏观角度看，西秦会馆彩绘木雕主题形式集中在神仙传说、戏剧故事这些方面。笔者认为，设计者不仅要传达传统文化观念，同时也要考虑到传达效果的问题。神话传说、历史典故、圣贤故事是根深蒂固的民间崇尚观念的体现，这是民间固有的文化意识。同时民间对于戏剧熟识，更可以引起乡人共鸣。在彩绘木雕反映的戏剧题材方面，不仅人物扮相华美，故事情节生动，同时对于其中人物性格、观念传达更是鲜明。其以传说、典故、戏剧主题为最可行、可靠的选择，这对于艺术以及推崇文化的展示更到位。

其二，雕刻、色彩。如何突出西秦会馆彩绘木雕的艺术效果，雕刻、色彩是匠人用心所在之处。彩绘木雕的雕刻是极为关键的。西秦会馆彩绘木雕的雕刻技法多样，工匠运用自如，各种技法搭配和谐。西秦会馆彩绘木雕在很多方面既有大气的手笔，也不失细致的刻画，同时重视细节与大局关系。可以说，西秦会馆彩绘木雕在雕刻技法方面确实是层次分明，重视生动的表现力。选取一种醒目、直接的色调，对于彩绘木雕艺术的展示也是具有关键意义的。金色多是皇家贵胄所用，而且多是尊贵文化的常用色调。西秦会馆彩绘中对于金色的渲染确实产生了极好的艺术效果。为了突出金色的核心地位，工匠以蓝色为地、朱红为框，这对于显示金色更是起到了积极作用。这使得彩绘木雕金碧辉煌，细节色泽饱满，成为观者心神向往之所在。西秦会馆彩绘木雕在具体雕刻、着色方面，工匠极重视对主题的表现力，重视主次关系与细节部分，技法多样、厚实，各个方面的艺术表现力都是极为到位的,其艺术特色突出。

其三,文化底蕴。历史上,从事商贾贸易者往来四方,其中多有儒家门人,尊孔孟之道。这些儒商绝不是唯利是图者,而是对于儒家核心文化的推崇者。陕西盐商可以说是儒商典范之一,具有儒家文化的深厚底蕴。在西秦会馆艺术具体的谋篇布局中,彩绘木雕题材充分展示出商人对于仁德忠义的崇尚,以及对于人情事理丝丝入微的彰显。在具有典型传统文化意义的彩绘木雕中,其不仅篇幅较大,而且在具体放置的位置上也是在核心、重要之处,可以说儒家文化色彩厚重,价值位置突出。特别是在儒家崇尚的忠义伦理价值方面,会馆不仅供奉武圣关帝,而且更是在彩绘木雕的题材中多使用忠臣形象、故事作为文化的传承。在西秦会馆彩绘木雕勾勒的世界中,通过艺术作品的立体美感,将儒家文化观念、文化底蕴真切地传达到了每一个亲近者,这是建筑中彩绘木雕的文化底蕴。

西秦会馆彩绘木雕的艺术特色突出,体现出我国传统彩绘木雕的艺术价值和魅力,这成为会馆巍峨之气的华美冠带,其贵雅之气也为会馆内的特殊气质增加了很多卓然天成之感。

四、西秦会馆艺术之评析

整体上,西秦会馆作为一个汇通南北文化的缩影,其艺术价值是十分难得的。通过研究西秦会馆彩绘木雕的历史与艺术,笔者发现西秦会馆体现出了较强烈的地域文化、儒家文化、盐文化,这些层面使得西秦会馆艺术更是魅力无穷。

其一,乡情、儒家文化。在艺术感召力等方面,西秦会馆彩绘木雕不乏西北地区的豪情与奔放,这是与会馆的作用和客籍商人的地域文化密切相关的。会馆从其存在的一个重要作用来说,就是他乡故知会所或者说是异地的同乡会所,其建造就是为了汇聚同乡人,凝结乡情,提供乡人联系便利。因此馆内乡情饱满,乡土情结浓厚,地域文化突出,在一定程度上人们对武圣的关注也可以说是乡情体现的极致。实际上,自古商道归于人道,营业成功者多遵行儒家经义。应当说,在富荣地区通过井盐发迹者不在少数,其中不乏陕西籍盐商。他们通过发展井盐之业,不断积累财富,这与地方儒家文化发展关系密切。清朝时期陕西籍盐商在自贡根基较深,其将尊孔孟、武圣的文武之道更是极力发扬。同时加之巴蜀固有的三国蜀文化底蕴,儒家思想厚重,这样自贡地方受儒风浸润滋养,在艺术领域儒家文化也得到了更好传承。这一点,在西秦会馆的彩绘木雕等艺术品方面都有明确的体现。

其二,盐味。西秦会馆艺术所在体现出盐味道,这是与盐商兴旺发达的经济基础密切相关的。无论是西秦会馆的建造还是翻修等都说明了西秦会馆的盐缘,盐缔造了西秦会馆。自贡素有南北通商的旧事,固有的井盐资源吸引着无数“他乡”来此。实际上,西秦会馆艺术很多方面展现出了地方盐文化味道。盐商对于盐缘的重视、对于崇尚价值的推崇,甚至是对于盐业发展的诸多关注都在艺术领域中或隐或显。另外,在人文层面上,自贡人开朗、质朴的性格，与陕西淳朴的民风、坚忍不拔的性格天然而合。因此，人缘、性格在富荣地区契合、汇通、融合，促进了具有特殊盐味的西秦会馆艺术文化的出现。这样的盐文化不仅是器质的，也是精神的，甚至形成了一种自贡地方文化核心。可见，西秦会馆艺术品的盐文化价值极高。

确实，历史是厚重的，文化是博大的。在西秦会馆的艺术历史与文化中，体悟艺术的溯源、故事、创作等诸事，对于深入了解传统文化、传统艺术技法是很有助益的。

五、西秦会馆艺术之体悟

传统艺术是具有民族性格的历史财产，我们应当担负起传承的责任。会馆本身是一个令人神往的所在。与被尘封的诸多历史遗存有差别的是，会馆这种建筑类艺术宝库不断地被后人翻修、重建。在其发展的每一个历史节点，不同程度上反映出后人对前人的尊重与礼拜、效仿与改进。如诸多文化遗存一样，会馆内传统艺术及其历史厚重感被不断地传达到后人手中，这就使文化艺术很大程度上得以延续，没有断裂。当然传统艺术不是不变的，不是僵化的，它有着内在不断演绎的关系。西秦会馆虽然已不是清代盐镇那个同乡会馆的原建筑样貌，但是在不断的历史修葺中，对于乡情、经典、“盐缘”的保存、延续都在进行着。与诸多地方会馆一样，西秦会馆有着地区化的一些样貌，但是更有贯通南北、东西的通透。特别是在彩绘木雕中展现的融合、和谐的气场，使得其文化价值、艺术价值达到了令人舒畅的境界，其价值难以小觑，谓之大观。

整体上，西秦会馆是一座饱含着历史文化的特色建筑，是难得的艺术宝库。其历史虽不久远，但是文化内涵确实极为深厚。观想以往，辛苦的盐民耕耘不息，在水火成盐的行业发展中不断积累财富。历史上，修建西秦会馆不仅是经济富足的体现，而且更多的是有文化富庶的意味，体现盐民对传统文化的崇尚、精神的富足。通过彩绘木雕等西秦会馆艺术展现的深厚文化底蕴，不仅使文化得以以建筑载体状态存续，同时会馆艺术的存续使自贡地方有了一个具有深厚盐韵功效的“中心”。在这种情况下，西秦会馆艺术超越了会馆建筑附属物的意义，它不仅是一件艺术展览馆的“外衣”，更是一种具有号召力的精神象征。回到艺术层面上，我们再去观感西秦会馆，体悟到更多的不单是高超的艺术技法、经典的用色，而是看到了一位历史文化巨人，其用包容的胸襟接纳你、感染你。这给予世人一种启发：艺术需要植根于历史文化基础上，要具有文化向心力和历史积淀。艺术真谛与历史存在密切关系，真正的艺术要扎根在历史的土壤中。这是西秦会馆艺术给予后人的历史启迪。更加难能可贵的是，西秦会馆与其艺术在不断成长，随着时间的流逝，其艺术价值更是与日俱增。这样使得艺术工作者可以随时体悟到艺术的生命力，感受厚重积淀的喜悦。诚然，植根于历史中的艺术不是停滞不前的，而是不断焕发青春的。

六、余论

西秦会馆内艺术精品荟萃,彩绘木雕的雕刻、着色都有着历史、文化的根基。西秦会馆是一本厚重的“艺术百科”,其文化内涵极为深厚。西秦会馆不仅化解着乡愁,而且增加了盐民对于传统文化、盐文化的向心力。在历史建筑构建文化气场中,我们体味艺术真谛,这具有极为重要的意义;同时我们需要关注文化遗存的变迁,更可以感受艺术历史的本真。作为一个连接古今、汇通南北的文化重地——西秦会馆,向世人传达一种艺术与责任,这要为我们所重。

[参考文献]

[1]周萌. 西秦会馆装饰艺术解读与评述[J]. 前沿,2011(4):155.

[2]郭广岚,宋良曦. 西秦会馆[M]. 重庆:重庆出版社,2006:140.

[3]叶茂. 中国古代建筑瑰宝——西秦会馆[J]. 四川建筑,2007(5):50.

[4]宋良曦. 自贡西秦会馆[J]. 四川文物,1984(2):42.

第七篇　盐文化与盐业人物

自贡盐商捐资办学模式探析①

赵绍成② 范光杰③

四川自贡从19世纪60年代到20世纪40年代,曾经有过两批盐商因战争的爆发而崛起,先后产生了以"王三畏堂""李四友堂""胡慎怡堂"和"颜桂馨堂"为代表的老"四大家族"以及民国时期以侯策名、熊佐周、罗筱元和罗华垓为代表的四大新式盐商。盐商,是我国历代商人中最富有的群体之一。这些拥有巨额财富的盐贾富商,随着社会地位的提高和主体意识的觉醒,在经济生活、政治生活和社会生活中具有巨大的社会能量,发挥着日益重要的作用,扮演着日益重要的角色。清代盐商既是清廷财政的支持者,又是地域经济的操纵者,亦是地方社会事业的倡办者。[1]虽然盐商的财富多寡有别,流向有别,但投资教育是诸多资本流向中较为重要的一种。他们在社会转型和社会大变革时期,创办义学和私学,捐献资本,开办新学,担任校董,引进新型的教学内容和管理方式,推动地方教育的近代化,推进传统教育向新式教育的转变,有力地促进了地方教育事业的发展。

模式指事物发展的标准样式。自贡盐商捐资办学主要包括三种模式:创办、管理、捐赠。

一、创办学校,捐资办学的主要模式

教育是立国之本,寄托着人们对美好生活的向往。两次"川盐济楚"发迹起家的自贡盐商大都热心教育。创办学校,这是盐商捐资办学的主要模式,包括独资办学和合资办学。

王朗云,王氏家族第五代传人,自流井盐场巨擘"王三畏堂"的发家人,抓住"川盐济楚"之机遇,迅速发家致富。井、枧、灶、号资产之多,经营规模之大,资本之雄厚,位列当时"四大家族"之首,有着"富甲郡邑""富甲全川"之称。

① 基金项目:四川省人文社会科学重点研究基地——西华师范大学四川省教育发展研究中心立项项目(项目编号:CJF13013);四川省哲学社会科学重点研究基地、四川省教育厅人文社会科学重点研究基地——四川理工学院中国盐文化研究中心资助项目(编号:YWHY14－13)之阶段性成果。

② 赵绍成(1965—),男,四川大竹人,四川理工学院政治学院教授,主要研究方向为历史文化和中国特色社会主义理论。

③ 范光杰(1971—),男,四川古蔺人,四川理工学院政治学院副教授,主要研究方向为历史文化和思想政治教育。

王氏家族在发迹之后，重视教育，独自投入大量资金和精力兴办学校。所办学校为私立树人学堂，位于自流井板仓坝玉川祠内，是自贡近代第一所新式学堂，亦是当时闻名全川的新式学堂。1908 年正式成立私立树人中学，有中外教员 18 人，职工 20 余人，校工 30 余人，见习（杂工）10 余人；同年新建两层楼教室一幢，风雨操场一所，寄宿舍一院，教员宿舍 3 所，天桥 1 个；另有吊梯、软梯、平台、跳台、浪桥、单杠、双杠等各项体育器械。开办班次有五年制普通中学一班，一年半毕业的速成师范及速成体育各一班，四年制的高小一班，五年制的小学一班，女子高小一班，预备东洋留学一班；此外，还附设技术班（教授肥皂、香水、镀金等制作法）及为校工开办的业余晚课班（识字班）。树人学堂在当时四川中等学校中，享有盛誉。宣统二年（1910 年）8 月，在成都召开的四川省中等以上学校学生运动会上，“树人”选派了示范班和体育班共 40 名学生参加，一律着黄斜纹制服、呢帽革履。在团体器械体操比赛中使用的哑铃、球杆、木棒等均为自己带去，学生动作整齐优美，勇夺第一，名震全川；同时还夺得赛跑、障碍赛跑两个第一名等殊荣。虽然树人中学于民国二年（1913 年）因“王三畏堂”业务重订章程而停办（仍保留树人两等学堂），但在开办的 6 年中，“王三畏堂”投资不下 30 万元，亦培养了不少人才。

另一新式盐商罗华垓，四川简阳县人，著名盐业资本家和实业家，自贡盐业“新四大家族”二罗之一。罗在自贡成为盐商巨子后，便照父命在简阳独资创办一所初中，命名“纪云”，乃纪念父亲罗云秋之意。1942 年上半年，开始筹办。学校地址在简阳县城内西街，原通才书院遗址，将旧有房舍改建而成。1943 年 7 月开始建校筹备，罗华垓自任董事长，聘请简阳知名人士及外地学者共 10 人成立董事会，报经县政府立案，于 1944 年春季招收第一班新生 40 人。后期增加至 3 个班，约 100 人，聘请专兼职教师 15 人，职员工友 6 人。1946 年年初，征得政府当局同意，在简城新南门外花园坝购得土地 2 亩及部分山坡，修建校舍一幢及附属生活设施用房 2 座。1947 年“双十节”进行校舍落成典礼，场面壮观隆重，简阳各界纷纷送匾祝贺。同年秋季招生扩大为 6 个班，共 300 余学生。学校坚持从严治学的方针。学生入学考试极其严格，务求品学兼优，方能录取，不收纨绔子弟；即使收不够预定学员，也宁缺毋滥。学校制定了一系列完善的规章制度，包括组织大纲、教职员聘任规程、学生奖罚通则、宿舍规则、食堂规则、学生请假规则等。这些规章制度的贯彻实施，使得纪云中学在教学管理、培养人才方面取得了显著成效。纪云中学经费充足。学校开支费用按月由自贡汇去。为保证学校经费来源不受通货膨胀的影响，专门划出一部分固定资产立户为“纪云堂”作为校产。教师待遇优于当时一般省县各中学。专任教师月薪 2 ~ 3 石大米，另由学校免费提供食宿，伙食较好，每食有肉。此外，还发给教师作业批改费、自习辅导费。1949 年下半年，自贡面临解放之际，盐场井停灶歇，市面一片萧条景象。此时罗华垓仍竭尽全力维持学校照常运行。当时在该校任教的教师，都是校方从各地聘来的一流教员，都能安心教学、恪尽职守。学校所有设备全部新制，校舍辉煌，教具齐全。学校环境优美，前有花园草坪，背靠青山翠竹，远离闹市，实乃读书用功之好地方。从学校创办开始,罗华垓就特聘川大生物系教授戴叔珣任校长兼授英语,聘四川省参议会宋撷芳为教导主任兼授国文,这两位先生均系品学兼优的知名学者。特别是在1946—1949年间,都仿照自贡对待盐工的办法,以大米的数量作为工资基数,发薪时又以当时市场最高米价结算付给。1947年冬,简阳县举办全县中学生作文比赛,10名优胜者中第一、第二名都由纪云中学获得。纪云中学这所高水平的新式中学,在当地很有名望。到简阳解放之前,学校共招生7班,毕业5班,学生总数400余人。1950年年初,简阳县人民政府决定停办,校舍交县人民医院,图书仪器由简阳女中接受,历时7年的纪云中学到此结束。

自贡西场盐商余述怀发家以后,1925年,与宋俊臣、金灿如等,仿照东场盐商兴办私立昌平小学之举,在贡井兴办了一所私立育才小学。余述怀发起西场地方势力派仿照东场办蜀光中学先例自办旭川中学。当筹措开办费时,盐商们久议不决,余述怀即气愤地拍着胸膛说:“开办费,姓余的包了。”1943年,余述怀捐资修建“述怀楼”一座,一楼一底,共有教室16间。他每天到校督工,使该楼提前两月完工。后又修建大礼堂,自己垫付一部分,另一部分来自在缪秋杰处弄到的盐场税款中的公益部分。此楼落成后取名为“剑霜堂”,因为缪秋杰号剑霜,所以如此取名来取悦缪秋杰。盐场“风云人物”张筱坡,1929年春,以高硐乃威煤必经之地,运煤工人穷苦子弟无钱远处上学,乃约集当地碳商,筹办私立小学一所,名高硐碳商小学,就当地旧庙改作校址。刘瀛洲从20岁时开始独立从商,几经曲折,历尽艰辛,经过近20年的努力,从小到大,由合资到独资,由盐业运销到盐业生产,由单一经营到多方发展,最终集产运销于一体,跻身自贡盐商的前列。他仅读过几年私塾,没上过“洋学堂”,常以未受过良好教育为憾,因此十分热心于社会教育事业。在20世纪20年代,会同津、井、渝三帮盐商和本地知名人士创办自贡昌平小学;还在桑梓江津,兴办了一所幼儿园和一所初级师范学校。新式盐商侯策名以其经营盐业规模之大、资产之多、声誉之隆而居新四大家族首位。在抗战胜利后的几年,他热心公益事业,带头为荣县私立存仁中学募集基金100万元,在60年代初还与友人合办了三所前进民中。

二、担任校董,进行管理,捐资办学的新型模式

近代商人所办学校在管理体制上大多实行的是校董会领导下的校长负责制。董事会是学校最高的管理机构,它通常由社会上有名望或学术上有造诣的学界、商界、政界三方人士组成。其功能有二:一是从学校的外部环境来说,校董会成员要以其比较高的文化素养和社会声望为学校的生存和发展赢得比较好的社会空间,或为学校筹集经费提供有力的保证;二是从学校内部具体运作来说,董事会的职责是选聘校长、监督学校资金的使用,学校的发展规划、培养宗旨等重大事务也要由其参与商讨决定。当然,一旦议决,董事会一般不得干涉校长的管理,校长对学校行政全权负责。因此校长的选聘是学校发展中极其重要的一环。近代商人所办学校遴选校长具有严格的要求:首先,要有较高的文化素

养。一般来说校长要受过比较高深的教育,有相当的理论素养。其次,要具有高尚的人格风范和积极进取的人生追求。最后,要有一定的教育管理经验,忠于教育事业,敬业乐业。自近代教育传入自贡后,自流井和贡井一大批有名的盐商,如余述怀、刘瀛洲、侯策名、颜心畲……先后担任过校董,采取积极有效的措施,促进了学校和地方教育的发展。

三、捐赠教育,捐资办学的重要模式

捐赠教育是筹措教育经费的重要渠道之一,也是政府教育投入的必要补充。所谓教育捐赠是指捐赠人为了资助教育事业,自愿将其所有的财产赠予学校无偿使用的行为,具有无偿性、非交易性、精神收益性和自愿性等特征,包括直接捐赠和建立专项基金两种形式。

在今天的一些发达国家,捐赠教育已成为筹集教育经费的主要措施,也是我国当前大力倡导的推动教育发展的极为有益的举措。捐赠教育,是自贡盐商捐资办学的重要模式。

民国三十二年(1943 年),余述怀为纪念自己六十生辰,在旭川中学捐资修建述怀楼教室 16 间,并垫款修建礼堂一座,命名为"剑霜堂";次年又向学校捐赠国币 100 万元作为基金。这一系列举措,使得旭川中学规模不断扩大,配套场馆设施不断完善,成为当时有名的中学。1946 年,余因事去成都,四川大学校长黄季陆设宴招待,席间盛赞余述怀献金救国,热心教育事业,捐资兴学义举。余述怀当即捐款 400 万元,修建四川大学工学院实验馆,季陆特命名为"述怀馆",以示谢意。余因而享有"教育家"和"慈善家"之声誉。1945 年 9 月,国民政府又明令嘉奖李善成、李敬素捐资兴学的义举。他们共捐出土地 29. 2 亩,折合国币 1700 万元,除教育部授一等奖状外,国府亦通报嘉奖。[2]

王氏家族发迹之后建立专项基金,建祠立碑,以"条例"的形式规定了对受教育者资助的具体数额。在玉川祠井田碑中做了明确规定:"设立义学,本支子孙均可入塾肄业,或疏远而有志读书者亦许入塾肄业。本支子孙,生监应乡试者,助场费银二十两,童试县、府、院每场助场费钱二串,入泮者助银一百两,补廪者助银二十两,乡试中试者助北上银四百两,拔贡者与中试同,会试得中者及钦点翰林官京师者每年助银四百两,已外任者不给……"[3]1946 年,被誉为"红色盐商"的侯策名将自己的寿金和部分款项设立"策名奖学金",奖励那些学有专长、品学兼优的蜀光学子。

四、结语

19 世纪中期以来,由于太平天国运动和抗日战争引发的两次川盐济楚,富荣盐场迅速崛起,造就了众多勤劳智慧,奋发图强的盐业资本家和实业家。"积巨金业盐者一千七百余家"。众多盐商大都"积而能散,富而能仁",不仅是公益和慈善行为的推动者,也是教育和文化事业的倡导者、践行者。这些盐商,通过创立学校、担任校董和捐赠教育等模式,有力地推动了地方教育的发展。

[参考文献]

[1]宋良曦. 清代中国盐商的社会定位[J]. 盐业史研究,1998,25(4).

[2]王仁远,陈然,曾凡英. 自贡城市史[M]. 北京:社会科学文献出版社,1995:307.

[3]政协四川省自贡市委员会文史资料研究委员会. 自贡文史资料选辑(一至五辑合刊本)[C]. 自贡:自贡文史资料选辑编辑委员会,1982.